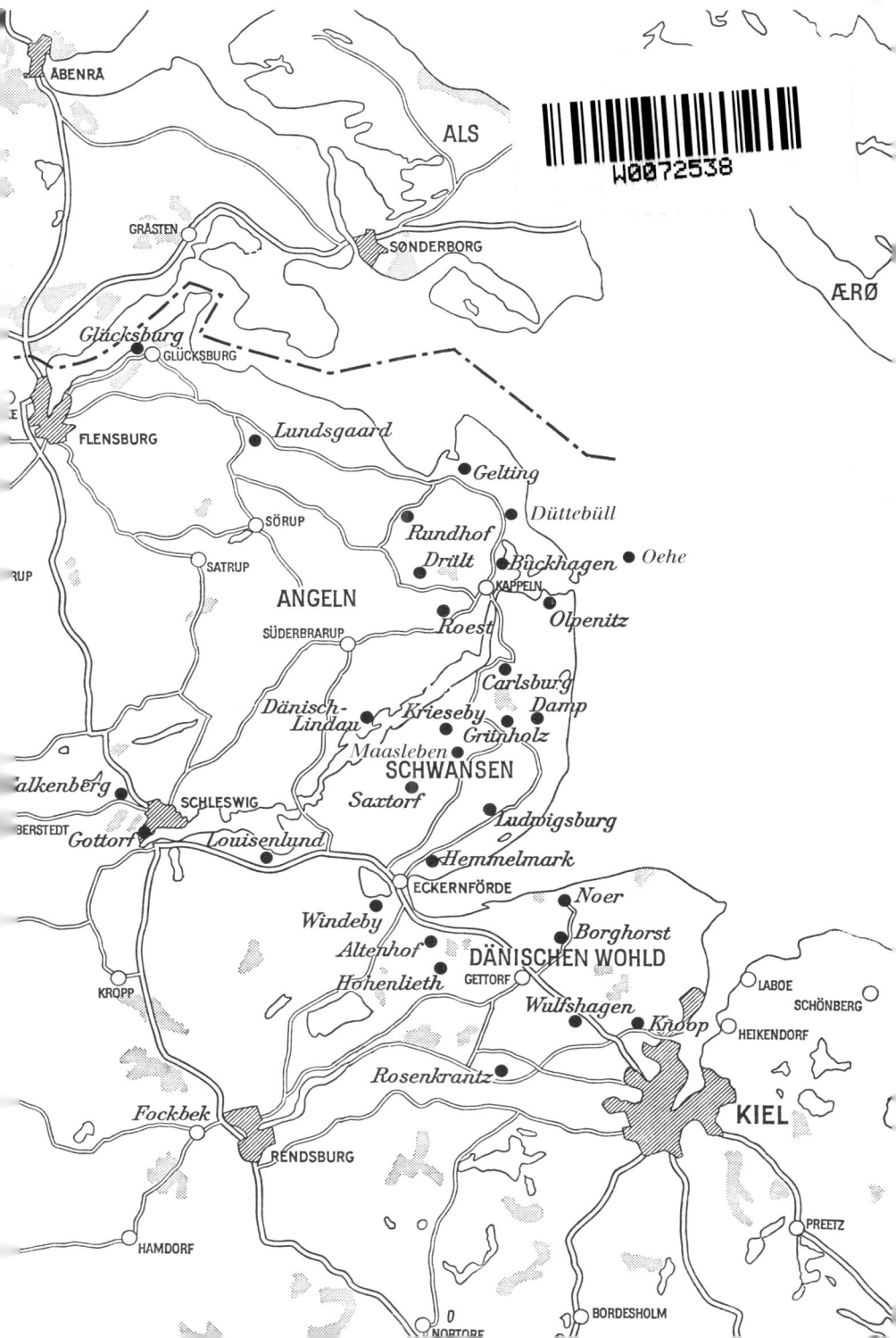

SCHLÖSSER UND HERRENHÄUSER IM HERZOGTUM SCHLESWIG

von Henning von Rumohr

*Ein Handbuch
mit 137 Aufnahmen und 12 Farbtafeln*

Neubearbeitet von Cai Asmus von Rumohr

Verlag Weidlich Würzburg

© 3., überarbeitete Auflage 1987 by Verlag Weidlich, Würzburg

Alle Rechte vorbehalten
© 1968 by Verlag Wolfgang Weidlich, Würzburg
Gesamtherstellung: Kösel, Kempten
Printed in Germany
ISBN 3 8035 1302 2

Inhalt

Vorwort zur 1. Auflage

Mit dem vorliegenden Werk wird der Versuch gemacht, die Gutslandschaft eines kleinen Landes, des alten Herzogtums Schleswig südlich der heutigen Landesgrenze anhand der wichtigsten Besitzungen ausführlich zu beschreiben. Diese Gutslandschaft ist bis zur Gegenwart hin vor allem in den drei Landschaften der Ostküste, im östlichen Angeln, in Schwansen und im Dänischen Wohld noch immer in weiten Teilen intakt. Viele der behandelten Güter sind auf der Grundlage von Wasserburgen der mittelalterlichen Rittergeschlechter entstanden. Es ist daher Wert gelegt worden nicht nur auf die Beschreibung der stattlichen Bauten des 17. und 18. Jahrhunderts, sondern auch auf die familiengeschichtlichen Zusammenhänge und die Erfassung der strukturellen Veränderungen in den vielen Jahrhunderten, in denen wir von diesen Besitzungen wissen.

Bei der kunsthistorischen Beschreibung der Schlösser und Herrenhäuser sowohl hinsichtlich der Bauwerke als auch ihrer künstlerischen Ausstattung sind weitgehend die Veröffentlichungen des Landesamtes für Denkmalpflege über die Kunstdenkmäler des Landes benutzt worden. Sie liegen für sämtliche schleswigschen Landkreise vor.

Auf die Behandlung der nordschleswigschen Güter ist bewußt verzichtet worden. Es gibt in dem 1920 an Dänemark abgetretenen Teile des Herzogtums Schleswig nur mehr sehr wenige adelige Güter, die den Gütern im südlichen Teil des Landes gleichgestellt werden könnten. Das große Gut Gramm im äußersten Norden ist seinem Charakter nach eher den dänischen Besitzungen zuzurechnen. Die bedeutenden Güter wie Troiborg und die Grafschaft Schackenburg liegen zwar in Nordschleswig, waren aber nie Teil des alten Herzogtums, sondern gehörten seit jeher unmittelbar zum Königreich Dänemark. So verbleiben nördlich der Grenze im wesentlichen die landesherrlichen oder staatlichen Schlösser wie Gravenstein, Sonderburg, Augustenburg, Norburg und Brunlund. Deren Behandlung bleibt besser einer gesonderten Darstellung vorbehalten.

Bezüglich der Schreibweise ist zu beachten, daß fast alle altholsteinischen Rittergeschlechter bis etwa um das Jahr 1800 die Partikel „von" nicht führen, so z. B. die Rantzau, die Rumohr, die Pogwisch, die Brockdorff. Vier Familien bilden eine Ausnahme, es heißt stets, auch im Mittelalter v. Ahlefeldt, v. Buchwaldt, v. Qualen, v. d. Wisch. Die später auf den russischen Kaiserthron gelangte Linie des Herzogshauses schreibt sich Holstein-Gottorp, während das

Schloß selber, dem amtlichen heutigen Sprachgebrauch entsprechend mit Gottorf bezeichnet wird.

Das vorliegende Werk erscheint gleichzeitig in dänischer Sprache in Alfred G. Hassings Forlag in Kopenhagen in der Reihe: „Danske Slotte og Herregaarde" (Dänische Schlösser und Herrenhäuser), hier unter dem Titel: „Slotte og Herregaarde syd for grænsen" (Schlösser und Herrenhäuser südlich der Grenze). Die Farbaufnahmen und ein großer Teil der übrigen Bilder sind dankenswerterweise durch den genannten Verlag zur Verfügung gestellt worden. Herrn Otto Vollert vom Landesamt für Denkmalpflege in Kiel gebührt aufrichtiger Dank für die von ihm hergestellten Aufnahmen.

Sämtliche Besitzer der in dem Werk behandelten Güter haben dem Verfasser in liebenswürdiger und umfassender Unterstützung bei seiner Arbeit Zutritt zu ihren Häusern gewährt, bisher unveröffentlichtes Quellenmaterial zur Verfügung gestellt und über die Geschichte ihrer Güter und Häuser wertvolle Auskünfte vermittelt. Ihnen allen möchte ich an dieser Stelle herzlich danken.

Ebenso hat der Verleger, Herr Wolfgang Weidlich in Frankfurt am Main, sich um die Gestaltung des Buches, Drucklegung, Bildauswahl und Ausstattung sehr verdient gemacht. Auch ihm danke ich vielmals.

Drült, den 7. Oktober 1968   *Henning von Rumohr*

Vorwort zur 2. Auflage

Die 2. Auflage dieses Werkes stellt in vielen Punkten eine starke Überarbeitung der 1. Auflage von 1968 dar. Fast jeder einzelne Artikel mußte ergänzt werden. In vielen Fällen war ein Generationswechsel eingetreten oder hatten sich die Betriebsgrößen verändert.

Einschneidender war die Einarbeitung von neuen kunsthistorischen Erkenntnissen. Das trifft vor allem zu auf Häuser wie Falkenberg, Roest und Ludwigsburg. Eine völlige Neubearbeitung mußte erfolgen bei den drei Schlössern Glücksburg, Gottorf und Husum.

Ich danke wiederum allen Besitzern für deren bereitwillige Unterstützung durch Hinweise aller Art und zur Verfügungstellung von Bildmaterial, auch dem schl. holst. Landesamt für Denkmalpflege sowie dessen Photographen Otto Vollert für hervorragendes neues Bildmaterial. Insbesondere danke ich Herrn Flemming Jerk in Charlottenlund bei Kopenhagen, der in unermüdlicher Kleinarbeit fast alle Artikel zusammen mit mir durchgearbeitet hat, sowie dem Verleger Herrn Wolfgang Weidlich in Frankfurt am Main, der mit gewohnter Umsicht und Sorgfalt dem Werk eine ansprechende Gestaltung gegeben hat.

Fünf weniger wichtige Häuser, bei denen sich ohnehin fast nichts verändert hat, sind nicht wieder aufgenommen, dafür erscheinen drei bedeutsame Objekte neu: Oehe, Düttebüll und Maasleben.

Drült, im Sommer 1979   *Henning von Rumohr*

Vorwort zur 3. Auflage

Die 2. Auflage ist vergriffen. Gern bin ich der Aufforderung des Verlages nachgekommen, Aktuelles einzuarbeiten. Ansatz sind die von den Besitzern mitgeteilten Daten; dies bedeutet nicht Vollständigkeit im wissenschaftlichen Sinne. Die Bearbeitung ist getragen von dem Bestreben, dem Werk meines Vaters gegenüber mit größter Behutsamkeit vorzugehen.

In seiner Generation wurde der Nachhall der Vergangenheit in Geschichte und Geschichtchen noch bewußt gepflegt und weitergegeben. So war sein engeres Anliegen nicht ein Kunstführer oder landesgeschichtlicher Abriß, sondern die lebendige Darstellung von Wechselspiel und Geschick der Menschen und ihrer Häuser auf dem Lande im Laufe der Zeit.

Habent sua fata libelli! Meinem Vater war nicht vergönnt, eine groß angelegte Idee bis zum Schluß durchzuführen: seine Beschreibung der Güter und Schlösser in ganz Schleswig-Holstein mit Lauenburg im Rahmen dieser vom Weidlich-Verlag hervorragend ausgestatteten Reihe. Es blieb für die südlichen Kreise bei Konzept und Vorarbeiten, von einer vor Jahren im gleichen Verlag erschienenen Gesamtdarstellung in gedrängter Form abgesehen.

Bei der Bearbeitung wurde ich in sehr freundlicher Weise von allen Besitzern unterstützt, wofür ich an dieser Stelle danke. Besonderer Dank gilt Frau Helga Ramge aus Kappeln für ihre konstruktive Mithilfe, Herrn C.-H. Seebach aus Kiel für kritische Durchsicht des Manuskriptes sowie Herrn Flemming Jerk aus Charlottenlund bei Kopenhagen, dem langjährigen wissenschaftlichen Berater meines Vaters, der mir in freundschaftlicher Weise geholfen hat.

Drült, im Herbst 1986 *Cai Asmus von Rumohr*

1 Schloß Glücksburg

Das Schloß Glücksburg ist von einem eigenen Nimbus umgeben, sicherlich eines der bedeutendsten Schlösser des gesamten europäischen Nordens, gleich hervorragend durch die Größe des Bauwerks, durch seine Geschichte und durch den Reichtum seiner engen Verbindung zum schleswig-holsteinischen Herzogshaus in mehreren Linien; ja sogar durch seine zeitweilige Eigenschaft als königliche Residenz sichert sich Glücksburg einen hervorragenden Platz innerhalb der Geschichte Schleswig-Holsteins und Dänemarks. So ist es nur natürlich, wenn alljährlich Touristenströme aus aller Welt, in erster Linie aus Dänemark und den Herzogtümern dorthin kommen, um ein so wichtiges und eindrucksvolles Schloß zu besuchen.

Wahrhaft, ein Schloß ist es, wie es mit seinem dreifach aneinandergebauten, fast quadratischen Mittelbau und mit den vier wuchtigen Ecktürmen unmittelbar aus dem Wasser aufsteigt, umkränzt von dem dunklen Grün der Buchenwälder rings um den Schloßteich, bis zum heutigen Tag zugänglich nur über eine einzige schmale Brücke, früher eine Zugbrücke. Natur und Kunst, Sage und Geschichte treffen sich in Glücksburg in großartiger und nirgendwo sonst in den Herzogtümern wiederkehrender Verbindung. Das Schloß stammt aus dem Ende des 16. Jahrhunderts, aber die Geschichte Glücksburgs reicht in wesentlich ältere Zeiten zurück. Durch die Ausmündung der Schwennau in die Ostsee und ihren Verlauf durch den heutigen Schloßteich war schon in frühgeschichtlicher Zeit die Möglichkeit für einen ruhigen Hafen geschaffen. Die Gegend des heutigen Glücksburg dürfte daher schon vor Jahrtausenden einen festen Stützpunkt für eine Ansiedlung gebildet und vielleicht schon damals eine Häuptlingsburg besessen haben. Mehrere Hünengräber, so der Musenhügel und der Jungfernberg weisen auf den Sitz von Stammesfürsten der Angeln hin. Später scheinen Glücksburg an der Nordspitze Angelns und Gelting im Osten die Kernpunkte der Befestigung der Küste gegen die räuberischen Einfälle der Wenden über See dargestellt zu haben. Nicht umsonst lautet der mittelalterliche Name rus regis, Land des Königs. Sicherlich geht diese Latinisierung zurück auf den ursprünglichen Namen Kongens rye, das aber nicht Rodung bedeutet, sondern wohl eher dem alten dänischen Wort für Gestrüpp oder Niederwald entspricht, in jedem Falle aber auf einen Besitz des Königs hindeutet. Zwischen Glücksburg und Gelting lag die Kette der kleineren Burgen der Heermannen, in der Nähe des jetzigen Schlosses stand aller Wahrscheinlichkeit nach noch bis in mittelalterliche Zeiten hinein ein Burgturm auf einem Turmhügel, wie er auf dem Stich von Marcus Jordanus von 1559 abgebildet ist.

Man hat manchmal versucht, den Namen rus regis mit Rodungsnamen in Verbindung zu bringen, und in der Tat ist der Gedanke nicht fernliegend, daß hier in dem großen Waldgebiet an der Förde, wo große Rodungen vorgenommen wurden, die Ortsnamen sich an diese Tatsache anlehnen. Trotzdem sind Namen wie Ruhnmark, Rüde und ähnliche mehr nicht als Rodungsnamen aufzufassen, sondern gehören in den oben genannten Begriff des Kongens rye hinein. Entsprechend ist nördlich der heutigen Grenze die Umdeutung des Namens Lügumkloster zu sehen, das zu dem echten alten Worte Lügum gehört, aus dem die Mönche in schlechtem Latein locum dei, Stätte des Herrn, machten.

Für uns faßbar wird die Geschichte Glücksburgs erst vom Jahre 1209 ab. In Schleswig hatte ein Kloster bestanden, ein Doppelkloster für Mönche und Nonnen, St. Michael auf dem Berge. Aber es hatte viele Unzuträglichkeiten durch das Zusammenleben von Mönchen und Nonnen auf engem Raum gegeben, so hob der Bischof 1192 das Kloster auf. Die Nonnen mußten sich in einem neuen Kloster außerhalb Schleswigs ansiedeln, dem heute noch bestehenden St. Johanniskloster auf dem Holm vor Schleswig, seit der Reformation ein adeliges Damenstift. Die Mönche begründeten erst ein Kloster in Guldholm am Langsee, zogen aber um 1209 an die Ostsee und bauten hier das Rüdekloster, das bis zur Reformation Bestand gehabt hat.

1544 fiel das Kloster König Christian III. zu, nachdem es bereits 1538 säkularisiert worden war. Der letzte Abt Johannes Hildebrand schaffte, wie wir in alten Chroniken lesen, „den ungöttlichen Dienst ab und hob den Bilderdienst und den Mißbrauch der Messen auf." In den Jahren von 1560 bis 1571 saß hier Benedict v. Ahlefeldt; er wird als Inhaber und Verweser bezeichnet und hat als solcher 1564 unter den Prälaten dem König Friedrich II. den Huldigungseid geleistet. Ja es scheint, daß Ahlefeldt drauf und dran war, den großen Grundbesitz des Klosters in seine Hand zu bringen.

„Fürstliche Rückkehr von der Jagd", Ölgemälde

Jetzt tritt aber die bedeutende Gestalt Herzog Johanns d. J., meist Herzog Hans genannt, in Erscheinung. Schon auf dem Flensburger Landtage von 1564 hatte ihm sein Bruder, der König Friedrich II., ein Drittel des königlichen Anteils der Herzogtümer, die Inseln Arrø und Alsen, einen Teil des Sundewitts, dazu in Holstein Stadt und Amt Plön und das Kloster Ahrensbök überlassen. Jetzt, am 23. April 1582, kamen außer dem holsteinischen Kloster Reinfeld der gesamte königliche Anteil am Sundewitt und das große Gebiet des Rüdeklosters hinzu. Herzog Hans machte sich ungesäumt ans Werk, aus dem ihm zugefallenen

Besitz eine Herrschaft zu konstituieren. Freilich, eines erreichte er nicht, er wurde seitens der Stände nicht als Landesherr anerkannt. Zwar hatte er den Rang eines regierenden Fürsten, aber er erlangte nicht die Huldigung der Stände, er und seine Nachkommen galten als „abgeteilte Herren". So warf sich Herzog Hans mit verdoppelter Kraft auf die Stärkung seines Besitzes, erwarb eine große Anzahl von Gütern, insgesamt 14, davon 5 auf Alsen, 2 im Sundewitt, 3 in Angeln, ja er scheute sich auch nicht, ganze Dörfer niederzulegen, um deren Felder zur Arrondierung der Güter zu benutzen. Man sagte ihm nach, daß er „seine Höfe einritt", wenn er auf seinen Ritten über Land die Bauernstellen bezeichnete, auf die er es abgesehen hatte und die dann durch mehr oder minder Zwang beseitigt wurden. Die Hofdienste, die er von seinen Untertanen verlangte, nahmen unter ihm einen bis dahin nicht gekannten Umfang an. Aber auch die großen Maßnahmen des Herzogs auf dem Gebiet der Landeskultur dürfen nicht unerwähnt bleiben. Große Strecken Waldbodens wurden gerodet und urbar gemacht, neue Wohnhäuser und Wirtschaftsgebäude aufgeführt, Wildbahnen und Gestüte eingerichtet, Fischteiche und Obstgärten angelegt.

Der herzogliche Besitz bestand aus zwei Distrikten, dem Glücksburgischen, der praktisch das alte Gebiet des Rüdeklosters umfaßte, und dem nördlich der Förde gelegenen Sundewitter Distrikt, ferner den Allodialgütern, in Angeln Unewatt, Norgaard und Nübel. Später, unter seinen Nachfolgern, kamen noch hinzu Freienwillen, Schwensby und Lindau an der Schlei. Im Sundewitt erwarb er die Güter Lundsgaard, Blansgaard und Schelgaard, auf Arrø kamen die Güter Gravenstein und Wuderup und die Stadt Arrøskjøbing, freilich erst unter seinem Sohne hinzu.

Hand in Hand mit dieser schöpferischen Umgestaltung seines Grundbesitzes ging er an die Errichtung von Schlössern, wie den längst vergangenen von Nübel, Reinfeld und Ahrensbök und dem einzig noch erhaltenen Schlosse Glücksburg. Noch im gleichen Jahre 1582, in dem ihm das Gebiet des Rüdeklosters zugefallen war, schloß Herzog Hans am 21. Dezember mit dem Baumeister Nikolaus Karies einen Vertrag, durch den sich dieser verpflichtete, nach Abbruch der Klostergebäude etwas weiter nach Norden und Osten für 6000 Mark Lübsch das Schloß zu erbauen. Zu der damaligen Zeit kostete eine Kuh 5 Mark Lübsch, mithin hat die Erbauung des Schlosses 1200 Kühe gekostet, das wäre nach heutigen Werten ein Betrag von etwa 1,5 Millionen Deutsche Mark, ein Betrag, der sicherlich weit unter dem jetzigen Bauwert liegt. Am 15. März 1585 folgte ein weiterer Vertrag über die Errichtung von Torhaus, Stall und Nebengebäuden für 1600 Mark Lübsch. 1587 war alles fertig.

Fast alle großen Schlösser haben im Laufe der Geschichte erhebliche Umbauten erfahren. Sicherlich ist auch am Schlosse Glücksburg mancherlei verändert worden. Gleichwohl präsentiert es sich auch heute noch in seinen wesentlichen Bauelementen fast genauso wie vor vierhundert Jahren, ein eindrucksvoller Beweis für die gestaltende Kraft seines Bauherrn, des Herzogs Hans d. J. Die entscheidenden Impulse gingen zweifellos vom Herzog selber aus.

Man müßte hierbei denken an Moritzburg in Sachsen, seine Schwester Anna war mit dem Kurfürsten August verheiratet. In zweiter Ehe war der Kurfürst mit der Prinzessin Agnes Hedwig von Anhalt verheiratet, aber als diese Ehe durch den frühzeitigen Tod des Kurfürsten ihr Ende fand, heiratete sie Herzog Hans d. J. im Jahre 1588. So waren die Verbindungen nach Sachsen vielfältiger Art und man kann als sicher annehmen, daß der Herzog Moritzburg gekannt hat. Auch die großen französischen Schlösser mögen ihm manche Anregung gegeben haben. Er ist nie in Frankreich gewesen, hat also auch Chambord nicht gesehen. Der Herzog kannte sicherlich die bedeutenden Kupferstichsammlungen der Zeit, wie vor allem die von J. A. du Cerceau, die zwischen 1572 und 1576 unter dem Titel: „Plus excellents bastiments de France" erschienen waren. Wenn man darüber hinaus nach dem eigentlichen Architekten Ausschau hält, so lassen sich aus der Bautätigkeit der Holsteinischen Herzöge jener Zeit gewisse Schlüsse ziehen. Es finden sich nämlich zu dem Bauwerk des Schlosses in Glücksburg Parallelen in den heute längst verschwundenen Schlössern von Tönning und von Grøngaard. Sie beide sind ähnlich wie Glücksburg in den strengen Formen der Renaissance als Centralbauten, jedes auch mit vier Türmen geschmückt, erbaut worden und für diese beiden ist als der Architekt kein geringerer als der berühmte Hercules von Oberberg bezeugt. Ein weiteres Stilmerkmal kommt hinzu, das auf diesen großen Baumeister hinweist: die in die nördliche Fassade des Schlosses halbrund eingebauten Treppentürme, die noch heute die einzige Verbindung der drei Geschosse herstellen.

Wenn uns heute Glücksburg etwas schwer, manchmal düster mittelalterlich erscheint, so entspricht dies nicht dem Zustand zur Zeit der Erbauung. Die mit Schweifgiebeln geschmückten Zwerchhäuser, vier an der Zahl, wurden zwischen 1814 und 1835 abgenommen, die Hauptgiebel durch Entfernung des geschweiften Rahmens vereinfacht. Das Schloß muß daher ursprünglich in seiner äußeren Gestaltung einen ähnlich bewegten Eindruck vermittelt haben wie die gleichzeitigen Schlösser der sogenannten Weser-Renaissance, etwa wie Hämelschenburg oder Wolfsburg.

Die vier Türme in den Ecken des Schloßbaues dokumentieren vielleicht am deutlichsten den Stil der neuen Zeit. Im Kellergeschoß haben sie noch schießlukenartige kleine korbbogige Öffnungen, aber die lichtdurchfluteten drei Obergeschosse mit ihren großen, vierteiligen, sprossenreichen Fenstern beweisen nur allzu deutlich, daß es sich hier nicht mehr um Befestigungsanlagen handelt, sondern um Wohngemächer, mit großem Geschick so angelegt, daß sie Licht und Sonne fast während des ganzen Tages haben. Freilich bleibt zu bedenken, daß die Türme ursprünglich Zinnen ohne die heutigen Dächer trugen. Es ist daher zu vermuten, daß mindestens zunächst das Schloß als befestigte Anlage geplant war.

Die innere Aufteilung des Schlosses ist in allen drei Geschossen fast die gleiche, jeweils läuft ein Saal durch die ganze Länge des Hauses in den stattlichen Ausmaßen von 30 m Länge und fast 10 m Breite, links und rechts je vier Innenräumen Platz gebend. Turmzimmer und Wohnräume sind in allen drei Geschossen völlig gleichmäßig angeordnet. Der Grundriß sieht überall links und rechts der Säle zwei große Eckzimmer und zwei lange schmale, im Inneren gelegene Räume vor. So enthält das Schloß 12 Turmzimmer, 12 kleinere Innenräume und 12 Eckzimmer. Nur die Zahl dieser Eckzimmer vermindert sich um eines, da im Erdgeschoß dieser Raum in die Schloßkapelle einbezogen ist. An dieser Stelle ist der durchgehende Raum des Mittelsaales in seinem letzten Drittel unterbrochen, hier befindet sich quer zur Halle, Keller und Erdgeschoß ausfüllend, die Schloßkapelle, bis zur jüngsten Gegenwart der einzige kirchliche

Schloßkapelle

Schloß Glücksburg

Raum in Glücksburg. In der Schloßkapelle wird noch ein letzter Überrest der alten Klosterkirche bewahrt, ein Rauchfaß, das dem 13. Jahrhundert angehört. Im übrigen gehört die bauliche Gestaltung und die innere Ausstattung der Kapelle im wesentlichen den Jahren um 1717 an, als Herzog Philipp Ernst sie neu gestaltete. In die gleiche Zeit fällt auch die Einrichtung der herzoglichen Gruft, die sich unter dem Kellergewölbe des südwestlichen Eckturmes befindet und damals um den anschließenden Kellerraum zwischen Turm und Kapelle erweitert wurde. Zwischen den beiden Räumen wurde der Überlieferung nach auf Befehl des Herzogs Philipp Ernst eine 30 cm hohe Schwelle eingemauert, damit der Teufel, wenn er in das eine der Gewölbe gelangen sollte, doch nicht in das andere kommen könne. In der Gruft ruhen 38 Angehörige des herzoglichen Hauses und verwandter Häuser aus der Zeit von 1640 bis 1811. Herzog Hans selber, der 1622 starb, ist in der Gruft des Sonderburger Schlosses beigesetzt worden.

Bei der 1972 bis 1973 erfolgten Restaurierung der Schloßkapelle sind Decken- und Wandmalereien etwa aus der Zeit der Erbauung freigelegt worden, sowie die Beschriftung der Tür zur früheren Beichtkammer. Gleichzeitig wurde der Umgang um den Altar wieder geöffnet und der Anstrich von Gestühl und Emporen der ursprünglichen Farbgebung angeglichen.

Unter den Wohngeschossen liegt der Keller, der größtenteils im Wasser steht. Hier waren auch die alltäglichen Eingänge zum Schloß, rechts und links des jetzigen Haupteinganges. Die Kirchenbesucher erreichten die Kirche durch den Keller.

Herzog Hans gab auch dem Schloß seinen Namen Glücksburg. Sein Wahlspruch war: „Gott gebe Glück mit Frieden", abgekürzt GGGMF, wie man auf dem Wappen über dem Eingangsportal des Glücksburger Schlosses lesen kann. Diesem Wahlspruch entsprechend, ist auch der Name des Schlosses Glücksburg gewählt. Im Schlosse nahm das erste Obergeschoß wohl seit altersher die Hauptwohnräume der herzoglichen Familie auf. Der hier voll durchlaufende Saal trägt den Namen Roter Saal, er wirkt trotz aller Pracht seiner heutigen Ausstattung im einzelnen etwas gedrückt, ja geradezu festungsartig, eine lange, niedrige, flachbogig überwölbte Halle mit einer Höhe von knapp vier Metern, die weiten Gewölbeflächen durch sparsame flache Stuckierung belebt, die Grate vergoldet und mit einzelnen goldenen Blüten besetzt, in den Kreuzungspunkten goldene Mittelrosetten. Ähnlich, wenn auch im allgemeinen noch sparsamer, sind die übrigen Räume des Geschosses ausgestattet, wohl sämtlich noch aus der Zeit des Herzogs Hans. Das Obergeschoß fand anfangs eine höchst zeittypische Verwendung: es diente als Kornspeicher. Diese Verwendung ist nur zu erklären aus dem Brauche der Zeit, die Abgaben in Naturalien zu leisten. Denn

Glücksburg selber ist nie ein Gut im eigentlichen Sinne des Wortes gewesen, das die Einrichtung von Speichern nötig gehabt hätte. Es gab wohl eine Reihe von landwirtschaftlichen Betrieben rund um Glücksburg, zunächst auf dem heutigen Gelände des Schloßparks den Ladegaard, der später nach außerhalb verlegt wurde, das Vorwerk, den Meierhof, Rosgaard sowie die weiter entfernt liegenden Güter wie Freienwillen, Unewatt und die anderen mehr. Aber sicherlich waren diese alle doch eigene Wirtschaften, die kaum ihr Korn nach dem Schloß gebracht haben dürften.

Dieser Saal im Obergeschoß scheint ursprünglich ebenfalls gewölbt gewesen zu sein, der Chronist Johann Christian Gude berichtet hierüber 1778, daß Herzog Christian, † 1698, ,,das oberste Gewölbe in einen ordentlichen Boden verändern lassen''. Hier befindet sich jetzt der Weiße Saal, der flach gedeckt ist und daher zusammen mit den anstoßenden Zimmern freier wirkt als die Räume der unteren Geschosse. Allerdings finden sich keine Spuren von Gewölbeansätzen im Mauerwerk, vielleicht liegt hier ein Irrtum des Chronisten vor.

Das Schloß Glücksburg erfuhr 1905 eine Reihe von baulichen Veränderungen im Rahmen seiner Modernisierung. Anlaß dazu war eine fürstliche Hochzeit, an der die letzte deutsche Kaiserin teilnahm. Bei dieser Gelegenheit wurden die nach 1814 fortgenommenen Zwerchgiebel an der West- und Ostfront des Schlosses wieder neu aufgesetzt, wenn auch in vereinfachter Form.

Herzog Friedrich Ferdinand, † 1934, war mit der Prinzessin Karoline Mathilde von Augustenburg verheiratet, einer Schwester der Kaiserin. Daher hat die Kaiserin fast alljährlich das Schloß Glücksburg für längere Zeit aufgesucht, noch heute heißen zwei Zimmer in der Etage des Roten Saales Kaiserinnenturm und Kaiserinnensalon mit vielen Erinnerungen an die Kaiserin. Kaiser Wilhelm II. kam gleichfalls häufig nach Glücksburg, hat aber stets auf seiner Yacht ,,Hohenzollern'' gewohnt und nicht im Schlosse selber.

Der Wirtschaftshof umfaßt Torhaus, Stall und Nebengebäude, wiederum nach Gude 1685 durch das sogenannte Neu-Haus erweitert. Dieses letztere ist das eigentliche Kavalierhaus und ist zwischen 1707 und 1755 um ein Obergeschoß aufgehöht worden. Dachgeschoß und geschweifte Giebel kamen erst 1856 hinzu. An der Südseite ist der Hof nur von einer Allee begrenzt, das hier stehende Back- und Brauhaus brannte 1717 ab und ist nicht wieder aufgebaut worden. Auf der Stelle des einstigen Ladegaard wurde 1733 der Schloßgarten im französischen Stil angelegt, 1743 eine Orangerie erbaut. Später ist die Anlage durchgängig verändert worden, heute ist der Park als englischer Garten anzusprechen, nur die alten Achsen sind noch als von Alleen umsäumte Hauptwege erhalten. Die Orangerie in ihrer heutigen Form wurde 1827 vom Bauinspektor W. F. Meyer errichtet und ist ein schlichter eingeschossiger Querbau mit flachem Walmdach, vier großen Rundbogenfenstern in der Frontmitte und seitlich je einem dreiteiligen Fenster. Die Ädikula ist schmal, hoch aufgebaut mit zwei jonischen freistehenden Säulen aus Sandstein, darüber Gebälk und flacher Dreiecksgiebel, ein Bauwerk, das dem Empire zuzurechnen ist. Nach 1814 entfiel die Brücke vom Schloßhof zum Schloß, weil rechts und links Gartenanlagen durch Aufschüttungen geschaffen wurden. Die alte Steinbrücke selber ist wohl in der Aufschüttung noch vorhanden.

Herzog Hans d. J.

Herzog Hans hinterließ eine zahlreiche Nachkommenschaft, vier Söhne stifteten die Linien Sonderburg, Norburg, Glücksburg und Plön, der Sohn Alexander wiederum weitere fünf Linien, von denen die vierte, die Linie Beck für das spätere Schicksal von Glücksburg bestimmend werden sollte. In der Linie Glücksburg, bis zu ihrem Aussterben 1779 die regierende Linie, folgte stets Sohn auf Vater, Nebenlinien gab es hier nicht, trotz allem Kinderreichtum war stets nur ein einziger Nachfolger da, ja es kam nicht einmal zur Ausbildung einer erbprinzlichen Hofhaltung. Auf Herzog Hans, † 1622, folgte sein Sohn Herzog Philipp, † 1663, auf diesen der Enkel Christian, † 1698, auf diesen dessen Sohn

Herzog Philipp Ernst, † 1729. Die beiden letzten Herzöge dieser Linie waren Herzog Friedrich, † 1766, und sein Sohn Herzog Friedrich Hinrich Wilhelm, † 1779. Dieser letztere, der schon mit 32 Jahren starb, war mit einer Prinzessin von Nassau-Usingen in kinderloser Ehe verheiratet, daher erlosch mit ihm die Linie Glücksburg.

Die Krone Dänemarks zögerte nicht, sich diese Tatsache zunutze zu machen, kaum war der Herzog verstorben, am 13. März 1779, als schon wenige Tage später, am 19. März, ein königlicher Commissar erschien und von den Glücksburgischen Landen Besitz nahm. Nach den noch ganz mittelalterlichen Bräuchen schloß er das Tor des Schlosses zu und öffnete es wieder, löschte alsdann das Herdfeuer aus und zündete es wieder an, grub endlich eine Erdscholle aus dem vor dem Schlosse liegenden Gelände aus und nahm sie als Zeichen der Besitzergreifung an sich. Bald darauf wurden die Bewohner veranlaßt, dem neuen Landesherrn den Huldigungseid zu leisten, die Wappen und Chiffren der Herzöge wurden durch die königlichen ersetzt, die Grenzzeichen beseitigt. Der Angelner Distrikt wurde mit dem Amte Flensburg vereinigt, der Sundewitter mit dem Amte Sonderburg. So trachtete man mit allen Kräften danach, das Weiterbestehen eines Kleinfürstentums zu verhindern.

Dabei blieb man in Kopenhagen im Persönlichen sehr maßvoll. Die Witwe des letzten Herzogs vermählte sich wenige Jahre später mit dem Herzog von Braunschweig-Lüneburg-Bevern, † 1809, der kgl. dänischer Feldmarschall war und bis zu seinem Tode im Schlosse Glücksburg lebte. Die Herzogin selber, die sozusagen letzte regierende Herzogin, erwies sich als warmherzige Wohltäterin aller Bedürftigen, ihr verdankt Glücksburg ein Altersstift und die Gründung einer Spar- und Leihkasse, eine der allerersten des ganzen Landes. So besaß die gebürtige Rheinländerin und Mitglied des Hauses Oranien, wie ihr Nachruf kündet: „eine feurige Seele, einen fruchtbaren, nie ermüdenden Geist, Stärke im Schwanken des irdischen Glücks, Liebe zur Wahrheit und Kraft zur Entsagung für höhere Zwecke."

Mit ihrem Tode 1824 war das Lehen Glücksburg der dänischen Krone wieder anheimgefallen. Etwa in dieser Zeit hatten Mitglieder des Hauses aus der Linie Schleswig-Holstein-Sonderburg-Beck wieder in die alte Heimat zurückgefunden. Die Linie trug ihren Namen von der Herrschaft Beck in Westfalen, viele Mitglieder dieses Hauses hatten in preußischen Diensten gestanden. Herzog Friedrich Wilhelm Paul Leopold v. Holstein-Beck war schon 1803 als 18jähriger Prinz nach Kopenhagen gereist, um in die dänische Armee einzutreten. 1810 hatte er sich mit der Prinzessin Louise von Hessen vermählt, einer Tochter des Landgrafen Carl v. Hessen und einer Schwester der Königin, der Gemahlin König Friedrichs VI. So stand er in enger Verbindung zum dänischen

Königshaus, wurde auch von seinem Schwager, dem König, 1814 zum Wiener Kongreß mitgenommen und hatte später den Erbprinzen, den späteren König Friedrich VII., nach Genf zu begleiten.

Im Jahre 1825 wurde er mit dem Schlosse Glücksburg nebst Zubehör belehnt, natürlich jetzt ohne die beiden Lehnsdistrikte im Sundewitt und im Glücksburgischen. Im gleichen Jahre erhielt er den Titel eines Herzogs von Glücksburg (neuere Linie). Herzog Wilhelm hat freilich im Schlosse selber nicht gewohnt, er starb schon 1831, seine Witwe zog erst 1836 nach Glücksburg. Als die Erhebung 1848 ausbrach, verließ sie das Schloß und siedelte zu ihrer Tochter, der Herzogin von Bernburg nach Ballenstedt über. Das Schloß stand damit leer, aber der dänische König vereinbarte mit der Herzogin-Witwe, das Schloß als Sommerresidenz für sich selber benutzen zu können.

Seit 1854 residierte König Friedrich VII. hier im Sommer, am 15. November 1863 verstarb er auf Glücksburg, in einem historisch entscheidenden Zeitpunkt. Da mit ihm das dänische Königshaus erlosch, traten mit seinem Tode die weitreichenden Bestimmungen des Londoner Protokolls von 1852 in Kraft, durch das die Großmächte versucht hatten, die schwierige Erbfolgefrage zugunsten der Erhaltung der Integrität des Gesamtstaates zu regeln. Weder die Herzogtümer noch Preußen waren bereit, dieser Regelung zuzustimmen. So löste der Tod des Königs praktisch den preußisch-dänischen Krieg von 1864 aus, der für Dänemark zu dem schwerwiegenden Verlust der Herzogtümer führte.

Nach der Einverleibung der Herzogtümer in Preußen übertrug der neue Landesherr, König Wilhelm I. von Preußen, im Jahre 1871 Glücksburg als Lehen dem damaligen Chef des herzoglichen Hauses, dem Herzog Carl, der auch im Schlosse bis zu seinem Tode im Jahre 1878 gewohnt hat, ebenso wie nachher seine Witwe, die Herzogin Wilhelmine, Tochter König Friedrichs VI. bis zu ihrem Tode im Jahre 1891. Sie beide sind auf dem neuen Glücksburger Friedhof beigesetzt worden. Auf dem kleinen Geestgaard an der Wilhelminenstraße ist ihnen von den dankbaren Einwohnern des Ortes ein schlichtes Denkmal gesetzt worden, auf dem ihrer beider Bilder in bronzenen Medaillons eingelassen sind.

Ihm folgte sein Bruder, Herzog Friedrich, † 1885, diesem der Sohn Herzog Friedrich Ferdinand, † 1934. Sie alle haben noch ihren Hauptwohnsitz in Glücksburg gehabt. Aber wenn auch in den nachfolgenden Generationen der Wohnsitz überwiegend nach den Häusern Grünholz, Louisenlund und Bienebek verlegt wurde, so bleibt doch Glücksburg immer noch der Mittelpunkt des herzoglichen Hauses. So weitgehend es auch dem flüchtigen Besucher zugänglich gemacht wird, ebenso sehr bleibt es doch ein bewohnbares Schloß, sei es für fürstliche Empfänge oder für Hauskonzerte oder für Zeiten beschaulicher Ruhe. Größere Familienveranstaltungen innerhalb des herzoglichen Hauses werden

Gästezimmer

hier abgehalten, ebenso wie öffentliche Empfänge und Tagungen. Vor allem durch die Schloßkonzerte ist Glücksburg weithin bekannt geworden. Anfangs fanden diese in der Orangerie statt, in den letzten Jahren jedoch stets im Schloß selbst, wo der Rahmen der alten großen nur durch Kerzen erhellten Säle ein besonders feierlicher ist. Diese Schloßkonzerte haben auch dadurch ihre besondere Bedeutung gewonnen, daß sie die einzige Stelle im alten Herzogtum sind, wo derartige kammermusikalische Veranstaltungen durchgeführt werden können. Nur im Schlosse Gottorf besteht noch diese Möglichkeit. Die Konzerte finden etwa 4 oder 5 mal jährlich statt und kommen dem Wunsch des herzoglichen Hauses entgegen, das Schloß nicht zu einem toten Museum herabsinken zu lassen, sondern es weiterhin mit Leben zu erfüllen.

Das Schloßmuseum ist ganzjährig geöffnet und wird alljährlich von nahezu 100 000 Besuchern, vielen auch aus Skandinavien besichtigt.

Wenn heute das Schloß eine ungewöhnlich reiche Ausstattung an Portraits und Landschaftsbildern, an Gobelins und Kupferstichen, an Mobiliar und Büchern enthält, so sollte man glauben, daß dies alles von Generation zu Generation in

23

Kaiserin-Salon

vier Jahrhunderten zusammengetragen sei, ein Gedanke, der sich einem
aufdrängt, wenn man bedenkt, daß Glücksburg praktisch immer im Besitz des
Hauses Schleswig-Holstein geblieben ist. Aber genau das Gegenteil ist der Fall,
aus den früheren Jahrhunderten ist an Ausstattung außerordentlich wenig
erhalten; schon 1824 nach dem Tode der Herzogin Anna Caroline wurde der
größte Teil des Mobiliars versteigert. Vieles wurde nach 1864 nach Berlin
überführt, das meiste kehrte allerdings später zurück. 1864/65 wurde es gar
als Quartier für Truppen, als Lazarett und Kaserne benutzt. Als König Friedrich VII. im Jahre 1854 das Schloß beziehen wollte, mußte es, wie es in den Akten
heißt, neu montiert werden, damals kamen bedeutende Gobelins aus dem Schloß
Gottorf nach Glücksburg.
Erst 1871 kam mit dem Wiedereinzug des Herzogs Carl die reiche Ausstattung in
das Schloß, darunter weitere wertvolle Gobelins aus dem Schlosse Ballenstedt
und der Großteil des Mobiliars. So sind aus der Zeit des Erbauers, des Herzogs
Hans, fast nur noch die Stuckierungen der Gewölbe sowie die meisten Türen
erhalten. Etwas mehr stammt aus der Zeit des Urenkels, des Herzogs Philipp
Ernst, † 1729, vor allem die Einrichtung des nordwestlichen Eckzimmers im

Gobelin aus Brüssel, um 1700

Obergeschoß, des sogenannten Dankwartzimmers. Die Wände, soweit sie nicht durch Pilaster und Kamin unterbrochen sind, sind über einem Sockelpaneel in türkis und gold mit bemalten Stoffbahnen bespannt, die Kämpfe Prinz Eugens von Savoyen in den Türkenkriegen in Ungarn und Siebenbürgen zeigen. Sie sind nach 1731 für das Zimmer des Markgrafen Friedrich Ernst von Brandenburg-Culmbach geschaffen worden. Derartige Serien gehören heute zu den größten Seltenheiten. Im übrigen stammen aus dieser Zeit mehrere Kamine im Obergeschoß, Sockelpaneele, Türen und Wandverkleidungen.

Der kostbarste Besitz des Schlosses sind jedoch die Ledertapeten und die Gobelins. Vor allem die letzteren stellen sicherlich die bedeutendste Sammlung im gesamten nordeuropäischen Raum dar und sind, von einigen wertvollen Einzelstücken abgesehen, zwei getrennten Herkünften zuzurechnen.

Die eine Folge, die aus dem Schlosse Gottorf stammt, und speziell für dieses Haus angefertigt ist, wie das am oberen Rande eingewebte schleswig-holsteinische Wappen beweist, sind Brüsseler Arbeiten aus der Zeit um 1700. Diese Gobelins hängen im Gobelinzimmer im 3. Geschoß, einige von ihnen befinden sich heute in Grünholz und Louisenlund. Die Gobelins stellen Szenen dar aus den Metamorphosen des römischen Dichters Ovid und sind in Brüssel von Hendrick Ruydams, † 1719, gewebt. Die flandrischen Bildwirker haben die Begebenheiten der Ovidischen Fabeln in weite Parklandschaften verlegt. Prächtig gekleidete Gestalten beleben die Szenerie, ein wundervolles Beispiel barocken Prunkes in höfischer Umgebung, eine großartige Verbindung klassischer Würde mit zeitgemäßer Kunstauffassung. Die zweite Folge stammt aus dem Schlosse Ballenstedt; sie umfaßt zwölf Stücke und ist im Weißen Saale aufgehängt, der dadurch zum großartigsten Raum des ganzen Schlosses erhöht wird. Es sind Brüsseler Arbeiten mit Darstellungen des Lebens flämischer Bauern und Fischer nach Vorlagen von David Teniers d. J., die sogenannte Folge der Fins Teniers. Sie sind um 1740 gleichfalls in Brüssel entstanden und zwar in der Werkgemeinschaft des Brüsseler Bildwirkers Peter van den Hecke, † 1752, zusammmen mit den Brüdern Pieter und Frans van der Borght. Hier ist nichts zu spüren von der höfischen Grundhaltung der älteren Gobelins, frei und locker gesellen sich hier die schlichten Menschen des täglichen Lebens beim Tanz und auf dem Markt zueinander.

Unter den Einzelstücken sind Brüsseler Arbeiten um 1650 als Ausklang der Rubens-Serien, sowie Wandteppiche der Manufaktur Lille um 1700 bis 1730 zu nennen, weitere Arbeiten von Brüssel um 1690 und 1710, von Amsterdam um 1650.

Die Ledertapeten in Glücksburg stammen aus dem Schlosse Gottorf und sind zur Zeit Friedrichs VII. nach Glücksburg gebracht worden. Sie hängen nun geschlossen im Ledertapetenzimmer im 3. Geschoß und stellen ländliche Szenen dar. Leider ist es außerordentlich schwierig, Endgültiges über die Provenienz dieser sehr interessanten Folge sagen zu wollen. In München und Berlin befanden sich in der 2. Hälfte des 17. Jahrhunderts Ledermanufakturen, die allerdings zumeist auf gepreßtem Leder arbeiteten. Wissenschaftlich bearbeitet sind diese Ateliers bisher noch nicht. Die Tapeten in Glücksburg gehören der 2. Hälfte des 17. Jahrhunderts an und sind seltene und wegen ihrer wändeübergreifenden Sicht und aufwendigen Herstellungsweise kostbare Stücke. Sie stammen aus der Blütezeit des flandrischen Barock, wahrscheinlich um 1680 in Mecheln in der Werkstatt der Familie Vermeylen hergestellt. Als Vorlage dürften Werke von Peter Paul Rubens und seiner Schule gedient haben; so ist für eine der Darstellungen die Beziehung zu einem Stich von Rubens nachweisbar.

Der Kunstbesitz umfaßt eine umfangreiche Sammlung von hervorragenden Portraits, vor allem fürstlicher Häuser aus allen Jahrhunderten seit Bestehen des Schlosses. Es befinden sich darunter Werke von Gustav Pilo, Antoine Pesne, Valentin Wassner, Johann Heinrich Tischbein, C. A. Goos, Robert Schneider und vielen anderen mehr. Ferner sind eine größere Anzahl von Landschafts- und Historienbildern, Ansichten von Glücksburg aus alter und neuerer Zeit vorhanden. Hinzu kommen zwei Marmorplastiken von Bertel Thorvaldsen, sowie ein sehr reichhaltiges Mobiliar vornehmlich des 19. Jahrhunderts und eine kleine Sammlung hervorragender Jagdwaffen.

Endlich ist zu erwähnen die etwa 10000 Bände umfassende Bibliothek mit zahlreichen Werken zur schleswig-holsteinischen Landeskunde und zur Geschichte des Hauses Schleswig-Holstein. Die graphische Sammlung enthält über 6000 Blatt, darunter zehn große Stiche nach Motiven der Loggien des Vatikan von G. Volpato aus den Jahren 1772 bis 1777.

Eine Einrichtung besonderer Art in Glücksburg ist die Friedrichsgarde. Die ,,Abgeteilten Herren'' verfügten über keine volle Souveränität. Sie durften keine auswärtigen Dienste unterhalten, hatten keine Finanzhoheit mit Münzrecht und durften keine Truppen unterhalten. Dafür wurde ihnen gestattet, eine Bürgerwehr aufzustellen. Der Gründungstag der Friedrichsgarde in Glücksburg ist nicht bekannt. Die letzte Glücksburger Herzogin Anna Caroline hat 1801 die Friedrichsgarde neu ins Leben gerufen, nachdem sie viele Jahre hindurch geruht hatte. Es ist noch ein Säbel erhalten mit der Gravur: ,,Glücksburgische Friedrichsgarde 1743''. Sie dürfte aber schon längere Zeit vorher bestanden haben, da sie seit jeher Wachaufgaben für das Schloß zu versehen hatte. Die Mitglieder der Garde wurden vom übrigen Militärdienst befreit. Zur Zeit des Königs Friedrich VII. erhielt sie sogar in der Person des aktiven Majors Freiherr T. P. v. Wimpffen aus Kopenhagen einen militärischen Kommandeur. Dieser stammte aus Bayern, war dann in dänische Dienste gegangen und wurde zum Kavalier bei der Herzogin-Witwe ernannt. In den Jahren von 1848/50 ist sie auch als Truppe zur Überwachung der Fördeufer eingesetzt gewesen. Nach 1867 wurde die Garde in ein Schützencorps umgewandelt, sie behielt aber bis zur Gegenwart ihre Wachaufgaben bei und hat sie auch bei Gelegenheit des Kaiserbesuches von 1905 versehen. Noch heute tritt die Friedrichsgarde gelegentlich zu besonderen Anlässen bei der herzoglichen Familie auf, so bei Festen und bei Trauerfeiern innerhalb des herzoglichen Hauses. Der jeweilige Herzog ist Ehrenchef der Garde. Sowohl bei der Beisetzung des Herzogs Friedrich im Jahre 1965 wie bei der seiner Gemahlin Marie Melita, Prinzessin von Hohenlohe-Langenburg im Jahre 1967 hat die Friedrichsgarde den Ehrendienst im Schleswiger Dom versehen.

Schloß Glücksburg

Besitzer: Stiftung Schloß Glücksburg
Museum ganzjährig geöffnet

Besitzer		*Bauten*	
vor 1209	königlich	1209	Kloster erbaut
1209	Rüdekloster, ein Kloster der	1582	Kloster abgebrochen
	Cisterciensermönche	1582–87	Schloß Glücksburg erbaut
1538	königlich	1685	Kavalierhaus erbaut
1582	Herzog Hans d. J., dann	1717	Schloßkapelle eingerichtet,
	dessen Nachkommen aus		Back- und Brauhaus abge-
	der Linie Schleswig-Hol-		brannt
	stein-Sonderburg-Glücks-	1743	Orangerie erbaut
	burg bis	1786	Kavalierhaus aufgestockt
1825	Herzog Friedrich Wilhelm	um 1815	Zwerchgiebel abgebrochen
	Paul Leopold zu Schles-	1853/54	Schloß als königliche Resi-
	wig-Holstein-Sonderburg-		denz eingerichtet
	Glücksburg (-Beck), neue-	1905	Schloß restauriert
	re Linie Glücksburg, dann	1965	Außenwände renoviert
	dessen Nachkommen	1972	Restaurierung Schloß-
			kapelle
		1983–86	Beginn umfangreicher
			Sanierungsmaßnahmen an
			Schloß, Kavalierhaus
			u. Nebengebäuden

2 Lundsgaard

Kirchspiel Grundhof   Kreis Schleswig-Flensburg

Wir hören erst im 15. Jahrhundert zum ersten Male von diesem alten adeligen
Gut, im Zusammenhang mit einer Mordtat. Der Ritter Erik Nielssen (Niggelsen,
Nickelsen, sicherlich Herr Erik Nielsen Rosenkrantz auf Koxbüll) ist zu dieser
Zeit Besitzer der Burg, er hat sein Gut, wie es in altertümlicher Redewendung
heißt, dem Herzog verbrochen, das heißt, er hat sein Gut gegenüber dem
Landesherrn verwirkt. Die Tat muß schwer gewesen sein, nach der Überliefe-
rung mußte der Ritter außer dem Verlust seines Gutes die nahebei gelegene
Kirche von Grundhof vergrößern und den hohen Turm erbauen. Noch bis zu
dem großen Kirchenbrand von 1726 stand an der nördlichen Turmseite neben der
Tür ein 1,70 m hoher und 40 cm breiter Granitstein, auf welchem ein Mann in

Lebensgröße ausgehauen war, der ein Richtschwert mit der Spitze nach unten in beiden Händen hielt, – ein Zeichen der gesühnten Gerechtigkeit, vielleicht sein Grabstein.

Die Burg ist sicherlich viel älter als diese Begebenheit. Nur wenig nördlich des jetzigen Herrenhauses erhebt sich eine gewölbte Kuppe, noch heute von Resten eines Burggrabens umgeben, nach Westen und Süden trefflich geschützt durch einen Sumpf und das dahinter steil ansteigende Gelände, nach Osten den Blick freigebend in die leicht hügelige Landschaft Angeln bis hinunter zur See. Wir haben hier eindeutig einen Edelsitz der Heermannen vor uns, ein Glied in der Kette der Befestigungen, die von Glücksburg im Norden bis Gelting im Osten reichte und die die fruchtbare und dicht besiedelte Landschaft gegen räuberische Einfälle der Wenden über See zu schützen hatte.

Wir erfahren bei diesen Heermannenburgen selten die Namen der Ritter. Hier, fast einmalig, ist er bewahrt, wenn auch im Zusammenhang mit böser Tat. Der Zeitpunkt steht nicht fest, aber der Name des Herzogs wird mit Adolf angegeben, so kann es nur Adolf VIII. gewesen sein, der 1459 starb. Nach nicht bestätigten Überlieferungen soll die Tat 1430 geschehen sein. Und der Name des Ritters Erik Nielssen ist zweifelsfrei nordischen Ursprungs.

Der Herzog gibt den Hof weiter an seinen Knappen Jürgen Lund, die Urkunde über diesen Akt sagt ausdrücklich, daß Lund: „den Hoff Lundesgaard: in Gruntofft Karspel: beleghen in Husby-Haerde:" wegen treuer Dienste erhält. Es dürfte dabei eine Rolle gespielt haben, daß er mit der Tochter von Herrn Erik Nielssen, Margarethe Eriksdatter Rosenkrantz vermählt war.

Der Name des Hofes gibt zu denken. Für eine Deutung des Namens Lundsgaard gibt es einleuchtende Erklärungen im Zusammenhang mit der Bedeutung des Wortes Lund = kleiner Wald. Hier möchte man doch vermuten, daß der Name der Burg zu dem Namen des neuen Besitzers in unmittelbarer Verbindung steht, noch im 16. Jahrhundert heißt die Burg meistens Grumtoft oder Grumtoftgaard, ein sicheres Zeichen dafür, daß der Name Lundsgaard als neu empfunden wurde.

Wie lange Jürgen Lund oder seine Erben Lundsgaard besessen haben, wissen wir nicht. Jetzt, im Anfang des 16. Jahrhunderts, tritt erstmalig ein holsteinisches Adelsgeschlecht in Erscheinung, die Herren v. d. Wisch, die Lundsgaard im 16. und später noch einmal im 18. Jahrhundert in Besitz hatten. Claus v. d. Wisch, der 1469 das Adelsbündnis gegen den König mitbesiegelt hat, war Amtmann auf Gottorf und besaß Grundbesitz im Kirchspiel Esgrus. Sein Sohn Wolf hatte außer Roest auch Grumtoft sowie Voldewraa zu eigen. Von dessen Söhnen wird erst der ältere, Matthias genannt, dem Grumtoft und Niesgrau gehören, dann der zweite Bruder Moritz, dieser seit 1540, aber 1578 heißt es von ihm, er sei schwach und krank. Er hinterließ nur Töchter, die eine ging mit ihrem Liebsten nach Polen, eine andere heiratete einen Mann aus Preußen. Lundsgaard bleibt herrenlos.

Oder doch nicht? – Jetzt erscheinen gewaltig die Rantzau auf dem Plan, seit jeher das stärkste unter den alten Adelsgeschlechtern Schleswig-Holsteins. Andreas Rantzau ist in erster Ehe mit einer v. d. Wisch verheiratet, wird also zu den Besitzern von Lundsgaard in nahen verwandtschaftlichen Beziehungen gestanden haben. Zwei Geschwister Sehestedt auf Krieseby haben 3000 Mark aus Lundsgaard zu fordern und können ihr Geld von den Herren v. d. Wisch nicht erhalten. So zahlt Andreas Rantzau die Geschwister kurzerhand aus und setzt sich darauf eigenmächtig in den Besitz von Lundsgaard. Vergeblich versuchen die v. d. Wisch ihn abzuwehren, sie verkaufen das Gut an einen Vetter, den reichen und angesehenen Otto v. d. Wisch auf Ehlerstorf. Aber er erschoß sich auf einer Reise von Kiel nach Angeln, daher mußten die v. d. Wisch auf Lundsgaard weichen, seit 1564 erscheint Andreas Rantzau endgültig als Besitzer.

Das 16. Jahrhundert heißt im Lande das Rantzausche Zeitalter. In diesem Jahrhundert erreicht das Geschlecht seine größte Stärke, die beiden Feldherrn Johann und Daniel Rantzau, der große Statthalter und bedeutende Humanist

Lundsgaard, Luftbild

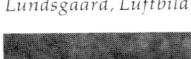

Heinrich Rantzau an der Spitze, bei den Landtagen erscheinen sie mit 120 Mann, sie besitzen 71 Burgen und Güter. Und die Bautätigkeit des Geschlechts in dieser Epoche ist staunenswert, auf fast allen dieser 71 Höfe entstehen in diesem Jahrhundert Neubauten oder zumindest starke Umbauten älterer Gebäude. Andreas Rantzau schließt sich diesem Zuge der Zeit an, die alte kleine Turmburg wird aufgegeben, auf dem Gelände der Vorburg errichtet er ein stattliches Herrenhaus. Hier hatten sich schon im Mittelalter Wirtschaftsgebäude befunden, in dem Gebäude links vor dem Herrenhaus sind mittelalterliche Keller mit Kreuzgratgewölben erhalten. Das Haus, das Andreas Rantzau erbaute, steht nicht mehr, es fiel einem Brande im Jahre 1730 zum Opfer. Wir besitzen aber zwei Abbildungen, die eine aus den beiden Kupferstichen bei Henninges von 1587 und 1590, die andere auf der sogenannten Rantzauschen Tafel von 1586. Diese letztere, ein Ölbild, das einen Rantzauschen Stammbaum mit Randleisten-bildern der Rantzauschen Burgen darstellt, befindet sich in Krengerup auf Fünen. Sie gibt das Haus von vorn wieder, einen Mittelbau mit zwei Flügeln, die Giebel schlicht, auch im Untergeschoß Fenster, die Eingangstür zu ebener Erde in der Mitte des Mittelbaues. Das Bild auf dem Stich von Henninges wirkt ursprünglicher, es zeigt die Rückansicht des Hauses, das Bauwerk unmittelbar aus dem Wasser aufsteigend, im Untergeschoß ohne Fenster, die Flügel nur schwach vorgezogen, die Giebel im Stil der Renaissance reich geziert mit Voluten, unter dem Dach rund um das Haus verlaufend eine gemauerte Zierleiste aus kleinen Bögen.

Ob in den wenigen Jahren zwischen der Entstehung des Stiches und der gemalten Tafel ein Umbau stattgefunden hat oder ob die geschilderten Abweichungen nur eine falsche Darstellung des einen oder des anderen Künstlers bezeugen, läßt sich schwerlich mehr eindeutig feststellen. Uns will scheinen, daß dem Stich bei Henninges die größere Wahrscheinlichkeit für die Echtheit der Wiedergabe zukommt. Dafür sprechen einmal die geschweiften Giebel des Renaissancestils, zum anderen das Fehlen der Fenster im Untergeschoß.

Andreas Rantzau ist zwischen 1587 und 1592 gestorben. Ihm folgte sein Sohn Hans, der mit seinen Geschwistern und Schwägern in die Blutsache von Schobüllgaard und Auenbüllund im Sundewitt verwickelt war, der nicht weniger als fünf Personen zum Opfer fielen, die beiden Vettern Paul Uck, Hans Blome und sein Reitknecht, endlich der Koch des einen Paul Uck. Hans Rantzau scheint sich in erheblichen wirtschaftlichen Schwierigkeiten befunden zu haben, das Gut wird an Henneke v. d. Hagen zu Nübel verpfändet und wird dann von dessen Rechtsnachfolgern im Jahre 1600 an Segebrand von Mahrenholz, aus einem Lüneburgischen Geschlecht, verkauft. 1607 erscheinen alle beide als Miteigentü-mer von Lundsgaard, sowohl Hans Rantzau wie der Mahrenholz. Dieser letztere hat sich durch seine Stiftung der Kanzel in der Kirche von Grundhof im Jahre 1606 ein bleibendes Gedächtnis bewahrt.

Nun wechselt Lundsgaard fast unaufhörlich seinen Besitzer. 1619 versucht die Tochter von Henneke v. d. Hagen, das Pfand einzulösen, wird aber abgewiesen. Auf die Mahrenholz, die das Gut in zwei Generationen besitzen, folgen Vater und Sohn v. Wulframsdorff, dann Georg v. Bützau auf Südensee, endlich Johann Christoph von Horn, ein Schwiegersohn des letzten Wulframsdorff. Erst mit dem Jahre 1722 treten stabilere Verhältnisse ein. Der Leutnant Johann v. Bachhoff ist verheiratet mit Adelheid v. d. Wisch, so kommen jetzt die v. d. Wisch erneut in den Besitz des Gutes. Lundsgaard geht nach dem Tode von Johann v. Bachhoff erst auf den Bruder seiner Frau über, Johann v. d. Wisch, dann auf dessen Frau, die 1775 auf Lundsgaard stirbt. Von ihr erbt es ein Neffe, der Oberst Friedrich Christian v. d. Wisch, † 1786. Sein Sohn Friedrich Heinrich

Eingangshalle

33

Wilhelm, der ihm hätte folgen sollen, starb noch vor dem Vater. So trat jetzt die Schwiegertochter Sophie Henningia v. d. Wisch, geb. v. Brockdorff, den Besitz an. Offensichtlich bestanden zu der Zeit große wirtschaftliche Nöte, nach der Überlieferung ausgelöst durch den Bau des neuen Herrenhauses. Sophie Henningia v. d. Wisch nahm sofort nach dem Tode des Schwiegervaters die umfangreichsten Veränderungen vor, fast das gesamte Hofland wurde parzelliert, 80 Parzellen ausgelegt mit zusammen 1301 Heidscheffeln einschließlich der beiden Meierhöfe Grüneberg und Voldewraa, gleich rund 390 ha.

Das erste Herrenhaus, das Andreas Rantzau erbaut hatte, brannte im Jahre 1730 ab, ein zweites, von dem wir gar nichts wissen, 1757. Jetzt erbaute 1779 Friedrich Christian v. d. Wisch das heute noch stehende Herrenhaus, mit einem etwas sparsamen Mittelrisalit von nur zwei Achsen, ein doppelstöckiges Haus mit schöner Eingangshalle und einem Festsaal im Obergeschoß. Dieser wurde durch Michel Angelo Tadei mit feiner Stuckarbeit geschmückt, in den Ecken die vier Jahreszeiten, über den Flügeltüren die vier Elemente: Feuer, Wasser, Luft und Erde symbolisch dargestellt.

Die einzige Tochter der Frau v. d. Wisch, geb. Brockdorff, Friederike Christine Eleonore heiratete Simon Carl v. Wasmer auf Bienebek, einen Bruder des zweiten Mannes ihrer Mutter. Dieser setzte die Zerstückelung von Lundsgaard

Salon

fort, verkaufte den Stammhof gleich an sechs Interessenten, diese wiederum nahmen weitere Verkäufe vor, so verblieben beim Hof nurmehr 49 ha, und es folgten Besitzer auf Besitzer. Erst als 1861 Henning August Karstens aus Bojum bei Rundhof den Besitz pachtete, bahnten sich ruhige Verhältnisse an, 1867 konnte er den Hof für seinen dritten Sohn Wilhelm kaufen. Dieser brachte den Betrieb in die Höhe durch Schaffung umfangreicher Obstanlagen, pflanzte 1200 Obstbäume und widmete sich der Obstweinbereitung. Von ihm ging Lundsgaard 1908 auf seinen Schwiegersohn Asmus Petersen über, der sich als Pferdezüchter und fortschrittlicher Landwirt einen Namen machte. Nach seinem Tode 1959 erbte dessen Sohn, Peter Hartwig Petersen, das Gut. Er hatte zunächst in Husby einen sehr bedeutsamen Saatzucht- und Samenaufbereitungsbetrieb aufgebaut, der später nach gewissen Veränderungen nach Lundsgaard verlegt worden ist. Auch die Liebe zum Pferdesport hatte sich ihm vererbt, er ist viele Jahre hindurch an führender Stelle in den Pferdezuchtverbänden des Landes tätig gewesen. Nach seinem Tode 1974 ging Lundsgaard auf seinen Sohn Asmus Sören Petersen über.

Adel. Gut Lundsgaard

Besitzer: Asmus Sören Petersen

Besitzer		*Gut und Bauten*	
15. Jahrh.	Ritter Erik Nielssen Rosenkrantz		Turmburg des Mittelalters
	Knappe Jürgen Lund	um 1580	Bau des ersten Herrenhauses
1523–1564	v. d. Wisch	1730	Brand des ersten,
1564–1607	v. Rantzau	1757	des zweiten Herrenhauses
1607–1619	v. Mahrenholz	1779	Bau des jetzigen Herren-
1619–1665	v. Wulfframsdorff		hauses
1665–1722	verschiedene Besitzer	1787	Parzellierung des Gutes
1722–1801	v. Bachhoff, dann dessen Erben v. d. Wisch	1801	weitere Verkleinerung
1801–1861	verschiedene Besitzer		
1861	Wilhelm Karstens, dann dessen Erben, erst Karstens, dann Petersen		

3 Rundhof

Rundhof gehört seit altersher zu einer der bedeutendsten und stattlichsten Besitzungen im ganzen Herzogtum Schleswig. Seine Geschichte umfaßt nahezu 750 Jahre, und die Reihe seiner Besitzer läßt sich über 700 Jahre zurückverfolgen. Seit rund einem halben Jahrtausend, mit Sicherheit seit etwa dem Jahre 1500, ist das Gut nicht einmal verkauft worden, hiervon entfallen 400 Jahre auf die Zugehörigkeit des Gutes zum Geschlecht v. Rumohr, seit der Mitte des 16. Jahrhunderts befindet sich Rundhof neben Roest als der Hauptsitz in den Händen dieser alten schleswigschen Adelsfamilie, und von zwei Ausnahmen abgesehen hat es sich in zwölf Generationen stets von Vater auf Sohn vererbt. Es ist aber nicht nur diese Tatsache der historischen Kontinuität, die Rundhof besondere Bedeutung verleiht. In außerordentlicher Fülle hat sich ein Urkun-

36

denmaterial sowohl aus dem Mittelalter wie aus neuerer Zeit erhalten. Wir sind dadurch in die Lage versetzt, mit ungewöhnlicher Genauigkeit die Wandlungen zu verfolgen, die dieses adelige Gut im Lauf der vielen Jahrhunderte erfahren hat, beginnend mit der königlichen Burg um die Wende des 12. Jahrhunderts, dem Entstehen des Groß-Gutes um die Wende des 14., der Bildung landwirtschaftlicher Großbetriebe um die Wende des 16., der Auflösung des alten Gutsverbandes um die Wende des 18., und endlich der Anpassung an moderne Betriebsformen im 2. Drittel des 20. Jahrhunderts. So schälen sich Epochen von je etwa 2 Jahrhunderten heraus, die das äußere Bild des Gutes bestimmen.

Daneben steht die Schöpfung der Bauwerke. Hier fehlen für die älteren Zeiten weitgehend die Unterlagen. Aber auch hier sind wir in der Lage, den Charakter der Bauten, vor allem des Herrenhauses und der Wirtschaftsgebäude etwa seit dem Jahre 1600 aufzuzeigen und können auch hier Epochen nachweisen. Zunächst die einfache, wenn auch in großen Maßstäben angelegte bauliche Gestaltung um 1600, dann die großartige schloßähnliche bauliche Anlage der zweiten Hälfte des 18. Jahrhunderts mit ihrer reichen künstlerischen Ausstattung im Inneren.

So bietet Rundhof weit über den Status der meisten adeligen Güter des Herzogtums hinaus eine ungewöhnliche Fülle des Materials, sowohl in geschichtlicher wie in agrarhistorischer Hinsicht, sowohl in Bezug auf genealogische Zusammenhänge wie Besitzerfolgen, sowohl endlich hinsichtlich seiner Bauten wie seiner Kunstschätze. Es nimmt daher nicht Wunder, daß dieses Gut wie kaum ein anderes in der Literatur behandelt worden ist. Als der Kieler Professor A. L. J. Michelsen im Jahre 1833 das „Archiv für Staats- und Kirchengeschichte der Herzogtümer" erscheinen ließ, widmete er gleich den ersten von ihm selber geschriebenen Beitrag der „älteren Geschichte des adeligen Gutes Rundhof in Angeln". Der Agrarhistoriker Prof. Georg Hanssen veröffentlichte im Jahre 1875 sein Werk: „Zur Geschichte norddeutscher Gutswirthschaft seit Ende des 16. Jahrhunderts", in dem er sich eingehend mit der Wirtschaftsgeschichte der beiden Güter Rundhof und Drült beschäftigt. Ferner gibt es eine 1965 an der Hamburger Universität erarbeitete Publikation mit dem nicht ganz zutreffenden Titel: „Das Adelsgut Rumohr vom Ende des 16. Jahrhunderts bis zum Anfang des 19. Jahrhunderts als Beispiel für Entwicklung, Ausbau und Leistung schleswigholsteinischer Großlandwirtschaft".

Die erste Erwähnung von Rundhof findet sich im Erdbuch König Waldemars II. von 1231. Hier wird Rundhof als Besitz des Königs aufgeführt und auf 6 Mark Goldes eingeschätzt. Diese Summe erscheint gering, wenn man damit vergleicht, daß das benachbarte Dorf Wippendorf mit seinen damals 12 Hufen auf

36 Mark Goldes veranschlagt wird. Man muß jedoch bedenken, daß um diese Zeit noch keine landwirtschaftlichen Großbetriebe vorhanden waren und daß die adelige Burg nur soviel an Grundbesitz hatte, wie zur Ernährung ihrer Bewohner erforderlich war. Dazu genügten in der Regel zwei Hufen. Wenn also in Wippendorf bei 12 Hufen auf jede Hufe 3 Mark Goldes gerechnet wurden, so heißt das, daß die Burg Rundhof 2 Hufen umfaßte. Das dürfte genau dem auch sonst bezeugten Maß entsprechen.

Diese erste Erwähnung von Rundhof läßt aus der Formulierung der Eintragung erkennen, daß Rundhof in der Nieharde belegen als Teil des großen Geltinger Waldes angesehen wurde, der sich von Roest im Süden über ganz Ostangeln bis über Gelting hinaus erstreckte. Und ein weiteres wichtiges Moment wird erkennbar, der Name der Burg. In König Waldemars Erdbuch wird sie Runae Toft geschrieben, später heißt es im allgemeinen Runtoft, seit dem Beginn der Neuzeit verdeutscht zu Rundhof. Dabei ist klar, daß der Name mit einem runden Hof nichts zu tun hat, die Hofanlage, wenn sie namensbestimmend hätte sein sollen, ist rechteckig, es handelt sich nur um eine Anpassung der uralten anglo-dänischen Bezeichnung an den niederdeutschen Sprachgebrauch. Selbst heute noch wird das Wort stets Runtofft gesprochen, wenn auch mit verschliffenem -t am Ende. Der zweite Teil des Namens ist sicherlich zu Recht erklärt worden als die allgemein übliche anglo-dänische Bezeichnung für Hauskoppel. Ältere Forscher haben den ersten Teil in Verbindung bringen wollen mit dem altnordischen Wort Runn oder Runnr gleich Gehölz. Die wahrscheinlich richtige Deutung ist die eines Personennamens Run oder Runi, um dessen Besitztum sich dieser Name bildet.

Eine weitere Frage erhebt sich bei dieser ersten Erwähnung von Rundhof im Jahre 1231: Wenn damals schon Rundhof als königliches Besitztum nachgewiesen wird und wahrscheinlich eine königliche Burg war, so fragt man sich, wo diese Burg gelegen hat und welchen Zwecken sie diente. Seit den gründlichen Forschungen des 1965 verstorbenen Jacob Röschmann in Flensburg wissen wir, daß sich entlang der Küste Angelns eine Kette von kleinen Wasserburgen der Heermannen, des jütischen Kleinadels, zog, mit den beiden besonders befestigten und besonders wichtigen Eckpunkten von Glücksburg im Norden und Gelting im Osten, die wahrscheinlich auch in späterer Zeit in königlichem Besitz blieben. Rundhof hat sicherlich im Namen dieser Kette von Befestigungen, die zum Schutz gegen räuberische Einfälle der Wenden über See angelegt war, seine besondere Rolle am westlichen Rand der silva geltinga, des Geltinger Waldes, gespielt.

Die zweite Frage, wo diese erste Burg gelegen hat, kann nicht mit letzter Sicherheit beantwortet werden. Dicht hinter dem heutigen Herrenhause liegt eine kleine oval geformte Insel. Aller Wahrscheinlichkeit nach trug diese Insel die älteste Turmburg, möglicherweise würden Grabungen Reste von Fundamenten erkennen lassen, aber selbst dann noch würde ungewiß bleiben, ob diese Fundamente der königlichen Zeit zuzurechnen sind oder erst dem 14. Jahrhundert.

Denn die Zeit des Besitzes des Königs dauert nicht allzu lange, noch im 13. Jahrhundert geht ein großer Teil dieses königlichen Besitztums auf einzelne Ritter aus den jütischen Heermannengeschlechtern über, sicherlich auf Grund einer Belehnung gegen Übernahme der Verpflichtung, den militärischen Schutz des Landes zu bewerkstelligen. Rundhof ist seit etwa 1285 im Besitz des Geschlechtes Skram, erst Jacob Skram, dann dessen Sohn Peter Skram. Jacob Skram ist 1303 gestorben, sein Sohn Peter war mit Eddele aus dem jütischen Geschlecht Saltensee verheiratet. In der dritten Generation sehen wir eine geradezu typische Erscheinung des Besitzerwechsels in soziologischer Hinsicht sich vollziehen. Der Heermannenadel verschwindet unter dem übermächtigen Druck der starken holsteinischen Adelsgeschlechter, alle 4 Söhne von Peter Skram gehen nach Jütland und pflanzen dort auf Mattrup das Geschlecht fort, die Schwester Cäcilie ist mit dem holsteinischen Ritter Segebod Krummendieck verheiratet und bringt ihm das Gut Rundhof mit in die Ehe.

Die Zeit der Krummendieck auf Rundhof hat nicht allzu lange gedauert, nur zwei Generationen, auf Segebod Krummendieck, † um 1390, folgt sein Sohn Erich Krummendieck bis 1431. Aber diese Zeit ist grundlegend geworden für die nächsten Jahrhunderte bis hin zur Gegenwart. Vor allem Erich Krummendieck ist als der wahre Schöpfer des großen adeligen Gutes Rundhof anzusprechen. Der Besitz, den er vom Vater her ererbte, dürfte nicht allzu groß gewesen sein. Aber in den rund 4 Jahrzehnten seiner Besitzerzeit hat er Rundhof die Ausdehnung verschafft, die es fast ein halbes Jahrtausend lang behalten sollte. Zunächst galt es, sich mit Verwandten auseinanderzusetzen, die ihrerseits Ansprüche auf Rundhof hatten oder doch zu haben glaubten. Erich Krummendieck brachte 1391 einen Vergleich mit dem Ritter Hinrich Split, auch aus holsteinischem Geschlecht, zuwege, wonach Hinrich Split für sich, seine Frau und seine Kinder auf Rundhof mit Zubehör verzichtete, wohingegen den Split der Besitz in Grödersby an der Schlei verblieb. Offensichtlich haben hier verwandtschaftliche Zusammenhänge bestanden, deren Einzelheiten uns heute nicht mehr erkennbar sind, wahrscheinlich war die Ehefrau von Hinrich Split eine Schwester von Erich Krummendieck. Erich Krummendieck seinerseits war verheiratet mit Beate v. Thienen, deren Vater Johann v. Thienen Drost von Süderjütland und gleichzeitig ein großer Grundherr war. Im Jahre 1397 erwarb Erich Krummendieck durch Schötung auf dem Ding der Nieharde das Dorf

Wippendorf, freilich nicht das ganze Dorf, ein Teil gehörte damals noch dem Domkapitel in Schleswig. Ferner erwarb er den Hof Tollschlag, das kleine Dorf Griesgaard, Land in Esgrus-Schauby und vor allem den bedeutenden Hof Trölegharde, das spätere Drült. Im selben Jahre verkaufte der Schwiegervater an den Schwiegersohn noch das Dorf Schörderup mit Schörderupmühle, Stoltebüll und Vogelsang und alles, was zum Schörderuper Lehen liegt. 1409 setzt Erich Krummendieck die Erweiterung des Besitzes fort, jetzt sind ihm die geistlichen Besitztümer im Wege, Domkapitelsgüter in Tranbüll und Wippendorf werden sein Eigentum. Zur gleichen Zeit gehen im östlichen Teile des Geltinger Waldes die Dörfer Pommerby, Solby und Düttebüll in seinen Besitz über, Dörfer, aus denen später das große adelige Gut Düttebüll entstand. So wird der Besitz planmäßig abgerundet, bis er sich zusammensetzt aus drei großen Höfen, nämlich Rundhof, Sieverland und Drült, der Feldmark der niedergelegten Dörfer Lüchtoft und Tranbüll, weiteren acht Dörfern, das sind Birzhaft, Wippendorf, Stangheck im Norden, Gulde, Schörderup, Stoltebüll und Vogelsang in der Mitte, endlich Wittkiel im Süden. Daneben gehören zum Gut noch eine große Anzahl von einzelnen Landstellen durch ganz Angeln hindurch, die typische Form des Besitzes aus der Zeit des Heermannenadels, der keine Großbetriebe späterer Zeit kannte, sondern von den Abgaben vieler oft weit verstreuter Hintersassen lebte. Außer einigen Veränderungen in den Dörfern Gulde und Wittkiel im 17. Jahrhundert hat Rundhof fast unverändert seit den Tagen Erich Krummendiecks Bestand gehabt bis zur Parzellierung um 1800.

Bei einer so starken Persönlichkeit, wie Erich Krummendieck es war, nimmt es nicht Wunder, daß er auch im öffentlichen Leben hervortrat. Aber gerade das wurde ihm und seinem Gut Rundhof zum Verhängnis. Er war Drost von Süderjütland gewesen, ebenso wie schon sein Schwiegervater Johann v. Thienen, hatte sich dann in den Machtkämpfen um das Herzogtum Schleswig zunächst der herzoglichen, später der königlichen Partei angeschlossen und damit aufs falsche Pferd gesetzt. Als der Herzog 1431 Flensburg erobert hatte, wurden anschließend die königliche Burg Niehuus bei Flensburg und die Burg Rundhof, die dem verhaßten Landesfeind Erich Krummendieck gehörte, geschleift. Die lübsche Chronik erzählt hiervon: ,,Und kurz darauf zogen sie vor das Neue Haus und vor den Runthof und gewannen sie beide und brachen sie beide bis auf die Erde nieder.''

Der Haß war groß, als im Jahre darauf 1432 ein Waffenstillstand zwischen dem König und den beiden siegreichen Herzögen von Holstein zustandekam und alle Ritter ihre Besitzungen zurückerhielten, wurden die Güter Erich Krummendiecks von der Amnestie ausdrücklich ausgenommen. Er blieb denn auch in königlichen Diensten, folgte ihm 1435 nach Stockholm und starb 1439 in

Lübeck, wo er in der St. Catharinenkirche begraben wurde. Von seinen zehn Kindern, fünf Söhnen und fünf Töchtern, ist besonders erwähnenswert die Tochter Margaretha, die in Schweden mit Christian Nilson Wasa verheiratet war und so die Stammutter der schwedischen Dynastie wurde, die mit Gustav Wasa beginnt.

Rundhof verblieb zunächst in herzoglichem Besitz, gewissermaßen als Domäne oder Kammergut. Als aber 1460 der dänische König Christian I. zum Herzog von Schleswig und Holstein gewählt wurde, sah er sich veranlaßt, große Teile seines Besitzes abzustoßen, einesteils, um den einflußreichen Wählern des Tages von Ripen entgegenzukommen, andererseits aber auch, um die königlichen Kassen wieder zu füllen. So verkaufte er am Sonnabend nach Ostern 1460 das Gut Rundhof an seinen Rat Wulf v. d. Wisch, Verbitter des Klosters Bordesholm, für 10000 Mark Lübsch. In der Verkaufsurkunde werden sorgfältig und genau die Zubehörungen aufgeführt, jede einzelne Bauern- und Kätnerstelle, die zu Rundhof gehören, ein Besitz, der sich über vier Harden in Angeln verteilt, nämlich über die Struxdorfharde, die Nieharde, die Husbyharde und die Schliesharde. Ausdrücklich heißt es bei Runtofft (sic) selber: *dar dat Slot steyt*, wo das Schloß steht. Wenn also 1431 die Burg Erich Krummendiecks völlig geschleift worden war, wie die lübsche Chronik berichtet, so muß in der Folgezeit eine neue Burg errichtet worden sein. Im übrigen nimmt der Kaufbrief ausdrücklich Bezug auf Erich Krummendieck: Wulf v. d. Wisch solle den Besitz in gleicher Weise erhalten wie jener ihn besessen, mit allen Rechten auf Abgaben, Pachten und Zinsen, auf Ausübung der hohen und der niederen Gerichtsbarkeit, mit Drostengericht und aller Herrlichkeit.

Soweit so gut. Die Urkunde schien den neuen Besitzstand für alle Zeiten fixiert zu haben. Gleichwohl sollte sich Wulf v. d. Wisch seines Besitzes nicht erfreuen, ja es folgte eine Epoche von mehr als einem Jahrhundert, die von Streitigkeiten und Prozessen um Rundhof erfüllt ist. Zunächst traten alte Gläubiger auf, der Ritter Eggert Frille, seine Frau Anna und deren Schwester Beate erhoben Ansprüche auf Rundhof. Erich Krummendieck war in zweiter Ehe mit Karen Frille verheiratet gewesen, aus einem alten südjütischen Geschlecht, sie selber war jetzt schon nicht mehr am Leben, aber ihr Vatersbruder Eggert Frille, dänischer Reichsrat, wußte ihre Ansprüche tatkräftig durchzusetzen. Es blieb Wulf v. d. Wisch nichts anderes übrig als zu zahlen, 700 Rheinische Gulden kostete ihn die Auslösung dieser Ansprüche, der Vertrag kam 1465 zustande.

Wulf v. d. Wisch geriet schon wenige Jahre später in Streit mit den Brüdern des Königs, er wurde gezwungen, 1468 Rundhof wieder an den König zu verkaufen, um, wie es heißt, für sich und seine Söhne Claus und Henneke Frieden zu haben, konnte es aber schon 1470 wenigstens pfandweise wieder in Besitz nehmen. Aber noch Jahrzehnte später galt Rundhof als landesherrliches Lehen, bis erst allmählich dieser Charakter entschwand.

Wulf v. d. Wisch ist um 1480 gestorben, in diesem Jahre erhielten seine Söhne Wulf und Otto einen neuen Pfandschein auf Rundhof. Wulf fiel 1500 bei Hemmingstedt. Otto wird zuletzt 1499 auf Rundhof genannt.

Bald darauf erhob sich ein neuer Streit, um diese Zeit ging Rundhof über an Benedict Sehestedt, wir wissen nicht, auf Grund welcher Umstände, ob durch Erbschaft oder Kauf. Sicher ist, daß der älteste Sohn von Otto v. d. Wisch, Clemens v. d. Wisch, mit dem Übergang an die Sehestedt nicht einverstanden war, es kam zunächst zu Forderungen an Benedict Sehestedt, dann zu schweren Landfriedensbrüchen durch ihn in Gemeinschaft mit seinem Vatersbruder Benedict v. d. Wisch auf Olpenitz. 1511 mußte sich der Herzog durch ein Schreiben an das Gesamtgeschlecht v. d. Wisch einschalten, 1512 kam es gar zur Landesverweisung von Clemens v. d. Wisch. Später kehrte er jedoch zurück und wurde sogar einer der einflußreichsten Ratgeber des Herzogs und Mitglied des Regentschaftsrates. Man kann aus diesen schweren Zwischenfällen nur den Schluß ziehen, daß der Übergang des Gutes Rundhof von Otto v. d. Wisch auf Benedict Sehestedt berechtigte Ansprüche der Kinder nicht berücksichtigt hat.

Aber auch die nachfolgende Sehestedtsche Zeit verlief nicht ohne tiefe Sorgen. Benedict Sehestedt hatte sechs Kinder, vier Söhne und zwei Töchter, aber drei Söhne starben unbeerbt in jungen Jahren, übrig blieb nur der zweite Sohn, Jasper Sehestedt, der mit Dorothea v. Ahlefeldt in kinderloser Ehe verheiratet war. Die ältere Tochter Eybe hatte Henneke Rumohr auf Roest geheiratet, die jüngere Catharina Wulf v. Ahlefeldt auf Noer. Als nun 1557 Jasper Sehestedt verstorben war, erhob Henneke Rumohr als Mann der älteren Tochter Anspruch auf Rundhof. Es kam zum Prozeß gegen die Witwe, die Rundhof nicht herausgeben wollte, weil ihr Mann es ihr angeblich testamentarisch hinterlassen habe. In dem landgerichtlichen Endurteil vom 13. Dezember 1557 wurde jedoch festgelegt, daß Frau Dorothea es nur auf Lebenszeit behalten dürfe. Ferner wurde ihr auf Betreiben von Henneke Rumohr auferlegt, die Hölzungen nicht zu verhauen, das heißt, keine unnötigen Einschläge im Walde vorzunehmen; sodann ein Inventarverzeichnis aufzustellen und Henneke Rumohr und seiner Frau Eybe auszuhändigen; endlich die Untertanen nicht zu bedrücken. Dieser letztere Punkt ist höchst charakteristisch geblieben für die nächsten Generationen. Wir hören so häufig von harter Behandlung der Untertanen auf den Gütern, auch die Herren v. Rumohr auf Roest machten hiervon keine Ausnahme. Im Hause Rundhof gibt es genügend an Überlieferung, die eine wesentlich humanere Einstellung bezeugen.

Des Prozessierens war kein Ende. 1567 schickte sich Frau Dorothea, die inzwischen eine neue Ehe mit Christoph v. Ahlefeldt auf Bossee und Klein-Nordsee eingegangen war, an, Grundstücke und Häuser in Flensburg zu verkaufen. Henneke Rumohr und seine Frau Eybe, die beide inzwischen älter geworden waren, hatten alle ihre Ansprüche auf Rundhof ihren vier Kindern übertragen, den beiden Söhnen Asmus und Schack und den beiden Töchtern Anna und Hese. So klagten nun diese vier gegen Dorothea v. Ahlefeldt und naturgemäß mit Erfolg. Endlich 1580 starb diese Frau, und jetzt konnten die Rumohr, wie sie dachten, ihren Einzug auf Rundhof halten. Aber wiederum kam ihnen ein Prozeß in die Quere, jetzt tauchten die Nachkommen der jüngsten Schwester Catharina auf. Sie hatte sich mit Wulf v. Ahlefeldt auf Noer vermählt, deren Sohn Benedict war inzwischen ebenfalls verstorben. Aber jetzt trat dessen Witwe auf den Plan und machte Ansprüche auf Rundhof zugunsten ihrer unmündigen Tochter Helvig geltend. Mit dieser Witwe von Benedict v. Ahlefeldt hatte es ihre eigene Bewandtnis: sie war nicht adeliger Abkunft, was in jenen Zeiten ganz ungewöhnlich war, sondern stammte aus altem nordfriesischem Bauerngeschlecht, Lausen von Uphusum bei Bredstedt. In die Geschichte unseres Landes ist sie eingegangen als die böse Frau Mette, die sich durch die von ihr ins Werk gesetzten Hexenprozesse und durch die mehr als harte Bedrückung ihrer Untertanen auszeichnete. Elf ihrer zwölf Kinder waren nach ihrer Behauptung von Hexen umgebracht worden, die einzige Tochter Helvig wurde kurz vor ihrer Hochzeit vergiftet, ihr Verlobter ermordet. So war Frau Mette sicherlich kein angenehmer Prozeßgegner, aber die Rumohr siegten ob, durch landgerichtliches Urteil vom 18. März 1584 wurde sie auf Grund 20jähriger Verjährung mit ihrer Klage abgewiesen.

Jetzt endlich war für die Rumohr die Bahn frei. Die beiden Schwestern hatten inzwischen geheiratet und sind sicherlich mit Geld abgefunden worden. Der jüngere Bruder Schack starb, ohne Leibeserben zu hinterlassen, 1585, so blieb Asmus Rumohr nunmehr im Alleinbesitz von Rundhof und war damit gleichzeitig einer der größten Landbesitzer überhaupt in den Herzogtümern geworden. Allein in Ostangeln gehörte ihm ein geschlossener Distrikt von 128 Pflügen, schätzungsweise 10000 ha, der sich um die Stammgüter Roest, Rundhof und Düttebüll gruppierte, dazu kam der umfangreiche Besitz auf Alsen und in der Marsch, Häuser in den Städten, Kapitalien und vieles mehr. Nie zuvor und auch nie später hat ein Angehöriger des Geschlechts über solchen Reichtum verfügt.

Freilich, Rundhof war trotz seiner Größe ihm kaum mehr wert als irgendein anderes seiner vielen Besitztümer. Er wohnte auf Roest und erbaute hier gegen Ende seiner Lebenszeit den heute noch stehenden schönen Renaissancebau. In Rundhof hat er sicherlich nicht gelebt, nur zwei Jahre lang während der

Erbauung des Roester Herrenhauses auf Drült. Als Asmus Rumohr 1590 gestorben war, warteten die vier Söhne, bis der jüngste von ihnen, Henneke Rumohr, 24 Jahre alt geworden war, dann schritten sie zur Teilung des riesigen väterlichen Nachlasses. Die Teilungsurkunden sind in Schleswig ausgestellt, aber nach der Überlieferung ging der Akt selber in der Kirche in Kappeln vor sich, nach altem holsteinischen Brauch warfen sie das Los. Vier Erbteile wurden gebildet, der zweite Sohn Heinrich erloste Rundhof mit Drült, der vierte Henneke die Güter auf Alsen und den Streubesitz. Aber noch an Ort und Stelle tauschten die beiden Brüder ihre Erbteile, Heinrich war offensichtlich alles andere als Landwirt, so überließ er bereitwillig dem jüngsten Bruder Henneke den großen landwirtschaftlichen Besitz Rundhof und begnügte sich mit dem leichter zu verwertenden Streubesitz. Auf diese Weise ist Henneke Rumohr, † 1618, der wahre Begründer des landwirtschaftlichen Großbetriebes von Rundhof geworden. Auf die in Drült aufbewahrte plattdeutsche Familienbibel von 1545 ließ er in Gold die Initialen des jungen Ehepaares setzen: H.R. E.R., Henneke Rumohr Elisabeth Rantzau, und auf die letzte leere Seite trug er in plattdeutsch ein: ,,Anno 1593 am Dienstag vor Palmarum, der der 3. Tag des Monats April war, habe ich das Gut Rundhof im Namen Gottes in unserer Gebrüder Erbteilung angenommen. Der ewige Gott wolle aber uns in Gnaden halten und uns seines zeitlichen und ewigen Segens teilhaftig machen.''
Henneke Rumohr war offensichtlich Landwirt durch und durch. Alsbald nach der Erbteilung legte er ein Wirtschaftsbuch an, in dem er peinlich genau die Aussaat an Korn, den Viehstand des Gutes und dessen Verteilung auf die Weiden notiert. Voller Stolz rühmt er darunter 80 Ochsen als ,,rechte grote Beester''. Henneke Rumohr wird auch die Erbauung der älteren Hofgebäude zugeschrieben. Hinsichtlich des Pferdestalles ist es klar, er trägt an dem schönen fünffach getreppten Seitengiebel die Jahreszahl 1604. Auch im Kuhstall war ein Teil des Mauerwerkes zweifellos dieser Zeit zugehörig. Man möchte darüber hinaus vermuten, daß zur Zeit Henneke Rumohrs die gesamte äußere Hofanlage ihre heutige Gestaltung erfahren hat, spätestens jetzt ist der alte kleine Turmhügel verlassen worden, und die großräumige Hofanlage entstanden, die in zwei voneinander durch einen mittleren Graben getrennten Höfen den Wirtschafts-hof, den in Holstein sogenannten Bauhof, und den Ehrenhof mit Herrenhaus und Stallungen aufnimmt. Das Herrenhaus, das aller Wahrscheinlichkeit nach durch Henneke Rumohr erbaut wurde, ist uns nur bekannt durch eine kreidegehöhte Lithographie, die vielleicht erst nach dem Abbruch dieses Hauses nach einer älteren Vorlage entstanden ist. Danach war das Haus ein einfacher Querbau mit vorgezogenem Mittelrisalit, links und rechts mit je vier Fensterachsen, der Mittelbau mit weiteren drei Achsen, das Haus strohgedeckt,

der First mit den typischen Angliter Hängehölzern befestigt, zur Rechten und zur Linken mehrere offenbar großräumige Nebengebäude für Pferde und Wagen. Gravitätisch schreitet der Gutsherr in der Kleidung zu Beginn des 18. Jahrhunderts über den Hof.

Wie dieses Haus im Inneren aussah, wissen wir nicht, einige wenige allerdings besonders schöne Renaissancemöbel sind in das jetzige Herrenhaus übernommen worden, darunter ein vorzüglicher Renaissanceschrank mit dem Namen und Wappen von Hans Rantzau auf Borghorst und dessen Gemahlin Brigitte, geb. v. Buchwaldt, den Schwiegereltern von Henneke Rumohr. Im Hause gab es die „Grüne Kammer", nach 1743 sind hier mehrfach Erneuerungsarbeiten durch den Maler Peter Christian aus Ulegraff vorgenommen worden. Der Ehrenhof ist vom Wirtschaftshof noch deutlich getrennt durch den mittleren Hausgraben, über ihn führt freilich schon keine Zugbrücke mehr hinweg, sondern ein schmaler Fahrdamm.

Ein großartiges Denkmal setzte sich das Ehepaar Henneke Rumohr und Elisabeth, geb. Rantzau, gemeinsam mit ihren Vettern Rumohr auf Ohrfeld und auf Brunsholm durch die geschnitzten Herrschaftsstühle von 1607 in der Kirche von Esgrus. Die reichen Schnitzereien, mit Wappen, Namen, Kartuschen, Masken und Gesimsen werden Hans Gudewerdt d. Ä. aus Eckernförde zugeschrieben und rechnen zu den hervorragendsten Arbeiten dieser Art in unseren Landkirchen.

Auf Henneke Rumohr folgen in mehreren Generationen, stets Sohn auf Vater, Männer, die nur wenig im öffentlichen Leben hervortreten, sondern offensichtlich ihr Genüge in der Bewirtschaftung des großen und sich stetig mehrenden Besitzes finden. Auf Henneke folgt sein Sohn Hans, † 1673, auf diesen der Enkel, jetzt hochdeutsch Henning geheißen, † 1715, auf diesen dessen Sohn Christian August I, † 1743. Sie alle verbinden sich mit den großen Häusern des Landes, mit den Ahlefeldt von Seegard und Seestermühe, mit den Rantzau von Kletkamp, den Ahlefeldt von Kohöved und Eschelsmark. Nur die Heirat des letztgenannten, Christian August I, fällt aus dem Rahmen, er führt Agneta Cäcilie v. Wickede heim, Tochter eines hochangesehenen und sehr vermögenden Lübecker Ratsherrn. Sie brachte ihm ein großes Vermögen zu, der Schwiegervater Johann v. Wickede stiftete gar sein Gut Gr. Steinrade bei Lübeck als Fideikommiß für den jeweils ältesten der Gesamtfamilie Rumohr, das bis 1965 im Besitz der Familie geblieben ist. Aber der Schwiegersohn ließ sich nicht beschämen: Im Jahre nach der Hochzeit ließ er seiner jungen Frau ein Staatskleid anfertigen, für das die Gutskasse nicht weniger als 600 Rthlr. zu bezahlen hatte.

Auch sonst floß das Leben in diesen Generationen in einer Fülle und Breite dahin, wie sie uns heute kaum mehr verständlich sind. Wein kostete eine halbe

Mark die Kanne, in Rundhof wurden jedoch allein für Wein 1200 Mark aufgewendet. Schon um 1690 wurden etwa 40 bis 50 Menschen an Personal beschäftigt, 1766 waren es gar 52 Personen ; unter ihnen bezog der Koch mehr an Gehalt als der Verwalter. An oberster Stelle steht die Mademoiselle, wohl die Leiterin des ganzen Hauswesens, 23 Mädchen werden gehalten, ein eigener Hausschneider, zwei Hauslehrer, mehrere Gärtner, daneben Lakaien, Jäger, Vorreiter, Läufer, Kutscher, Stallknechte, Kammerjungfern und so fort. Im Jahre 1782 werden mehrere hundert Rthlr. dafür aufgewendet, einen jungen Menschen zu einem perfekten Koch in einer fürstlichen Küche Süddeutschlands ausbilden zu lassen.

Allein drei Pferdeställe waren vorhanden, der Baustall, in dem 24 Pferde für die Hofwirtschaft standen, ferner ein Kutschpferde- und ein Reitstall. Daneben wurden Meuten von Jagdhunden gehalten, die in dem einzigen Jahre 1766 48 Tonnen Hafer auffraßen.

Aber trotz dieser fast unglaublichen Fülle des Lebens besaßen diese Generationen Umsicht und Sorgfalt genug, um das Erbe klug und mit Erfolg zu verwalten und zu mehren. Fast ganz bis zum Jahre 1800 sind Schulden überhaupt nicht bekannt, ja der Überschuß der Betriebe war so groß, daß es um die Mitte des 18. Jahrhunderts möglich wurde, das alte bescheidene Herrenhaus zu ersetzen durch ein schloßartiges Herrenhaus, das der Größe des Besitzes entsprach. Bauherr war Christian August II v. Rumohr, † 1775, der der Familientradition treu im Jahre 1755 eine Ahlefeldt geheiratet hatte, die Gräfin Charlotte Amalie v. Ahlefeldt aus d. H. Eschelsmark. Bereits im Jahre 1748, als in Riga Gips eingekauft wurde, scheint man sich mit den Bauarbeiten beschäftigt zu haben. In den Jahren bis 1755 beliefen sich allein die Ausgaben für Materialien auf 8000 Rthlr. Die eigentlichen Bauarbeiten scheinen doch erst um das Jahr 1753 begonnen zu haben, in diesem Jahr erhielt der Baumeister George Greggenhofer den ersten Abschlag auf sein Honorar bezahlt. Dessen besondere und für die Zeit typische Künstlerschicksale sind erst bekannt geworden, nachdem man vor einigen Jahrzehnten das Gutsarchiv durchforschte und feststellte, daß er und nicht Sonnin Rundhof erbaut hat. Greggenhofer ist geboren in Bayern im Jahre 1719, war zuerst beschäftigt bei der kunstinteressierten Markgräfin Wilhelmine in Bayreuth. Aber als ihre Schwester Luise Ulrika im Jahre 1751 mit ihrem Manne, dem Administrator des Fürstbistums Eutin, dem Herzog Adolf Friedrich v. Holstein-Gottorp den Thron Schwedens bestieg, zog sie Greggenhofer mit sich, und 1752 bis 1754 wirkte er mit bei der Errichtung des Schloßtheaters auf Drottningholm. Im gleichen Jahre kam Christian August v. Rumohr in Verbindung mit ihm, möglicherweise durch seinen Bruder Friedrich, der Domherr in Lübeck war und am Hofe in Eutin lebte, wo später Greggenhofer eine große bauliche Wirksamkeit entfaltete. Auf unseren adeligen Gütern baute er unter anderem das Herrenhaus Dobersdorf bei Kiel sowie die stattlichen Torhäuser in Hasselburg, Testorf und Schönweide.

Rundhof ist Greggenhofers erstes Werk in den Herzogtümern, eine Anlage, die großzügig geplant ist und mit eindrucksvoller Konsequenz und Kraft durchgeführt worden ist. Das imposante Hauptgebäude erhebt sich mit zwei hohen Stockwerken über einer aus Granitsteinen errichteten Kelleretage. Ein stark betontes Mittelrisalit springt wie ein dreiseitiger Vorbau mit aufgemauerter Attika zum Hof hin vor, an der Attika ist eine Kartusche mit dem Baujahr 1754 angebracht. Die Fassaden sind unterteilt durch breite Pilaster und haben Blendnischen zwischen den großen flachbogigen Fenstern. Die gewaltige Tiefe des Gebäudes mit dem Ausmaß von 36 zu 18 m erfordert die Abdeckung des Daches durch zwei parallel abgewalmte Dächer. Die gegenwärtige etwas steif wirkende Eindeckung stammt aus dem Jahre 1868.

Das Hauptgebäude wird eingerahmt von zwei einfacheren Seitenflügeln, dem Kavalierhaus nach Norden, 1761 errichtet, und dem herrschaftlichen Stall nach der Südseite, 1786 erbaut. Trotz des großen Abstandes in der Bauzeit sind die

Supraporte in der Bibliothek

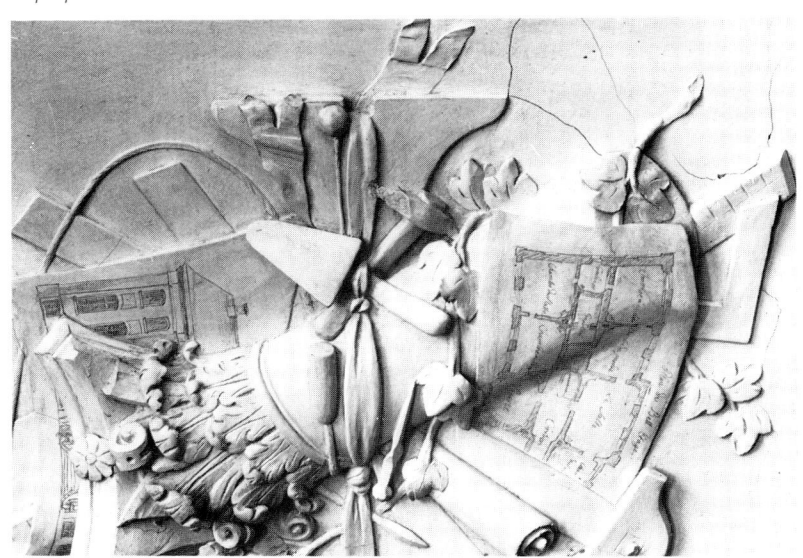

Flügel in allen ihren Hauptzügen einheitlich gehalten, haben zwei Stockwerke und schmale, von geschweiften Lisenen eingefaßte Frontispize.

In Rundhof ist eine lange Reihe von wertvollen Inneneinrichtungen aus den zwei Bauperioden in den 1750er und 1780er Jahren bewahrt. Aus der ersten Zeit stammen die voll panellierten Räume in dem südlichen Teil des Herrenhauses, der Speisesaal und der anschließende Ecksalon nach dem Hof hin, weiter die zum Garten hin liegende Eckstube mit zierlich bemalten Supraporten, Ofennische und Decke (Blumenvasen auf grauem Hintergrund, ein bekränzter Grabstein und ein von Rosenranken umschlungener Säulenstumpf). In dem sogenannten Salon zum Garten sind Rokokostukkaturen um die Ofennische und an der Decke bewahrt, ferner gemalte Supraporten mit Arabesken und Blumenschalen auf grauem Grund.

Gleichzeitig mit der Errichtung des südlichen Seitenflügels und damit der Vollendung der ursprünglich geplanten großzügigen Bauanlage im Jahre 1786 erhielten eine Reihe von Räumen im Herrenhause selber ihre großartige Ausgestaltung in Übereinstimmung mit dem jetzt veränderten künstlerischen Geschmack der Zeit. Wahrscheinlich ist es der Landbaumeister Johann Adam Richter gewesen, der um das Jahr 1790 für den Kammerherrn Hans Adolf v. Rumohr auf Roest die Kirche in Kappeln errichtet hatte, der die Arbeiten in Rundhof geleitet hat. Vor allem die reiche stuckierte Ausgestaltung, die den Brüdern Tadei aus Gandria bei Lugano verdankt wird, legt Zeugnis ab von der

Kuppelsaal

Gartensaal

hochentwickelten einfachen und doch festlich gestimmten Kunst der Ausgestaltung des Inneren in der Zeit des frühen Klassizismus. In erster Linie ist hier die ovale Eingangshalle, der sogenannte Kuppelsaal, zu erwähnen.

Diese Eingangshalle, die durch eine breite und hohe Freitreppe erreicht wird, ist ein zweigeschossiger Kuppelbau mit umlaufender Galerie und Musikantenempore, im Grundriß oval, im Erdgeschoß von acht ionischen Halbsäulenpaaren geziert, die ein mächtiges, glatt umlaufendes Gebälk tragen, über den Türen Stucksupraporten mit ländlichen Idyllen, vielleicht von Michel Angelo Tadei. Auch die Kuppel selber zeigt reich stuckierte Gehänge, die in zierlichen Guirlanden bis zu einem Strahlenstern in der Mitte aufsteigen. Eigentümlich rustikal wirkt in diesem sonst so elegant gestalteten Raum der Fußboden, der aus weiß gescheuerten Holzdielen besteht. Von der Decke hängt ein mächtiger Empireleuchter herab, eine Huldigung an den Geist einer neuen Zeit: er stellt die Nachbildung einer Montgolfière dar. Die übrigen Stukkaturen, auch die im Gartensaal und in der Bibliothek, werden dem jüngeren Bruder Francesco Antonio Tadei zugeschrieben.

Der Gartensaal ist mit ähnlich fein modelliertem Stuck ausgestaltet, die blauen Wandfelder sind zwischen weißen Risaliten mit guirlandenbehängten Stuckrahmen geschmückt, die Decke mit Rosenranken und Lorbeerkranz geziert. Die

Supraporten in Stuck zeigen ländliche Attribute, Füllhörner, ländliche Musik und Landarbeit. Das Kabinett an der Südfront des Hauses wurde zur gleichen Zeit reizend ausgemalt mit Supraporten und Feldern über den Ecknischen. Endlich die Bibliothek, die eine stattliche Sammlung von Büchern enthält, erhielt über den drei Türen Supraporten in Stuck, die das Theater, die Geometrie und die Architektur symbolisieren, zwei weitere über den Ecknischen die Astronomie und die Physik. Die Darstellung der Architektur zeigt unter anderem zwei aufgerollte Entwürfe mit Teilen des Grund- und Aufrisses von Rundhof.

Christian August III v. Rumohr, † 1798, dem diese großartige Ausstattung des doch eben erst fertiggestellten Herrenhauses zu verdanken ist, war mit einer Dame aus großem Hause verheiratet, mit Louise Marianne Baronesse v. Dehn a. d. H. Ludwigsburg. Aber das Ehepaar beschränkte sich trotz allen Sinnes für Schönheit und Kultur nicht auf die Erneuerung des Herrenhauses. Vor allem bemühten sich beide Ehegatten sehr um die Verbesserung des Schulwesens in den vielen Dörfern des Gutes und unternahmen weite Reisen, um das Schulwesen in anderen Ländern zu studieren. Bis dahin hatte es im ganzen großen Gut nur eine einzige bescheidene Schule in Kappelloch gegeben. Jetzt gründeten sie drei, in Bojum, Stoltebüll und Gulde und statteten jede Schule mit guten Gebäuden, reichlich Land, Versorgung mit Feuerung und dergleichen aus und sorgten für tüchtige Schullehrer.

Nach dem frühen Tode von Christian August III sah sich die Witwe vor große Aufgaben gestellt. Einmal hatte nach dem Willen des Mannes die Teilung des Gutes zu erfolgen, für den zweiten Sohn Friedrich H. A. v. Rumohr sollte mit Drült und den vier südlichen Dörfern Gulde, Schörderup, Vogelsang und Wittkiel ein selbständiges Gut begründet werden. Gleichzeitig damit geschah die Aufhebung der Leibeigenschaft, die praktisch alle acht Dörfer vom Gute trennte. Die Bauern wurden nicht als Zeitpächter angesetzt, wie im Dänischen Wohld und in Holstein, sondern als Erbpächter. Sie hatten nur noch eine verhältnismäßig kleine Rente, den sogenannten Kanon, an das Gut zu entrichten, bis im Wege der preußischen Rentenbankgesetzgebung von 1873 auch dieses letzte lockere Bindeglied gelöst wurde. Weiter kam hinzu, daß Louise Marianne v. Rumohr, geb. v. Dehn, eine Dame großen Lebensstiles war und viel Geld für ihre eigene Lebensführung benötigte. Man erzählt sich, daß sie einmal für ein großes Fest mit venezianischen Gondeln eine ganze große Hofkoppel habe unter Wasser setzen lassen. Alles in allem schätzte man den Kapitalbedarf dieser Jahre auf 200 000 bis 300 000 Rthlr., eine gewaltige Summe, die nur aufzubringen war durch Verkauf von Ländereien, durch starke Holzeinschläge und durch erstmalige Aufnahme von Hypotheken.

So war der Besitz ernstlich gefährdet, als ihr Sohn Christian August IV im Jahre 1814 diesen übernahm. Es bedurfte weitläufiger Verhandlungen mit Gläubigern, Kuratoren und Sachwaltern, um das Gut zu retten und für die 12 Kinder aus dieser Ehe zu sorgen. Äußerste, ja spartanische Sparsamkeit in der persönlichen Lebensführung griff Platz, und um das Gut der Familie mit Sicherheit zu erhalten, belegte Christian August IV Rundhof mit königlicher Zustimmung mit Fideikommißqualität. Nach seinem Tode 1839 erbte sein ältester Sohn Christian August V das Gut, starb aber unvermählt schon wenige Jahre später, 1846. Er war ebenso wie sein Vater politisch stark hervorgetreten, beide waren Mitglied der Ständeversammlung für das Herzogtum Schleswig gewesen.

Um diese Zeit fand die Errichtung der großen Hofgebäude ihren Abschluß mit der Überführung der gewaltigen Scheune von dem alten Rumohrschen Gut Rumohrsgaard auf Alsen. Dort war sie im Jahre 1609 von den Voreltern Henneke Rumohr und seiner Frau errichtet und trug zur Erinnerung an das Erbauerehepaar Eisenanker mit den Buchstaben HR und LR (Henneke Rumohr und Lisbeth Rantzau). Die großen Scheunen auf Rundhof bestanden daher aus einer Anzahl von Gebäuden, deren Errichtung sich über einen langen Zeitraum erstreckt hatte. Pferdestall und Kuhstall auf der südlichen Seite des Hofes gingen zurück bis zur Errichtung des Hofes selber um das Jahr 1600, während die mächtigen Scheunen auf der Nordseite nach und nach entstanden, erst die Weizenscheune,

Luftbild

dann im Jahre 1768 die Haferscheune und endlich die oben genannte fast 250 Jahre ältere Scheune aus Rumohrshof, die 1846 nach Rundhof kam. Ebenso wie die übrigen Hofgebäude bestand sie aus Ziegelmauerwerk auf einem Quadersockel, aber war an den Längsseiten mit Schießscharten versehen. Diese ganze riesige strohgedeckte Hofanlage brannte in der Nacht vom 3. Januar 1968 infolge Brandstiftung innerhalb weniger Stunden ab, im Kuhstall kamen 160 Tiere dabei um. Dieser Brand ist eines der größten Schadenfeuer in der Geschichte Angelns überhaupt und ein unwiederbringlicher kunst- und kulturhistorischer Verlust.

Rundhof ging 1846 über auf den dritten Sohn, Wulf Henning, der sich ebenso wie Vater und Bruder aktiv der Politik zuwandte und vom König mit einer Virilstimme in der schleswigschen Ständeversammlung betraut wurde. Als er sich aber in der Zeit der Erhebung entschlossen auf die Seite der Herzogtümer stellte, wurde er 1850 aller seiner Ämter enthoben und aus dem Herzogtum Schleswig landesverwiesen. Später durfte er nach Rundhof zurückkehren, aber als er 1854 zum Klosterprobsten des adeligen Klosters St. Johannis vor Schleswig gewählt wurde, verweigerte ihm der König die Bestätigung. Er wurde 1856 zum Verbitter des adeligen Klosters Itzehoe gewählt und starb hier schon wenige Jahre später, im Jahre 1862. Er war verheiratet mit Marianne, geb. Ullrich, aus einer wohlhabenden und hochangesehenen Hamburger Patrizierfamilie, die durch ihre zahlreichen verwandtschaftlichen und persönlichen Verbindungen zu Familien wie den Baur oder den Wattenbach starke neue Impulse in das Haus brachte. Sie überlebte ihren Gatten um volle 50 Jahre und starb erst 1913. Ihr zu Ehren gab der Sohn August v. Rumohr dem Meierhofe, der bis dahin schlicht Sieverland oder auch nur der Meierhof geheißen hatte, den Namen Mariannenhof. Dieser Hof gehört heute dem Bruder des Besitzers, wiederum einem Christian August v. Rumohr, und hat eine Größe von rd. 100 ha.

August v. Rumohr, † 1914, war kgl. preußischer Kammerherr und Erster Direktor der auf seine Veranlassung begründeten Schleswig-Holsteinischen Landschaft in Kiel. Seine Ehe mit Jeanette Baronesse v. Brockdorff blieb kinderlos, so ging Rundhof an seinen Bruder Henning v. Rumohr, † 1920, über. Dieser war Husarenoffizier gewesen, hatte als Oberstleutnant seinen Abschied genommen und war dann bis zur Übernahme von Rundhof Klosterprobst des adeligen St. Johannisklosters vor Schleswig gewesen. Von ihm erbte es der einzige Sohn (außer vier Töchtern) Hans-Henning v. Rumohr, † 1968. Dieser hatte sich vor allem der Hege des Wildes zugewandt, war langjähriger Kreisjägermeister des Kreises Flensburg und hatte sich insbesondere stark für die Verbesserung der Bestände des heimischen Damwildes und des aus Japan stammenden, über Buckhagen eingeführten Sikawildes eingesetzt. Heute steht in allen größeren Waldungen Ostangelns Sikawild. Das Wild hat sich so gut an

Westerbrücke

Klima und Äsungsverhältnisse gewöhnt, daß die Geweihe der Sikahirsche in Ostangeln zu den besten der ganzen Welt zählen.

Nach seinem Tode 1968 wurde der älteste Sohn Wulf-Henning geb. 1942 Besitzer.

Das Gut Rundhof selber wurde im Zeitalter der Bodenreform in seiner Größe nicht unerheblich verkleinert, es umfaßt heute 490 ha, davon Acker und Wiesen 291 ha, Wald 189 ha, Hof, Wasser usw. 10 ha.

Besitzer: Wulf-Henning v. Rumohr

Besitzer	
1231	königlich
1285	Jacob Skram
1303	Peter Skram
ca. 1350	Segebod Krummendieck und Cäcilie geb. Skram
ca. 1390	Erich Krummendieck
1431	königlich
1460	Wulf v. d. Wisch
1480	Wulf d. J. und Otto v. d. Wisch
ca. 1501	Benedict Sehestedt Jasper Sehestedt
1557	Eibe Sehestedt und Hennecke Rumohr
1584	Asmus Rumohr
1593	Henneke Rumohr
1618	Hans Rumohr
1673	Henning Rumohr
1715	Christian August I Rumohr
1743	Christian August II Rumohr
1775	Christian August III Rumohr
1798	Christian August IV Rumohr
1839	Christian August V Rumohr
1846	Wulf Henning v. Rumohr
1862	August v. Rumohr
1914	Henning v. Rumohr
1920	Hans-Henning v. Rumohr
1968	Wulf-Henning v. Rumohr

Gut und Bauten	
1231	In König Waldemars Erdbuch Runae Toft
1391	Vergleich mit Heinrich Split
1397	Wippendorf, Tollschlag, Griesgaard, Drült (Trölegharde), Schörderup, Stoltebüll, Vogelsang gekauft
1431	Burg Runtofft geschleift
1460	,,dar dat Slot steyt''
um 1600	Bau der Wirtschaftsgebäude
1604	Bau des Pferdestalles
ca. 1610	Bau des älteren Herrenhauses
1754	Bau des neuen Herrenhauses
1761	Bau des Kavalierhauses
1785	Gestaltung von Kuppelsaal, Gartensaal und Bibliothek
1786	Bau des Kutschpferdestalles
1814	Drült abgetrennt
1846	Überführung der Scheune von Rumohrshof
1968	Brand des Wirtschaftshofes und Wiederaufbau neuer Wirtschaftsgebäude

4 Gelting

Kirchspiel Gelting   Kreis Schleswig-Flensburg

Gelting gehört seit alters her zu den bedeutendsten Besitzungen im Herzogtum. Schon der Ortsname deutet auf ein hohes Alter und dürfte in die Zeit der Besiedelung des Landes durch den Volksstamm der Angeln zurückreichen. Dieser Name ist eine der typisch anglischen Kurzformen auf -t, wie Roest, Drült, Solt, Loit und anderen mehr, hier mit der angehängten patronymischen Endung -ing. In König Waldemars Erdbuch von 1231, der ältesten urkundlichen Erwähnung, kommt der Name in verschiedener Umschreibung vor, sowohl als Gelting, wie als Gyaelting, es dürfte sich aber nicht um voneinander abweichende Namensformen handeln, sondern nur um die Umschrift des altdänischen Lautes gj statt einfachem g. Ob der erste Teil des Namens mit dem dänischen Worte galt = Eber in Verbindung gebracht werden kann, erscheint zweifelhaft.

In dem erwähnten Erdbuch von 1231 wird der Besitz des Königs in Gelting auf 30 Mark Fein(silber) angesetzt; vielleicht entspricht dieser Besitz den 2 Hufen in Gelting, die ein Jahrhundert später, im Jahre 1339, an den Ritter Siegfried Sehestedt verpfändet wurden, als das adelige Gut Buckhagen entstand. Das eigentliche Dorf Gelting ist seit jeher bis zur Gegenwart hin sehr klein geblieben und besteht im Grunde nur aus Kirche, Gastwirtschaft und einigen Katen. Erst in neuerer Zeit ist das Dorf zu einem stattlichen Ort geworden, nachdem das südlich angrenzende Dorf Suterballig ganz mit Gelting verschmolzen ist.

Aus König Waldemars Erdbuch ergibt sich eine weitere höchst aufschlußreiche Tatsache, bei der Aufzählung des königlichen Besitzes in Gelting folgt eine Bemerkung, aus der sich ergibt, daß man damals alles als Gelting bezeichnete, was sich von Roest im Süden bis Wackerballig und Falshöft im Norden erstreckte, mit anderen Worten, daß das ganze östliche Angeln den Landschaftsnamen Gelting trug. Es stimmt damit mit den aus vielen anderen Urkunden belegten Tatsachen überein, daß fast das gesamte Gebiet zwischen Kappeln und Gelting ein riesiges Waldgebiet war, die silva geltinga, der Geltinger Wald. Die Flurnamen bestätigen die Richtigkeit der Überlieferung, die jütischen Waldnamen der Nordschau im Norden, des Dorfes Sünnerschau im Süden, die Rodungsnamen rings um Gelting, wie Kattrott, Basrott, Regelsrott, die niederdeutschen Siedlungen in der Mitte wie Priesholz, Rabenholz, Vogelsang deuten sämtlich auf den einstmals großen Wald hin. Er war so dicht, daß nach der Sage ein Eichhörnchen von Kappeln bis Gelting springen konnte, ohne auch nur einmal den Boden zu berühren.

Aber noch eine weitere Tatsache dürfen wir als gesichert ansehen, die Wichtigkeit des königlichen Besitzes gerade an dieser in das Meer vorspringenden Halbinsel. Der Altertumsforscher Jacob Röschmann hat der Meinung Ausdruck gegeben, daß die Befestigung der Küste gegen die Einfälle der räuberischen Wenden über See im Mittelalter von hoher Bedeutung war. Die beiden Eckpunkte dieser Linie, Glücksburg im Norden und Gelting im Osten, blieben daher dem König vorbehalten, dazwischen lagen die vielen kleinen Burgen der Heermannen, der jütischen Rittergeschlechter. Wir müssen daher in Gelting mehr sehen als einen zufälligen Besitz des Königs, es dürfte sich vielmehr um einen befestigten Stützpunkt gehandelt haben. Seine Stelle lag vermutlich 300 m nordwestlich der heutigen Schloßanlage. Dort erhebt sich ein Hügel, umgeben von einem 3 m breiten Graben und einem flachen Erdwall von

5,5 m Breite. Hier mag die älteste Burganlage des königlichen Vogtes gestanden haben.

Als im Jahre 1339 der Ritter Siegfried Sehestedt Buckhagen zunächst nur als Pfand erhält, wird ihm der sechste Teil des Geltinger Waldes übergeben, mit anderen Worten, der größere Rest des Waldes verblieb im Besitz des Landesherrn. Es verging wiederum fast ein Jahrhundert, bis der erste holsteinische Ritter auf Gelting erscheint, seit 1428 ist hier Claus v. d. Wisch bezeugt. Von seinen Söhnen erhielt Wulf Rundhof mit Drült, Claus erbte Gelting. Aber es scheint, daß die Herren v. d. Wisch Gelting nur pfandweise in Besitz hatten und daß es dem König – ausnahmsweise, möchte man sagen – gelang, das Pfand wieder einzulösen. Claus v. d. Wisch, der Vater, schloß nämlich im Jahre 1428 einen Vergleich mit den Herzögen Adolf und Gerhard, in welchem diese beiden ihm für den Fall, daß sein Gut Gelting von den Feinden zerstört würde, Schadloshaltung im Kirchspiel Kampen bei Rendsburg gelobten. Und obwohl von derartigen feindlichen Zerstörungen nichts bekannt ist, gab der Sohn Claus tatsächlich Gelting auf, zog nach Rendsburg, wurde als Hauptmann über Schloß und Stadt Rendsburg eingesetzt und erhielt 1469 das Kirchspiel Kampen zum Pfande.

Seitdem ist der König wieder im Besitz von Gelting. Auf diese Zeit, nach der Überlieferung auf die Jahre 1470 oder 1476 gehen die älteren Teile des heutigen Schlosses zurück, der dicke runde Turm am Ostende und wohl auch der Ostflügel selber. Dabei kann es durchaus möglich sein, daß der Turm auf wesentlich älteren Fundamenten ruht und daß er bis dahin als Wohnturm gedient hat, während jetzt durch die Errichtung des Ostflügels eine erste wesentliche Erweiterung vorgenommen wurde.

Die Lage des Schlosses ist höchst bezeichnend sowohl für die große Bedeutung einer Befestigung an dieser Stelle wie für das hohe Alter dieser Anlage. In späteren Jahrhunderten bemüht man sich um eine achsengerechte Anordnung von Herrenhaus und Bauhof, in Gelting ist hiervon noch nichts zu spüren. Auf innerer Insel, nur durch schmale Brücken mit der Außenwelt verbunden, liegt das gewaltige Bauwerk, vielleicht nicht einmal das älteste an dieser Stelle. Überall innerhalb des Schloßhofes, wo man auch aufgräbt, stößt man auf Mauerschutt und Ziegelbrocken.

Aber auch der Wirtschaftshof muß alt sein, auch er ist von allen Seiten durch breite Gräben geschützt, ja mehr noch, durch festungsartige Wälle und Bastionen. Man weiß, daß diese Wälle noch im 18. Jahrhundert instandgesetzt und aufgehöht worden sind, zweifellos sind sie aber in ihrem Kern mittelalterlich und dürften in Verbindung zu bringen sein mit der königlichen Burg an der östlichen Spitze Angelns.

Gelting bleibt nicht mehr lange im Besitz des Königs. Gegen Ende des 15. Jahrhunderts, im Jahre 1494, geht es an den Ritter Hans v. Ahlefeldt über. Dieser Übergang gehört zu den bedeutendsten Grundbesitzveränderungen, die es jemals in der Geschichte der Herzogtümer gegeben hat. Bis dahin saßen die Ahlefeldt auf der Burg Törning im nördlichen Nordschleswig auf einer der bedeutendsten Burgen des ganzen Herzogtums und regierten mit geradezu fürstlicher Macht den weiten Landstrich zwischen Lügumkloster und Kolding. Jetzt ging eine gewaltige Veränderung vor sich, die Ahlefeldt erklärten sich bereit, Törning dem König zu überlassen und erhielten dafür die reiche und fruchtbare Haseldorfer Marsch an der Elbe mit der Burg Haseldorf und fünf zugehörigen Kirchspielen. Gelting mit Dörfern und Streubesitz wurde dem Ritter Hans v. Ahlefeldt gewissermaßen als Zugabe überlassen, es wurde nicht einmal auf eine feste Summe taxiert.

Hans v. Ahlefeldt, der als treuer Ratgeber seines Königs viele und bedeutende Ehrenämter bekleidete, ist in die Geschichte eingegangen durch seine tapfere Haltung in der Schlacht von Hemmingstedt am 17. Februar 1500. Ihm war die hohe Ehre anvertraut, die durch Alter und Überlieferung geheiligte Danebrogfahne zu führen. Als ihn die tödliche Kugel traf, wickelte er mit letzter Kraft die teure Fahne um seinen Leib und sank dann sterbend zu Boden. Die Fahne wurde dem toten Ritter vom Leibe gerissen und von den siegreichen Dithmarschern in der Kirche von Wöhrden aufgehängt.

Zu der Zeit, als Gelting in den Besitz der Ahlefeldt überging, hatte es im wesentlichen bereits den gleichen Umfang, den es durch Jahrhunderte bis zur Abtrennung der Dörfer und der teilweisen Parzellierung des Hoflandes um 1789 behalten sollte. Zum Gut gehörten außer dem Haupthofe sieben volle Dörfer, Nadelhöft, Stenderup, Priesholz, Rabenholz, Lehbek, Suterballig und Wackerballig. Lehbek war erst 1519 im Tausch gegen Schwackendorf, das zu Buckhagen gelegt wurde, zum Gut gekommen. Priesholz war ursprünglich ein Dorf von 10 Hufen, wurde aber im 16. und 17. Jahrhundert niedergelegt und aus dessen Land ein Meierhof gebildet. Gleichzeitig wurde es Witwensitz der Witwen von Gelting. 1710 wurde Priesholz von Gelting getrennt, an den Vetter v. Ahlefeldt auf Buckhagen veräußert, seitdem hat dieses Gut sein eigenes Schicksal gehabt. Auch das Dorf Nadelhöft wurde niedergelegt und aus seiner Feldmark ein weiterer Meierhof gebildet. Ferner gehörte schon seit dem Mittelalter die Halbinsel Beveroe (=Biber-Insel) mit der Birk hinzu, eine Landschaft von höchst eigentümlichem Reiz, mit einem eher der Nordseeküste vergleichbaren Klima und eigener Flora. In früheren Jahrhunderten wurde die Halbinsel sicherlich weitgehend als ergiebiges Jagdrevier genutzt, in dem einfachen Wohnhause auf Beveroe befand sich ein Saal, der bei jagdlichen Veranstaltungen benutzt wurde. Auf dem Dache über der Eingangstür stand eine Figur der Diana, der Jagdgöttin.

Schon im Jahre 1581 hatte der damalige Besitzer von Gelting, Claus v. Ahlefeldt, den Versuch gemacht, das Noor durch einen Deich zu schließen, der von der Birk bis Falshöft reichen sollte. Späterhin sind diese Versuche erneuert worden, erst in neuerer Zeit ist die Landverbindung gelungen. Schon seit alter Zeit aber dürfte das Land, soweit es landwirtschaftlich nutzbar war, als Meierhof von Gelting genutzt worden sein. In den letzten Jahren sind größere Flächen aufgeforstet worden. Eine Wanderung auf dem Deich rund um die sturmumtobte Halbinsel vermittelt starke Reize, einmalig in ihrer Art im ganzen Land. Nach 1872 hat der damalige Besitzer von Gelting den Deich auf eigene Kosten neu errichtet.

Wie bei den meisten alten Gütern in Angeln gehörte auch zu Gelting ein umfangreicher Streubesitz, der sicherlich in mittelalterliche Zeiten zurückreicht, Zeiten, in denen es noch nicht auf die Ausbildung großer geschlossener Felder am Gutshof ankam, sondern auf die festen Abgaben und Leistungen der oft weit entfernt wohnenden Hintersassen. So gehörten zu Gelting 1 Hufe in Steinberg, 1 in Quern, 1 in dem sehr weit abgelegenen Jalm in der Uggelharde, 2 in Havetoft-Loit, 3 in Goltoft, 5 in Pleistrup, einem später niedergelegten Dorfe innerhalb des Gutes Dollrott, 3 in Dollrott selber, 2 in Rabenkirchen, 1 in Güderott, 1 in Süder- und 1 in Norderbrarup. Nach und nach ist dieser Streubesitz veräußert worden, vieles wurde zur Bildung des Gutes Dollrott verwendet. Gelting selber umfaßte ein Areal von 7824 Heitscheffeln, einem alten Angler Landmaß, was etwa einem Areal von 2600 ha entspricht, und war zu 50 Pflügen veranlagt, nach der Abtrennung von Priesholz, dem 10 Pflüge zugelegt wurden, noch mit 40 Pflügen.

Nach dem frühen Tode von Hans v. Ahlefeldt im Jahre 1500 verblieb der große Besitz anscheinend zunächst im ungeteilten Eigentum der Erben, erst um 1515 übernimmt der Sohn Benedict, der auch Buckhagen besaß, das Gut. Aber nach seinem frühen Tod geht Gelting mehrere Male zwischen verschiedenen Vettern Ahlefeldt hin und her. Erst im Jahre 1519 zieht mit Claus v. Ahlefeldt a. d. H. Borghorst, † 1531, ein neuer Herr ein, der Begründer der Linie der Herren v. Ahlefeldt auf Gelting, die jetzt über 200 Jahre lang diesen stattlichen Besitz zu halten und zu mehren wissen, eine Linie, die eine große Zahl von bedeutenden Männern hervorgebracht hat. Schon Claus ragt aus der Zahl seiner Verwandten weit hervor, sein Bruder Gosche, Kanonikus des Bistums Schleswig, hatte den sogenannten Goschenhof in Eckernförde gestiftet, ein Altenheim für alte Bedienstete des Hauses Ahlefeldt. Um seines Bruders Claus willen sollte immer einer der beiden Kuratoren der Stiftung aus dem Hause Gelting gestellt werden. Claus selber hatte in Rostock studiert, war dort Baccalaureus und sogar Magister geworden. Später, als er schon lange auf Gelting saß, im Jahre 1527 mußte er in seiner Eigenschaft als königlicher Rat zusammen mit anderen Räten zu Gericht sitzen über Schack Sehestedt auf Hemmelmark, dem hochverräterische Verbindung zu dem landflüchtigen König Christian II. vorgeworfen wurde.

Claus v. Ahlefeldt war verheiratet mit Drude Rantzau, einer Schwester des berühmten Feldherrn Johann Rantzau. In der Kirche von Gelting steht ihrer beider Grabstein, stark abgetreten und verwittert, aber man erkennt deutlich das Ritterpaar, den Mann, die Hände zum Gebet vor die Brust erhoben, die Frau mit gefalteten Händen und langem Kleid mit starkem Faltenwurf, die Inschrift ist mit Mühe zu entziffern, im Rundbogen über den beiden Figuren liest man:

,,gnade got clawes unde vor
drude van Alefeldt''.

Der Stein selber ist wesentlich älter, man kann am Außenrand noch Teile der ursprünglichen Schrift in breiten Unzialen erkennen.

Als der Sohn von Claus, Bendix v. Ahlefeldt, † 1587, Besitzer von Gelting wurde, war er erst 25 Jahre alt und hatte gerade eben seine Studien in Wittenberg und Leipzig beendet. Dieser vorzeitige Abbruch seiner Studien scheint ihn tief bekümmert zu haben, viele Jahre später, noch im Jahre 1552 schreibt er, daß er endlich einen Verwalter für das Gut bekommen habe und daß er in der Zeit zuvor kaum ein Buch habe zu Ende lesen können, jedenfalls keines auf Lateinisch. Erst jetzt könne er sich den Musen widmen, die ihm fremd geworden seien. Er hat auch einen lebhaften Briefwechsel mit dem herzoglich-gottorfischen Generalsuperintendenten Paul v. Eitzen geführt, sogar auf Lateinisch, doch sind diese Briefe heute verloren. Paul v. Eitzen ist wohl der hervorragendste und bedeutendste Theologe des Nordens in der nachreformatorischen Zeit gewesen. 1573 übergab Bendix v. Ahlefeldt seine Güter – außer Gelting war noch Satrupholm hinzugekommen – seinen Söhnen. Im Besitz von Gelting folgt ihm nach der älteste Sohn Claus v. Ahlefeldt, † 1616. Er war ein hochbegabter Mann, gleichzeitig in vielen wichtigen Staatsämtern tätig, wie auch in der Verwaltung seines großen Besitzes, wie endlich auch, was für jene Zeiten äußerst selten ist, in der Sorge für die Erhaltung des Vergangenen. (Schwiegersohn von Heinrich Rantzau.) So ließ er zusammen mit mehreren Vettern den Goschenhof in Eckernförde restaurieren und umbauen, so ging er mit dem Gedanken um, Stoff zu sammeln für die Geschichte seines Geschlechtes. Als er 1606 Amtmann von Flensburg wurde, erließ er die sogenannten ,,Statuta ruralia praefecturae flensburgensis'', eine Sammlung von Vorschriften, die Rechtsordnungen betreffen, Grundstücksverkäufe, Vormundschaften, Pacht- und Deichwesen usw. Während er Amtmann in Schwabstedt war, ließ er ein Verzeichnis aufnehmen über die im einstmaligen bischöflichen Archiv aufbewahrten Aktenstücke und sammelte sie im sogenannten „Schwabstedter Buch".

Aus seinem Besitz stammt ein broncener Grapen, wohl für das Brennholz am Kamin bestimmt, auf drei kurzen Füßen, heute im Museum in Flensburg und mit der Inschrift: Claves von Alefelt tho Gelting Anno 1588.

Claus v. Ahlefeldt hinterließ zwei Söhne, Carl und Claus, der letztgenannte folgte dem Vater im Besitz von Gelting nach. Aber noch zu Lebzeiten des Vaters Claus wurde auf Gelting als Sohn des älteren Bruders Carl der Mann geboren, der den Ruhm des Geschlechtes weithin begründen sollte, der Feldmarschall Claus v. Ahlefeldt, † 1674. So ist aus dem Hause Gelting einer der bedeutendsten Männer der Geschichte Schleswig-Holsteins und Dänemarks hervorgegangen. Er war verheiratet mit Elisabeth Sophie Gyldenløve, einer Tochter des Königs Christian IV. aus seiner Verbindung mit Wibeke Kruse. Die lebensgroßen großartigen Gemälde des Ehepaares gingen nach dem Tode des Feldmarschalls in den Besitz der Enkelin über, die mit dem österreichischen Grafen Schmidegg verheiratet war. Daher hängen diese Bildnisse heute bei den Nachkommen des Grafen v. Schmidegg in Salzburg.

Von dem Sohn Claus, † 1632, ist nicht viel bekannt. Seine Witwe zog nach dem Tode des Mannes nach Priesholz, wo sie im Alter von 94 Jahren starb. Der älteste Sohn aus dieser Ehe, wiederum Claus mit Vornamen, † 1674, hatte zunächst in Sorø studiert, wo der bekannte Humanist und Satiriker Professor Johannes Lauremberg sein Lehrer in der Mathematik war. Er hat ihm und mehreren Studienfreunden sogar sein Werk zugeeignet: Logarithmus novus. Claus ging dann in militärische Dienste in Süddeutschland, kehrte aber auf die Nachricht vom Tode des Vaters sofort zurück und übernahm Gelting. Später suchte er seinen Besitz zu erweitern, besaß für kurze Zeit noch das große Gut Bothkamp südlich Kiel, ferner Fresenhagen in Nordfriesland und führte Verhandlungen um den Ankauf von Elvedgaard auf Fünen.

Von seinen Kindern heiratete eine Tochter den Reichsgrafen von Breda aus Böhmen, der als junger Offizier im Stabe von Montecuccoli den Feldzug 1659 gegen Dänemark mitmachte. Er hatte auf Gelting in Garnison gelegen und hier seine spätere Frau kennengelernt. Das Gut Gelting erbte der jüngste Sohn Joachim v. Ahlefeldt, † 1701. Auf ihn geht der Bau des Westflügels des Schlosses zurück, der um 1680 erbaut wurde. Ost- und Westflügel waren durch einen Mittelbau verbunden, der wohl schon vor der Erbauung des Westflügels errichtet worden ist. Der Mittelbau hat zunächst ein wesentlich bescheideneres Aussehen gehabt, nur die halbe Tiefe des heutigen, im Erdgeschoß Diele und drei Räume, in den beiden Obergeschossen neben einem Saal nur je einen Raum. Auch die beiden Flügelbauten waren zu jener Zeit bedeutend einfacher ausgestattet, der Ostflügel enthielt im Erdgeschoß die Diele und einen großen alten Saal, wohl den ursprünglichen Rittersaal, beide mit Mittelstütze versehen, in den drei Obergeschossen befanden sich Kornböden. Im Westflügel war im Keller die Holländerei, also die Milchverarbeitung untergebracht, hier gab es in den beiden Obergeschossen Zimmer. So groß das Gebäude insgesamt auch war, so ist doch offenkundig, daß der Erweiterungsbau, den Joachim v. Ahlefeldt vornahm, im Hinblick auf die größeren Wohnbedürfnisse des barocken Zeitalters notwendig geworden war.

In der nächsten Generation brach tiefes Unglück über die Ahlefeldt auf Gelting herein. Zunächst erbte Gelting der älteste Sohn Claus, † 1743, der es bis zum großfürstlich holstein-gottorpischen Geheimen Conferenz- und Landrat brachte, Oberjägermeister wurde, sowie Amtmann der Ämter Apenrade und Lügumkloster. Aber gerade dieses Streben nach hohen Ämtern im Staatsdienst wurde ihm zum Verhängnis, die Amtmannsposten erhielt er nur gegen Bezahlung einer bedeutenden Summe an den damals allmächtigen Conseilminister Georg Heinrich Freiherrn v. Schlitz genannt v. Goertz. Und um diesen Verpflichtungen nachkommen zu können, verkaufte er 1705 Gelting an seinen jüngeren Bruder Joachim, † 1744, für 102 653 Rthlr. 50 000 Rthlr. konnte Joachim bar bezahlen, der Rest sollte ein Jahr später beglichen werden. Aber als Joachim noch vier Jahre später, im Jahre 1709, die Zahlung nicht geleistet hatte, kam Claus in wirtschaftliche Bedrängnis, und um aus ihr herauszukommen, lieh er sich von dem Präsidenten des gottorpischen Geheimen Rats, dem Minister Magnus v. Wedderkop, 45 000 Rthlr. und verpfändete ihm als Sicherheit die Forderung gegen den Bruder. Aus dieser Transaktion erwuchs beiden Brüdern schweres Unheil, das letzten Endes zum Verlust des Gutes, ja fast zu seiner Auflösung führte. Wedderkop und Goertz waren zunächst als gemeinsame Mitglieder der vormundschaftlichen Regierung für den unmündigen Herzog freundschaftlich verbunden gewesen, waren dann aber in tödliche Feindschaft zueinander geraten. Im Dezember 1709 ließ Goertz den alten Wedderkop verhaften und in die Festung Tönning bringen. Erst fünf Jahre später, 1714, erlangte er unter dramatischen Umständen die Freiheit zurück. Goertz ließ schleunigst das gesamte Vermögen Wedderkops beschlagnahmen, darunter auch die Obligation von Joachim v. Ahlefeldt über die 52 653 Rthlr. und erhob nun seinerseits Ansprüche auf Gelting mit der Behauptung, daß er das Vermögen eines Landesverräters eingezogen habe. Es scheint, als ob die beiden Brüder Ahlefeldt sich taktisch nicht geschickt genug verhalten haben, Joachim wurden verräterische Beziehungen zu dem schwedischen Generalissimus, dem Grafen Stenbock, nachgesagt, Claus stand wohl allzusehr im Rampenlicht zwischen Wedderkop und Goertz, kurzum, 1712 sollte Gelting in öffentlicher Auktion in

Eckernförde verkauft werden, doch wurde dies noch in letzter Stunde verhindert. Immerhin erreichte Wedderkop nach seiner Freilassung, daß ihm Gelting zugesprochen wurde, aber auch er konnte es bei seinen in Verwirrung geratenen Verhältnissen nicht halten, 1715 wurde der Konkurs erklärt, aus ihm kaufte 1717 der Vetter Hans Adolph v. Ahlefeldt auf Buckhagen Gelting an, jetzt nur mehr für 80000 Rthlr. Der böse Feind Goertz war inzwischen tot, er war 1719 in Stockholm hingerichtet worden, und auch Magnus v. Wedderkop war 1721 gestorben. Jetzt erschien aber dessen Sohn, der Geheime Rat Gottfried v. Wedderkop, auf dem Plan und machte die Rechte seines Vaters geltend. So entschloß sich Hans Adolph v. Ahlefeldt 1724 zum Verkauf an Gottfried v. Wedderkop.

Aber noch trat keine Ruhe ein. Goertz hatte zwei Töchter hinterlassen, Georgine und Juliane v. Goertz, die nun ihrerseits behaupteten, im rechtmäßigen Besitz der Obligation von Joachim v. Ahlefeldt über 52653 Rthlr. zu sein und die mindestens diese Geldsumme, wenn nicht ganz Gelting beanspruchten. Der Streit wogte vor Gerichten und königlichen Kommissionen, mit Schriften und Gegenschriften durch Jahrzehnte hin und her, erst im Jahre 1736 gaben die beiden Schwestern nach und unterzeichneten eine feierliche Verzichtserklärung.

Gelting, Torhaus

Aber auch in Kopenhagen hatte man genug vom Streit, man wirkte auf den derzeitigen Besitzer von Gelting, Gottfried v. Wedderkop, ein, das Gut aufzugeben. So schloß er im gleichen Jahre eine „Appunctuation" mit der königlichen Rentekammer ab, derzufolge er Gelting für 73 750 Rthlr. der Krone zu übergeben hatte.

Nun war der König wiederum und schon zum dritten Male im Besitz von Gelting. Er übergab die Verwaltung dem Statthalter auf Schloß Gottorf, dem Markgrafen von Brandenburg-Kulmbach, der sich 1751 bemühte, das ganze Gut zu parzellieren. Aber es fanden sich nicht genügend Käufer, vielleicht waren sie durch das Hin und Her der vergangenen Jahrzehnte abgeschreckt. Als man sah, daß das Gut als Ganzes erhalten bleiben müsse, suchte man nach einem neuen Gutsherrn. Zuvor ließ aber der Markgraf den Hof in Ordnung bringen, so wurden zwischen 1746 und 1753 die Scheunen und Ställe nach Entwürfen des Landbaumeisters O. J. Müller teilweise neu erbaut, teilweise umgebaut. Der Kuhstall brannte im Jahre 1972 ab. Das schlichte Torhaus, das sich der Landschaft vorzüglich eingliedert, ist in seiner jetzigen Gestalt im Jahre 1754 erbaut worden, ruht aber auf älteren Fundamenten.

Endlich im Jahre 1758 fand sich ein Käufer, Sönke Ingwersen aus Langenhorn in Nordfriesland. Dieser hochbedeutende Mann hatte schon bis zum Erwerb von Gelting ein geradezu phantastisches Lebensschicksal hinter sich. Als er jetzt als Herr auf Gelting einzog, blühte Haus und Gut unter seiner kundigen Hand zu einem der schönsten Schlösser unseres Landes auf. Man darf füglich Gelting als Schloß ansprechen, der Holsteiner macht bis zum heutigen Tage den Unterschied zwischen Herrenhaus und Schloß, dieser letztere Begriff ist im allgemeinen den landesherrlichen Bauten vorbehalten wie Gottorf, Glücksburg, Husum, Reinbek. Aber auch auf unseren Gütern gibt es vereinzelte Beispiele, wo statt des Herrenhauses ein Schloß steht, im Holsteinischen Breitenburg und Ahrensburg, im Herzogtum Schleswig als einziges Gelting. So fand hier Sönke Ingwersen den geeigneten Boden für seine hochfliegenden Pläne vor.

Er war im Jahre 1715 in dem Dorfe Langenhorn in Nordfriesland geboren und stammte aus altem friesischem Geschlecht, sein Großvater mütterlicherseits war Propst in Leck gewesen, und von ihm selber wird berichtet, daß er des Lesens und Schreibens kundig war. Kaum erwachsen, geriet er im Dorfe auf einer Tanzerei in einen Streit mit einem Nebenbuhler und schlug ihn nieder. Sönke Ingwersen glaubte ihn erschlagen zu haben, was sich glücklicherweise später als Irrtum herausstellte. Auf alle Fälle lief er in der gleichen Nacht im Jahre 1734 von zuhause fort, gelangte über Hamburg nach Amsterdam und von dort auf ein holländisches Schiff, das nach Ostindien segelte. Bei seinem kometenhaften Aufstieg zu einem großen Herrn wußten Zeitgenossen und spätere Chronisten

sich nicht genug zu tun in der Erfindung immer neuer Ammenmärchen. Jetzt
sollte er plötzlich Barbier und Heilgehilfe gewesen sein. Die Wahrheit dürfte
wohl darin liegen, daß der Kapitän des Schiffes, auf dem er sich nach Indonesien
anheuern ließ, auf der Reise ein Bein brach und daß es Sönke Ingwersen gelang,
das Bein kunstvoll zu schienen. Zum Dank dafür verschaffte ihm der Kapitän
eine Anstellung bei der holländisch-ostindischen Kompagnie in Batavia. So hatte
er die erste Stufe auf der Leiter zum Erfolg erklommen, sie führte höher und
höher, schließlich wurde er Resident in Cheribon auf Java, heiratete dort die
schöne Adriana van Loo aus altem holländischem Geschlecht und stieg auf zu
Reichtum und Ansehen. Aber als seine Frau in jungen Jahren verstarb, wurde die
Sehnsucht nach der alten Heimat mächtig in ihm, er ließ sein gesamtes
Vermögen nach Europa überschreiben, seine persönlichen Effekten in großartige, aus Mahagoniholz bestehende Schiffskisten verpacken – zwei von ihnen
stehen noch heute in der Diele des Schlosses – und kam jetzt als reicher und
angesehener Mann im Jahre 1757 wieder nach Schleswig-Holstein zurück.
Zunächst nahm er seinen Wohnsitz im Haag und wurde hier durch den
dänischen Staatsminister Johann Hartwig Bernstorff mit dem dänischen

Gesandten im Haag de Cheusses auf das adelige Gut Gelting aufmerksam gemacht. Sönke Ingwersen griff zu und erwarb das Gut im Jahre 1758 für 85000 Rthlr. Im Jahre darauf wurde er in den dänischen Adelsstand erhoben unter dem Titel eines Barons von Geltingen.

Sönke Ingwersen latinisierte seinen Namen, aus dem friesischen Sönke wurde ein Seneca, ein Philosoph des klassischen Altertums. Diese Namensänderung hat er schon auf Batavia vorgenommen, nun strebte er diesem großen Gelehrten in vielem nach.

Zunächst galt es, dem neuen Baron ein würdiges Heim zu schaffen, der Mittelbau des Geltinger Herrenhauses wurde von Grund auf umgestaltet, auf die doppelte Tiefe gebracht, der Bau mit hohem doppeltem Walmdach versehen, die Fenster durch große holländische Schiebefenster mit reicher Sprosseneinteilung ersetzt. Im Inneren sind alle Räume in beiden Geschossen in dieser Zeit neu gestaltet worden oder gar völlig neu entstanden. Aber weit über das Bauliche hinaus verstand es dieser erste Baron v. Geltingen, ein wirkliches Schloß zu schaffen. 1777 berief er Michel Angelo Tadei aus Gandria bei Lugano als Stukkateur. Er hat in Gelting fünf Jahre lang gearbeitet und zog 1784 seinen jüngeren Bruder Francesco Antonio nach. Beide Brüder haben in vielen Herrenhäusern des Nordens gearbeitet, außer auf Gelting auch auf Rundhof und Drült, auf Wulfshagen und Knoop. Michel Angelo Tadei kehrte später in seine Heimat zurück, der jüngere Bruder blieb hier im Lande, wo noch bis vor kurzem Nachkommen, jetzt in bürgerlichen Berufen, lebten.

In Michel Angelo Tadei fand Seneca v. Geltingen den kongenialen Künstler. Von Raum zu Raum fortschreitend wußte er sich in die Gedankengänge des Bauherrn einzufühlen, die triumphale Steigerung seiner Kunst zeigt sich im großen Festsaal im Obergeschoß. Die Darstellung ist geradezu eine Apotheose auf den Schloßherrn. Jugendlich und unternehmend steht er da, selbstbewußt setzt er den Zirkel auf den Globus als Zeichen seiner Kühnheit, den Erdball zu umrunden. Welterfahren, mit fremden Ländern vertraut, hat er den Rahmen der üblichen Kavalierstour weit hinter sich gelassen. Seine Schutzherrin, die allegorische Figur der Klugheit mit ihren Attributen Spiegel und Schlange, deutet auf Sönke Ingwersen hin, dem ihre Gaben zum Erfolg verhalfen. Das Füllhorn des Glückes schüttet seine Früchte über ihn aus, dahinter die Säule auf hohem Postament gibt dem Relief die großartige Steigerung. Säule und ein Buch im Vordergrund haben symbolische Bedeutung, sie weisen Sönke Ingwersen aus als Liebhaber der Wissenschaften, als Freund der Künste.

Die Gestaltung der übrigen Teile des Saales ist dementsprechend ein großer Wurf. Schmuck und Gliederung der Wandflächen war die Aufgabe von Michel Angelo Tadei. So zog er gerade breite Stuckrahmungen, die senkrecht über der

Schloß Gelting

getäfelten Sockelzone aufsteigen und schmückte die Türen mit anmutigen Supraporten. An den Wänden entfaltet sich innerhalb der Rahmen die Reliefplastik mit Darstellungen der Künste; so stellen ein Bündel Flöten und ein Dudelsack die Musik dar, ein Bildniskopf und eine Palette die bildenden Künste, ein korinthisches Kapitell mit Lot und Winkelmaß die Architektur. Die Supraporten über den Seitentüren stellen die vier Erdteile dar, Europa mit Szepter und Krone als die wahre Herrscherin der Welt, Asia in spärlicher Bekleidung am Fuß einer dürftigen Palme und mit Schirm in der Hand, um sich vor der Hitze des Erdteils zu schützen, ähnlich die Figuren der Africa mit der Pyramide und der America.

Aber die unermüdliche Schaffenskraft dieses ersten Barons v. Geltingen erschöpfte sich nicht hiermit. Er wandte erhebliche Mittel auf, um das Schloß mit dem nötigen Inventar zu füllen, legte eine umfangreiche Sammlung von Gemälden sowohl aus der eigenen Familie wie auch aus fürstlichen Häusern an. Sein Sohn und Nachfolger Rudolph Frhr. v. Geltingen berief 1789 den Gartenarchitekten J. C. Bechstedt, nach dessen Plänen Garten und Park gestaltet wurden. Die Zeit war schon über die einseitig konzipierten französischen Gärten des Hochbarock hinweggeschritten. Bechstedt schuf eine kombinierte Anlage von französischem und englischem Garten. Unmittelbar hinter der Gartenfront des Schlosses erstreckt sich die streng gehaltene Gartenanlage des französischen Stils mit Blumenparterre und Bosketts, daneben in geschickter Ausnutzung des Geländes ein englischer Park mit gewundenen Wegen.

Sönke Ingwersen selber pflegte Gelting als den „Hof von Angeln" zu bezeichnen. Zu seinem Lebensstil gehörte auch ein Theater, so erbaute er ein kleines Komödienhaus, in dem er die zu seiner Zeit so beliebten Schäferspiele aufführen ließ. Die Schauspieler wurden aus der eigenen Dienerschaft gestellt, die Kammerzofe Philippine der Baronin war die jugendliche Naive, der Kutscher Claus, auch Claus Husar genannt, weil er bei den Husaren gedient hatte, spielte den jugendlichen Liebhaber. Aber als wenige Jahre später das Theater stillgelegt wurde, konnte sich Claus nicht mehr an ein geregeltes Leben gewöhnen, er sank von Stufe zu Stufe, schließlich ließ er sich willig zum Mörder dingen. Im Jahre 1801 erschlug er die Frau Elisabeth Antoinette v. Ehrencron, geb. Baronesse v. Liliencron, in ihrem Gutshause Grumbyhof bei Schleswig. Claus Husar wurde von den Dienstmädchen des Hauses erkannt, bald darauf gefaßt und in Schleswig hingerichtet. Die Hintergründe seiner Tat sind dunkel, wenn auch starke Vermutungen in bestimmte Richtung gehen.

Das Komödienhaus wurde später abgebrochen, heute steht nur mehr das Vorderhaus dieses Theaters, immer noch ein ansehnliches Haus.

1786 starb Seneca Geltingen auf einer Reise im Haag. Ihm folgte sein Sohn

Festsaal

Rudolf, † 1820, der mit Caroline Christiane Gräfin v. Oeynhausen vermählt war. Er ließ während seiner Besitzzeit die Kirche in Gelting gründlich restaurieren. Da er keine Kinder hinterließ, ging das Gut auf die Nachkommen der Tochter Adriane Sebranda, † 1803, über, die mit dem Amtmann Andreas August v. Hobe, † 1802, in Reinbek vermählt gewesen war. Die Hobe, die aus altem mecklenburgischen Geschlecht stammen, hielten jetzt ihren Einzug in Gelting. So wurde der Sohn, der Rittmeister Levin L. C. L. v. Hobe, dritter Baron v. Geltingen, † 1842. Unter dem 19. Oktober 1821 erhielt er den Titel eines dänischen Barons, geknüpft an den Besitz des Fideikommisses Gelting unter dem Namen: v. Hobe Baron v. Gelting, erst 1828 wurde das Patent für ihn ausgefertigt. Im Jahre 1812 war er zum katholischen Glauben übergetreten.
Ihm folgte sein Sohn Siegfried v. Hobe Baron v. Gelting, † 1877. Dieser war Mitglied des schleswig-holsteinischen Provinciallandtages und starb während

einer Tagung des Landtages in Rendsburg. Sein Sohn Bertram, † 1916, war Päpstlicher Geheim-Kämmerer und Magistral-Ritter des souveränen Malteser-Ritter-Ordens. Er begann alsbald nach seinem Besitzantritt mit dem großzügigen Umbau des Ostflügels, der jetzt erst sein wohnliches Inneres erhielt. 1899/1900 wurde der Mittelbau gänzlich restauriert.

Bertram v. Hobe erwarb zwei adelige Güter zu Gelting hinzu, Düttebüll, das zunächst dem ältesten Sohne Siegfried übergeben wurde, und Ohrfeld, das der zweite Sohn Bertram, † 1961, erhielt. Nach dem Tode von Bertram v. Hobe auf Gelting erbte Siegfried, † 1944, das Gut. Er wurde wie sein Vater Päpstlicher Geheim-Kämmerer, auch Magistral-Großkreuz des Malteserordens und war Dr. juris.

Schon seit 1860 waren katholische Gottesdienste im Schloß abgehalten worden. Siegfried Baron v. Hobe-Gelting ließ jetzt im Jahre 1925 in geschickter Ausnutzung der vorhandenen Räumlichkeiten durch den Architekten Bachmann aus Berlin eine Kapelle in das Schloß einbauen. Das untere Geschoß des mittelalterlichen Turmes nimmt den Altarraum auf, die anschließenden Räume des Ostflügels den eigentlichen Kapellenraum.

Nach seinem Tode ging der Besitz über auf seinen ältesten Sohn Bertram Baron v. Hobe-Gelting, von diesem im Jahre 1970 auf dessen ältesten Sohn Siegfried Baron v. Hobe-Gelting. Von diesen beiden ist das Schloß großzügig restauriert worden, 1957/58 wurde die Vorderfassade erneuert, 1972 die Innenräume.

Kurz vor seinem Tode erhob Seneca Geltingen das Gut zu einem Fideikommiß, sicherlich aus weiter Voraussicht. Denn nach seinem Tode zeigte sich bald, daß der große Lebensstil des ersten Besitzers nicht aufrechtzuerhalten war. Bestimmend war hierfür die Tatsache, daß die allgemeine wirtschaftliche Lage der Herzogtümer in jenen Jahren sehr schlecht war. Der Sohn hob schon 1789 die Leibeigenschaft auf, begann mit der Parzellierung des Hoffeldes und veräußerte einen großen Teil des Grundbesitzes. Die Gutsuntergehörigen in den Dörfern erhielten 50 Besitzungen mit zusammen 2522 Heidscheffeln = rund 800 ha gegen Leistung einer kleinen Rente, des sogenannten Kanon, zu freiem Eigentum. Weitere 40 Parzellen wurden aus Geltinger und Nadelhöfter Hofland mit zusammen 2548 Heidscheffeln, also weiteren 800 ha, verkauft. Es gehören seitdem zum Gut der Haupthof mit 337 ha, der Meierhof Beverö mit 372 ha, an Wald in den beiden Hölzungen Nordschau und Holmkjer, sowie den Aufforstungen auf Beverö rund 140 ha, außerdem kleinere Anteile in den Dörfern Gelting und Lehbek.

Aus dem Gesamtbesitz wurden 1982 rund 140 ha Deichvorland und Hutungen an die landeseigene Stiftung Naturschutz veräußert. Damit wurde die Geltinger

Birk – die von der Familie von Hobe bereits vor über einem halben Jahrhundert der Öffentlichkeit als Gebiet mit seltenen Biotopen zugänglich gemacht wurde – beträchtlich erweitert.

Adel. Gut Gelting

Besitzer: Siegfried Baron v. Hobe-Gelting

Besitzer		*Gut und Bauten*	
1231	königlich	1231	Gelting, Gyaelting
1428	Claus v. d. Wisch Vater und Sohn	1470	oder 1476 Bau von Turm und Ostflügel
1470	königlich	1680	Bau des Westflügels
1494	Ritter Hans v. Ahlefeldt dann bis 1724 v. Ahlefeldt	1710	Priesholz abgetrennt
1724	Gottfried v. Wedderkop	1746	und 1753 Bau der Wirtschaftsgebäude
1736	königlich	um 1770	Umbau und Erweiterung des Mitteltraktes
1758	Sönke Ingwersen, Baron v. Geltingen	1789	Anlage des französischen und des englischen Gartens
1786	sein Sohn Rudolph	1789	Aufhebung der Leibeigenschaft und Parzellierung
1820	Levin Baron v. Hobe-Gelting, dann dessen Nachkommen	1877	Umbau des Ostflügels
		1899	und 1900 Restaurierung des Mittelbaues
		1925	Einbau der Kapelle im Turm und im Ostflügel
		1972	Brand des Kuhhauses
		1987	Abbruch des alten Pferdestalles

5 Düttebüll

Selten gelingt es, die Entstehung eines großen adeligen Gutes so genau zu verfolgen, wie es im Falle von Düttebüll möglich ist. Wir müssen zurückgehen auf die Zeit um 1400. Damals sitzt auf Rundhof ein so tatkräftiger Mann wie der Ritter Erich Krummendieck. Neben seinen starken politischen Aktivitäten ist es ihm auch und vor allem um eine Erweiterung seines Besitzes zu tun. Rundhof ist zunächst nur klein, nur mit 6 Mark Goldes eingeschätzt. Aber 1397 überläßt ihm der Schwiegervater Johann von Thienen den gesamten Süden des späteren großen Gutes mit Schörderup, Stoltebüll, Vogelsang und Drült. Und schon einige Jahre vorher, 1391, gab es eine Verhandlung mit dem Ritter Hinrich Split und dessen Frau Elsebe, die eine Schwester von Erich Krummendieck gewesen sein dürfte. Das Ehepaar lebte auf seiner Burg Grödersby an der Schlei und war Besitzer von drei Dörfern, die im Osten des großen Geltinger Waldes lagen,

Pommerby, Solby und Düttebüll. Anscheinend von Erich Krummendieck hart bedrängt entschloß sich das Ehepaar, ihm diese drei Dörfer abzutreten gegen die Zusicherung, auf ihrer Burg Grödersby unangefochten leben zu dürfen.

So gehörte seit diesem Tage alles das zu Rundhof, was den Kern des späteren Gutes Düttebüll ausmacht. Das Dorf Solby wurde niedergelegt und weiter nördlich anstatt dessen das Dorf Nieby, das neue Dorf, erbaut. Nur ein Flurname Soltoft erinnert noch an das untergegangene Dorf.

Als jetzt fast 1 1/2 Jahrhunderte später Henneke Rumohr auf Roest aufgrund seiner Heirat mit Eibe Sehestedt, der Erbtochter von Rundhof, die Anwartschaft auf diesen Besitz erwirbt, entschließt er sich, seinen Besitz in Roest seinem Sohne zu übergeben und in Düttebüll einen Adelssitz für sein Alter zu errichten. Das Dorf Düttebüll, das aus acht Hufen bestand, wurde niedergelegt, ein Herrenhof mit breitem Burggraben im Viereck angelegt und ein erstes Herrenhaus erbaut, wohl im westlichen Flügel des heutigen Hauses, wie die überdicken Mauern des Kellers wahrscheinlich machen.

Hier hat Henneke Rumohr von 1551 bis zu seinem Tode 1569 gelebt. Er vererbte das neue Gut seinem zweiten Sohne Schack, der aber 1585 ohne Nachkommen zu hinterlassen, starb. Daher ging Düttebüll jetzt über an den älteren Bruder Asmus, dem damit außer Gelting selber fast ganz Ostangeln gehörte.

1590 starb Asmus Rumohr und hinterließ vier Söhne, die noch einige Jahre warteten, bis auch der jüngste Bruder volljährig war. Dann schritten sie zur Verteilung des väterlichen Besitzes und bildeten vier Lose, über die sie Montag nach Palmarum 1593 in der Kirche zu Kappeln das Los warfen. Cai erhielt Roest mit Toestorf und wurde Stammvater der Linie Roest, Henneke erhielt Rundhof mit Drült, Hinrich wurde mit Besitzungen auf Alsen und in der Marsch, mit Häusern in Flensburg und mit Kapitalien abgefunden. Der älteste der Brüder, Detlev, erloste Düttebüll, das aber gegenüber den übrigen Losen zu klein war. So legte man von Rundhof die nördlich belegenen Außenländereien ab und schlug Düttebüll dieses Außenland zu, auf dänisch Udmark, auf deutsch Ohrfeld, obwohl es mit Düttebüll keine räumliche Verbindung hatte. Den Söhnen von Detlev Rumohr, den Brüdern Joachim, Asmus und Schack gelang es, 1614 das südlich angrenzende Gut Kronsgaard von Wulf Pogwisch auf Buckhagen für 15 000 Rthlr. hinzuzukaufen.

Kronsgaard ist sicherlich sehr alt, in der Nähe der Ostsee lag eine Burg, heute mit dem Namen Hofferberg. Weiter westlich entstand später eine zweite Burg mit kreisrundem Graben, wohl mehr eine Turmburg, dicht daneben der spätere Gutshof mit fast rechteckig gezogenen Hausgräben. Der Name Kronsgaard wird gedeutet als Kronens Gaard, als Hof des Königs. Heute ist fast nichts mehr von alledem erhalten.

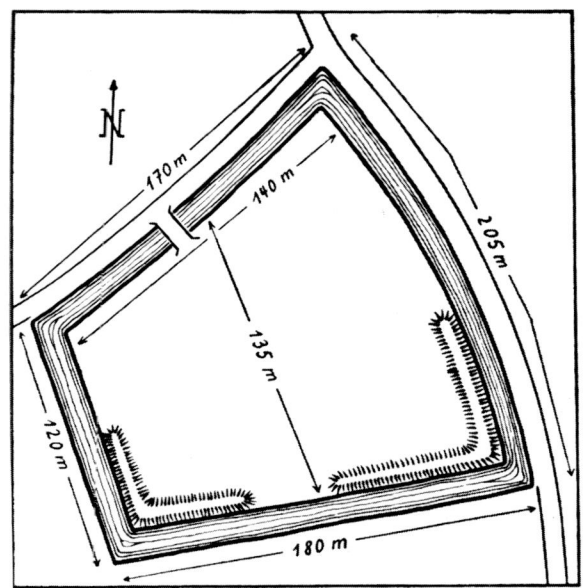

Gutshof Düttebüll mit Wall und Graben, 16. Jahrhundert

So war jetzt das Gut Düttebüll vollständig geworden mit einer Gesamtgröße von über 4500 Heitscheffeln gleich rund 1500 ha, mit zwei großen Höfen, wie Düttebüll selber und Kronsgaard, mit zwei Meierhöfen wie Börsby und Pommerby und vielen Dörfern. Im Archiv von Düttebüll befindet sich eine farbig angelegte Karte aus dem Ende des 18. Jahrhunderts, die in sehr anschaulicher Weise das Gut wiedergibt mit den beiden Gutshöfen, den Meierhöfen, den Dörfern und den vielen Einzelstellen. Das Gut erstreckte sich in einer Länge von fast 10 Kilometern von Beveroe im Norden bis Buckhagen im Süden, nach Westen von Gelting, im Osten von der See begrenzt.

Ohrfeld wurde bei einer der nächsten Erbteilungen abgetrennt und hatte seitdem seine eigenen Schicksale. Düttebüll blieb aber bis zu den Parzellierungen von 1783 und 1785 in seiner vollen Größe erhalten. Auch das Herrenhaus erfuhr nach und nach Erweiterungen, um die Mitte des 17. Jahrhunderts dürfte der Mittelbau als das eigentliche corps de logis entstanden sein, später kam noch der östliche Flügelbau hinzu, der nicht unterkellert ist und der ursprünglich den großen Rittersaal enthielt mit Kornboden darüber; heute ist der Saal in mehrere Zimmer aufgeteilt.

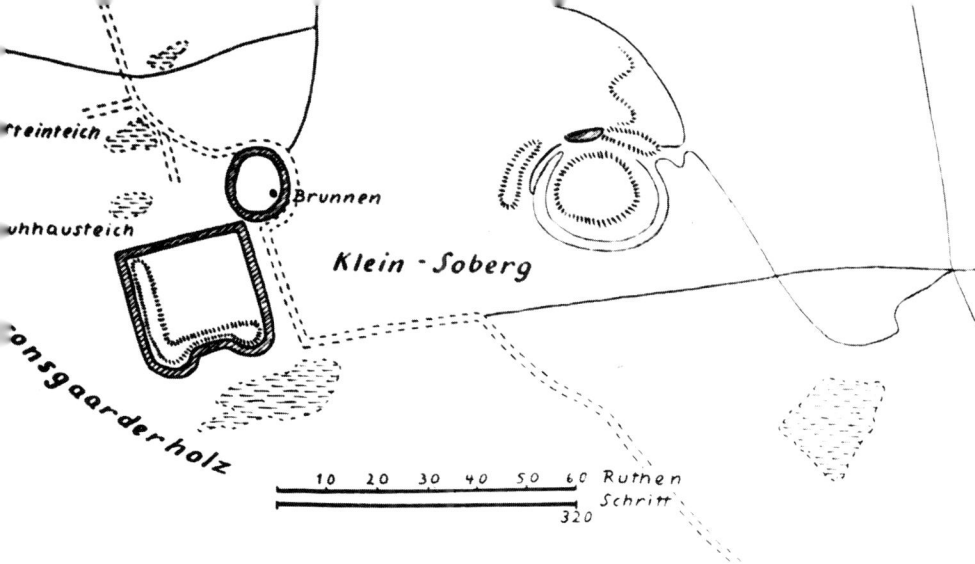

Kronsgaard – ganz rechts mittelalterliche Burg, vielleicht Königsburg – links Kronsgaard, 16. Jahrhundert – rechts oben daneben mittelalterliche Turmburg mit Graben und Brunnen

Von den sieben Generationen Rumohr, die Düttebüll besessen haben, wissen wir genauer Bescheid über den oben genannten Detlev Rumohr, † 1609. Und gerade dieser hat fast gar nicht in Düttebüll gewohnt. Im Jahre 1577 ging er nach der Insel Alsen, lernte dort Anna Breide aus einem alten holsteinischen, längst erloschenen Geschlecht kennen, heiratete sie und erhielt dadurch das Gut Søbygaard im Kirchspiel Nottmark auf Alsen, das später den Namen Rumohrshof erhielt. Bis 1925 blieb es als stattliches Gut bestehen, dann wurde es aufgesiedelt, heute besteht nur mehr ein Resthof von 82 ha unter dem Namen Rumohrsgaard.

Über Detlevs Leben sind wir gut unterrichtet durch seine Leichenpredigt, die sein alter Freund und Vertrauter Johann Monrad, Pastor in Ketting auf Alsen und später Probst von Alsen über ihn hielt. Danach kam er im Jahre 1609 von einer Beerdigung im Holsteinischen zurück, ließ sich die Rumohrsche Gruft in Kappeln unter der Kirche aufschließen, bestimmte den Platz, wo sein Sarg stehen solle und starb wenige Tage später auf Düttebüll.

Detlev Rumohr hatte Rumohrshof im Jahre 1600 an Herzog Hans d. J. verkauft, der damals einen großen Grundbesitz im Sundewitt und auf Alsen in seine Hand brachte und hat seine letzten Lebensjahre teils in Sonderburg, teils auch in Düttebüll selber verbracht.

Das Gut ging über auf seinen Sohn Asmus, † 1656. Über ihn ist eine Urkunde aus dem Jahre 1618 im Schlosse Gelting aufbewahrt. Danach hatte er, dem damals auch Oehe gehört zu haben scheint, einen Streit mit seinem Nachbarn Claus v. Ahlefeldt auf Gelting, der ihm eine schriftliche Aufforderung zustellte, sich mit ihm in Pommerby Krug zu treffen, nur mit seinem Schwert und ohne andere mörderische Waffen, und dann werde der gnädige Gott entscheiden, wer Recht behalten solle. Der Ausgang der Sache ist unbekannt, aber beide überlebten diesen Tag lange Jahre.

Sein jüngster Sohn, auch Asmus mit Namen, erbte Düttebüll mit Kronsgaard, während dem älteren Bruder das Gut Schwensby im Kirchspiel Sörup zufiel. Es ist erst wenige Jahre her, als bei Restaurierungsarbeiten seine Gruft dicht vor dem Hochaltar aufgefunden wurde, mit kostbaren Särgen und reichen Wappenverzierungen. Über Asmus selber, † 1680, ist nur wenig bekannt. Ihm folgt im Besitz von Düttebüll sein jüngster Sohn Detlev nach, † 1708, diesem wiederum ein Asmus Rumohr, † 1739. Auch hier hatte es eine Verlosung gegeben, es ging um die beiden Güter Düttebüll und Westensee, dieses Mal war der ältere Bruder der Glückliche, aber nur für kurze Zeit, erst 1720 hatte die Verlosung stattgefunden, fünf Jahre später machte er Konkurs und ging in das Herzogtum Bremen. Seine Mutter Ida Emerentia Rumohr geb. von Ahlefeldt kaufte Düttebüll mit Kronsgaard aus der Konkursmasse zurück, gab aber im gleichen Jahre die beiden Güter weiter an den hannoverschen Kammerherrn Erich Joachim von Rheden. Von diesem erbte zunächst dessen Sohn, der Kammerherr Christopher Ludwig von Rheden. Beide Herren von Rheden haben Düttebüll nicht bewohnt. Sie hatten als Verwalter August Philipp Ahlmann eingesetzt, der ein natürlicher Sohn des älteren Rheden war, mithin ein Stiefbruder des jüngeren Rheden. Die Rheden setzten ihn daher etwa 1754 zum Erben ein.

Ahlmann hatte eine einzige Tochter, die mit dem Obergerichtsrat Moritz Christian Eritius vermählt war, die aber schon 1769 starb. Ahlmann vermachte jetzt das Gut dem Enkel, August Philipp, der den Namen Ahlmann-Eritius annahm. Als auch er früh starb, fielen die Güter an seinen Vater, Moritz Christian Eritius.

Bei so verworrenen Familienverhältnissen nimmt es nicht wunder, wenn jetzt die Erben die Lust am Besitz verloren. Eritius versuchte, Düttebüll im ganzen zu verkaufen, konnte aber keinen geeigneten Käufer finden. So entschloß er sich zur Parzellierung des ganzen Gutes, die in zwei Etappen vor sich ging, erste und zweite Dismembrierung genannt, die erste fand 1783 statt, bei ihr wurden 36

Parzellen ausgelegt, die zweite 1785 mit weiteren 29 Parzellen. Erhalten blieb nur der Stammhof Düttebüll in etwa der gleichen Größe wie heute noch mit rund 235 ha.

Nachdem das Gut hierdruch wirtschaftlich stark geschwächt war, wurde es jetzt schnell zu einem Walzengut, wie man in Holstein die Güter nennt, die nur allzu häufig den Besitzer wechseln. Erster Käufer war der Bauer Asmus Thomsen aus Möllmark bei Sörup, ihm folgte 1813 sein Sohn, der Kriegsrat Thomas Thomsen. 1822 kauft Georg Heinrich Stüve aus Osnabrück den Hof, 1839 die Gebrüder Bank, 1844 Louis Carl Friedrich von Buchwald aus der dänischen Linie dieses Geschlechts, 1847 Christian Meyer, 1863 der Kammerjunker Johann Carl Wilhelm Grandjean, † 1882, Besitzer des Stammhauses Vennerslund auf Falster, 1873 Anton Wilhelm Prösch. Erst nach 1900, als es der Familie von Hobe-Gelting möglich wurde, das Gut anzukaufen, traten ruhige Verhältnisse ein.

1902 wurde für Dr. jur. Siegfried Baron von Hobe-Gelting Düttebüll angekauft. Er war damals ein junger Mann von 24 Jahren, hat zunächst einige Jahre als lediger Mann dort gewohnt, dann 1909 Ernestine Montforts geheiratet. Nach dem Tode des Vaters im Jahre 1916 übernahm das junge Paar Gelting und zog dorthin, nach seinem eigenen Tode 1944 zog die Ehefrau nach Düttebüll zurück und blieb hier bis an ihr Lebensende 1957. Seitdem gehört das Gut zu festen Anteilen den Kindern August von Hobe und Gisela von Hobe, wird aber gemeinsam bewohnt und bewirtschaftet.

Wie bei alten Gebäuden nur natürlich, ist auch am Herrenhause von Düttebüll in vielen Generationen gebaut worden. Selbst als schon die Parzellierungen im Gange waren, sind noch weitere Umbauten geschehen. Aus einer gedruckten Gutsbeschreibung von 1785 ergibt sich, daß der Westflügel des Herrenhauses vor nicht vielen Jahren neu aufgebaut war, daß der Ostflügel im Jahre vorher abgebrochen und neu aufgerichtet wurde, daß der Mitteltrakt im Umbau begriffen, und zwar unter dem Besitzer A. Ph. Ahlmann-Eritius, daß aber diese Bauarbeiten unter dem nachfolgenden Besitzer Asmus Thomsen weitergeführt wurden.

Heute stellt sich der Hof als stattliche Gutsanlage dar, von breitem Wassergraben umschlossen. Das schlichte Herrenhaus ist eine eingeschossige Dreiflügelanlage, ein verputzter Ziegelbau mit schwach rustizierten Ecken, die Seitenflügel mit einem Krüppelwalmdach, der Mittelbau mit einem Mansarddach gedeckt. In der Mitte befindet sich ein schmaler, flach vorgezogener Mittelrisalit mit Portal, das von zwei dünnen Pilastern eingerahmt ist, darüber mit zwei Fenstern und einem flachen Giebel.

Die Gartenfront ist ein langgestreckter Baukörper ohne besondere Stilelemente

Gartenfassade

und besteht aus einem Langhaus von 11 Achsen. Nur in der Südwestecke ist durch A. W. Prösch in den Winkel zwischen Flügel und Mittelbau das sogenannte Weinhaus über schmalen, zweischiffigen Kellergewölben eingebaut. Im Inneren, vor allem im Westflügel, sind noch eine Reihe von Räumen des späten 18. Jahrhunderts mit schlichten Putzdecken über Gesims und Hohlkehle und einfachen Ofennischen mit Stukkaturen erhalten.

Wenn man heute auf den Höhen des östlichen Angeln steht und im Osten die Sonne sich erheben sieht und gleichzeitig das Bellen der Hunde des nahen Kappeln hört, fällt einem der alte Spruch ein:

> Nu dagt et achter Düttebüll
> nu bell'n de Kappler Hünn.

Adeliges Gut Düttebüll

Eigentümer: August von Hobe Erben

Besitzer		Gut und Bauten	
	Im Mittelalter Ritter Hinrich Split und Frau Elsebe auf Grödersby	um 1554	Errichtung des ersten Herrenhauses an der Stelle des heutigen Westflügels
1391	Abtretung der Dörfer Pommerby, Solby (später Nieby) und Düttebüll an den Ritter Erich Krummendieck auf Rundhof	1554	Niederlegung der 8 Hufen in Düttebüll und Anlage eines Herrenhofes
1554	Erwerb der Anwartschaft auf Rundhof durch Henneke Rumohr auf Roest	1614	Erwerb von Kronsgaard
		Mitte des 17. Jahrhunderts	Erweiterung des Herrenhausbaues um den Mittelbau
1554–69	Henneke Rumohr, wohnhaft in Düttebüll	nach 1700	Bau des rechten Flügels mit Einbau eines Rittersaales
bis 1727	seine Nachkommen aus der Familie von Rumohr	1783 u. 1785	Parzellierung bzw. Dismembrierung des Gutes
1727–ca. 1754	von Rheden		Düttebüll in zwei Etappen in 36 und 29 Parzellen
ca. 1754–85	Ahlmann bzw. Ahlmann-Eritius		
1785–1873	verschiedene Besitzer	um 1785	Umbauten am Herrenhaus, Neuerrichtung des
1873–1902	Anton Wilhelm Prösch		Westflügels, Abbruch
von 1902	Barone von Hobe-Gelting		und Neuaufbau des Ostflügels, Bauarbeiten am
seit 1957	v. Hobe		Mitteltrakt
		Ende 19.Jahrh.	Einbau des Weinhauses durch Prösch

6 Buckhagen

Kirchspiel Kappeln   *Kreis Schleswig-Flensburg*

Das heutige Gut ist aus einem Teil der großen silva geltinga hervorgegangen, dem Geltinger Wald, der nach dem Erdbuch König Waldemars II. von 1231 Besitz des Königs war. Ein Jahrhundert später, im Jahre 1339, am Tage des heiligen Apostels und Evangelisten Johannes verpfändet Herzog Waldemar dem Ritter Sievert Sehestedt für ein von ihm dem Herzog gewährtes Darlehen von 2000 Mark löthigen Silbers und 600 Mark Lübsch den sechsten Teil des Geltinger Waldes angrenzend an Buckhagen, dazu Buckhagen selber, die Mühle von Buckhagen, ferner die Insel Oehe, damals Gaath genannt, zwei Hufen in Gelting und das ganze Dorf Lehbek. Außerdem werden Siegfried Sehestedt noch erhebliche Besitzungen in Schwansen verpfändet, das Dorf Gammelby, ein Drittel des Dorfes Loose, die Hälfte der Mühle von Schnaap.

Die Sehestedt gehören zu den Rittergeschlechtern aus Holstein, die sich als erste im Herzogtum Schleswig ansässig machen. Schon gegen Ende des 13. Jahrhunderts gründen sie ihre erste Burg, dicht nördlich der Eider, an der Stelle des heutigen Gutes Sehestedt und dringen bald darauf zunächst nach Schwansen vor, wo unser Ritter Sievert Sehestedt seit 1332 bezeugt ist. In diesem Jahre verpfändet ihm Bischof Helimbert von Schleswig den Zehnten des Dorfes Sieseby, damit der Bischof seine Burg Stubbe wiederherstellen kann.

Aus der Urkunde von 1339 ergibt sich, daß eine Ansiedlung namens Buckhagen mit Mühle schon bestand, kaum ein Dorf, wie spätere Schriftsteller meinen, aber wohl doch einige Katen. Der Name Buckhagen wird gedeutet als Einzäunung für Schafböcke, der zweite Teil des Namens entspricht dem dänischen Wort have = garten, aber nicht in der allgemeinen Bedeutung eines Gartens, sondern mehr in der eines umfriedeten Weidegrundstücks. So mag sich hier wahrscheinlich zunächst der Wohnsitz eines Schafhirten befunden haben. Vielleicht war hier auch schon ein dem König gehörender Burgturm vorhanden, die äußere Lage Buckhagens macht diese Vermutung wahrscheinlich. Die alte Ausmündung der Schlei verlief nicht an der heutigen Stelle bei Schleimünde, sondern durch das Wormshöfter Noor weiter nördlich unmittelbar an Buckhagen vorbei. Etwas südlich der heutigen Hofanlage ist ein kleiner Turmhügel inmitten einer kreisrunden Grabenanlage bis zur Gegenwart vollständig erhalten, von hier aus hat man eine beherrschende Übersicht über die Schlei, ähnlich wie von der Gammelborg nördlich Olpenitz am südlichen Ufer. Noch auf Gutskarten aus dem Ende des 18. Jahrhunderts ist hier ein Wachtturm verzeichnet. Die Stätte heißt ebenso wie die benachbarte Koppel Bysted, ein Name, der auf alte Ansiedlung hinweist. Sicherlich stand hier die erste Burganlage der Sehestedt, auf der Koppel vielleicht die zugehörigen Stallungen für Pferde und Wohnungen der Knechte, möglicherweise sogar die älteste Ansiedlung vor dem Einzug des Ritters.

Bei der Verpfändung wurde vereinbart, daß dem Herzog und seinen Erben freistehen solle, das Pfand wieder einzulösen und daß die etwa in der Zwischenzeit aufgeführten Gebäude nach Taxation übernommen werden sollten. Aber es kam nicht zur Einlösung des Pfandes, Buckhagen verbleibt bei den Sehestedt fast zwei Jahrhunderte lang durch sechs Generationen hindurch, ohne daß man doch von diesen allen mehr anzugeben wüßte als nur die Namen. Ja, wir können nicht einmal mit Sicherheit zu allen Zeiten feststellen, wie Erbgang und Besitzerfolge sich entwickelt haben. Am Schlusse des 14. Jahrhunderts gehörte Buckhagen Otto Sehestedt, der im übrigen genannt wird als Besitzer des adeligen Gutes Maasleben in Schwansen, und von dem wir annehmen dürfen, daß er ein Enkel von Herrn Sievert gewesen ist. Sein ältester Sohn Reimar Sehestedt saß nach ihm auf Buckhagen, aber fiel im Jahre 1416 als Hauptmann der Fresenborg, als die Friesen die Burg erstürmten. Der „Schacke Sehestedt in Buckhaven", dessen Witwe Margarethe im Jahre 1466 eine Schuldverschreibung für das Kloster Bordesholm ausstellte, dürfte sicherlich sein Sohn gewesen sein. Auf ihn folgte Schacks im übrigen nicht bekannter Sohn Reimar, dessen Witwe Mette im Jahre 1476 dem Domkapitel in Schleswig den Hof Norder-Hackstedthof verkaufte. Dieser Verkauf wurde durch ihren Sohn Otto„to Bokehaven" bekräftigt. Sein Bruder Joachim fiel in der Schlacht bei Hemmingstedt im Jahre 1500, aber zu dieser Zeit war Buckhagen nicht mehr im Besitze des Geschlechtes. Der Benedict Sehestedt, der zu dieser Zeit das nahebei liegende große Gut Rundhof mit Drült erwirbt, gehört auf die eine oder andere Weise in die Stammtafel der Sehestedt auf Buckhagen hinein, aber wir sind zu dem jetzigen Zeitpunkt nicht in der Lage, ihn mit voller Sicherheit dort unterzubringen. Vielleicht war er ein Bruder von Otto und Joachim Sehestedt. Im Jahre 1498, als der Ritter Sievert Split das adelige Gut Roest an Schack Rumohr verkauft, erscheint unter den Zeugen der Ritter Otto Stake, „wohnhaft zu Buckhagen". Vielleicht war er der zweite Mann von Otto Sehestedts Witwe. Auf alle Fälle geht jetzt Buckhagen aus dem Besitz der Sehestedt heraus.

In der Sehestedtschen Zeit erhielt das Gut nach und nach den Umfang, den es bis zu seiner Parzellierung 1799 behalten sollte, mit den Dörfern Alt- und Neu-Rabel, Gundelsby, Wormshöved, Hasselberg, sowie dem erst später gebildeten Meierhof Ruhrkrog. Aus dem Kaufbrief von 1535 ersieht man die Zahl der zugehörigen Hufen, nämlich

auf der Öhe	2
zu Kronsgaard	1
zu Hasselbergfeld	1
zu Hasselberg	6
zu Wormshöved	9
zu Schwackendorf	11
zu Gundelsby	10
zu Börsby	4
zu Alt-Rabel	3
zu Neu-Rabel	12
zusammen	59

Alt-Rabel scheint bald darauf niedergelegt und das Land zum Hoffeld gekommen zu sein, da es später nicht mehr erwähnt wird. Aus den Namen der Hufner geht hervor, daß die Siedler im Geltinger Wald zu einem großen Teile aus dem Holsteinischen gekommen sein müssen, daß mithin erst eine umfangreiche Rodungstätigkeit die Entstehung der vielen Hufen ermöglicht hat. Ein Teil der Hufner trägt die typisch jütischen Namen wie Nielsen, Claussen, Jensen, Hansen. Daneben kommen aber auch viele niederdeutsche Namen vor wie Bruhn, Braak, Krake, Kämmner, Röper und andere mehr. Der Umfang des Gutes erfuhr im 16. und 17. Jahrhundert nur mehr geringe Änderungen. Kronsgaard, das eine alte Burganlage aus früher Zeit trug, wurde offensichtlich schon bald zum Witwensitz bestimmt, ging aber 1614 an das benachbarte adelige Gut Düttebüll über, und Oehe wurde mit den Dörfern Gundelsby, Hasselberg und Wormshöved 1583 abgetrennt und zu einem selbständigen Gut ausgestaltet. Das am Westrand des Geltinger Waldes belegene Dorf Lehbek wurde gegen das an Buckhagen angrenzende Dorf Schwackendorf vertauscht und zwei Hufen in Wittkiel, die an Drült angrenzten, an das adelige Gut Rundhof verkauft.

Nach Otto Stake erscheint als nächster Besitzer Benedict v. Ahlefeldt. Er stammte aus dem Hause Haseldorf in der Elbmarsch, hatte später das große Gut Gelting in Angeln erworben und sich mit der reichen Sophie Gyldenstjerne aus dänischem Adel vermählt. Ihr Vater war der Reichsrat Henrik Knudsen Gyldenstjerne auf Restrup und Iversnaes, Lehnsmann auf Tørning, das doch die Ahlefeldt erst kurz vorher an den König verkauft hatten, ihre Mutter Karen Bille, ebenfalls aus altem dänischem Geschlecht. Der Kauf von Buckhagen muß um 1515 erfolgt sein, im Jahre 1514 ist Benedict Ahlefeldt in eine böse Gewalttat zusammen mit anderen holsteinischen Adeligen gegen zwei königliche Sekretäre in Gottorf verwickelt, die ihn für eine Weile hinter Schloß und Riegel brachte, 1517 ist er schon nicht mehr am Leben. 1529 trennt sich die Witwe von Buckhagen, für 14000 Mark Lübsch verkauft sie das Gut an den König Friedrich I. von Dänemark. Die Urkunde über diesen Verkauf befindet sich wohlerhalten im Archiv von Buckhagen, wie überhaupt fast alle Verkaufs- und Vergleichsurkunden über den Besitz aus dem 16. und 17. Jahrhundert in ungewöhnlicher Vollständigkeit erhalten geblieben sind. So ist die Urkunde über den Verkauf von Buckhagen im Jahre 1535 von König Christian III. eigenhändig unterschrieben. Das Urteil von 1579 und die Executionsurkunde von 1584, die den Streit der Brüder Pogwisch um Buckhagen beendet, tragen die Unterschriften des Statthalters Heinrich Rantzau. Endlich eine auch in der Gestaltung großartige Urkunde des Herzogs Friedrichs III. vom 20. April 1642 mit eigenhändiger Unterschrift des Herzogs, in der er die Streitigkeiten der sogenannten Schleijunker um die Heringszäune in der Schlei regelt.

Buckhagen verbleibt nicht lange im Besitz des Königs, schon im Umschlag des Jahres 1535 verkauft König Christian III. das Gut an den Ritter Wulf Pogwisch für 1200 Mark Lübsch. Mit ihm zieht ein bedeutender Mann aus einem bedeutenden Geschlecht ein, er hatte in seiner Jugend in Bologna studiert, war schon 1520 Ritter, nahm an den Verhandlungen teil, die zur Abdankung und Gefangennahme König Christians II. führten, wurde später von Bischof Iver Munk mit Troiborg belehnt und hier als Lehnsmann eingesetzt. Er ist 1554 auf Buckhagen gestorben, zu dieser Zeit dürfte die älteste Turmburg wohl schon verlassen gewesen sein und Wulf Pogwisch ein Herrenhaus auf der kleinen Herreninsel besessen haben.

Auch seine Frau stammte aus dänischem Adel, Christine Munk, die das Gut Davbjerggaard in der Fjends Harde besaß, Tochter des Reichsrats Mogens Munk auf Palsgaard und der Karen Rosenkrantz. Wulf Pogwisch wurde im Kloster von Bordesholm beigesetzt auf Grund der engen Verbindung des Geschlechts zu diesem Kloster. Die letzten Worte von Frau Christine waren ihre Bitte, neben ihrem Manne begraben zu werden. Aber obwohl auf dem Grabstein von Wulf Pogwisch schon eingehauen war, daß er mit Frau und Kindern dort begraben liege, ging ihr Wunsch nicht in Erfüllung. Sie wurde mit ihren zwei Töchtern Anna und Heilwig in der Kirche von Gelting beigesetzt, wo ihr Grabstein noch steht. Zwei weitere Töchter, Magdalene und Salome Pogwisch ließen den Stein setzen. Daß sie in Gelting beigesetzt wurde und nicht in Kappeln, beruht auf der unklaren kirchlichen Abgrenzung dieser Zeit. In beiden Kirchen gibt es einen herrschaftlichen Stuhl für Buckhagen; erst viel später wurde Schwackendorf eindeutig zu Gelting gelegt, Buckhagen mit Rabel zu Kappeln.

Unter den drei Söhnen von Wulf Pogwisch, Hans, Wulf und Bertram, erhob sich schwerer und langandauernder Streit um Buckhagen. Erst 1583 konnte er endgültig durch eine königliche Kommission beigelegt werden. Die Ländereien und die Holzungen wurden in drei Teile zerlegt, die Brüder sollten losen. Bertram zog zuerst das Los und erlangte Buckhagen, Wulf erloste Kronsgaard, und Oehe fiel nun dem ältesten Bruder Hans Pogwisch zu, der aber seine Besitzrechte auf Buckhagen an Johann v. d. Wisch auf Olpenitz verpfändet hatte. Dieser war nicht gesonnen, von Buckhagen, sicherlich dem wertvollsten Teil des Gesamtbesitzes, zu weichen und mußte erst gegen eine Strafe von 2000 Rthlr. aus dem Besitz entfernt werden. Buckhagen fiel nun an Wulf Pogwisch, nachdem Bertram unvermählt blieb.

Unter diesen drei Brüdern sind der ältere, Hans, und der jüngste, Bertram, die interessantesten Persönlichkeiten. Hans vertrat den Standpunkt, daß das Verbitteramt über das Kloster Bordesholm den Pogwisch für ewige Zeiten garantiert sei und begann schon 1540 mit einem Prozeß gegen den Herzog Hans d. Ä., als das Kloster infolge der Säkularisation aufgehoben wurde. Noch 1572 bis 1576 bezeichnete er sich als Verbitter des Klosters Bordesholm und führte in dieser Eigenschaft den Prozeß vor dem Reichskammergericht gegen Herzog Adolf fort. In den Zwischenjahren hatte er sich nach Ostpreußen gewandt, hier mehrere Güter erworben und beim Großmeister des Johanniter-Ordens um eine Ordensballei in Sonnenburg oder um eines der Ordensschlösser in Thüringen oder Braunschweig nachgesucht – einer der wenigen aus holsteinischem Adel, die in so alter Zeit nach dem Osten zogen.

Seltsamer noch war das Leben des jüngsten Bruders Bertram. Er starb erst um 1600, – im Jahre 1599 war er jedenfalls noch am Leben –, auf einer Pilgerfahrt nach Loreto in Italien und blieb ein eifriger Anhänger des Katholizismus in unserem Lande, obwohl doch die Reformation schon seit Jahrzehnten durchgeführt war. Er schrieb ein Buch: malleus haereticorum, auf deutsch: Ketzerhammer, das in Köln zwischen 1584 und 1589 herauskam und wurde dafür von Papst Gregor XIII. belobigt, der ihm in Aussicht stellte, ihn heilig zu sprechen. Dabei hatte er in seiner Jugend zusammen mit seinem Bruder Hans einen anderen Adeligen, Detlev Rathlow, auf offenem Felde bei Plön erschlagen! 1584 trat er mit einem phantastischen Vorschlag an den König heran: Im letzten schwedischen Feldzug sei im Kleinen Belt zwischen Middelfart und Snoghøj aus einem Boot ein Kasten mit Geld ins Wasser gefallen. Er mache sich erbötig, den Schatz zu heben. Der König gab ihm die Erlaubnis, die Bergung zu versuchen, er solle dann sowohl den Kasten behalten dürfen als auch sonstiges Geld, das man auf dem Boden des Sundes finden würde. Bertram Pogwisch ließ daraufhin eine Art Taucherglocke konstruieren, die aus einem Sack aus Leder mit einem eingenähten Fenster bestand und auf der Spitze eine Glocke zur Benachrichtigung der Hilfsmannschaften trug. Ob das Unternehmen Erfolg gehabt hat, ist nicht bekannt.

Die Pilgerfahrt hat er sicherlich in der Hoffnung angetreten, vom Papst zum Kardinal ernannt zu werden. Im Schlosse vor Husum gab es ein heute verschollenes Bildnis von ihm, das ihn als ziemlich großen und ehrwürdigen alten Mann in grüner, weißgestreifter Kleidung darstellte. Über dem Kopf hing eine päpstliche Krone, auf beiden Seiten des Hauptes sah man eine von oben herabkommende Hand, die eine hielt einen Kardinalshut, die andere eine Benedictiner-Mönchshaube. Zwischen Krone, Hut und Haube stand ein lateinischer Spruch, daneben auf lateinisch die Worte: Bertram Pogwisch im 64. Lebensjahre 1585. Zwischen seinen Füßen saß eine kleine graue Katze, daneben in drei getrennten Buchstabengruppen das Wort:

Katt – Tho – Lyck

also katholisch = einer Katze allzu ähnlich. Das Bild war mithin als Spottbild auf Bertram Pogwisch gemeint und wollte andeuten, daß er zwar ein schlauer Kopf gewesen sei, aber doch der Würde, nach der er getrachtet, nicht würdig gewesen sei.

Buckhagen ging von dem mittleren Bruder Wulf nach dessen Tode um 1590 an den gleichnamigen Sohn über, der Kronsgaard schon 1614 an die Söhne Asmus Rumohr auf Düttebüll verkaufte, Buckhagen selber 1622 für 33 960 Rthlr. an seinen Vetter Hans Pogwisch in Eckernförde. Aber schon zwei Jahre später, im Jahre 1624, trennte auch dieser sich von Buckhagen und verkaufte es an seinen Schwager Joachim Rumohr a. d. H. Düttebüll für 36 037 Rthlr. Hans Pogwisch war mit Eibe Rumohr verheiratet gewesen.

Jetzt beginnt eine Epoche von genau 175 Jahren, in der das Gut in eigentümlicher Weise seinen Besitzer zwischen den Geschlechtern Rumohr und Ahlefeldt wechselt. Von Joachim I Rumohr, † 1627, ging Buckhagen an die Tochter Anna, vermählt mit Gert Philipp v. Ahlefeldt, † 1666, und verblieb drei Generationen lang bei dieser Familie, auf Gert Philipp folgen der Sohn Joachim v. Ahlefeldt, † 1717, und der Enkel Hans Adolph v. Ahlefeldt, † 1761. Als dieser im Jahre 1734 konkurs macht, kauft dessen Schwager Hans Rumohr auf Roest im Jahre 1736 Buckhagen für 42 500 Rthlr. an, er hinterläßt den Besitz seinem zweiten Sohn,

Portal, Hund mit dem Rumohrschen Wappen

wiederum einem Joachim Rumohr, † 1793, von diesem geht Buckhagen an die Tochter, nach der Großmutter Ahlefeldt Adelheid Benedicte geheißen, † 1807. Erst als sie 1799 das Gut verkauft, kommt es in fremde Hände.

Joachim II Rumohr war daher gut beraten, als er bei so zahlreichen und engen verwandtschaftlichen Beziehungen zu den Ahlefeldt vor dem Portal des Herrenhauses zwei überlebensgroße in Sandstein gehauene Bracken, die Helmzier der Wappen der beiden Geschlechter, aufstellen ließ. Der Hund zur Linken hält das Rumohrsche, zur Rechten das Ahlefeldtsche Wappen. Auf den Halsbändern sind die Initialen eingemeißelt: J. R. = Joachim Rumohr, A. C. V. A. = Anna Catherine v. Ahlefeldt. Die Portraits des Ehepaares, vorzüglich gemalte, lebensvolle Bildnisse geben einen Eindruck von der ländlich bestimmten und geistig geläuterten Kraft der beiden Persönlichkeiten.

Und noch in einem anderen Zusammenhang sollte die Helmzier dieser Wappen, der Hund, eine Rolle spielen. Hans Adolph v. Ahlefeldt auf Buckhagen, † 1761, war vermählt mit Dorothea Krag auf Juellund aus dem alten dänischen Geschlecht. Sie war in erster Ehe mit dem Generaladmiral Jens Freiherr Juel auf Juellinge vermählt gewesen, in zweiter Ehe mit dem Feldmarschalleutnant und Generalpostmeister Christian Gyldenløve. Die Gyldenløve sind ein Seitensproß des dänischen Königshauses und führen auf Grund dieser Abstammung einen Löwen im Wappen. Als sie sich nun zu ihrer dritten Ehe mit dem Ahlefeldt entschloß, sprach der König seine Verwunderung über diese Ehe aus, ihr stehe eine fürstliche Vermählung zu, nicht die mit einem einfachen Landedelmann. Sie gab unter Anspielung auf die beiden Wappen zur Antwort, daß ihr ein lebendiger Hund lieber sei als ein toter Löwe.

Entweder durch Gert Philipp v. Ahlefeldt oder durch seinen Sohn Joachim ist das Herrenhaus in seiner älteren Gestalt erbaut worden, wie wir es von verschiedenen Abbildungen her kennen. Im Kern ist es auch heute noch in dem jetzigen Bau enthalten. Aber starke Umbauten im 19. Jahrhundert haben es so sehr und nicht unbedingt zu seinem Vorteil verändert, daß man heute nur mit Mühe die reizvolle Anlage des 17. Jahrhunderts rekonstruieren kann. Das Haus lag auf der Herreninsel unmittelbar im Wasser, nur durch eine Zugbrücke mit Bauhof und Außenwelt verbunden, ein zweistöckiger Querbau mit einem stattlichen Seitenflügel an der Nordseite, der im Obergeschoß anscheinend einen Saal enthielt. Der Seitenflügel war mit einem fünffach getreppten Giebel abgeschlossen, dessen Stufen mit Sandstein-Obelisken geschmückt waren, über dem Mittelportal des Hauses erhob sich ein Vorbau, dessen Spitze in ein Zwiebeltürmchen auslief. Nach Süden hin stand ein kleinerer Flügelbau auch mit Treppengiebel, anscheinend ohne Verbindung mit dem Haupthause und wahrscheinlich zur Aufnahme der Küchenräume bestimmt.

Salon

Wie die Raumaufteilung im Inneren beschaffen war, wissen wir nicht. Joachim v. Ahlefeldt suchte beim König im Jahre 1706 um die Erlaubnis nach, eine Kapelle zu erbauen. Vielleicht wurde sie im Obergeschoß des nördlichen Flügels eingerichtet.

Aus der Zeit von Joachim v. Ahlefeldt hat sich eine Folge von Kunstwerken erhalten, die uns einen klaren Einblick in die Lebensweise der großen Herren des barocken Zeitalters tun läßt, eine Szenenfolge von insgesamt 15 Bildern, die meisten in der stattlichen Größe von 123 × 128 cm, später auf einfache Holzrahmen gespannt, ursprünglich wohl als Ausstattung eines Saales geschaffen. Eines von ihnen ist signiert von dem Gottorpischen Hofmaler Balthasar Mahs. Nach der Art der Darstellung dürften die meisten Bilder von seiner Hand herrühren, zwei oder drei verraten einen anderen Stil. Alle Bilder mit Ausnahme der Abbildung des Herrenhauses sind allegorischer Natur, geben Szenen aus der antiken Sage oder der Spruchweisheit des Mittelalters wieder, alle Bilder tragen im oberen Teil Sinnsprüche emblematischer Natur. Zweifellos geht diese Art der Bildgestaltung zurück auf den Schöpfer dieser Kunstgattung, den oberitalienischen Rechtsgelehrten Andrea Alciati, † 1550. Aber mehr noch, der Sinn dieser mit Emblemen und Sprüchen geschmückten Bilder beschränkt sich nicht

Bibliothek

auf eine reine Dekoration, sondern ging viel weiter. Sie dienten bei fröhlichem Trunk unter gebildeten Leuten zur Anregung, zur gegenseitigen Prüfung des Wissens, zum Spott. Gerade die stark verkürzte Form der Sprüche zwang den Gast zur intensiven Rückschau auf eigenes Wissen, zum Antworten auf fordernde Fragen des Hausherrn. Goethe, der große Dichter, hat im Faust diese Sitte des Zutrinkens aus einem Pokale vor solchen Bildern mit den Versen kommentiert:

> „Du glänztest bei dem Freudenfeste,
> Erheitertest die ernsten Gäste,
> Wenn einer dich dem andern zugebracht.
> Der vielen Bilder künstlich reiche Pracht,
> Des Trinkers Pflicht, sie reimweis zu erklären,
> Auf einen Zug die Höhlung auszuleeren."

Joachim v. Ahlefeldt, der zweifellos der Schöpfer dieser großartigen Bilderfolge ist, war sicherlich ein bedeutender Mann und in der langen Reihe der Besitzer von Buckhagen vielleicht der bedeutendste. Als der König von Dänemark den herzoglichen Anteil des Herzogtums Schleswig gewaltsam in Besitz nahm, stand er entschlossen auf der Seite des Herzogs und erreichte auch durch seine geschickten und zähen Verhandlungen, daß der Herzog wieder in seine Rechte eingesetzt wurde. Aber solange der Streit dauerte, war Ahlefeldt des Landes verwiesen und seine Güter mit Beschlag belegt, ja sogar Buckhagen einem Günstling des Königs, Adam Levin v. Knuth zugeteilt. Erst als der Friede geschlossen war, wurde Ahlefeldt sein Besitz zurückgegeben. 10 Jahre später machte er seinen Frieden mit dem König, erhielt das Großkreuz vom Danebrog und wurde Vicestatthalter der Herzogtümer. Er war nicht nur einer der hervorragendsten Staatsmänner seiner Zeit, sondern gleichzeitig ein großer Freund von Kunst und Wissenschaft. Allein die Ordnung seiner Bibliothek erforderte sieben Jahre. Als er 1717 starb, hielt der Professor Burchard Mai aus Kiel ihm die Trauerrede, in der er seine großen Gaben verglich mit der Beredsamkeit von Nestor, mit der Klugheit im Rat von Lykurg, mit dem Scharfsinn von Odysseus, mit der Rechtschaffenheit von Aristides, mit der Würde von Cato und der Treue von Perikles.

Die letzte Besitzerin dieser Reihe von sieben Generationen war Adelheid Benedicte v. Rumohr. Sie war verheiratet gewesen mit dem Kommendator des Johanniter- und Malteserordens, Carl August Frhr. v. Goertz, der 1789 in Wetzlar verstorben war. Im Jahre darauf wurde sie Mitglied der Brüdergemeinde in Christiansfeld und ist dort 1807 gestorben und nach der Sitte der Brüdergemeinde unter einem kleinen flachen Stein beigesetzt worden. Das Kirchenbuch rühmt ihr nach: „Durch Liebe, Sanftmut und Wohltätigkeit hat sie sich auf dieser Welt eine auf Dauer feststehende Erinnerung bewahrt."

Käufer war der Landbaumeister, der Major Johann Hermann v. Motz, † 1829. Er hatte vorher das adelige Gut Möhlhorst bei Eckernförde besessen, verkaufte es aber jetzt, um das größere Gut Buckhagen erwerben zu können. In der kurzen Zeit seines Besitzes führte er eine Anzahl von Veränderungen durch. Noch im Jahre seines Besitzantrittes hob er die Leibeigenschaft auf und begann mit der Parzellierung des Gutes. Praktisch wurde sie nicht annähernd so weit getrieben wie auf den übrigen Gütern Ostangelns, sie beschränkte sich im wesentlichen auf eine Vergrößerung der Dörfer Rabel und Schwackendorf, in Rabel kam nur eine einzige Hufe hinzu. Übrigens wurde einige Jahrzehnte später der umgekehrte Weg eingeschlagen und Rabeler Bauernland zum Hoffeld gelegt. Im Jahre 1800 verkaufte Motz eine ganze Hofkoppel, Groß-Wulfsholz an das benachbarte adelige Gut Oehe. In den Jahren von 1801 bis 1803 machte er sich an den Umbau des Herrenhauses, doch sind uns von diesem ersten Umbau keine Einzelheiten überliefert.

Im Jahre 1812 ging Buckhagen an den langjährigen Gönner von Motz, den Landgrafen Carl von Hessen, Statthalter der Herzogtümer, über. Motz hatte für ihn in seiner Jugend das Schloß Louisenlund an der Schlei erbaut, später Pläne für Glücksburg geliefert und sicherlich stets in enger Verbindung zum Landgrafen gestanden. Seit 1797 war er Oberinspektor des adeligen Gutes Roest, das der Kammerherr Hans Adolf v. Rumohr in diesem Jahre an den Landgrafen verkauft hatte. Der Landgraf seinerseits war bestrebt, sich einen größeren Güterbesitz zu schaffen. Er besaß schon zwei große adelige Güter, nördlich der Schlei seit 1797 Roest, südlich seit 1785 Carlsburg, später, im Jahre 1840 kam noch Loitmark hinzu. So entstand durch den Zukauf von Buckhagen eine willkommene Abrundung und Ergänzung seines Besitzes an beiden Ufern der unteren Schlei. Als der Landgraf im Alter von 92 Jahren 1836 starb, gingen die Güter nach einer Zwischenzeit der Administration 1855 jetzt als Fideikommiß auf den Enkel über, den Herzog Carl zu Schleswig-Holstein-Sonderburg-Glücksburg.

Während dieser Zeit wohnten die Oberinspektoren im Herrenhaus von Buckhagen, nämlich

von 1812 bis 1819 der Hofjägermeister Oberstleutnant
Georg v. Kaup
von 1819 bis 1849 dessen Sohn, gleichzeitig Schwiegersohn des
Majors v. Motz, der kgl. Forst- und Jagdjunker
Ernst Friedrich v. Kaup.

Das Oberinspektorat wurde dann nach Roest verlegt, Buckhagen wurde dem Baron Adelbert v. Löwenstern, † 1879, als Wohnsitz überlassen.

Im Jahre 1856 hatte der Herzog das große adelige Gut Grünholz in Schwansen aus dem Besitz des Grafen Magnus Moltke für 500000 Rthlr. erworben. Nun war sein Wunsch, seinen Wohnsitz dorthin zu verlegen und Grünholz zum Mittelpunkt der herzoglichen Betriebe zu gestalten. Er fand sich daher bereit, sich von Buckhagen zu trennen. Es ergab sich jedoch eine juristische Schwierigkeit dadurch, daß Buckhagen Fideikommiß des herzoglichen Hauses war, daher nicht kurzerhand veräußert werden durfte. Der Herzog wandte sich mit einer ausführlichen Eingabe an den König und, um seinem Antrage die nötige Stütze zu geben, ließ er eine Schätzung der beiden Güter durchführen. Die Gutsbesitzer P. Feddersen auf Staun und P. C. Schmidt auf Windeby führten die Taxation durch. Grünholz war erheblich größer, hatte auch besseren Boden als Buckhagen, so ergab die Schätzung für Grünholz 650000 Rthlr., während Buckhagen nur auf 339000 Rthlr. kam. Die königliche Zustimmung wurde daraufhin erteilt und im Jahre des Verkaufs von Buckhagen 1863 das Fideikommiß aufgehoben und auf Grünholz ausgedehnt.

Käufer war ein Hamburger Großkaufmann, der Konsul Gustav Wilhelm v. Schiller, † 1870. Er entstammte einer bereits 1633 in Wien geadelten Familie, gehörte jetzt zu den zahlreichen Hamburger Kaufmannsfamilien, die nach

Schleswig-Holstein aufs Land drängten, wie die Kellinghusen auf Maasleben, die Schlubach auf Oehe, die Jenisch auf Blumendorf und Fresenburg, die Donner auf Lehmkuhlen und Bockhorn, die Sloman auf Lammershagen. Alsbald nach der Übernahme von Buckhagen, im Jahre 1864, nahm Gustav Wilhelm v. Schiller den zweiten Umbau des alten Herrenhauses vor, der ihm die Gestalt gegeben hat, die es heute noch besitzt und die uns allzu sehr vom Geschmack der damaligen Zeit bedingt erscheint.

Erbe war der Sohn, Paul P. H. v. Schiller, † 1930. Er ist als der eigentliche Begründer des Gutes Buckhagen in seiner heutigen Gestalt anzusehen. Er starb im hohen Alter von 79 Jahren und war nicht weniger als 60 Jahre lang Besitzer gewesen. Während seiner Lebenszeit wurde Buckhagen zu einem modernen Großbetrieb umgestaltet. 1839 war das Torhaus abgebrochen worden; 1888 wurde durch einen Blitzschlag ein großer Teil der Hofgebäude eingeäschert. Paul P. H. v. Schiller baute sie nach den damals modernsten Gesichtspunkten wieder auf. Ferner führte er aus Holstein das schwarzbunte Vieh nach Angeln ein, sowie zur Feldarbeit das schwere englische „Shire"-Pferd. Und noch ein besonderes Verdienst erwarb sich Paul P. H. v. Schiller um die Jagd, der Inhaber der Weltfirma Carl Hagenbeck in Hamburg riet ihm, einen Versuch mit dem Aussetzen des japanischen Sikawildes in unserer Heimat zu machen. Zwei Hirsche, drei Alttiere und zwei Kälber kamen im Jahre 1929 nach Buckhagen, wurden zunächst im Tiergarten hinter dem Herrenhause im Gatter gehalten, bis dieses infolge des langandauernden 2. Weltkrieges nicht mehr erhalten werden konnte und das Wild sich seinen Weg in die Freiheit bahnte. Heute stehen in allen größeren Revieren Ostangelns ansehnliche Rudel von Sikawild, deren Geweihe sehr begehrt sind.

Als Paul P. H. v. Schiller 1930 gestorben war, folgte ihm sein Sohn Paul G. H. v. Schiller, der schon seit 1913 die Bewirtschaftung des Gutes übernommen hatte und gleichfalls zu den führenden Landwirten des Landes zählte. Er fiel als Oberstleutnant und Regimentskommandeur 1943 bei einem Bombenangriff auf Berlin.

Das Gut ging über an seinen Sohn, den jetzigen Besitzer Carl-Ludwig Paul v. Schiller. Dieser ließ 1965 das Herrenhaus im Inneren gründlich umbauen und modernisieren und stattete die Räume gleichzeitig mit wertvollen Gemälden und Möbeln, Porzellanen und Teppichen aus, so daß das Haus heute zu den am schönsten und elegantesten eingerichteten Herrenhäusern unseres Landes zählt. Im Zeitalter der Bodenreform mußte der Meierhof Ruhkrog abgetrennt werden. Heute hat Buckhagen eine Größe von 455 ha; es besteht aus dem Haupthof mit 355 ha Acker und Grünland und einer Waldfläche von 68 ha, ferner einigen Häusern an dem idyllischen Wohnplatz Rabelsund an der Schlei. Von den einstmals vorhandenen 7 Heringszäunen in der Schlei, die in alter Zeit eine so große Rolle spielten, ist heute keiner mehr vorhanden. Sie wurden ersetzt durch sogenannte Bundgarne, in denen heute noch der Schleihering gefangen wird.

Adel. Gut Buckhagen

Besitzer: C.-L. Paul v. Schiller

Besitzer		Gut und Bauten	
1339	Ritter Sievert Sehestedt, dann seine Nachkommen bis ca. 1500	1339	Siegfried Sehestedt erhält pfandweise 1/6 des Geltinger Waldes mit Buckhagen, der Mühle von Buckhagen, der Insel Oehe und dem Dorfe Lehbek
um 1515	Benedict v. Ahlefeldt		
1529	König Friedrich I. von Dänemark		
1535–1624	Pogwisch	um 1525	das Dorf Schwackendorf im Tausch gegen das Dorf Lehbek erworben
1624	v. Rumohr		
1627–1736	v. Ahlefeldt		
1736–1799	v. Rumohr	1583	Oehe mit Hasselberg, Wormshöved und Gundelsby abgetrennt
1799	J. H. v. Motz		
1812	Landgraf Carl v. Hessen, dann dessen Enkel Herzog Carl zu Schleswig-Holstein-Sonderburg-Glücksburg	1614	Kronsgaard verkauft
		ca. 1660	Bau des älteren Herrenhauses
		um 1700	barocke Wandgemälde von B. Mahs u. anderen
1863	G. W. v. Schiller, dann dessen Nachkommen	1799	Aufhebung der Leibeigenschaft
		1801	erster Umbau des Herrenhauses
		1839	Torhaus abgebrochen
		1864	zweiter Umbau des Herrenhauses
		1888	Wirtschaftsgebäude neu erbaut
		1950	Meierhof Ruhkrog verkauft
		1965	dritter Umbau des Herrenhauses

7 Oehe

Kirchspiel Gundelsby   Kreis Schleswig-Flensburg

Das Gut Oehe, das zu den alten adeligen Gütern unseres Landes rechnet, ist das einzige Gut Schleswig-Holsteins, das auf einer Insel liegt. Ja, mit dem früher zugehörigen Fischerort Maasholm füllte es sogar die ganze Insel aus. Und bis zur Gegenwart hin ist der Charakter dieses Gutes weitgehend von seiner Insellage her bestimmt gewesen. Noch bis in das 20. Jahrhundert hinein wurden die Toten von Maasholm in Booten zur Kirche in Kappeln gerudert und die Milch vom Hofe Oehe mit Motorbooten zur Nestle-Fabrik in Kappeln gebracht; noch heute liegt die mittlere Temperatur in Oehe fast 3° niedriger als in Kappeln.

Ein eigentlicher Name des Gutes existiert im Grunde nicht. Oehe ist das dänische Wort Ø und bedeutet schlechthin Insel. Noch im 17. und 18. Jahrhundert sagten die Knechte von Buckhagen, wenn sie auf Oehe arbeiten sollten: ,,wi gaht na de Ö", wir gehen nach der Insel. Dabei gab es einen alten Namen. In König

Waldemars Erdbuch von 1231 wird von der Insel Gaath berichtet, wo Hirsche, Bären und Wildschweine hausen. Nimmt man die dänische Aussprachebezeichnung mit dem Doppellaut des aa gleich einem offenen o und dem Lispellaut des th gleich dem englischen th, so lautet der Name etwa gleich god. Dem entspricht, daß in einer Urkunde von 1463 von Gode die Rede ist, und daß noch im 19. Jahrhundert nach den Angaben des Angeliter Kirchenhistorikers H. N. A. Jensen aus Gelting von 1844 ein Landvorsprung von Oehe die Bezeichnung Gohöved trug. Heute sind diese Namen verschollen, aber noch bis in das 20. Jahrhundert hinein erstreckten sich vor der Küste weite Sandbänke in das Meer hinaus, vielleicht die Reste des alten Gohöved.

Oehe wird in eine eigentümliche Verbindung zum dänischen König, insbesondere zu König Christian IV. († 1648) gebracht, der König soll dort ein Jagdschloß besessen haben und alljährlich zu Jagden gekommen sein. Wahres vermischt sich mit Falschem, in der Lebenszeit König Christians IV. von Dänemark ist Oehe längst in festem adeligem Besitz. Aber im Mittelalter, und das stimmt an der Überlieferung, gab es zwei Inseln, die dem König als Jagdrevier vorbehalten waren, Barsø im Kleinen Belt und Oehe in der Schleimündung.

Mit König Christian IV. hat es folgende Bewandtnis. Der König hatte als Herzog von Holstein und damit als Fürst des Heiligen Römischen Reiches Deutscher Nation am 30jährigen Kriege teilgenommen, war aber in der Schlacht von Lutter am Barenberge im Jahre 1626 durch Tilly entscheidend geschlagen worden. Im Frieden von Lübeck 1629 mußte der König auf alle Eroberungen jenseits der Elbe und auf jede Einmischung in die deutschen Verhältnisse verzichten. Schon in den Zwischenjahren gab es verheerende Einfälle der Liga und der Truppen Wallensteins nach Schleswig-Holstein, ja bis nach Jütland hinein. Und auch nach dem Friedensschluß von Lübeck war des Streitens zwischen dem König von Dänemark und dem Herzog von Holstein-Gottorp kein Ende. Der gottorpische Hofmathematiker, Hofastrologe und Historiker Adam Olearius hat im Jahre 1674 ein Werk verfaßt mit dem umständlichen barocken Titel:

„Kurtzer Begriff
einer Holsteinischen Chronic
oder summarische Beschreibung
der denckwürdigsten Geschichten
so innerhalb 200 und mehr Jahren
nemblich von anno 1448 biß 1662
in den Nord Landen sonderlich in
Holstein sich begeben.
Auffs kürtzest zusammen getragen
durch A. O."

Hier heißt es in Kapitel VII aus dem Jahre 1629: „Unterdessen hat sich der König in der Ost-See mit 150 Schiffen groß und klein sehen lassen und in Angeln zur Oehe, einem adelichen Gute, angelandet, die Völker außgesetzt und angefangen, sich zu verschantzen und ein Lager zu formieren. Er selbst, der König, lag auf dem Adelichen Hofe, General Major Schlammersdorffs Quartier war zur Rechten, und Oberst Holck zur linken Seiten; Oberst Herman Moritz von Einhausen mit der Artillerie und der Feldklocken (ein sonderlich Kunststücke zur Benennung der Zeit) am Holtze. Sie giengen täglich Partheyenweise aus, zogen nach dem Lager, was sie bekommen kunten und brachten unterschiedliche gefangene Kaiserliche mit ein."

Im Jahre 1339 verpfändet Herzog Waldemar V. den sechsten Teil des Geltinger Waldes einschließlich der Insel Gaath und mit dem Orte Buckhagen an den Ritter Sievert Sehestedt. Von da an wird Oehe für zwei Jahrhunderte die Schicksale von Buckhagen teilen, es ist ein Bestandteil dieses großen Gutes und wohl kaum noch in dieser Zeit zu einer eigenen Hofwirtschaft herangewachsen. Im Jahre 1561 streiten die drei Brüder Pogwisch um den väterlichen Nachlaß, es kommt zu einer Teilung des Besitzes auf der Grundlage eines Vergleiches. Wulf Pogwisch sollte Oehe erhalten, Hans Buckhagen, Bertram Kronsgaard. Aber der Vergleich stand auf schwachen Füßen. Hans konnte nicht mit Geld umgehen und verpfändete alsbald seinen Anteil an Johann v. d. Wisch auf Olpenitz. Von jetzt an ist des Streites kein Ende. 1583 kommt eine königliche Kommission nach Buckhagen, ordnet die Erbteile von Neuem und läßt die Brüder, altem holsteinischem Brauche gemäß, losen. Bertram zog zuerst und erhielt Buckhagen, Wulf Kronsgaard. So blieb für Hans Pogwisch bzw. dessen Pfandgläubiger Johann v. d. Wisch nur Oehe übrig. Aber beide sind mit dem Ergebnis nicht zufrieden; Johann v. d. Wisch, der sich auf Buckhagen bereits häuslich niedergelassen hatte, weigerte sich zu weichen und ließ Bertram Pogwisch nicht einziehen. Da die Brüder Hans und Wulf gewisse Pfandrechte auf Buckhagen besaßen, ließen sie Korn nach dem Hofe bringen, – Johann v. d. Wisch ließ es nicht herein, so blieb es auf dem Felde liegen und verdarb. Prozeß folgte auf Prozeß, 1584 wurde Johann v. d. Wisch gegen Zahlung einer Geldstrafe von 2000 Rthlr. zum Schadensersatz verurteilt und erhielt Befehl, das Gut Oehe als seinen Anteil anzunehmen. 1585 leistete er endlich diesem Urteil Folge. 1588 trat Hans Pogwisch ihm endgültig seine Ansprüche auf Oehe mit den drei Dörfern Gundelsby, Wormshöved und Hasselberg sowie dem Fischleger Norderschleimünde ab. Der Kaufpreis betrug 93140 Mark, davon wurden aber die Pfandsumme, die Kosten für Rodungen und Verbesserungen abgezogen, so daß nur mehr 618 Mark in bar ausgezahlt wurden.

Erst von jetzt an kann man Oehe als selbständiges Gut bezeichnen, erst jetzt dürfte eine eigene Hofwirtschaft und ein eigenes, sicherlich höchst bescheidenes Herrenhaus entstanden sein, vielleicht an der Stelle des heutigen Verwalterhauses, das alte Keller besitzt.

Oehe verbleibt nur wenige Jahrzehnte bei den Herren v. d. Wisch, Johann v. d. Wisch dürfte trotz all dieser langwierigen Schwierigkeiten um Oehe doch sein väterliches Gut Olpenitz in Schwansen mehr als sein Hauptgut angesehen haben, dort hat er jedenfalls gewohnt. Er war verheiratet mit Hese Rumohr a. d. H. Roest, und noch heute steht in der Kirche von Karby die schöne Kanzel, ein Hauptwerk des Bildschnitzers Hans Gudewerdt d. Ä., die das fromme Ehepaar 1592 der Kirche schenkte.

Nach dem unbeerbten Tode von Johann v. d. Wisch 1601 und dem Tode des Bruders Wulf im Jahre 1605 schritten dessen fünf Söhne zur Erbteilung des riesigen Besitzes. Detlev erhielt Olpenitz, Hinrich Ellund und Kapitalien, Hans Fresenhagen, Johann Lütjenhorn. Dem ältesten Bruder Jürgen fiel Oehe nebst einem Haus in Flensburg zu. Er war zweimal verheiratet, aber aus keiner der beiden Ehen hatte er Kinder. So erbte nach seinem Tode 1629 der jüngste Bruder Johann, der bei der großen Erbteilung noch minderjährig gewesen war, zu Lütjenhorn das Gut Oehe hinzu. Auch er dürfte kaum auf Oehe gewohnt haben, 1647 heißt es ausdrücklich von ihm, daß er auf Lütjenhorn wohne. Er scheint tief in die Kriegswirren der Zeit hineingezogen worden zu sein, einmal ist er auf der Flucht vor den Feinden nach der Insel Nordstrand. 1658 befand er sich wieder auf der Flucht, dieses Mal nach Eckernförde, dort ist er am 29. Dezember 1658 gestorben, wurde aber erst drei Jahre später in Flensburg beigesetzt.

Ihm folgte als letzter der Herren v. d. Wisch auf Oehe der älteste Sohn Wulf. Der Vater hatte ihm schon 1633 das Gut überlassen, aber noch vor dem Tode des Vaters verkaufte Wulf v. d. Wisch Oehe 1656 für 39500 Rthlr. an Hinrich v. Ahlefeldt auf Grönwohld. Gleichzeitig mit diesem Verkauf hatte sich Wulf von dem großen und stattlichen Damp getrennt, das ihm durch seinen Schwiegervater Otto v. Rantzau zugefallen war, und sich auf das väterliche Gut Lütjenhorn zurückgezogen.

Auch die Ahlefeldtsche Zeit war nicht von langer Dauer. Hinrich v. Ahlefeldt war verheiratet mit seiner Cousine Margarethe Hedwig v. Ahlefeldt a. d. H. Gelting, dadurch mag der Erwerb des benachbarten Oehe erklärt sein. Hinrich v. Ahlefeldt war ein typischer Haudegen des 17. Jahrhunderts, hatte als junger Mann an der Belagerung von Angers teilgenommen, wo sein Freund Claus v. Buchwaldt an seiner Seite fiel. Später war er im Schwedenkrieg dabei, geriet 1657 in einem Scharmützel bei Fuhlsbüttel sogar in schwedische Kriegsgefangenschaft, kam aber bald darauf wieder in Freiheit und wurde im 2. Schwedischen Krieg Generaladjutant bei dem Feldmarschall v. Eberstein.

Mindestens zeitweise muß Hinrich v. Ahlefeldt auf Oehe gewohnt haben, seit 1661 war er nicht mehr im Kriegsdienst und von seinem Sohn Bendix v. Ahlefeldt ist es ausdrücklich bezeugt, daß er auf Oehe geboren ist. Freilich müssen wir doch vermuten, daß Hinrich die meiste Zeit seines Lebens auf seinem Hauptgut Damp gelebt hat.

Von seinen zehn Kindern erreichten drei Söhne das Erwachsenen-Alter. Sie losten 1693 um den väterlichen Besitz, Joachim v. Ahlefeldt erhielt Oehe und erwarb später noch die Güter Muggesfelde, Wandsbek und Westensee im Holsteinischen sowie das Kanzleigut Winning an der Schlei hinzu. In jungen Jahren war er Kammerjunker bei dem Herzog Carl Friedrich v. Holstein-Gottorp gewesen, daher mag ihm der Entschluß, Oehe an den Herzog zu verkaufen, leicht gefallen sein. 1696 erwarb Herzog Friedrich v. Holstein-Gottorp das adelige Gut Oehe für 39 500 Rthlr.

Jetzt tritt Oehe für einige Jahrzehnte gewissermaßen in den Schlagschatten der großen Politik. Der Herzog hatte Oehe zunächst zur Versorgung der Herzogin Hedwig Sophie, einer geborenen Prinzessin von Schweden und Schwester des schwedischen Königs Karl XII. gekauft. Die Einkünfte aus dem Gut wurden auf 3000 Rthlr. jährlich veranschlagt, konnten aber nicht erreicht werden. Oehe litt zu allen Zeiten schwer unter den Stürmen der Ostsee, auch in diesen Jahren gab es große Schäden durch Sturmfluten und schlechte Ernten. So wurde der Herzogin schon vier Jahre später, im Jahre 1700, an Stelle von Oehe das fruchtbare Amt Mohrkirchen zugewiesen. Im folgenden Jahre 1701 verkaufte der Herzog Oehe an einen der einflußreichsten und mächtigsten Männer seiner Umgebung, an den Grafen Gerhard v. Dernath, † 1740.

Ihm war Oehe sicherlich mehr durch herzogliche Gunst zugefallen als durch den Wunsch, ein weiteres Gut zu besitzen. Noch im gleichen Jahre seines Erwerbes gab er Oehe weiter an seinen Freund Johann Ludwig Pincier Freiherrn v. Königstein, † 1730, der seit 1698 schon das adelige Gut Dollrott in Angeln besaß. Dieser nahm gleichfalls am gottorpischen Hofe eine bedeutende Stellung ein, die noch durch seine nahe Verwandtschaft mit dem allmächtigen Präsidenten Magnus v. Wedderkop verstärkt wurde. Als der Herzog 1702 auf dem Schlachtfelde von Klissow in Polen gefallen war, waren es diese Männer, die neben einigen anderen die vormundschaftliche Regierung für den unmündigen Herzog bildeten.

Die Verwandtschaft mit Wedderkop war eine doppelte. Wedderkop selber war mit Margarethe Elisabeth Pincier verheiratet, einer Tochter von Carl Ludwig Pincier, der aus dem Hessischen stammte, und war dadurch Schwager des Besitzers von Oehe. Seine beiden Söhne Gottfried und Friedrich Christian v. Wedderkop heirateten am gleichen Tage die beiden Töchter von Johann Ludwig

Pincier auf Oehe und Dollrott. Dieser war, wohl auf Grund der engen Verbindungen, die zwischen dem Herzogshaus auf Gottorp und dem schwedischen Thron bestanden, zum schwedischen Freiherr v. Königstein erhoben worden. Nach anderen Angaben ist die Erhebung in den Freiherrnstand durch den deutschen Kaiser erfolgt. Nach seinem Tode erbte Oehe sein Sohn, der Conferenzrath Carl Ludwig Pincier Freiherr v. Königstein, † 1746.

Der Vater Johann Ludwig erbaute in den Jahren nach 1707 das Herrenhaus, das in seinem Kern fast unverändert erhalten ist. Die Angabe bei Peter Hirschfeld (Herrenhäuser, 2. Auflage, Seite 36), daß das Haus total verschwunden sei, trifft nicht zu. Pincier drehte die Achse des Hofes um einen rechten Winkel. Das heutige Verwalterhaus, das das ursprüngliche Herrenhaus gewesen sein dürfte, liegt in der Achse einer Allee, die die Zufahrt von der Landseite her bildet. Das neue Herrenhaus entstand quer zu ihm mit Blick auf das Meer und mit einer Allee, die auf den Strand hin führt und sich hinter dem Herrenhaus im Park fortsetzt.

Das Haus, das der ältere Königstein erbaute, ist ein einfacher Querbau von 9 Achsen mit etwas vortretendem Mittelteil mit Frontispize, im Giebelbau nur mit zwei Fenstern, darüber einem Ochsenauge, das ganze gekrönt von einem kleinen durchbrochenen Türmchen, das sicher nicht mehr das ursprüngliche ist, sondern bei Stürmen und Umbauten mehrfach erneuert und verändert worden ist. Es dient seit langem als Seezeichen.

An der Seite des Hauses ließ der Bauherr eine steinerne Tafel anbringen mit einem lateinischen Text. Zu Deutsch heißt der Spruch etwa folgendermaßen:

> Wanderer, bleib stehen und lies diese Worte
> Ich bin das Werk und die Tat
> Johann Ludwigs Frhr. v. Königstein,
> der mich hier auf seine Kosten errichtet hat,
> für sich und seine Nachkommen als Wohnsitz.
> Was heißt aber Wohnsitz? Ich bin nur eine Herberge
> und Aufenthalt für kurze Zeit,
> denn freilich niemandes Haus ist sicher
> wir übernachten hier nur
> und streben nach dem zukünftigen Bürgerrecht im Himmel.

Diese Tafel ist bei den Erweiterungsbauten 1893 in pietätvoller Weise an der jetzigen Seitenfassade wieder eingesetzt worden.

Während der Besitzzeit des jüngsten Königstein ereignete sich eine schwere Bluttat auf Oehe. Am 4. Juli 1739 wurde der Vogt Jürgen Petersen von den damals leibeigenen Leuten aus Maasholm mit ihren Sensen erschlagen. Die furchtbare Tat fand ihre furchtbare Sühne, vier Täter kamen in die Karre, also in lebenslängliche Haft, fünf wurden im September 1740 hingerichtet. Die eigentlichen Täter hatten die anderen gezwungen, ihre Sensen mit dem Blut des Ermordeten zu benetzen, damit sie alle gleich schuldig wären. Die Frauen der Hingerichteten haben sich noch um die Köpfe ihrer Männer gezankt und nicht einmal die Predigt des Geistlichen, des Pastors Hoffmann, die er bei der Hinrichtung hielt, blieb ohne herbe Kritik. Zum Andenken an diese Begebenheit wurde die Richtstätte bei Maasholm mit 9 Buchen und Eichen bepflanzt, heute stehen noch drei dieser Bäume.

Als der jüngere Königstein 1746 gestorben war, fand sich kein Erbe, das Gut zu übernehmen. So wurde es 1747 aus der Nachlaßmasse verkauft. Käufer war Henning v. Rumohr a. d. H. Rundhof, † 1804. Er hatte mit jungen Jahren von seinem Onkel, dem Domherrn Friedrich v. Rumohr, das adelige Gut Ohrfeld geerbt und war bei der Teilung des väterlichen Nachlasses mit Geld abgefunden worden. So kaufte er jetzt Oehe für 40000 Rthlr. Courant an und wird auch dort gewohnt haben. Lebendige und vorzügliche Portraits des Ehepaares hängen auf Drült, das des Ehemannes aus seinen letzten Lebenstagen von der Hand des Hamburger Portraitmalers F. C. Gröger, also etwa um 1802–04 gemalt, das der Frau, seiner zweiten Gemahlin, Wilhelmine Baronesse v. Fersen 1785 in Dresden von dem berühmten sächsischen Hofmaler Anton Graff. Beide Bilder sind zu einer Zeit entstanden, als das Ehepaar schon längst nicht mehr auf Oehe saß. 1773 verkaufte Henning v. Rumohr die beiden Güter in Angeln Oehe und Ohrfeld an den Kanzleirat Hans Ludwig Hansen, der früher Amtsverwalter in Plön gewesen war. Aber er verkaufte nicht, um nichts Neues zu erwerben, schon vorher hatte er das adelige Gut Muggesfelde nördlich Segeberg angekauft, später kamen noch Reinhardsgrimma bei Dresden und ein ausgedehnter Landbesitz zwischen Lübeck und Hamburg hinzu ; außerdem Häuser in den beiden Städten und umfangreiche Kapitalien. Alles in allem brachte er es auf zwölf Güter. Im öffentlichen Leben hat er so gut wie keine Stellungen bekleidet, so zeigt auch sein Bildnis ihn mehr in der Pose des erfolgreichen Handelsherrn als in der eines Junkers vom Lande.

Der Kanzleirat Hansen starb 1780 und hinterließ das Gut Oehe seiner Tochter, die mit dem Regimentsquartiermeister Christian Saxesen verheiratet war. Während dessen Besitzzeit wurden große Veränderungen mit dem Hoffeld vorgenommen, seit 1786 bemühte sich Saxesen um eine Parzellierung, 1790 gelang sie schließlich. Der Meierhof Hasselberg wurde parzelliert, insgesamt wurden 1094 Heitscheffel = 330 ha in 26 Parzellen verkauft, gleichzeitig wurde die Leibeigenschaft aufgehoben. Schon Henning v. Rumohr war im Jahre 1765 auf seinem Gute Ohrfeld als einer der ersten Gutsbesitzer in Schleswig-Holstein damit vorausgegangen.

Im Jahre 1796 verkaufte Saxesen das Gut nunmehr für 89 500 Rthlr. an den Professor Gadso Coopmans, Doktor der Philosophie und Medizin. In der langen Reihe der Besitzer von Oehe gehört Gadso Coopmans sicherlich zu einer der interessantesten Persönlichkeiten. Wie ist das zu erklären, daß in damaliger Zeit ein Gelehrter von Ruf, Mediziner und Chemiker, noch dazu Ausländer, ein adeliges Gut in Angeln kauft, wie ist das zu erklären, daß es gerade dieser Mann war, der sich um Oehe Verdienste erworben hat, die bis heute nicht zu vergessen sind. Werfen wir einen Blick auf den bewegten, ja geradezu abenteuerlichen Lebenslauf dieses Mannes.

Coopmans war 1746 in der westfriesischen Stadt Franeker in Holland geboren und hatte an der dortigen Universität sowie in Amsterdam und Groningen studiert. 1770 erlangte er in Franeker den medizinischen und den philosophischen Doktorgrad und praktizierte anschließend einige Jahre als Arzt. 1774 wurde er in Franeker Professor der Medizin und Chemie. 1787 mußte er das Land verlassen, weil er an einer politischen Verschwörung gegen die holländische Regierung teilgenommen hatte. Es folgten einige Jahre unsteten Lebens, bis er 1791 als Professor der Chemie an die Universität von Kopenhagen berufen wurde. Aber auch hier war seines Bleibens nicht lange, seine frühere politische Tätigkeit trug ihm viele Widersacher unter seinen Kollegen ein. 1793 wurde er als Professor der Medizin und Chemie an die Universität von Kiel versetzt, gab aber 1796 seine öffentliche Tätigkeit auf und kaufte Oehe, wo er bis 1807 lebte.

Hier auf Oehe fand Gadso Coopmans ein reiches Feld der Betätigung nach seinem Geschmack. Deichbau und Küstenschutz waren Probleme, die ihm von seiner holländischen Heimat her bestens vertraut waren. Das Wormshöveder Noor, das ursprünglich die Mündung der Schlei in die Ostsee gebildet hatte, war nach und nach verlandet, die Ausfahrt in das Meer wurde dann in das sogenannte „Minn Loch" südlich von Oehe verlegt, in den Jahren 1794/96 endlich die heute noch bestehende Mündung mittels Durchstichs durch die schmale Landzunge geschaffen.

Gadso Coopmans deichte nun 1798 mit Hilfe von holländischen Landsleuten das Wormshöveder Noor mit einer Fläche von etwa 98 ha ein, der Volksmund gab diesem neugeschaffenen Areal den Namen „das Oeher Butterfaß", weil sich hier saftige Wiesen anlegen ließen. In der Überlieferung erhielt sich auch die Erinnerung an einen Gedenkstein lebendig, den Coopmans zur Vollendung seines Werkes gesetzt hatte. Auf ihm sollten die Worte gestanden haben:

> „Wo sich einst Hering und Butt tummelten,
> wächst jetzt Brot und Butter".

Obelisk von Oehe

Die Geschichte dieses Gedenksteins sieht in Wahrheit anders aus. In der Tat hatte Coopmans einen Stein setzen lassen, der nicht ganz zutreffend als Obelisk bezeichnet wird und der lange Zeit spurlos verschwunden war und erst im Jahre 1925 am gegenüberliegenden Ufer der Schlei im Park des adeligen Gutes Olpenitz wieder aufgefunden worden ist. Die Erklärung ist naheliegend, Coopmans verkaufte Oehe im Jahre 1807 an Ernst Carl v. Ahlefeldt, der sowohl Olpenitz wie Oehe besaß. Als dieser 1852 Oehe wieder verkaufte, wird er den

Stein nach Olpenitz gebracht haben – so groß auch die Entfernung der beiden Güter voneinander auf dem Landwege ist, auf dem Seeweg sind sie nur durch die Breite der Schlei voneinander getrennt. Dort in Olpenitz, am sogenannten Halbmond, unmittelbar am Ufer der Schlei, ist jetzt der Gedenkstein wieder aufgestellt. Er trägt eine lateinische Inschrift.

Auf Deutsch etwa:

> Als Christian VII König war
> und Prinz Friedrich als Kronprinz das Reich lenkte
> und die königlichen Räte Schimmelmann und Reventlow
> das Gewerbe förderten
> schuf Gadso Coopmann aus Franequer in Friesland
> diesen Damm vor dem Meer
> im Jahre 1798.

Aber auch seitens des Gutes Olpenitz kam eine wertvolle Gabe nach Oehe. Über dem Portal des Herrenhauses ist ein großes schmiedeeisernes Doppelwappen mit der Jahreszahl 1779 angebracht. Die Wappen zeigen zur Linken das Wappen des Geschlechts von Ahlefeldt, zur Rechten das der Freiherrn von Gemmingen, aus einem württembergischen Geschlechte. Letzte Sicherheit ist nicht zu gewinnen, wieso dieses Doppelwappen nach Oehe kommt. Man möchte gleichwohl eine Vermutung vorbringen, die große Wahrscheinlichkeit besitzt. Jürgen v. Ahlefeldt auf Damp und Hohenstein, † 1823, war als junger Student nach Tübingen gegangen und hatte von dort aus Süddeutschland, insbesondere verschiedene Höfe besucht. Bei einem Besuch in Karlsruhe wurde er in das Haus des Staatsministers von Gemmingen eingeladen und lernte hier dessen Tochter kennen. Bereits 1770, mit 22 Jahren heiratete er Auguste Friederike Johanne Baronesse von Gemmingen, der Vater war württembergischer Geheimrat und Gouverneur in Mömpelgard (Montbéliard) gewesen. Jürgen v. Ahlefeldt kaufte 1778 nach dem Tode seines Onkels, des Geheimrats Henning v. Ahlefeldt das adelige Gut Olpenitz. Im Jahre darauf, 1779 dürfte er das schmiedeeiserne Doppelwappen für Olpenitz angefertigt haben.

Jürgen v. Ahlefeldt brachte es im öffentlichen Leben zu hohen Ehren. Schon als ganz junger Mann wurde er dem dänischen König Christian VII. vorgestellt, später dem König Friedrich II. von Preußen und dem späteren Kaiser Paul von Rußland. Er wurde zunächst Amtmann von Hütten und von Gottorp, sodann Oberdirektor der Stadt Schleswig und erstes Mitglied der schleswig-holsteinischen Landbaukommission. Es folgten Ernennungen zum Geheimen Conferenzrath und Mitglied des Schleswigschen Landgerichts. Von 1772 bis 1776 war er auch Klosterprobst des adeligen St. Johannisklosters vor Schleswig.

Trotz dieser äußerlich so glänzenden Verhältnisse, die auch durch seine zahlreichen Gutskäufe gestützt wurden, gerieten doch seine finanziellen Verhältnisse in Verwirrung. 1813 wurde der Konkurs über sein Vermögen eröffnet. Aus dem Konkurse heraus kaufte sein Neffe Ernst Carl v. Ahlefeldt das Gut Olpenitz an, nachdem er kurz zuvor bereits Oehe von Gadso Coopmans gekauft hatte. Es ist wahrscheinlich, daß der Neffe Ernst Carl v. Ahlefeldt keine große Lust verspürte, das schmiedeeiserne Doppelwappen seines in Konkurs geratenen Onkels ständig auf Olpenitz vor Augen zu haben und daß er es deshalb nach Oehe hat schaffen lassen.

Gadso Coopmans hat soweit bekannt, als einziger für Oehe eine neue Bezeichnung gebraucht: Öegaard, Oehehof. Auf dem Faksimile seiner Unterschrift ist diese Angabe deutlich erkennbar.

Das Werk von Gadso Coopmans war zunächst nicht von langer Dauer, am 19. Dezember 1835 brach der Deich bei einer Sturmflut und das ganze Wormshöveder Noor stand wieder unter Wasser. Es sollte 60 Jahre dauern, bis zum Jahre 1895. Jetzt ließ der damalige Besitzer, der Generalkonsul Heinrich August Schlubach, den Seedeich erneuern und das Noor erneut trockenlegen.

Coopmans kehrte 1807 nach Holland zurück und ist dort 1810 gestorben.

Von den nächstfolgenden Besitzern ist nicht vieles zu berichten. 1807 kaufte der spätere Kammerherr und Landrat Ernst Carl v. Ahlefeldt auf Olpenitz für 53 400 Rthlr. das Gut Oehe an. Ahlefeldt gehörte zu den 70 sogenannten „oplyste Maend" (=aufgeklärten Männern), die der König im Jahre 1832 nach dem Schlosse Christiansborg in Kopenhagen berief, um mit ihnen über die politische Gestaltung der Herzogtümer zu beraten. Er erreichte das hohe Alter von 92 Jahren und starb erst 1877. Von Oehe hatte er sich 1852 wieder getrennt, mit gutem Gewinn, es brachte über das Doppelte, nicht weniger als 115 000 Rthlr. Käufer war der Kaufmann G. E. Böhme, der schon das große adelige Gut Depenau südlich Kiel besaß. Ihm folgte sein Sohn E. J. A. Böhme und dessen Erben bis 1893. Dann ging das Gut für 280 000 Mark an Heinrich August Schlubach über.

Heinrich August Schlubach, † 1914, hatte einen ähnlich bewegten Werdegang wie einst Gadso Coopmans. Und seine Lebensschicksale sind vergleichbar denen des Sönke Ingwersen, der ein Jahrhundert zuvor als mittelloser Bauernbursche von Langenhorn in Nordfriesland in die weite Welt gezogen war, der sein Vermögen in Indonesien gemacht hatte, dann nach seiner Rückkehr in die alte Heimat das große Gut Gelting erwarb und zum Baron von Geltingen aufgestiegen war.

Schlubach segelte im Jahre 1856 im Alter von 20 Jahren allein und ohne Vermögen auf einer kleinen Bark um das Cap Horn nach Valparaiso und

Herrenhaus, Aquarell um 1820

begründete hier eine zunächst kleine Firma unter dem Namen Schlubach & Co.,
die sich dem Im- und Export mit Deutschland widmete. Bald war sein Name an
der ganzen Westküste von Südamerika bekannt, weil er es verstanden hatte, das
Vertrauen seiner Landsleute zu gewinnen. 1872 wurde er zum Kaiserlich
Deutschen Generalkonsul für Chile ernannt.
Durch diese Stellung kam er in Verbindung zu seinem späteren Schwiegervater,
dem Großkaufmann John Brander, der aus einer alten schottischen Familie
stammte und der mit einer Prinzessin von Tahiti verheiratet war. John Brander
unterhielt eine stattliche Flotte von 20 Schonern und beherrschte damals den
gesamten Handel im südlichen Pacific mit dem Haupthafen Valparaiso. Auch die
sagenumwobene Osterinsel, in der Sprache der Eingeborenen Rapanui genannt,
gehörte zu seinem Dominium. Schlubach seinerseits versorgte sowohl die Flotte
wie auch die Osterinsel mit allem Bedarf. Im Jahre 1863 brachte John Brander
seine beiden ältesten Töchter nach London, um sie dort auf die höhere Schule zu

geben. Bei dieser Gelegenheit wohnte die Familie erstmalig bei Schlubach. Als die jungen Prinzessinnen 6 Jahre später ihre Ausbildung beendigt hatten, wurden sie zunächst von der Kaiserin Eugénie von Frankreich in Paris empfangen und kehrten dann nach Tahiti zurück. Hier gab die Königin Pomare IV. von Tahiti zu ihren Ehren ein großes Fest.

Schlubach hatte die beiden Prinzessinnen nicht vergessen. Im Jahre 1842 fuhr er nach Tahiti, um dort die ältere der beiden Schwestern zu heiraten: Margret Terii nui (=große Fürstin) tahurai Marama tepau Brander. Die Hochzeitsreise machte das junge Paar auf dem schönsten Schiff der Flotte von John Brander, der „Marama", geführt von dem Kapitän Nissen. Nissen zog sich später nach seiner Rückkehr nach Deutschland nach Kappeln zurück und erbaute sich hier in der Nähe der Kirche ein kleines Haus. Nissen war es auch, der Schlubach darauf aufmerksam machte, daß Oehe zum Verkauf stand.

Schlubach war jetzt ebensoweit, wie ein Jahrhundert zuvor Sönke Ingwersen aus Langenhorn. Als junger Mann von 20 Jahren ohne Geld und ohne Ansehen war er ausgezogen, jetzt kam er als reifer Mann in die alte Heimat zurück, ein Vermögen von 25 Millionen Mark in der Tasche. Als er jetzt Oehe kaufte, tat er das jedoch unter anderen Gesichtspunkten als seinerzeit Sönke Ingwersen. Ihm lag nicht daran, sich aus der Welt des Handels zurückzuziehen, im Gegenteil, er blieb diesem Milieu bis zu seinem Tode eng verhaftet. Für ihn war Oehe in erster Linie der bevorzugte Sommersitz seiner großen Familie. Seine Frau, die doch aus einer so fremden Umwelt stammte, verstand es mit außerordentlichem Geschick und einer unendlichen Grazie und Anmut, sich in die neue Umgebung einzufügen. Zu ihren acht Kindern, später Schwiegerkindern und Enkeln gesellten sich Gäste und Freunde des Hauses, und es war keine Seltenheit, daß man zu 40 Personen zu Tische saß.

Die Frau des Generalkonsuls, eben diese Prinzessin von Tahiti, war eine Frau von seltsam gemischtem Temperament. Von Mutters Seite her bewies sie die Liebenswürdigkeit und Anmut der Tahitianerinnen aus einem Hause, das dort ein Jahrtausend lang geherrscht hatte, von der Seite des Vaters her kamen die Eigenschaften des schottischen Puritanismus hinzu. Sicherlich hat sie auch nie vergessen, daß ihr ursprünglich die Thronrechte auf Tahiti zugestanden hätten. Dort galt nämlich die weibliche Erbfolge. So war sie als die älteste Tochter der Prinzessin Titaua, diese wiederum als die älteste Tochter der Fürstin Ariitaimai im Grunde die Thronerbin, hatte aber ihre Anrechte auf den Thron durch die Heirat mit einem Ausländer verloren.

Aber auch innerhalb der Familie Schlubach ging das Schicksal seltsame Wege. Die jüngere der beiden Prinzessinnen und Schwestern, Marion mit Vornamen, heiratete gleichfalls einen Mann aus einer Hamburger Großkaufmannsfamilie,

Gustav Godeffroy, Sohn des Senators und Teilhaber der Weltfirma Johann César Godeffroy & Sohn. Gustav Godeffroy vertrat die Interessen der Firma in der Südsee, sie hatte hier vor allem auf Samoa große Kokosnußplantagen angelegt. Als die Firma in finanzielle Schwierigkeiten geriet, gründete Heinrich August Schlubach die „Handels- und Plantagengesellschaft der Südsee" und übernahm selber einen erheblichen Teil der Aktien. Später kam noch die sehr ertragreiche „Pacifique Phosphat Compagnie" hinzu, die die Phosphatlager auf der Insel Nauru ausbeutete und bis zu 40% Dividende ausschütten konnte. Die deutsche Kolonie Westsamoa verdankt diesem tätigen Manne ihre Entstehung, nach dem Ersten Weltkriege ging sie Deutschland wieder verloren, wurde zunächst von Neuseeland als Mandat verwaltet und ist heute ein selbständiger Staat. Als Ersatz für den 1918 verlorenen Grundbesitz wurden dann in Guatemala neue Plantagen gekauft, jetzt Kaffeeplantagen. Diese wurden in der größten Plantagengesellschaft Guatemalas, der „Central American Plantations Corporation" zusammengefaßt, wiederum mit erheblichen Anteilen der Firma Schlubach & Co. in Hamburg. Bestimmend blieb aber nach wie vor der Im- und Exporthandel.

Schlubach ließ alsbald nach seinem Besitzantritt im Jahre 1893 das Haus auf Oehe durch den Architekten Thelen erweitern. Auf beiden Seiten des Hauses wurden Flügelbauten mit Giebelbekrönung hinzugefügt, nicht unbedingt unserem heutigen Stilgefühl entsprechend. Auch die insulare Lage des Gutes erforderte große Anstrengungen. Schlubach ließ in den Jahren 1895–96 den Seedeich wiederherstellen. 1897 brach der Fahrdamm vom Festland bei Wormshöved nahe Oehe bei dem alten Durchlaß, wiederum stand das Noor unter Wasser. Erst im Jahre 1923 wurde der Fahrweg, wie wir heute hoffen mögen, endgültig gedichtet und ein Schöpfwerk gebaut, das das Wasser aus dem Noor herauspumpt.

Innerhalb der Familie Schlubach gab es große Schwierigkeiten. Die umfangreichen Kaffeeplantagen auf Guatemala waren nach dem 1. Weltkrieg als Feindvermögen beschlagnahmt worden, konnten jedoch nach großen Anstrengungen zurückerlangt werden. Aber die große Wirtschaftskrise der 30er Jahre unseres Jahrhunderts riß auch die alte Firma Schlubach mit in den Zusammenbruch hinein. Mit Mühe gelang es, das Gut Oehe zu retten, es verblieb im Besitz zweier Geschwister, des o. Professors der Chemie Hans Heinrich Ariitaimai von der Universität in Hamburg und seiner Schwester Gertrud verheirateten Oehlert in Neustadt a. d. Haardt. So wurde zum zweiten Male in der Geschichte des Gutes ein Professor der Chemie Herr auf Oehe. Während der 20 Jahre, in denen Oehe diesen beiden Geschwistern gehört hat, wurden erhebliche Aufwendungen gemacht, um die bedrohte Lage des Gutes am offenen Meer zu sichern. Ca. 600 m

Betonmauer mit Stahlspundwänden und andere Uferbefestigungen wurden in der Nähe des Hofes am Seedeich errichtet. Nicht weniger als 17 schwere Sturmfluten gingen in dieser kurzen Zeit auf Oehe hernieder.

1951 wurde Oehe verkauft, einesteils aus Gründen der Erbteilung, vor allem aber auch aus Gründen der Gesundheit: für den Professor Schlubach war das rauhe Klima der Ostsee nicht mehr tragbar. Der Käufer war Ernst Matz, vorher Pächter des adeligen Gutes Quarnbek bei Kiel. Ernst Matz nahm umfangreiche Änderungen der Einteilung der Wirtschaft vor und vermehrte vor allem die Ackerfläche zu Lasten des Grünlandes so weit als möglich. Während früher nur 70 ha Ackerland vorhanden waren, sind es jetzt 270 ha geworden, daneben 70 ha Grünland und 30 ha Wald.

Hierzu mußten zwei Schöpfwerke und eine tiefere Drainage angelegt werden. Solche Vorhaben waren bis in unsere Tage sinnvoll und wurden daher vom Staat erheblich bezuschußt. Angesichts wachsender Agrarüberschüsse einerseits und eines sensibilisierten Umweltbewußtseins andererseits würde man diese Maßnahmen heute vielleicht schon anders beurteilen.

Während seiner Besitzzeit hat das Gut Oehe unablässig mit der Abwehr von Hochwassergefahren kämpfen müssen. Am 4. Januar 1954 trat eine schwere Sturmflut ein. Die Wasserhöhe betrug zwar nur 1,36 m über NN. Da die Sturmflut aber von einem Sturm mit Windstärke 11 begleitet war, trat ein Bruch des Schleideiches ein.

Um Sylvester 1978/79 traten erneut schwere Sturmfluten auf, die den Deich bedrohlich auskolkten. Nur zugleich einsetzender Frost verhinderte den Deichbruch. Daher wurde im folgenden Jahr der Seedeich auf einer Länge von 2,3 km mit einer Kronenhöhe von 3,3 m über NN von Grund auf neu errichtet. Bei dieser völligen Neukonstruktion wandte man modernste Deichbautechniken an, z. B. einen flachen Neigungswinkel auf der Seeseite von 1:7 und eine seeseitige Befestigung des Deiches mit vergossenem Rauhdeckwerk. Damit dürften in Zukunft die Hochwassergefahren für das Gut Oehe selber, sowie für die dahinter gelegenen Ortsteile Maasholm, Maasholm-Bad und Hasselberg weitgehend gebannt sein. Das ist wichtig vor allem auch im Hinblick auf den Tourismus und den Fremdenverkehr, der sowohl in Oehe selber wie auch in Maasholm einen erheblichen Umfang angenommen hat und sowohl seitens des jetzigen Besitzers von Oehe, seit 1969 Dieter Matz wie auch seitens der Kurverwaltung von Maasholm stark gefördert wird.

Das Herrenhaus hatte in den Kriegs- und Nachkriegsjahren durch Belegung mit Bombengeschädigten und Flüchtlingen naturgemäß stark gelitten, ist aber heute wieder in allen Teilen in seinen alten Stand versetzt worden. Das romantische Verwalterhaus aus dem 17. Jh. dient heute Sommergästen als Wohnung.

Am Strand ist ein großer Campingplatz mit im Sommer stark frequentiertem Badebetrieb angelegt worden. Diese auf den Fremdenverkehr bezogenen Maßnahmen haben sich zu einem regelrechten Betriebszweig von erheblicher wirtschaftlicher Bedeutung für das Gut entwickelt. Im Jahre 1962 wurden 20 ha an die Gemeinde Maasholm für den neuen Ferienort Maasholm-Bad abgegeben. Damit konnte der geschlossene Charakter des alten Fischerdorfes Maasholm damals vor modernistischer Bautätigkeit bewahrt werden.

Adeliges Gut Oehe

Besitzer: Dieter Matz

Besitzer		Gut und Bauten	
1339–ca.	1500 (v.) Sehestedt	1231	in König Waldemars Erd-
1500–1535	verschiedene Besitzer		buch Insel Gaath
1535–1588	(v.) Pogwisch	1339	Buckhagen mit Gaath an
1588–1656	v. d. Wisch		den Ritter Sievert Sehestedt
1656–1696	v. Ahlefeldt		verpfändet
1696–1701	Herzog von Holst.-Got-	1463	Gode
	torp	seit	16. Jahrh.: Oehe
1701–1747	Pincier Frhr. v. Königs-	17. Jh.	Bau des Verwalterhauses
	stein	n. 1707	Bau des Herrenhauses
1747–1773	v. Rumohr	1790	Parzellierung des Gutes
1773–1796	Hansen, dann Saxesen	1798	Eindeichung des Wormshö-
1796–1807	Gadso Coopmans		veder Noors
1807–1852	v. Ahlefeldt	1835	Bruch des Seedeichs
1852–1893	Böhme	1893	Erweiterung des Herren-
1893–1951	Schlubach		hauses
1951–1969	Ernst Matz	1895	Neubau des Seedeichs
seit 1969	Dieter Matz	1897	Bruch des Fahrdammes
		1923	Neubau des Fahrdammes
		1979	Verstärkung des Seedeiches

8 Drült

Der Name Drült ist alt und reicht bis in die Zeit der Besiedelung des Landes durch den Volksstamm der Angeln zurück. Zusammen mit ähnlichen konsonantenreichen Kurzformen auf -t wie das benachbarte Roest, wie Solt und Loit, wahrscheinlich auch Gelting schält sich eine Zahl von Ortsnamen heraus, die sämtlich naturbezogene Sammelbegriffe enthalten. Der erste Teil des Wortes dürfte das im Altnordischen vorhandene Wort droel = Wasserloch sein. Wenn man die Landschaft von Drült mit ihren vielen kleinen Kuppen und den dazwischenliegenden tiefeingeschnittenen Becken betrachtet, so konnten sich noch bis in die erste Hälfte des 20. Jahrhunderts hinein, bevor die großen

Drainagemaßnahmen durchgeführt wurden, Bilder einer wahrhaft amphibischen Landschaft ergeben. Es gibt aber auch manche weiteren Anzeichen für eine Besiedelung des Raumes um Drült in alter Zeit; im Drülter Walde haben sich umfangreiche Spuren alter Ackereinteilung gefunden, auf einer an die Drülter Feldmark angrenzenden Koppel in Wittkiel ist ein Urnenfriedhof freigelegt worden, erst vor wenigen Jahren wurde auf einer Drülter Koppel ein altgermanischer Prunkdolch gefunden, eines der schönsten Stücke dieser Art in ganz Schleswig-Holstein, aus jütländischem Flint, aber schon nach bronzezeitlicher Gestaltung gearbeitet, sicherlich etwa 4000 Jahre alt. Er mag dereinst den Gürtel eines Häuptlings geziert haben, der hier seinen Sitz hatte.

Es folgen viele Jahrhunderte einer geschichtslosen Zeit. Urkundlich zum ersten Male wird Drült im Jahre 1397 genannt, als Erich Krummendieck auf Rundhof seinen Besitz nach Süden hin wesentlich erweitert. Der Schwiegervater, der Ritter Johann v. Thienen, Drost in Süderjütland verschötet in diesem Jahr auf dem Ding der Nieharde unter anderem den Hof zu Trölegharde. Vermutungen früherer Schriftsteller, daß hier ein Schreibfehler vorliege und der Hof Tollgaard bei Steinberg gemeint sei, sind schwerlich zutreffend. Denn im gleichen Jahre verkauft Johann v. Thienen an seinen Schwiegersohn auch die zwischen Drült und Rundhof gelegenen Dörfer Schörderup mit der Mühle, Stoltebüll und Vogelsang und alles, was zum Schörderuper Lehen gehörte. Wenn daher ein Schreibfehler vorliegt, so höchstens insofern, als es in der Urkunde nicht Drölt oder Drölte heißt, sondern Trölle. Der Zusatz -gharde beweist, daß damals schon ein Hof vorhanden war. Gaard ist das dänische Wort für Hof.

Seitdem hat Drült mit Rundhof in enger Verbindung gestanden, bis erst um die Wende des 19. Jahrhunderts aus Drült ein selbständiges Gut entstand. Zunächst gab es außer dem Hofe Drült auch noch ein Dorf gleichen Namens, das aus sieben Hufnern und Kätnern bestand. Bis zum Jahre 1624 waren sie sämtlich verschwunden, eine Drülter Koppel führt den Namen Gammelby = altes Dorf, man kann daher vermuten, daß hier das Dorf gelegen hat, obwohl Spuren wie etwa Fundamente von Häusern nicht gefunden sind. Aber an der erheblichen Vergrößerung der Ernten in der Mitte des 17. Jahrhunderts erkennt man, daß die Feldmark des Dorfes nicht klein gewesen sein kann. Die Niederlegung des Dorfes ist offensichtlich im Zuge der Zeit, im Zuge nach Vergrößerung der Gutsländereien geschehen, eine Entwicklung, die für diese Periode des Frühkapitalismus charakteristisch ist.

Der alte Hof und das alte Haus Drült waren sicherlich nur bescheidene Bauten, ein kleines Wohnhaus, davor Scheune und Kuhstall, an der vierten Seite ein Torhaus. Ein Ölbild auf Drült, etwa aus dem Jahre 1800, stellt vermutlich diesen Hof dar.

Als Asmus Rumohr sich 1590 das Herrenhaus in Roest erbaute, wohnte er in Drült, davon legt eine gußeiserne Ofentür Zeugnis ab, die auf Drült bewahrt ist, mit Namen und Wappen von Asmus Rumohr und seiner Ehefrau Margarethe, geb. Rantzau, und die die Jahreszahl 1588 trägt. Später scheint Drült als Wittum der Witwen von Rundhof benutzt worden zu sein, schon nach dem Tode von Asmus Rumohr 1590 werden seiner Witwe die Höfe Toestorf und Drült auf Lebenszeit überlassen, freilich hat sie wahrscheinlich auf Toestorf gewohnt. Und auch sonst waren die Beziehungen gerade der Frauen von Rundhof zu Drült stark. In der Kirche zu Toestrup befindet sich der Rumohrsche Stuhl, der die in Holz geschnitzen Inschriften von vier Frauen des Geschlechts trägt, als älteste von Frau Dorothea Rumohr geb. v. Ahlefeldt von 1643. Um 1800 geschehen große Veränderungen mit dem Hof. Christian August III. v. Rumohr hatte drei Söhne, und sein Wunsch war, jedem der Söhne ein Gut zu hinterlassen. So beschloß er, das große Gut Rundhof, das aus drei Höfen und acht Dörfern bestand, zu teilen, er kaufte für den dritten Sohn Cai Wilhelm Georg, später Amtmann von Flensburg und Traventhal, das Gut Östergaard an. Christian August hat die Aufteilung seines Besitzes nicht mehr erlebt, er starb mit jungen Jahren 1798. Seine Witwe Louise Marianne geb. Baronesse v. Dehn a. d. H. Ludwigsburg setzte mit ungewöhnlicher Tatkraft das Werk fort. Zu diesem Zeitpunkt trat ein Ereignis ein, das den Plänen und Absichten der Frau v. Rumohr in ungeahnter Weise entgegenkam. Im Jahre 1800 brannte infolge Blitzschlages der gesamte Hof Drült ab, nur eine Scheune blieb stehen, wurde aber einige Jahrzehnte später abgebrochen. Auf Grund dieses Brandes ergab sich jetzt die Möglichkeit, in großzügiger Weise einen neuen Hof anzulegen und gleichzeitig ein wirkliches Herrenhaus zu errichten, nicht an der alten Stätte, die sich eingeengt durch Hausgraben und Teiche als zu klein erwiesen hatte, sondern etwa 200 Meter nördlich. Der Brand des Hofes steht mit einer gut beglaubigten Erscheinung des sogenannten „zweiten Gesichts" in Verbindung. An jedem Sonnabend ritt der Verwalter, Thomsen mit Namen, von Drült nach Rundhof, um dort das Lohngeld für die Drülter Arbeiter zu holen. Wenn man auf dem Rückwege die Höhe von Stangheck herunterreitet, sieht man in der Ferne den Hof Drült mit Gebäuden und Baumgruppen durch die Talmulde von Graukarr hindurch deutlich liegen. Wer beschreibt das Entsetzen des Verwalters, als er beim Nachhauseritt helle Flammen aus den Gebäuden aufsteigen sieht. Er gibt seinem Pferd die Sporen und reitet so schnell er kann nach Drült zurück. Aber als er ankommt, ist von einem Feuer nicht die Rede, alles ist in schönster Ordnung, nichts Außergewöhnliches ist vorgefallen. Am Sonnabend darauf wiederholt sich die Erscheinung, wiederum reitet er schnellstens nach Drült zurück, wiederum ist von Feuer und Brand nicht die Rede. Als er am dritten Sonnabend wiederum den Feuerschein über Drült lodern sieht, glaubt er sich von der Erscheinung genarrt, aber dieses Mal war es bitterer Ernst, als er in Drült ankommt, steht der ganze Hof in Flammen.

Louise Marianne v. Rumohr geb. v. Dehn machte sich unverzüglich ans Werk, 1801 entstand die große Scheune, mit ihren Maßen von 55 × 17 m ein stattliches Bauwerk, 1803/04 wurde das Kuhhaus mit ähnlichen Abmessungen erbaut, beide Gebäude parallel gestellt, so daß sich mit Herrenhaus und dem ursprünglich geplanten Torhaus eine völlig symmetrische Hofanlage ergab. 1976 wurde das Kuhhaus wieder abgebrochen, nachdem die Viehhaltung aufgegeben wurde. Die Bauherrin liebte unter ihren vielen Kindern – drei Söhne und sechs Töchter – den zweiten Sohn, Friedrich Henning Adolf, den Erben von Drült ganz besonders. So ging ihr Sinn darauf hin, ihm ein vollständiges Gut und ein würdiges Herrenhaus zu übergeben. Auf der Suche nach einem geeigneten Architekten stieß sie auf den dänischen Baumeister Axel Bundsen, der sich einige Jahre früher durch die Erbauung des Herrenhauses von Knoop einen Namen gemacht hatte. Bundsen lieferte mehrere Entwürfe, die sämtlich von

Seitenfassade

seiner Hand signiert sind. Die ersten beiden, mit der Jahreszahl 1804 versehen, betreffen Vorder- und Gartenfassade und sind mit geringfügigen Änderungen ausgeführt worden. Spätere Entwürfe, die in schönen klaren Tuschzeichnungen erhalten sind, schlagen die Erbauung eines an vorstädtische Villen gemahnenden Hauses oder eines Kubus mit mehr als schlichter Fassade, dafür zwei dunklen runden Dielen im Inneren vor. Glücklicherweise kehrte die Bauherrin zu den ersten Entwürfen zurück. Vergleicht man die Absichten Bundsens mit dem heutigen Eindruck des Bauwerks, so kann man feststellen, daß hier ein für ein kleineres Gut vorzüglich geeignetes Herrenhaus entstanden ist. Es hat sicherlich seit den Zeiten Bundsens Änderungen erfahren, insbesondere ist das ursprünglich vorhandene Doppeldach um 1860 durch ein einheitliches, entsprechend höheres Dach ersetzt worden. Dadurch ist die Wirkung des Vordergiebels ungünstig beeinflußt worden. Aber vor allem an der Vorderfassade des Herrenhauses erkennt man auch jetzt noch die beherrschende Idee des großen Baumeisters. Die in schlichtem Weiß getünchte Front wird belebt durch das dem Traufendach links und rechts unterzogene breite, jetzt in Grau gehaltene Band. Die weißen Säulen des Vorbaues sind geschmückt mit Kapitellen in pompejanisch Rot, die von Bundsen vorgesehene Dekorierung der Halbbögen über den Säulen und in den Vertiefungen unter den Giebelfenstern durch Girlanden und Säulen aus Holz ist durch tiefe Grautöne ersetzt worden. Alles in allem haben wir hier ein Bauwerk des reifen Klassizismus vor uns.

Auch die Gestaltung des Inneren ist sowohl durch die Bauherrin wie auch durch Bundsen in den Grundzügen festgelegt worden. Erhalten hat sich ein Promemoria der Frau v. Rumohr mit der Überschrift: „meine Gedancken über den Bau zu Drüllt". Hier stellt sie klare und unmißverständliche Anweisungen für den Architekten auf, denen er sich zu fügen hatte. Die Raumfolge ist hierbei weitgehend beeinflußt von dem ein halbes Jahrhundert älteren Herrenhaus auf Rundhof, links an die Halle schließen sich die Gesellschaftsräume und Schlafzimmer an, der Halle gegenüber liegt der Gartensaal, der rechte Flügel ist den Wirtschaftsräumen und Gästezimmern gewidmet, für die Bibliothek, die gerade in Drült eine so ausschlaggebende Rolle spielen sollte, war der Raum im Giebel über den Säulen vorgesehen. Bundsen lieferte auch Entwürfe für die Dekoration der Zimmer mit zierlich ausgeführten Rankenmotiven, Alkoven, gerafften Vorhängen und Gardinen, vielleicht nur als Ausmalung gedacht, und reizenden, schon biedermeierlich anmutenden Flächenmalereien in den großen Wandfeldern. Wieweit diese Entwürfe ausgeführt sind, wissen wir nicht, einzig in dem heutigen Grauen Salon hatte sich eine Ausmalung erhalten, die sich mit Efeuranken um die vielen Türen und hölzernen Einbauten des Zimmers zog, nur hier ist die Stelle eines Alkovens, heute ein Wandschrank, erkennbar.

Gartensaal

Ein einziger Raum erfuhr wenige Jahre nach der Erbauung des Hauses eine
besondere Ausgestaltung. Im Jahre 1810 ließ Frau v. Rumohr den Gartensaal
durch den Stukkateur Francesco Antonio Tadei aus Gandria bei Lugano
stukkieren. Die beiden Brüder, dieser und sein älterer Bruder Michel Angelo
Tadei, hatten auf vielen unserer Herrenhäuser gearbeitet, so war ihr Ruf
gefestigt. Als nun Francesco Antonio Tadei mit den Arbeiten auf Drült

beauftragt wurde, schuf er eine Stukkierung, die für ein schlichtes Landhaus des Nordens eine geradezu klassische Gestaltung darstellt. Der fast quadratische Raum mit den Maßen von 7 zu 8 Meter wurde von ihm durch Längs- und Querrisalite aus weißen Bändern in rechteckige große untere und schmale obere Felder eingeteilt, die Felder in einem lebhaften Türkis ausgemalt und die schmalen oberen Felder mit feinem Stuck gefüllt. Norden und Süden vermählen sich hier in wahrhaft künstlerischer Idee, die Hauptfelder enthalten in leicht stilisierter Form Weizen- und Hafer-Ähren als die Erzeugnisse der Heimat, dazwischen stehen Felder mit Rosen, Orangen und Oleander, die dritte Seite ist mit Hopfen geschmückt, aber auch hier ist das Mittelfeld den Gewächsen des Südens gewidmet. Man erkennt den Erdbeerbaum, Weinlaub und Weintrauben, Orangen und Rosen.

Der Bau des Herrenhauses begann 1806, ein Jahr später schon war er fertiggestellt. Die Bauherrin hatte das Haus zwar für den zweiten Sohn Friedrich Henning Adolf bestimmt, aber da dieser damals noch nicht volljährig war und sie selber sich nicht von Rundhof trennen wollte, ließ sie zunächst den ältesten Sohn, Christian August IV. in Drült einziehen. Während der Bauzeit ritt dieser häufig nach Drült und hörte sich die abenteuerlichen Mutmaßungen der Gutsarbeiter an, die von den geplanten Erbschaftsregelungen nichts wußten. Sie glaubten schließlich, das Haus werde für den König v. Preußen erbaut, der ja gerade in dieser Zeit infolge der Napoleonischen Kriege landflüchtig wurde. 1814 wurde Drült endlich dem neuen Besitzer übergeben, so sind die ersten vier Kinder von Christian August v. Rumohr noch auf Drült geboren. Es gibt auch noch Briefe seiner Frau Sophie Adelaide geb. v. Hennings aus Sorø aus diesen Jahren. Sie vergleicht das in schattigen Baumgruppen gelegene Rundhof mit dem frei auf hohem Hügel erbauten Drült, sie friert bei den kalten Winden um das Haus und genießt auf der anderen Seite die weite Fernsicht.

Gleichzeitig mit der Übernahme des Gutes ging Friedrich Henning Adolf v. Rumohr die Ehe ein mit einer Cousine 2. Grades, Wilhelmine v. Ahlefeldt a. d. H. Lindau. Die Ehe wurde gestiftet durch die Stiefmutter der Braut, die älteste Schwester des Bräutigams, aber wie so oft im Leben schlagen Ehen dieser Art nicht zum Glück aus. Zwei Kinder, ein Sohn und eine Tochter, starben als kleine Kinder, so war das junge Ehepaar wieder kinderlos, bis dann weitere vier Kinder geboren wurden, an der Geburt des siebenten Kindes starb die junge Frau mit nur 33 Jahren.

Aber auch dem Manne war kein langes Leben beschieden. Er wurde 1821 Landrat und Mitglied des holsteinischen Landgerichts in Glückstadt, trat auch politisch im Streit um Uwe Jens Lornsen 1830 hervor. Er schrieb zwei in Druck erschienene Aufsätze: ,,Einige Worte'' und ,,Noch einige Worte'', in denen er

Drült, Gartensaal mit Blick zur Bibliothek

sich auf einen absolut königstreuen, gesamtstaatlichen Standpunkt stellt. 1831 wurde er Amtmann von Hütten mit dem Sitz in Schleswig, starb aber schon zwei Jahre später, 1833, mit nur 43 Jahren an der Gicht. Die vier Kinder, die er hinterließ, waren bei seinem Tode sämtlich noch nicht erwachsen. Er hatte ein Testament gemacht, durch das er den ältesten Sohn Wulf August v. Rumohr zum Erben von Drült einsetzte, das Testament wurde aber auf Grund eines Formfehlers für ungültig erklärt. Daher trat die gesetzliche Erbfolge auf Grund des Jyske Lov ein, danach erbten die Söhne den vollen, die Töchter einen halben Anteil. Da drei Söhne und eine Tochter vorhanden waren, wurde die Erbmasse in Siebentel zerlegt, jeder Sohn erhielt zwei Siebentel, die Tochter ein Siebentel. Es zeugt für den starken Familiensinn, wenn es gelang, diese weltfremde und unrealistische Teilung eines Gutes zu verhindern und durch 45 Jahre hindurch eine gemeinsame Verwaltung eines großen Besitzes durchzuführen. Ja, mehr noch, dieser Familiensinn übertrug sich sogar auf den Schwager. Die einzige Schwester, Ottilie v. Rumohr, heiratete Ernst Versmann, zunächst Hauslehrer in Drült, später Geistlicher, zuletzt Probst in Itzehoe. Sie selber verstarb schon mit 22 Jahren im ersten Kindbett. Aber Versmann, der doch erst vor kurzem in die Familie eingetreten war, besaß soviel Verständnis für die Lage, daß er aus dem ihm überkommenen einen Siebentel zugunsten des jeweiligen Besitzers von Drült das sogenannte Versmannsche Fideikommiß errichtete, das erst 1927 aufgelöst wurde. Erbteilsgelder aus dem Vermögen der Schwester der Mutter, der sehr geliebten Tante Charlotte v. Ahlefeldt in Preetz befähigten die Brüder, im Leben voranzukommen. Der älteste, Wulf August, kaufte das adelige Gut Toestorf, der jüngste den Hof Golsmaas an der Ostsee, die Witwe des mittleren, erbaute ein Haus in Preetz. Und trotzdem blieben die finanziellen Verhältnisse beengt, bis endlich 1878 Henning v. Rumohr, der jüngste der Geschwister, sich in der Lage sah, die anderen Erben auszuzahlen und Drült als Alleinbesitzer zu übernehmen.

Wulf August v. Rumohr hatte zunächst auf Toestorf gelebt, war aber 1849 nach Drült gezogen, nachdem ihm die Erhebung der Herzogtümer gegen Dänemark im Jahre 1848 viel Ungemach eingetragen hatte. Er hatte selber am Kampf nicht teilgenommen, aber auf Toestorf ein Waffenlager zur Versorgung der Truppen angelegt. Als nach der Schlacht von Bau am 9. April 1848 die Dänen sich Toestorf näherten, versenkte er in großer Hast die Waffen im Hausgraben. Das schützte ihn jedoch nicht davor, als Gefangener nach Kolding abgeführt zu werden, wo er drei Monate auf Festung zubringen mußte. Ein zweites Mal und dieses Mal in ernsteren Formen geriet er in Konflikt mit den dänischen Staatsbehörden, als er im Jahre 1860, unterstützt durch dreizehn Bauern, Kätner und Krüger aus den Dörfern Schörderup und Vogelsang, eine Petition an die schleswigsche

Ständeversammlung richtete wegen Gewährung der deutschen Schul- und Kirchensprache. Das Delikt des verfassungswidrigen Petitionierens wurde praktisch dem Hochverrat gleichgestellt, in erster Instanz erhielt Wulf August v. Rumohr drei Monate Festung schweren Grades, in der zweiten Instanz wurde das Urteil auf drei Monate gewöhnlicher Festungshaft abgemildert. Rumohr mußte diese Zeit auf der Festung Nyborg auf Fünen verbüßen, aber allzu hart war die Durchführung der Strafe nicht. Als er am ersten Abend etwas trübselig in seiner Zelle saß, erschien bei ihm ein Bote des dänischen Königs, um ihm eine Flasche Rotwein und eine Kalbskeule zu überbringen. Und in der Folgezeit entspann sich ein vertrautes Verhältnis zwischen Festungskommandanten und Häftling, das zu ausgedehnten abendlichen Tarockrunden beim dampfenden Punsch führte. Als die Haftzeit zu Ende war, wurde Rumohr von seinen Landsleuten in Angeln als Märtyrer gefeiert, mit großem Geleit von Flensburg nach Drült gebracht, zu nächtlicher Stunde hatten sich hier auf dem Hofe über tausend Menschen eingefunden, die mit Fackeln und Böllerschüssen den Heimgekehrten ehrten. Bald darauf gab er im Park von Drült ein großes Fest für alle Freunde und Nachbarn, bei dieser Gelegenheit wurde ihm das Drülter Horn überreicht, ein im Geschmack der Zeit auf der schleswig-holsteinischen Doppeleiche ruhendes Horn, reich verziert mit Wappen und Emblemen. Die Amtmänner von Gottorp und Flensburg hatten sich vergeblich bemüht, Geldsammlungen für die Beschaffung des Horns zu verhindern.

Die Herren v. Rumohr auf Drült sind stets sehr bücherfreundlich gewesen. Schon der erste Besitzer, Friedrich Henning Adolf v. Rumohr, begann gleich nach seinem Besitzantritt mit der Anlage einer Bibliothek, der Raum über den Säulen, die Giebelstube, wurde mit Regalen versehen, und fortgesetzt erfolgten Ankäufe, Werke vornehmlich historischen und geographischen Inhalts wurden fortlaufend in großen Mengen bezogen. Bei seinem Tode, nur 19 Jahre später, belief sich der Bestand auf etwa 3000 Bände. Diese Erwerbungen stießen bei seinem Schwiegervater, dem hochangesehenen Geheimen Conferenzrath Wulf Christopher v. Ahlefeldt auf Lindau auf unverhohlene Mißbilligung. Er war der Meinung, daß der Schwiegersohn bei einer ständig wachsenden Familie und beengten finanziellen Verhältnissen sich diesen Luxus einer großen Bibliothek nicht leisten könne. Als Friedrich Henning Adolf v. Rumohr 1833 gestorben war, machte der alte Ahlefeldt kurzen Prozeß, ließ die gesamte Bibliothek auf Ackerwagen aufladen, nach Schleswig bringen und dort versteigern. So hat sich aus dieser Zeit nicht ein einziges Buch erhalten, nur der Versteigerungskatalog ist noch vorhanden. Es vergingen Jahrzehnte, bis wieder die Anlage einer Bibliothek möglich war. Erst nach dem Tode von Henning v. Rumohr, † 1902, dessen Neffe Hermann v. Rumohr im Besitz nachfolgte, konnten die Pläne des

Großvaters wieder aufgenommen werden. Hermann v. Rumohr, † 1926, war in den Jahren von 1902 bis 1904 Landrat des Kreises Tondern und hatte hier die Möglichkeit, von dem dänischen Apotheker H. C. Refslund eine ganze Bibliothek auf einmal zu kaufen, 900 Bände für den außerordentlich niedrigen Preis von zwei Mark je Band. Diese Bibliothek enthielt eine Fülle von heute selten gewordenen Werken der schleswig-holsteinischen Geschichte und Landeskunde. Bei dem Tode von Hermann v. Rumohr war die Bibliothek wiederum auf etwa 3000 Bände angewachsen, der Sohn und Erbe, Henning v. Rumohr, hatte den Aufbau mit Nachdruck fortgesetzt, so daß die Bibliothek mit wesentlich mehr Bänden zwei große Räume im Hause ausfüllte.

Kernstück ist wie im Anfang der schleswig-holsteinische Teil. Auf diesem Spezialgebiet ist die Bibliothek immer noch bedeutend im alten Herzogtum und enthält viele vollständige Zeitschriftenreihen und seltene Einzelwerke, insbesondere zur Geschichte des schleswig-holsteinischen Adels.

Zwei Werke ragten vor allem hervor, das eine eine plattdeutsche Bibel von 1545 mit handschriftlichen Eintragungen der Mitglieder des Geschlechts von 1593 an,

Bibliothek

das zweite ein Wappenbuch etwa aus der gleichen Zeit mit hunderten von kunstvoll gemalten Wappen, vermutlich in einem süddeutschen Kloster entstanden und aller Wahrscheinlichkeit nach aus dem Besitz der Herzöge von Plön stammend.

Aber auch den Kunstsinn wußte das Haus Drült, das doch so bescheiden begonnen hatte, stetig zu mehren. Eines der bedeutendsten Stücke schleswigholsteinischer Kunst, der sogenannte Rantzausche Humpen, steht hierbei an erster Stelle. Der Statthalter und große Humanist Heinrich Rantzau, † 1599, hatte seiner Tochter Magdalene den Humpen, wie aus der Inschrift zu ersehen ist, vermacht. Diese Tochter wurde die Stamm-Mutter der Herren v. Ahlefeldt auf Gelting, möglich, daß der Humpen beim Zusammenbruch dieser Linie Ahlefeldt durch Kauf nach Rundhof gelangt ist. Mit Sicherheit weiß man, daß er sich seit dem Anfang des 18. Jahrhunderts im Besitz des Geschlechts v. Rumohr befindet. Bei der Teilung des Gutes um 1800 kam er nach Drült, heute befindet er sich im Schleswig-Holsteinischen Landesmuseum auf Schloß Gottorf.

Eine größere Anzahl von bemerkenswerten Portraits war in den letzten Jahrzehnten durch Erbschaften oder glückliche Ankäufe ins Haus gekommen, darunter drei sehr gute Ölgemälde von Jens Juel, das eine den großen Staatsmann des Gesamtstaates Andreas Peter Bernstorff, das zweite den Oberhofmarschall und Obersundzolldirektor Christian Friedrich v. Numsen darstellend. Das dritte Gemälde von Jens Juel stellt Katharina Gräfin Stolberg dar, eine Schwester der Dichter Friedrich Leopold und Christian Stolberg, sie selber zum Emkendorfer Kreise gehörend. Aus dem Hause Trenthorst des Geschlechts v. Rumohr stammen vier Portraits von der Hand F. C. Grögers, darunter die hervorragend gemalten des Kunstforschers C. Fr. v. Rumohr, † 1843, und seiner Schwester Kitty, † 1830, sowie das lebensgroße Bildnis der Mutter Wilhelmine v. Rumohr geb. Baronesse v. Fersen, von Anton Graff, 1785 in Dresden gemalt.

Auch der Bestand an graphischen Werken ist nicht unbedeutend gewesen. Radierungen, Kupferstiche und Zeichnungen befanden sich in vielen wohlgeordneten Mappen. Freilich sind gerade hier auch Verluste zu verzeichnen; in dem durch Besatzung und Flüchtlinge überfüllten Hause gingen nach dem letzten Weltkriege erhebliche Teile verloren, darunter 80 Blätter von der Hand C. F. v. Rumohrs.

An Handschriften sind vor allem die Tagebücher des Shakespeare-Übersetzers Wolf Graf v. Baudissin, † 1878, zu nennen, unveröffentlichte Briefwechsel von ihm und von C. F. v. Rumohr, die Reisetagebücher von Auguste v. Witzleben, † 1844, und manches andere mehr.

Die Drülter Rumohr leiten sich in mütterlicher Linie von Carl-Friedrich v. Rumohr her. So ist es nicht verwunderlich, daß seine Totenmaske hier bewahrt wird; ein 2. Exemplar ist in Ostberlin verschollen. Sie wurde von dem zu seiner Zeit sehr bedeutenden Arzt und Phrenologen Carus angefertigt und in dessen auch heute noch lesenswerter Charakterkunde beschrieben. Rumohr war Kunstforscher zu Beginn des 19. Jh. und zählt auch aus heutiger Sicht zu den Begründern der modernen Kunstgeschichte. Daneben trat er auf einem anderen Gebiet prominent hervor, dem der Gastrosophie. Bis heute aktuell ist sein Werk „Geist der Kochkunst", das im Jahre 1822 und damit einige Jahre vor dem Hauptwerk Brillat-Savarins erschien. In ihm vertritt er Gedanken, die heute, 150 Jahre nach seinem Wirken, so modern erscheinen wie die Forderungen der ‚nouvelle cuisine'.

Bei der Teilung von Rundhof 1798 waren Drült außer dem Hof vier Dorfschaften ganz oder doch zum größten Teile zugelegt worden, Gulde, Schörderup, Vogelsang und Wittkiel. Sie gingen aber schon bald darauf anläßlich der Aufhebung der Leibeigenschaft praktisch verloren, die Bauern und Kätner wurden Erbpächter, bezahlten nur eine sehr geringe Rente an das Gut, den sogenannten Kanon. Dieser konnte auf Grund der preußischen Rentenbankgesetzgebung von 1873 an seitens der Erbpächter abgelöst werden, so daß damit die Verbindung zu den Gütern aufgehoben war. Bei der Parzellierung von Rundhof 1804 wurden vom Drülter Hoffeld die heutigen Bauernhöfe Levshöh, Habergaarwang und Stenneshöh abgelegt.

Wie oben erwähnt, dauerte das Miteigentumsverhältnis zwischen den Kindern und Erben von Friedrich Henning Adolf v. Rumohr bis 1878, als der jüngste Sohn Henning Drült als Alleinbesitz übernehmen konnte. Er starb unverheiratet 1902, und der Besitz ging daher über auf den Sohn des früher verstorbenen Bruders Wulf August v. Rumohr, Hermann v. Rumohr, † 1926. Dieser war Jurist und Verwaltungsbeamter und bekleidete von 1902 bis 1904 das Amt des Landrats in Tondern, von 1904 bis 1914 in Plön. Er wurde Preußischer Kammerherr, der letzte Kammerherr, den der König von Preußen ernannt hat, Hofmarschall des Prinzen Heinrich v. Preußen in Kiel und später Klosterprobst des adeligen Klosters Preetz. Nach seinem Tode ging Drült über auf den ältesten Sohn, Dr. jur. Henning v. Rumohr, später Landrat in Tönning und Husum. Er war von 1964 bis zu seinem Tode 1984 Klosterprobst des adeligen St. Johannisklosters vor Schleswig. Dieser letztere hat sich in der historischen Landesbeschreibung einen Namen gemacht durch eine Reihe von Veröffentlichungen zur Geschichte der Schleswig-Holsteinischen Ritterschaft, der Schlösser und Herrenhäuser des Landes und der Kirchen und Klöster. Er ist auch der Verfasser der hier vorliegenden Arbeit.

Gut Drült

Besitzer: Cai Asmus v. Rumohr

Besitzer		*Gut und Bauten*	
vor 1397	Johann v. Thienen	1800	Brand des alten Hofes
1397	Erich Krummendieck auf Rundhof, von dann bis	1801/04	Bau der Wirtschaftsgebäude
1798	die gleichen Besitzer wie Rundhof	1806/07	Bau des Herrenhauses
		1810	Stuckierung des Gartensaales
1814	Friedrich Henning Adolf v. Rumohr	1810	Bau des Verwalterhauses
1833	Erbengemeinschaft seiner vier Kinder	1976	Abbruch des Kuhhauses
		1986	Sanierung des Herrenhausdaches
1878	Henning v. Rumohr		
1902	Hermann v. Rumohr		
1926	Henning v. Rumohr		
1984	Cai Asmus v. Rumohr		

9 Roest

Der Schriftsteller Adelbert Graf Baudissin nahm als Kriegsberichterstatter, wie wir heute sagen würden, am Kriege von 1864 teil und besuchte aus diesem Anlaß auch das Herrenhaus Roest unweit Kappeln. Er war begeistert von dem altertümlichen Gebäude, der riesigen Halle mit dem Kamin im Hintergrunde, von Treppe und Portal und verglich diesen alten Edelsitz mit den Gemälden, die der englische Dichter Walter Scott mit so vielem Geschick von den Burgen der schottischen Adeligen entworfen habe. Seitdem sind manche Veränderungen vorgenommen worden, ein Teil der Hausgräben ist trockengelegt, das große Wiesengelände, dereinst ein breites Gewässer, ist in fruchtbares Kulturland verwandelt worden; von den Hofgebäuden der alten Zeit steht nur noch wenig, ein Brandfall aus dem Jahre 1937 hat vieles zerstört, aber mit behutsamer Hand ist der Hof stilgerecht wieder aufgebaut worden, durch ein schlichtes Torhaus zur Außenwelt abgeschlossen.

Und trotzdem, auch heute noch liegt über dem alten Hof, tief eingebettet in einer Talmulde, ein eigentümlicher Reiz des Verzauberten und vermittelt uns immer noch ein klares Bild der Lebensweise des Adels im Ausgang des Mittelalters. Roest steht sicherlich auf sehr früh besiedelter Stätte. Der Name gehört in eine Reihe mit den vielen einsilbigen Kurzformen auf -t, wie Drült, Solt, Loit, Gelt-ing in Angeln, ähnlichen mehr in Nordschleswig. Die Endung -t deutet auf ein Kollektivum, der erste Teil des Wortes roes heißt im Altnordischen Steinhaufen, so läßt sich der Name anhand des Befundes der Endmoränen-Umwelt als Ansammlung von Steinhaufen erklären, eine Erklärung, die mit den von der Natur geschaffenen Tatbeständen übereinstimmt.

In geschichtlicher Zeit hören wir zum ersten Male von Roest in König Waldemars Erdbuch von 1231. Hier wird bei der Aufzählung „alles dessen, was wir Gelting nennen", als erstes Roest genannt; mit anderen Worten, bis hierher reichte die silva geltinga, der Geltinger Wald. Aber der Besitz scheint nicht mehr lange in den Händen des Königs geblieben zu sein.

Dunkle und unzusammenhängende Nachrichten schreiben den Besitz von Roest schon im 13. Jahrhundert dem Ritter Johann Laurenz und seiner Schwester, Frau Eddele Abildgaard, zu, der erstere gab dem Kirchherrn zu Kappeln Hölzung, Äcker und Lansten (= Bauern), Frau Abildgaard einen Heringszaun in der Schlei. Diese beiden Geschwister gehören sicherlich dem nordschleswigschen Heermannenadel an. Der Vorname Laurenz ist im Geschlecht Abildgaard häufig. Trotzdem sind wir nicht in der Lage, dieses Geschwisterpaar der Stammreihe der Abildgaard mit Sicherheit unterzubringen.

1357 erscheinen erstmals holsteinische Ritter auf Roest: der Ritter Otto Lembeck, genannt Rameskop, stellt eine Urkunde aus, daß er die Ländereien, die der Ritter Johann Laurenz und dessen Schwester, Frau Eddele, der Kapelle St. Nikolai geschenkt hätten, widerrechtlich in Besitz gehabt habe.

Ein Jahrhundert später, 1451, wird der Ritter Otto Split auf Roest genannt, wiederum in Verbindung mit den in alter Zeit so wichtigen Heringszäunen in der Schlei. Nachdem im Laufe der Zeit fast alle diese Zäune verschwunden sind, gibt es heute noch einen einzigen, bei Kappeln unmittelbar an der Brücke gelegenen, einen letzten Rest eines uralten Brauches, den Hering zu fangen, einzigartiges Relikt einer längst vergangenen Zeit. Der Sohn Otto Splits, Siegfried Split, verkauft 1498 das Gut Roest an Schack Rumohr. In der Verkaufsurkunde sagt er ausdrücklich: ,,...so wie sein seliger Vater und Mutter und ihre Eltern es besessen''. Danach dürfte Roest im Erbgang von mütterlicher Seite auf die Split gekommen sein. Mit diesem Verkauf hebt die Rumohrsche Epoche an, die fast 300 Jahre, bis zum Jahre 1797, dauern sollte. In dieser Rumohrschen Zeit hat Roest sein Gepräge erhalten, wie es auch heute noch im wesentlichen besteht, ja mehr als das, hat dieses Geschlecht auch die Geschichte des Gutes mit seinen umfangreichen Zubehörungen entscheidend beeinflußt. Die Verkaufsurkunde von 1498 führt außer Roest selber die Mühle zu Sandbek auf, die Dörfer Stutebüll, Grimsnis, Grummark, Mehlby, Kastelby (wohl das heutige Kappelholz), das Gut zu Dothmark mit der Gerechtigkeit und dem Eigentum im Dorfe zu Kappeln, dem Dorfe Toestorf, dem Gut zu Scheggerott und der Gerechtigkeit der Heringszäune in der Schlei. Alles in allem also ein stattlicher Besitz. Jedoch ist die Urkunde nicht einmal vollständig, sie umfaßt anscheinend nur den geschlossenen Besitz. Die im 17. Jahrhundert von Roest abgelegten und räumlich nicht zusammenhängend gelegenen adeligen Güter Flarup und Boelschuby sind nicht erwähnt, ebenso nicht der umfangreiche Streubesitz, der zu Toestorf gehörte. In der Landesmatrikel wird Roest mit 45 Pflügen aufgeführt, einer alten Bewertung, die nicht einer festen Flächengröße entspricht. Das Gesamtareal mag etwa 3000 bis 4000 Hektar betragen haben. Nach dem Erdbuch über das adelige Gut Roest aus dem Jahre 1798 wird für das Gut Roest selber eine Größe von 1265 ha ermittelt. Nachdem die Nebengüter abgelegt sind, Kappeln und die Dörfer vom Gute getrennt wurden, umfaßt Roest heute nicht einmal mehr 10 Prozent des einstigen Bestandes, nämlich an Acker- und Wiesenland 154 ha, an Wald 88 ha, zusammen 242 ha.

Das ganze 16. Jahrhundert hindurch waren die Herren v. Rumohr damit beschäftigt, den Besitz auszuweiten. Der erste Erwerber, Schack Rumohr, konnte sich freilich seines Besitzes nicht lange erfreuen, schon zwei Jahre später, 1500, fiel er in der Schlacht von Hemmingstedt und hinterließ einen einzigen Sohn Henneke oder Henning, sicherlich damals noch ein Kind, gleichzeitig derzeit der einzige Namensträger des ganzen Geschlechts. Die Witwe Anna v. Ahlefeldt heiratete später Wulf v. d. Wisch auf Lundsgaard, der deshalb auch auf Roest geschrieben wird. Als Henneke Rumohr erwachsen war, erwarb er Düttebüll, und durch seine Heirat mit Eibe Sehestedt fiel ihm die Anwartschaft auf Rundhof mit Drült zu. Vor allem aber trachtete er danach, den gesamten Flecken Kappeln an sich zu bringen. Schon aus der Verkaufsurkunde von 1498 ergibt sich, daß Eigentum in Kappeln vorhanden war. Jetzt schloß er 1533 mit dem damaligen Kirchherrn von Kappeln, dem Domherrn Hinrich Pogwisch, einen förmlichen Vertrag ab, wonach dieser ihm gegen 30 Mark jährlicher Rente den ganzen Flecken Kappeln mit dem Holze Benedictusholz und anderen Hölzungen sowie das Lanstengut zu Wittkiel abtrat. Zwar erhoben Herzog und Domkapitel gegen diesen Vertrag Einspruch, Henneke Rumohr wußte aber doch zu erreichen, daß er auf dem Kirchengrunde mit zu Recht saß, das heißt als Richter, und daß ihm die Hälfte der Strafgelder zufiel.

Sein Sohn Asmus Rumohr setzte diese Politik des Vaters nachdrücklich fort. Er verfuhr willkürlich mit der Besetzung der Pfarrstelle, entfernte den Pastor Geerd, berief an seiner Stelle den Prediger Rochus von Hoven, bis er auch mit diesem in Streit geriet, ihn nebst seiner Familie aus dem Pastorat vertrieb und allen seinen Untertanen bei Todesstrafe verbot, ihn aufzunehmen. Als er nun gar dessen Nachfolger Andreas durch einen seiner Leute erschlagen ließ, war die Geduld des Domkapitels am Ende. Es begann einen weitläufigen Prozeß gegen Asmus Rumohr. Aber dieser erwies sich als der Stärkere, er ließ bei Nacht durch eigene Leute in die Sakristei der Kirche einbrechen und alle wichtigen Urkunden herausschaffen. So war das Domkapitel außerstande, seine Rechte auf die Besetzung der Pfarrstelle zu beweisen, praktisch gehörte seitdem ganz Kappeln zu Roest, und der Gutsherr übte unangefochten das Patronat über die Kirche aus.

Asmus Rumohr hatte aber auch sonst seinen Besitz wesentlich erweitert, außer Düttebüll waren noch Ohrfeld, seit 1580 auch Rundhof mit Drült, außerdem umfangreicher Streubesitz in der Marsch, Häuser in Flensburg und große Kapitalien hinzugekommen. Damit war er einer der reichsten Männer seiner Zeit geworden, gebot über sechs große Güter und 110 Bauernhöfe, stand in der Gunst des Landesherrn, weilte auch lange am Hofe Kaiser Karls V. in Brüssel. Nur eines fehlte noch, ein Haus. So entschloß sich Asmus Rumohr in seinen letzten Lebensjahren zur Erbauung des heute noch fast unverändert stehenden Herrenhauses in Roest. Er hat es kaum mehr bewohnt, im gleichen Jahre, in dem es fertiggestellt war, 1590, starb er selber. Was vorher gestanden hat, wissen wir nicht, sicherlich ein höchst bescheidener Bau, vielleicht ein Wohnturm. Während der Erbauung des Hauses in Roest wohnte Asmus Rumohr offenbar auf Drült, hier hat sich eine Ofentür mit der Jahreszahl 1588 und den Namen und Wappen von Asmus Rumohr und seiner Ehefrau Margarethe Rantzau erhalten. Das Herrenhaus Roest besteht aus zwei Flügeln, der linke ist erst vom Enkel Heinrich Rumohr 1641 erbaut worden. Der größere rechte Bauteil ist die Schöpfung Asmus Rumohrs, ein höchst charakteristischer Bau der Renaissance, außen geschmückt mit den – heute etwas veränderten – Schweifgiebeln der Zeit, der hervorragend gestalteten Treppe mit dem Sandsteinportal, links und rechts neben dem Anlauf der Treppe den großen Steinblöcken zum Besteigen der Reitpferde. Im Innern bewahrt das Haus einen altertümlichen Eindruck,

beherrschend im Erd- wie im Obergeschoß ein großer Saal mit Balkendecke, am Ende des unteren Saales die Feuerstelle des offenen Kamins, die Kaminschürze in ihrer heutigen Form dürfte freilich aus dem Anfang des 18. Jahrhunderts, aus der sogenannten Régence-Zeit, stammen. Im Erdgeschoß gab es ursprünglich neben dem Rittersaal nur drei Räume, rechts von der Halle zwei, dazwischen Treppenhaus und Abtrittpfeiler, hinter der Halle ein Zimmer zum Garten. Eine Küche hat in diesem Hause kaum bestanden ; wie auch auf anderen Gütern, zum Teil bis in das 20. Jahrhundert hinein üblich, bediente man sich eines eigenen Küchengebäudes. So steht auch in Roest schräg gegenüber dem Herrenhause dieser Küchenbau, – als solcher ausgewiesen durch Herd, alte Töpfe und Haken über der Feuerstelle. Im Keller gab es ein Gefängnis, außerdem den Zugang zu einem unterirdischen Gang. Die Fabel berichtet von einem Gang bis hin nach Toestorf, doch ist diese Vermutung völlig unwahrscheinlich. Wenn überhaupt ein solcher Gang bestanden hat, so nur als Fluchtweg unter dem Hausgraben hindurch. Hierüber müßten genauere Grabungen Aufschluß geben können.

Die Halle im Erdgeschoß bietet nun wieder wie zur Zeit ihrer Entstehung, einen überwältigenden Eindruck mit ihren Ausmaßen von 8 × 17 m, der wuchtigen Balkendecke, dem offenen Kamin am Ende des Raumes, alles in allem ein geradezu archaisch anmutendes Bild der ritterlichen Wohnkultur.

Als Asmus Rumohr 1590 gestorben war, bildeten die vier Söhne vier Erbteile und warfen am Montag nach Palmarum 1593 in der Kirche zu Kappeln das Los über den väterlichen Besitz. Der drittälteste Sohn Cai Rumohr, erloste Roest mit seinen Nebengütern und wurde der Ahnherr einer großen und bedeutenden Nachkommenschaft. Als dessen Sohn Heinrich, † 1653, Roest übernommen und sich mit Ida Brockdorff vermählt hatte, bevölkerte bald eine Kinderschar von 14 Kindern das Haus. Jetzt erwies sich der Bau von 1590 als zu klein, daher entstand der östliche Flügelbau von 1641. Im Ausgang des Mittelalters, im 16., teilweise noch im 17. Jahrhundert hatte man in ganz Schleswig-Holstein das Doppelhaus bevorzugt, wie wir es heute noch in Wahlstorf, Jersbek, Wensin sehen können. In Roest stellt das Haus sich zwar auch als Doppelhaus dar, aber doch mit einem neuen Akzent in der Formensprache der Baukunst: der linke Flügel tritt gegenüber dem Hauptbau um eine Fensterbreite vor und liegt nicht in paralleler Achse, sondern ist leicht schräg nach vorn gestellt. Vermutungen gehen dahin, daß ein ähnlicher Flügel gen Westen hin geplant war. Wäre dieser ausgeführt worden, so hätten wir einen frühen Palais-Bau vor uns, ähnlich wie in dem bald darauf entstehenden Hagen bei Kiel oder Schackenburg bei Tondern. Dieser westliche Flügel ist nicht erbaut worden, stattdessen entstand um 1770 ein einstöckiger Anbau, der aber nach 1858 wieder abgerissen wurde. Was für Räume dieser enthielt, ist unbekannt, wahrscheinlich nur Wirtschaftsräume. Der Ostflügel von 1641 enthielt im Keller unter starken Gewölben die Küche, über ihr einen großen Saal mit schöner stuckierter Balkendecke. Die Wände dieses Saales waren in stukko lustro gehalten, ein geglätteter polierter Farbstuck, der Pfeiler oder ganze Wandflächen als Marmor ersetzen oder gar vortäuschen soll, eine Kunstform, die wir z. B. in Schönweide im Kreis Plön wieder vorfinden. Der Fußboden war mit gotländischen oder öländischen Fliesen bedeckt. Auch hier soll die Restaurierung versucht werden. Küche und Saal waren durch eine in Spuren noch erkennbare Wendeltreppe miteinander verbunden. Gleichzeitig erfuhr das gesamte Haus in dieser Zeit des Frühbarock seine Ausgestaltung im Innern, die Halle erhielt die schönen kraftvollen Türen mit reichen buntmarmorierten Rahmen, die langen Sitzbänke und mächtige Truhen. Der interessanteste Schmuck der Halle war aber ihre Ausmalung al fresco, sicherlich ursprünglich über die gesamte östliche Wand hinweg. Vor einigen Jahrzehnten ist das Mittelfeld zum größten Teile freigelegt und nicht ganz eindeutig restauriert worden. Es stellt einen Junker dar, der einen Vogel auf der

Halle mit Frescomalerei

Faust trägt, während in den Lüften Fasanen fortfliegen, links und rechts zwei Burgen, offenbar allegorisch gedacht, im Hintergrund eine bergige Landschaft. Im linken oberen Bildteil stehen die Worte: velle at non posse dolendum est, – es ist schmerzlich zu wollen und nicht zu können. Die Ausmalung geht sicherlich auf das Werk Daniel Cramers zurück: Octaginta Emblemata moralia, das 1630 in Frankfurt erschienen ist. Hier findet sich die genau entsprechende Vorlage. So dürfte man in dem Wandgemälde eine Allegorie auf die Vergeblichkeit alles menschlichen Tuns zu erblicken haben. Weitere Aufschlüsse sind vielleicht zu erwarten, wenn die gesamte Ostwand freigelegt ist. Die Nordwand ist ebenfalls bemalt. Über der Tür befindet sich ein bunter Vogel, neben der Tür ist bisher ein großer Baum zu erkennen, unter dem anscheinend ein schlafender Esel liegt. Darüber ist eine Inschrift zu sehen: ignavis fortuna repugnat (=das Glück widersetzt sich den Trägen).

Und noch ein zweiter sehr beachtlicher Raum entstand in dieser Zeit, heute das sogenannte Tapetenzimmer im Obergeschoß. Wahrscheinlich sind die hier vorhandenen Malereien auf Stofftapeten ursprünglich für einen anderen Raum bestimmt gewesen, das ergibt sich aus den Überschneidungen der Motive in den Ecken des Raumes. Die Bilder gehören thematisch nicht zusammen, jedoch ist das meiste nach Versen des römischen Dichters Ovid geschaffen worden. Offenbar sind die vier Elemente dargestellt, Feuer, Wasser, Luft und Erde, alles in allegorischen Darstellungen. Da aber insgesamt sechs Bilder vorhanden sind, bedürfen die beiden zusätzlichen Motive noch genauerer Deutung. Als Vorlagen dürften französische Stiche gedient haben, nach Arbeiten von Du Mont, die L. Surugue in der Folge seiner Stiche verwendet hat. Im Süd-Ostzimmer im ersten Stock sind Deckenmalereien, möglicherweise aus der Erbauungszeit des Hauses um 1590 entdeckt und im Laufe der letzten Jahre restauriert worden. Es handelt sich um eigenartige Tierfabeldarstellungen, die noch einer genaueren Deutung bedürfen.

Treppe mit Sandsteinportal

1669 wurde das Sandsteinportal von 1590 verändert, es erhielt eine barocke Ausgestaltung in Form eines rundbogigen Abschlusses in einer flachen ionisierenden Pilaster-Ädikula, mit Fruchtgehängen und Voluten geschmückt. Die Inschrift des alten Portals mit den Worten

> Asmus Rumor   Margreta Rumors
> Hebben dit Hus buwen laten 1590

und den Wappen des Ehepaares Rumohr und Rantzau wurde über dem Türsturz wieder eingefügt. Über dem Kranzgesims ein Aufsatz aus Ohrmuschelwerk wiederum mit dem Allianzwappen Rumohr/Rantzau, von einer Konsole mit Frucht gekrönt.

Bei aller Hinneigung dieser Zeit zu künstlerischer Gestaltung von Haus und Innenräumen dürfen wir nicht die Schattenseiten der Zeit übersehen. Henning Rumohr, † 1569, hatte zwei Hexen in Schleswig verbrennen lassen, weil sie ihm einen Schaden an der Schulter angetan hätten, so daß er ein Jahr zu Bett hatte bleiben müssen. Später ließ er die Frau des Kantors in Kappeln und vier andere Frauen als Hexen verbrennen, weil sie ihn und seine Frau verzaubert hätten, so daß man weder Milch noch Butter auf dem Hof machen konnte. Der Sohn Cai Rumohr, † um 1625, erstach 1617 in Kiel Christian Friedrich Blome, weil dieser ihm eine Ohrfeige gegeben hatte. Cai Rumohr mußte außer Landes gehen, und es bedurfte erst des Einschreitens des Königs Christian IV., um das Geschlecht Blome zur Ruhe zu bringen. Der Sohn Heinrich Rumohr, † 1653, erhielt 1629 vom Herzog den Befehl, gegen die Bürger von Kappeln keine Gewalt zu üben. Auch zu den Zeiten Heinrich Rumohrs fanden Hexenprozesse auf Roest statt, in den Jahren 1632 und 1641 wurden nach sorgfältig durchgeführten Prozessen je eine Frau verbrannt; man kennt noch bei dem Dorfe Mehlby den Hügel, wo dies geschah, den Hexenberg, und in der Feldmark des Gutes Roest künden noch 6 einsam stehende Linden von der schrecklichen Tat. Seine Frau Ida geb. Brockdorff geht noch heute als „de böse Fru Id" nächtlicherweise durch das alte Herrenhaus. 1653 wurde sie beschuldigt wegen unchristlicher Behandlung ihrer Untertanen, und es gibt zahlreiche Schauergeschichten über die unmenschliche Art, in der sie mit ihren Dienstmädchen verfuhr.

In ein anderes Stadium tritt die Geschichte von Roest mit dem Erben Heinrichs ein, dem späteren General Detlev Rumohr, † 1678. Er hatte in seiner Jugend England, Frankreich, Italien und die Türkei bereist, machte dann in venezianischen Diensten, ebenso wie wenige Jahre später sein Bruder Theodosius, Feldzüge auf Kreta, damals Candia geheißen, mit und kam in türkische Gefangenschaft nach Konstantinopel. Von dort schickte er seinen mit ihm gefangenen Diener nach Kappeln mit der Nachricht, daß er die Freiheit erlangen könne, wenn dem Sultan ein Beutel mit Gold überreicht würde. Tatsächlich kam durch eine Sammlung der Bürger von Kappeln dieser Beutel Gold zustande, so furchtbar kann das Regiment der Herren v. Rumohr über Kappeln daher wohl kaum gewesen sein. Zwei junge Schiffer, Hans Thiess und Jan Gerth mit Namen, machten sich auf die weite und gefahrvolle Reise nach Konstantinopel und befreiten tatsächlich ihren Gutsherrn aus der Haft. Bis zum heutigen Tage blüht die Türkengilde in Kappeln als geselliger Verein, zur Faschingszeit als Masken- und Kostümverein. Die ältesten erhaltenen Statuten gehen nur bis in den Anfang des 18. Jahrhunderts zurück. Ernstlich kann aber kein Zweifel daran bestehen, daß ihre Gründung im unmittelbaren Zusammenhange mit den Ereignissen des Jahres 1666 steht und daß sie auf einer Stiftung des befreiten Gutsherrn beruht. Früher, zum letzten Male im Jahre 1938, war es üblich, in längeren Zeiträumen die Wiederkehr dieses Gründungsfestes zu feiern, ein Segelschiff mit altertümlich gesetzten Segeln wurde von Schleimünde her in Richtung Kappeln auf Fahrt gebracht, an Bord die historischen Figuren von Graf und Gräfin, also dem Gutsherrn und dessen Gemahlin, dem Mohren, den beiden Schiffern und Spielleuten. Bei der Ankunft in Kappeln fand feierliche Begrüßung durch den Magistrat statt, anschließend Festmahl und Freibier in allen Gasthäusern der kleinen Stadt.

So anmutig diese Begebenheit auch klingt, noch im gleichen und im folgenden Jahre machte Detlev Rumohr auf andere Weise viel von sich reden. Der Flecken Kappeln gehörte zwar seit den Tagen seines Urgroßvaters zu Roest, jetzt ging er aber einen Schritt weiter und wollte die Einwohner des Ortes zu Leibeigenen machen, er verlangte ihnen den Huldigungseid ab. Die Kappelner Einwohner setzten sich zur Wehr, erklärten ihren Willen, lieber geschlossen abzuwandern, als den Schwur zu leisten und wandten sich an den Herzog, der ihnen die damals unbewohnte und wüst daliegende Insel Arnis in der Schlei anbot. Als beide Seiten nicht nachgeben wollten, ergab sich ein eigentümlicher Kompromiß: 64 Familien zogen im Jahre 1667 tatsächlich aus Kappeln aus und begründeten das Städtchen Arnis, die übrigen blieben, leisteten aber gleichwohl den Untertaneneid nicht.

Detlev Rumohr hatte von seinem Vater außer Roest und Toestorf auch das Gut Hohenlieth im Dänischen Wohld geerbt. Er erweiterte seinen Besitz noch um Pederstrup auf Lolland, dem später Reventlowschen Gut und hatte Ansprüche auf Gisselfeld sowie Husum, Husumgaard und Mörke im Amt Kopenhagen, ferner Grundeigentum in den Ämtern Nyborg und Ringsted. Detlev Rumohr hatte durch seine Heirat mit Augusta Schack, einer Tochter des Feldherrn Hans Schack, enge Beziehungen zu den einflußreichen Männern des dänischen Militär-Etats geknüpft. 1677 wurde er dänischer Generalmajor, nahm an dem

Sturm auf Malmö im gleichen Jahre teil, kam in der Schlacht von Landskrona für kurze Zeit in schwedische Gefangenschaft, wurde dann als Gouverneur über die Insel Rügen eingesetzt und fiel hier 1678, durch eine Kanonenkugel tödlich getroffen.

Grabmal des Generals Detlev v. Rumohr † 1678, wohl von Artus Quellinus d. J.

Roest ging nach Detlevs unbeerbtem Tode über an seinen Bruder Cai, der außerordentlich wohlhabend war. Außer den Stammgütern Roest, Toestorf und Hohenlieth besaß er Satrupholm in Angeln, Hanerau, Veddel, Grevenkop und Erbe in Holstein, weitere drei große Güter in Sachsen. Offenbar hat er sich überhaupt mehr nach Sachsen hingezogen gefühlt als in das rauhe Klima Schleswigs, anfangs war er Kammerherr und Hofmeister der Kurfürstin, später dänischer Gesandter in Dresden. Er wird kaum in Roest gelebt haben, obwohl er immerhin 26 Jahre lang Besitzer war. Seinem Bruder Detlev ließ er ein großartiges Grabmal in der Kirche von Kappeln setzen, wahrscheinlich aus der Werkstatt von Artus Quellinus d. J., der auch für den Schwiegervater, den Feldherrn Hans Schack, das prächtige Grabmal in der St. Trinitatiskirche in

Kopenhagen geschaffen hat. Der General liegt hier auf dem Totenbett, die tödliche Kanonenkugel auf seinem Leib, über ihm der Todesengel mit der Posaune, das Sterbelager gekrönt von einer langen Inschrift, die seine Verdienste und Heldentaten in barocker Umständlichkeit beschreibt.

Cai Rumohr hat offensichtlich auch am linken Flügel des Herrenhauses die Buchstaben der Erbauer und Bewohner als Maueranker anbringen lassen, in der unteren Reihe die Initialen der Eltern HRIR, also Heinrich Rumohr Ida Rumohr, in der oberen CMH, nämlich Cai nebst den Anfangsbuchstaben seiner zweiten Frau Margarethe, geb. v. Haase.

Cai Rumohr hinterließ aus dieser Ehe eine einzige Tochter, die jedoch die holsteinischen Besitzungen nicht erbte, sie gingen vielmehr an den dritten Bruder Friedrich, † 1722, über. Die Tochter Johanne Sophie erlangte eine traurige Berühmtheit durch ihre Verlobung mit dem baltischen Baron Johann Reinhold v. Patkul. Dieser, der russischer Gesandter in Dresden gewesen war, geriet in schwere Konflikte mit dem schwedischen König Karl XII., wurde 1705 verhaftet, 1707 an die Schweden ausgeliefert und im gleichen Jahre in Kasimir in Polen grausam hingerichtet.

Friedrich Rumohr wohnte bereits seit 1690 auf Roest. Mit ihm, der sicher bei weitem nicht die Bedeutung der beiden älteren Brüder besaß, hebt eine neue Epoche für Roest an, ein Jahrhundert der stillen Beschaulichkeit, ein Jahrhundert der Fürsorge um den Besitz, des Fleißes am Grund und Boden. In dieser Zeitspanne werden noch Güter hinzuerworben, Buckhagen, Priesholz, später noch Dollrott und Lindewitt. Roest vererbt sich noch dreimal innerhalb des Geschlechts Rumohr, auf Friedrich folgt der Sohn Hans, † 1747, auf diesen erst dessen dritter Sohn Cai, † 1771, dann der sechste Sohn Hans Adolf, der der letzte Herr auf Roest werden sollte. In den ,,Bemerkungen über Angeln'' von Friedrich Wilhelm Otte aus dem Jahre 1792 wird ausdrücklich die gute wirtschaftliche Verfassung von Roest hervorgehoben und die landwirtschaftliche Fähigkeit des Besitzers gerühmt.

In der Besitzzeit von Cai Rumohr, des Gesandten in Dresden, hat Roest kaum nennenswerte Veränderungen erfahren. Aber als jetzt die Nachkommen des Bruders Friedrich in Roest ihren Einzug halten, wird das alte Herrenhaus im modischen Geschmack vielfach umgestaltet. Das Gartenzimmer hinter der Halle dürfte um 1770 neu hergerichtet worden sein, über der noch im 17. Jahrhundert steingerahmten Kaminöffnung ein hochrechteckiges Feld mit einem Spiegel in geschnitzter Rocaille-Umrahmung mit zwei Kerzenträgern, über der Tür ein geschnitztes Rocaille-Supraportenstück, seitlich je eine geschnitzte Schäferin-nen-figurine. Im Saal im westlichen Flügel hat sich eine besonders schöne Stuck-Supraporte der Régence-Zeit erhalten, zwei sitzende Putten halten ein von Schilfwedeln gerahmtes Medaillon, in dem eine Frau mit Thyrsos-Stab sitzt. In mehreren Zimmern des Obergeschosses stehen noch gußeiserne Öfen des 18. Jahrhunderts mit Reliefdarstellungen religiösen und mythologischen Inhalts in stuckierten Ofennischen.

Als die Zeit der Rumohr auf Roest sich schon ihrem Ende nähert, setzte sich der letzte Gutsherr Hans Adolf Rumohr ein ehrenvolles Gedächtnis durch den Neubau der Kirche in Kappeln. Die alte war zu klein geworden und war baufällig, so ließ er sie gänzlich abbrechen und durch den Landbaumeister Johann Adam Richter in den Jahren von 1789 bis 1793 die jetzige Kirche errichten, ein spätbarocker Bau, schon mit klassizistischen Anklängen, innen und außen gleich hervorragend gestaltet. Da Roest das Patronat über die Kirche besaß, mußte der Bauherr die gesamten Kosten in Höhe von 40 000 Rthlr. selbst aufbringen.

Mit der Kraft des Geschlechtes war es plötzlich am Ende, Heinrich Rumohr, † 1653, hatte 14 Kinder gehabt, Friedrich † 1722 13, Hans † 1747 11, darunter sieben Söhne. Aber in der nächstfolgenden Generation hatte Joachim Rumohr auf Buckhagen nur zwei Töchter, Detlev Christian Rumohr, der Vice-Admiral wurde, nur einen einzigen Sohn, alle anderen Brüder waren entweder früh gestorben oder hatten keine Nachkommen.

Dieser eine Sohn, Hans Conrad Rumohr, war alles in allem ein wenig erfreulicher Mann, unfähig, es im Leben zu etwas zu bringen, unfähig, mit Geld und Gut zu wirtschaften; Hans Adolf Rumohr, der dänischer Kammerherr und auch sonst ein hochangesehener Mann war, nannte ihn nur spöttisch: le neveu. Er hatte offenkundig keine Neigung, ihm den alten Familienbesitz zu vermachen und zog es vor, selber schon 76 Jahre alt, im Jahre 1797 Roest zu verkaufen. So endete nach 299 Jahren die Besitzzeit der Rumohr auf Roest, 1810 zog Hans Adolf Rumohr, der zuletzt in Schleswig in Schaers Hof, dem alten Günderrothschen Hof mit Schwägerin und Nichte und 27 Bediensteten gewohnt hatte, als letzter in die Rumohrsche Gruft unter der Kirche in Kappeln ein.

Käufer war der Landgraf Carl von Hessen, langjähriger Statthalter des Königs auf Schloß Gottorf, der Kaufpreis betrug 280 000 Rthlr. Der Landgraf trachtete in jener Zeit danach, sich einen größeren Grundbesitz zu schaffen. Louisenlund war schon lange sein eigen, später kamen Gereby in Schwansen, das er in Carlsburg umbenannte, und Buckhagen hinzu. Der Landgraf nahm alsbald nach dem Ankauf von Roest große Veränderungen vor, schon 1799 wurde ein Teil des Hoffeldes in Parzellen veräußert, bald darauf erfolgte die Aufhebung der Leibeigenschaft und die Abtrennung der fünf Dörfer vom Gut, 1807 wurde Kappeln für 62 000 Rhtlr. an den König verkauft, erhielt freilich erst 1822 ein eigenes Gericht. Toestorf war schon seit 1671 von Roest abgelegt worden, so verblieben nur mehr der Haupthof und der Meierhof Dothmark, letzterer auch nur bis 1922 beim Gut, außerdem die Hölzungen und einige kleinere Pachtstellen.

Das Herrenhaus selber behielt sich der Landgraf vor und wohnte hier gleich im Jahre des Erwerbes im Juni 1797 für mehrere Tage, umgeben von großem Gefolge an Lakaien, Postillon und Stallknechten.

Die Aufsicht über Roest übernahmen die landgräflichen, später herzoglichen Oberinspektoren, die zunächst in Buckhagen wohnten. Erst der Rittmeister v. Christiansen aus Glücksburg wohnte seit 1849 im Herrenhaus auf Roest, ihm folgten von 1862 bis 1872 der Oberinspektor E. Hirschfeld aus Kiel und von dann bis 1891 der Oberinspektor Adolf Langemaack, der vorher Gutsschreiber gewesen war. Von 1891 ab bewohnten die Gutspächter das Haus, Otto Valentin Juhl bis 1907, seitdem die Familie Drenckhan.

Der Landgraf Carl v. Hessen starb im hohen Alter von 92 Jahren 1836. Nach dessen Tode gingen die Besitzungen im Erbgang über auf das herzogliche Haus Schleswig-Holstein-Sonderburg-Glücksburg. Zunächst befanden sich die Güter Roest, Buckhagen und Carlsburg in der Administration des Geheimen Conferenzrathes Detlev v. Bülow auf Bothkamp, Verbitter des adel. Klosters Itzehoe. Infolge Allerhöchster unmittelbarer Verfügung fungierte er als alleiniger Executor der letztwilligen Verfügungen des Landgrafen und errichtete die vom Landgrafen angeordnete Stiftungsurkunde für die Herzoglich Glücksburgischen Fideikommißgüter Carlsburg, Roest und Buckhagen im Jahre 1854. Sie bestimmte, wie Landgraf Carl gefordert hatte, als ersten Inhaber des Fideikommisses seinen Enkel, den Herzog Carl zu Schleswig-Holstein-Sonderburg-Glücksburg. Am 28. November 1855 geschah die feierliche Übergabe auf Schloß Carlsburg.

Nach dem unbeerbten Tode des Herzogs Carl im Jahre 1878 ging das Fideikommiß an seinen Bruder über, den Herzog Friedrich, der 1885 starb. Ihm folgten sein Sohn, Herzog Friedrich Ferdinand zu Schleswig-Holstein, diesem nach dessen Tode 1934 wiederum der Sohn Herzog Friedrich, † 1965. Nachdem das Fideikommiß in den Jahren zwischen den beiden Weltkriegen aufgelöst worden war, ging Roest über in das Eigentum des Herzogs Peter zu Schleswig-Holstein-Sonderburg-Glücksburg mit Wohnsitz auf seinem Gute Bienebek in Schwansen. Im Jahre 1972 lief die Pacht von Dr. Carl-Herman Drenckhan aus. Da das Gut seither vom Hofe Staun in Schwansen aus bewirtschaftet wird, standen Herrenhaus und Hofgebäude einige Jahre leer und verwaist da. 1976 entschloß sich der Herzog, das Herrenhaus sowie die Hofstelle an Herrn Bernd Böhm aus Hamburg zu verkaufen.

Dieser hat in Zusammenarbeit mit dem Landesamt für Denkmalpflege mit starkem Engagement und Geschick begonnen, das Herrenhaus zu restaurieren.

Besonders zu erwähnen ist, daß er der großen Halle wie auch dem darüber liegenden Raum wie auch dem Eß-Saal im Flügelbau von 1641 ihre ursprüngliche Gestalt wiedergegeben hat. Die Burggräben wurden neu ausgehoben und zum Teil wieder unter Wasser gesetzt.

Das barocke Sandsteinportal, das in großen Teilen zu verwittern drohte, ist schon 1966 ausgezeichnet restauriert worden, ebenso der rückwärtige Giebel des Nebenflügels. Hier wurde eine volle Wandstärke vorgemauert, um einen Zerfall der Fassade zu vermeiden, am Portal wurden vor allem die Wappen und die seitlichen Portalstützen wiederhergestellt.

Adel. Gut Roest

Besitzer von Herrenhaus und Hofanlage: Bernd Böhm
Besitzer der Ländereien: Christoph Prinz zu Schleswig-Holstein-Sonderburg-Glücksburg

Besitzer		*Gut und Bauten*	
1231	königlich (König Waldemars Erdbuch)	1590	Bau des Herrenhauses
		1641	Bau des östlichen Flügels
		1770	Bau des westlichen Flügels
13. Jhd.	Ritter Johann Laurenz	1858	Abbruch des westlichen Flügels
1357	Ritter Otto Lembek	1937	Neubau der abgebrannten Hof-
1451	Ritter Otto Split, dann dessen Sohn Siegfried Split		gebäude
		1976	Verkauf von Herrenhaus und
1498	Schack Rumohr, dann dessen Nachkommen aus dem Geschlecht v. Rumohr bis 1797		Hofgebäuden an Bernd Böhm und Restaurierungsarbeiten
1797	Landgraf Carl von Hessen-Cassel		
1855	Herzog Carl zu Schleswig-Holstein-Sonderburg-Glücksburg dann dessen Nachkommen aus dem herzoglichen Hause		

138

10 Lindau an der Schlei

Kirchspiel Boren   Kreis Schleswig-Flensburg

Lindau an der Schlei, zum Unterschied von dem großen Gut Lindau bei Gettorf auch Dänisch-Lindau genannt, liegt an einer stillen Bucht der Schlei, dem Lindauer Noor, auf allen Seiten von Wasser und tiefen Wiesen umgeben, ein ausgezeichneter Platz für die Anlage einer gut geschützten Wasserburg. Aber die Beziehung reicht tiefer, Lindau liegt an einer Stelle, wo sich beide Ufer der Schlei einander auf wenige hundert Meter nähern, wo also sicherlich schon seit alten Tagen eine leichte Möglichkeit der Überquerung des Gewässers gegeben war. Auch die Eisenbahn von Kiel nach Flensburg benutzt diese schmale Stelle zum

Übergang über die Schlei. Und noch ein drittes Moment kommt hinzu, dicht südlich des Schlei-Überganges liegt die alte bischöfliche Burg Stubbe, im 15. Jahrhundert geschleift und erst im Reformationszeitalter vom Bischof von Schleswig veräußert, seitdem ein eigenes adeliges Gut. So gesehen dürfte der Burg Lindau ihre besondere Bedeutung als Gegenpol zur bischöflichen Wehranlage, als Mittelpunkt einer königlichen Befestigung am nördlichen Ufer der Schlei zukommen. Sicher scheint uns nach dem Wenigen, was uns aus dem Mittelalter überliefert ist, nur, daß es sich bei Lindau um altes Königsgut handelt.

Wann und unter welchen Umständen die Burg in die Hand des Adels gelangt ist, wissen wir nicht. In einer Kirchspielswinde – Sammlung von Rechtsvorschriften – aus dem Jahre 1565 des Kirchspiels Boren, zu dem Lindau eingepfarrt ist, erfahren wir erstmals von einer Reihe von Besitzern aus älterer Zeit. Als erster wird Otto von Knoop mit seiner Ehefrau Wibe genannt. Wenn die Namen stimmen, so haben wir es hier mit einem Mann aus dem berühmten Geschlecht Pogwisch zu tun, einem altholsteinischen Geschlecht, von dem ein Zweig schon um 1300 die Eider überschritt und der sich nach dem Adelssitz Knoop nördlich Kiels nannte. Ein paar weitere Namen tauchen auf, fast schemenhaft und schwer deutbar, Groten Stampe, Claus Ovelmann, Jungfer Gundeblindt.

1472 verpfändet König Christian I. all sein Gut im Kirchspiel Boren in der Schliesharde einschließlich des Schliesharder Dinges – Gericht der Harde – für 1234 Mark 12 Schilling Lübsch an den Ritter Hinrich Breide, Jochens Sohn. Es kann sich hier praktisch nur um das gleiche Land handeln, aus dem später das große adelige Gut Lindau entstand. Und die Verpfändung des Dinges hatte eine sehr realistische Seite, damit war verbunden die Einziehung der gerichtlich verhängten Geldstrafen.

Die Geschichte Lindaus erhält erst schärfere Konturen mit dem Einzuge der Rathlow, einem alten holsteinischen Geschlecht, heute längst ausgestorben, aber auf Lindau in fast zwei Jahrhunderten und sieben Generationen fest im Besitz. Der erste Rathlow, von dem wir hören, ist der Hausvogt auf Schloß Gottorf, Claus Rathlow, seit 1492 Besitzer von Lindau. Er kauft von Hinrich Breide „den Hof to der Lindau" mit den sechs Dörfern Boren, Gunneby, Düttnis, Ulsnis, Akeby und Ketelsby und vielen Lansten in verstreuten Gemarkungen. 1479 wird er als Amtmann auf Gottorf genannt, 1498 ist er noch am Leben, als er den Verkauf von Roest an Schack Rumohr mit besiegelt. Er und sein Sohn Hans Rathlow fielen im Jahre 1500 in der Schlacht von Hemmingstedt gegen die Dithmarscher. Der zweite Sohn Otto Rathlow und dessen Ehefrau Abel (Apollonia) geb. Brockdorff, haben sich ein bleibendes Gedächtnis bewahrt, das Ehepaar zusammen durch den schönen Grabstein in der Kirche von Boren, in den

Ecken die Wappen, ringsum die Inschrift, beherrschend und fast die ganze Fläche des Steins füllend das Bild des Ritters und seiner Ehefrau in ganzer Figur, flach aus dem Stein gehauen. Nicht als Tote mit gefalteten Händen auf ihrem Lager ruhend sind sie dargestellt, sondern stehend, buchstäblich im Leben stehend, ohne alle Zeichen von Bindung an Glauben und Kirche. Die alte Wertordnung des Mittelalters ist dahin, jetzt tritt die selbstherrliche Persönlichkeit klar hervor.

Frau Abel Rathlow geb. Brockdorff begegnet uns noch einmal, jetzt in hohem Alter stehend, vielleicht an die 90 Jahre, als es um die Sühne für die furchtbare Bluttat geht, die Friedrich Brockdorff von Bürau an Gerhard Rantzau von Bothkamp verübt hat. Die Brockdorff müssen im Jahre 1588 den feierlichen Sühneeid mit 36 Personen schwören, mit 12 Frauen, 12 Jungfrauen und 12 Männern. Als erste erscheint die alte Frau, hier Apollonia Brocktorffen zu Barn (damit ist wohl Boren gemeint) genannt.

Auch von dem Sohn dieses Ehepaares, Bertram Rathlow, wissen wir mancherlei, nicht immer erfreulich anzuhören, 1557 ließ er bei der Kirche von Boren zehn Frauen als Hexen verbrennen, 1559 im zweiten Krieg gegen die Dithmarscher nahm er vom Altar der Kirche in Meldorf die Leuchter mit, um sie, wie wir in alten Chroniken erbaulich lesen, der Kirche in Boren zu schenken. Ganz so edel war sein Sinn nicht, er entschloß sich zu dieser Schenkung erst fast 40 Jahre später, erst im Jahre 1598, im gleichen Jahre, als er sein Leben abschloß, das Gut seinem Sohn Moritz Rathlow überließ und selber auf den Meierhof Nottfeld zog.

Einer von diesen beiden Rathlow, Otto oder Bertram, hat das Herrenhaus erbaut, das heute noch in wesentlichen Teilen unverändert steht und uns einen vorzüglichen Einblick in die Lebensgewohnheiten des Adels, vor allem des kleineren Adels jener Zeit, gewährt. Von außen nimmt sich der Bau höchst bescheiden aus, mit Reth gedeckt, der First mit den typischen Angeliter Hängehölzern befestigt, kaum von einer Kate oder einem kleineren Bauernhaus zu unterscheiden. Im Inneren dagegen der beherrschende Raum des Rittersaales, von dem einen Ende des ursprünglichen Hauses bis zum anderen durchlaufend, die Decke von schweren Balken getragen, ein wuchtiger Raum in den stattlichen Maßen von 13 × 6,5 m. Vielleicht stand dieses Gebäude zunächst nur als Saalbau da, später kamen Erweiterungen nach fast allen Seiten hinzu. Heute repräsentiert sich das Bauwerk immer noch ausgesprochen archaisch, mit einem Querflügel nach hinten, der durch eine Rundbogentür von der Halle aus zugänglich ist. Am Querflügel waren offensichtlich früher Arkaden vorhanden, jetzt noch erkennbar durch die in gleichmäßigen Abständen angebrachten in Holz geschnitzten Halbsäulen.

Die schönste Zierde der Halle waren die beiden Kamine an den Schmalseiten des Raumes, heute sind sie ihres großartigen Schmuckes beraubt, der Sandsteinbekrönungen, jetzt im Landesmuseum in Schloß Gottorf. Diese viele Zentner schweren Kaminaufsätze, die ein späterer Besitzer leichtfertig veräußerte, stellen eindrucksvoll das Abendmahl und die Fußwaschung dar, sie entstammen dem Hochbarock, sicherlich der Zeit der Brockdorff, und tun Kunde von dem künstlerischen und frommen Geist jener Epoche.

In diesem Zeitraum, im 16. und 17. Jahrhundert, bildet sich Lindau zu einer nach damaligen Begriffen großzügigen und modernen Gutswirtschaft um. Wie alle Heermannenburgen in Angeln verfügte auch Lindau über eine erhebliche Zahl von Hintersassen, die verstreut in den Dörfern der Umgebung saßen, Hufner und Kätner in Akeby, Güderott, Kiesby, Fahrtoft, Ketelsby, Düttnis, Ekenis, Affegünt, Rehberg, Mühlenholz, Gunneby, Bremswatt und Pagerö. Jetzt wird das Land getauscht, das Hoffeld abgerundet, ja sogar im Jahre 1652 das ganze Dorf Boren mit 7 Hufen niedergelegt. So entsteht ein stattliches Gut, mit dem

Halle

Haupthof Lindau, dem Meierhof Nottfeld, dem Dorfe Gunneby und den Hölzungen, alles in allem in der Landesmatrikel mit 34 Pflügen veranlagt. Der Pflug ist kein Landmaß, er bezeichnet ursprünglich nur die Größe einer Feldmark, für deren Bearbeitung ein Pflug notwendig war. Im allgemeinen kann man auf den schweren Böden der Ostküste Schleswigs etwa 60–80 ha auf einen Pflug rechnen. Dem entspricht die Größe Lindaus nach dem Kataster mit etwa 2000 ha, damit rechnete es also zu den großen Gütern des Herzogtums. Die Zeit der Rathlow endete tragisch, der einzige Sohn von Moritz Rathlow,

Christian, wird von einem guten Freund und Bekannten, von Franz Rantzau auf Salzau im Jahre 1631 „liederlicher Weise" erstochen. Die beiden jungen Leute sitzen in Nortorf bei Neumünster lustig beisammen, bis sie zum Scherz die Degen ziehen, sie binden die Degen, und wie es in einer alten Chronik heißt, hat der Rantzau den Rathlow im Scherz erstochen. Die Mutter Dorothea Rathlow geb. Reventlow aus Lammershagen, war zutiefst empört und klagt bei König und Herzog den Franz Rantzau wegen Totschlags an. Das Urteil, das die beiden Landesherren fällen, ist erhalten. Es ist ein großartiges Dokument der Rechtspflege in alter Zeit. Die beiden Fürsten befanden, daß Franz Rantzau von der Anklage des Totschlages freizusprechen sei, daß er aber für sein Tun gebührend bestraft werden solle. Im allgemeinen war üblich, daß bei einem Duell der überlebende Teil das Land für die Frist eines sächsischen Jahres zu räumen hatte, das heißt, das er die Herzogtümer zu verlassen hatte für 1 Jahr, 1 Monat, 1 Tag. Hier wurde der Angeklagte zu einer gedoppelten Sachsenfrist verurteilt, ferner zur Abbitte bei der Mutter und deren Verwandten, endlich zu 6000 Reichsthalern Geldstrafe zur Erbauung eines Gymnasiums. Franz Rantzau hat dies alles offensichtlich nicht geschadet, bald nach diesem Unglück heiratete er die Tochter des Statthalters Gert Rantzau auf Breitenburg und wurde selber später Klosterprobst von Preetz.

Dorothea Rathlow hat nach dem frühen Ableben ihres Mannes der Kirche zu Boren ihre heutige Gestalt verliehen und außerdem 1641 die Borener Schule errichtet. Sie hat sicherlich auch das Gutshaus erweitert. Nach dem Tode des einzigen Sohnes mußte Frau Dorothea Rathlow jetzt einen anderen Erben suchen und fand ihn in dem Sohn ihres Bruders, in Bertram Reventlow. Neben seinen vielen Gütern im Holsteinischen war ihm Lindau sicherlich nur eine Last, so gab er das Gut bald weiter an seinen Schwiegersohn Wilhelm v. Rumohr a. d. H. Roest, der aber gleichfalls hier nicht heimisch wurde. Er kaufte bald darauf Noer und Grönwohld im Dänischen Wohld und überließ alle diese Besitzungen seinem eigenen Schwiegersohn Wulf Brockdorff. So blieb Lindau während zweier Generationen bei den Brockdorff, aber kaum zum Segen. Im Jahre 1699 oder 1700 brannte der Hof Lindau ab, der Schaden wurde auf 24000 Reichsthaler geschätzt, 120 Kühe, viele Schweine und Pferde und 2000 to Roggen verbrannten. Der Brand soll durch die Verladung, das heißt, durch das falsche Laden einer Flinte, entstanden sein, als nach einem Adler geschossen wurde. Ähnlich vergleichbar ist das Unglück, das in der Nacht vom 15. zum 16. Januar 1954 den Hof traf, als der Kuhstall zusammenstürzte und 57 Rinder tot liegenblieben.

Vielleicht war es dieses Brandunglück, was Christian Albrecht Brockdorff in Schwierigkeiten brachte, vielleicht auch verlorene Investitionen bei Eindeichungen, die durch Sturmfluten zerstört wurden, jedenfalls machte er 1719 Konkurs und mußte Lindau verkaufen. Aus dem Konkurse kaufte Herzog Philipp Ernst von Glücksburg das Gut an, und so blieb es bis 1779 bei dessen Nachkommen. Während dieser Zeit haben die Herzöge kaum hier gewohnt und höchstens für Jagden hier geweilt. Sie waren aber besorgt für die Einrichtung und Erhaltung eines Lustgartens mit Alleen, Orangerien, Glas- und Gewächshäusern, Pflege der Bäume, dem rechtzeitigen und akkuraten Beschneiden der Hecken, wie es in alten Gartenanweisungen heißt. Die große Orangerie wurde im Jahre 1776 abgebrochen und in Glücksburg wiederaufgebaut.

Als im Jahre 1779 diese herzogliche Linie ausstarb, war es das dringende Bemühen der dänischen Krone, sich in den Besitz des Gutes zu setzen. Erst ein halbes Jahrhundert zuvor war es gelungen, die Gottorper aus dem Herzogtum Schleswig zu verdrängen, so wünschte man in Kopenhagen nichts weniger als das Entstehen einer gottorpischen Hausmacht im alten Herzogtum. Der König kaufte daher Lindau an für den stattlichen Preis von 120000 Reichsthalern und bezog es sofort ein in die seit 1763 laufenden Maßnahmen der Niederlegung der königlichen Domänen. Die schleswig-holsteinische Landkommission auf Schloß Gottorf betraute den Major, Oberlandmesser und Oberlandinspektor Bruyn mit den Vorarbeiten. 106 Tonnen Wald wurden als königliche Gehege ausgesondert, dann wurden aus dem Hoffeld 44 Parzellen gebildet, gleichzeitig den bisherigen Kätnern und Insten Landzulagen gemacht, die Leibeigenschaft aufgehoben und die Feldmark von einzelnen Bäumen und Baumgruppen befreit. Die parkartige Landschaft verschwand, nicht weniger als 1800 einzeln stehende Eichen und Buchen, sicherlich größtenteils stattlichen Umfangs, verschwanden als Bauholz in den neuen Gebäuden oder wurden zur Bezahlung der Ländereien verwendet. Von den vielen Siedlerfamilien der ersten Generation sitzen heute noch zwei auf den alten Stellen.

Lindau selber wurde zunächst gleichfalls stark verkleinert, erreichte aber durch Zukäufe wieder eine Größe von 101 ha. Heute gehören zum Hof nurmehr 68 ha. Seit 1912 ist der Hof im Besitze der Familie Karberg, jetziger Besitzer Erich Karberg. Die Waldungen, insgesamt 160 to = etwa 75 ha, liegen in vier Hölzungen geschlossen zusammen, das Hegeholz, das Kühholz, das Peters- und das Mühlenholz. Am Kühholz ließ der König ein neues Försterdienstgehöft erbauen, es ist am Giebel mit den Initialen König Christian VII., am rückwärtigen Giebel Christian VIII. geschmückt. Dieses Gehöft, Christianslyst mit Namen, diente bei Jagden als Domizil der fürstlichen Gäste, später hat es oft seinen Besitzer gewechselt. Seit 1948 steht es im dänischen Besitz und gehört jetzt Sydslesvigs danske Umgdomsforeninger, die hier ständig Kurse und Treffen aller Art für junge Menschen abhalten.

Adel. Gut Lindau an der Schlei

Besitzer Erich Karberg

Besitzer		Gut und Bauten	
14. Jahrh.	Ritter Otto v. Knoop und andere	1473	„Hoff tho der Lindau"
		ca. 1550	Herrenhaus erbaut
1472	Hinrich Breide	1652	Niederlegung des Dorfes
1473	Otto Rathlow		Boren
	dann dessen Nachkommen aus dem Geschlecht v. Rathlow	ca. 1690	Kamine in der Halle
		1784	Parzellierung des Gutes
1650	Bertram Reventlow		
1657	Wilhelm Rumohr		
1680	Wulf Brockdorff		
1700	Christian Albrecht Brockdorff		
1719	Herzog Philipp Ernst v. Glücksburg		
1729	Herzog Friedrich v. Glücksburg		
1766	Herzog Friedrich Heinrich Wilhelm v. Glücksburg		
1779	König Christian VII. v. Dänemark		
1784–1833	verschiedene Besitzer		
1833	Nicolaus Heinrich Lass dann dessen Nachkommen, erst Lass, seit 1911 Karberg		

11 Schloß Gottorf

Kirchspiel Schleswig-Friedrichsberg   Stadt Schleswig

Das Schloß Gottorf ist der bedeutendste Profanbau im Herzogtum, gleich hervorragend durch die Größe des stattlichen Bauwerks, durch seine Ausstattung, seine – wenn auch nur in Resten erhalten gebliebenen – Kunstschätze, vor allem aber durch seine geschichtliche Stellung, als einstige Residenz der Herzöge von Schleswig, später der Herzöge von Holstein-Gottorp. Es sind mehr als 700 Jahre verstrichen, seit das Schloß zum ersten Male in Urkunden erwähnt wird, vieles spricht dafür, daß es um rund ein Jahrhundert älter ist. Im Jahre 1161 mußte der Bischof von Schleswig von seinem befestigten Platz bei dem heutigen Gute Falkenberg, 4 km nördlich Schleswig, später als Alt-Gottorf (Gottorp major) bezeichnet, dem großen Gottorf weichen und sich auf die Insel im heutigen Burgsee, jetzt Gottorp minor, Neu-Gottorf genannt, zurückziehen.

Hier wird er sich sicherlich bald ein neues Kastell erbaut haben, wohl weniger als bischöfliche Residenz, sondern mehr als Zufluchtstätte in Zeiten der Not. Die eigentliche Residenz dürfte seit eh und je in der Nähe des Domes gelegen haben. Herzog Erich aus Abels Geschlecht hatte zu dieser Zeit seine Burg auf der heutigen Möveninsel in der Schlei, die Juriansburg. Aber als er in der Schlacht auf der Lohheide 1261 Bischof Niels gefangennahm, zwang er ihn wenige Jahre später zur Abtretung von Gottorp minor. Im Jahre 1268 mußte der Nachfolger, Bischof Bonde, die Übergabe urkundlich besiegeln. Von diesem Jahre an beginnt die Geschichte Gottorfs als herzoglichem Schloß. Augenscheinlich hat man ursprünglich dem Schloß eine andere Bedeutung zugedacht, als es später haben sollte. Im Rydaarbog heißt es von Gottorf:

,,quasi clavis et custodia totius Daniae'',

gleichsam ganz Dänemarks Schloß und Riegel, und in einem Klagegedicht von 1329 heißt es:

,,Guttrup castrum optimum,
Danorum Praesidium'',

auf Deutsch:

,,Gottorf Schloß und Burg zugleich
schützt mit Kraft der Dänen Reich''.

In Wirklichkeit hat sich die Stellung Gottorfs völlig gegenläufig entwickelt, es hat im Mittelpunkt des Herzogtums Schleswig und damit fast stets im Gegensatz zu Dänemark gestanden.

Diese ersten Jahrhunderte der Geschichte des Schlosses lassen keine zusammenhängende Folge von Ereignissen erkennen, weder zur Baugeschichte noch zur Geschichte der das Schloß innehabenden Fürsten. Schon der · Sohn und Nachfolger Herzog Erichs, Herzog Waldemar IV., läßt das Schloß oder was er sonst an Befestigungswerken vorgefunden haben mag, im Jahre 1288 wieder abreißen und schenkt den Bürgern der Stadt das Bauholz. Sicher hat er selber wie auch seine Nachfolger wieder und wieder gebaut, in dem Vierflügelbau stecken wohl in allen Teilen mittelalterliche Reste, aber doch so unklar in ihrem Zusammenhang, daß man kein eindeutiges Bild dieser Anlage gewinnt. Herzog Adolf VIII. von Schauenburg errichtet 1449 einen Turm, aber nicht den mächtigen Turm in der Nordwestecke des Schlosses. Eine Kapelle scheint schon vorhanden gewesen zu sein, im Jahre 1512 erließ Papst Julius II. einen Ablaßbrief für alle Gläubigen, die während der folgenden sechs Jahre in der Schloßkapelle für Herzog Friedrich und seine Gemahlin Anna Fürbitte leisten würden; die Kapelle war dem Erlöser, der Jungfrau Maria und dem hl. Georg geweiht.

Die ständigen Spannungen, in denen die Herzöge zum dänischen Königshaus standen, brachten immer wieder Belagerungen der Burg Gottorf mit sich. 1325 war es König Christoph, ein Jahrhundert später König Erich v. Pommern, doch scheint die Burg sich stets behauptet zu haben.

Im Jahre 1329 unter Herzog Waldemar zogen starke jütische Heerhaufen in Haderslevshuus ein und stießen nach Gottorf vor. Auf dem Hesterberg gegenüber der Burg erlitten sie eine schwere Niederlage und mußten flüchten. Gerhard der Große von Holstein war seinem Neffen zu Hilfe herbeigeeilt, ließ sich aber zum Dank dafür im Jahre 1340 den Pfandbesitz am Schlosse übertragen.

Trotz vielfältiger Versuche seitens der dänischen Herrscher wollte jedoch die Einlösung des Pfandes nicht gelingen, weder durch List noch durch Gewalt. Die holsteinischen Grafen hatten sich ausbedungen, daß von allen Pfändern Gottorf als letztes eingelöst werden dürfe. Als nun Königin Margarethe, Tochter Herzog Waldemars, das Geld in Händen hatte, gedachte sie Gottorf durch List zu gewinnen. Aber die Herzogin-Witwe Elisabeth durchschaute die Absicht, ließ die Türme mit Bogenschützen besetzen und zwang die Angreiferin zu weichen. Bald darauf versuchte der Neffe, König Erich von Pommern, es wieder mit Gewalt, 1415 hatte er das ganze Herzogtum erobert, nur der Schlüssel fehlte noch, nämlich das Schloß Gottorf selber. Er ging mit großer Vorsicht ans Werk, legte am Paß bei Fahrenstedt die Burg Wedelspang an, nach Westen gegen die Friesen die Fresenborg, ließ die Burg Schwabstedt verstärken und erbaute dem Schleiufer entlang befestigte Stützpunkte bei Lindau und Missunde, wahrscheinlich auch bei Arnis.

1416 griff er die Stadt Schleswig und die Burg Gottorf an, wiederum vom Hesterberg und von der Möveninsel aus. Aber die holsteinischen Chroniken vermelden, daß der Herr des Himmels den Holsteiner Rittern beistand, so daß sie mit ihren Pferden durch das Wasser gehen und die Juriansburg erreichen konnten. In Wahrheit hatte ein ungewöhnlich tiefer Wasserstand, wie er in Schleswig bei ständigem Wind aus Südwesten eintreten kann, den Marsch durch das Wasser ermöglicht. Auf jeden Fall wurde das dänische Heer durch diesen unvermuteten Überfall so sehr geschwächt, daß König Erich die Belagerung aufgeben mußte.

1417 kam er wieder, angeblich mit einer Flotte von 2000 Schiffen, die Stadt selber hatte sich schon ergeben, als die Holsteiner, die in der Burg eingeschlossen waren, unvermutet Hilfe von den Hamburgern erhielten. Wiederum mußte der König unter schweren Verlusten abziehen. 1426 versuchte der König es zum dritten Mal, zog mit großer Heermacht und einer einzigen Kanone nach Schleswig und legte auf dem Hesterberg eine große, rechteckige Schanze mit doppeltem Graben und Palisaden an, die Reste sind noch bis zur Gegenwart auf der Schützenkoppel erkennbar. Aber auch dieses Mal ging der Angriff auf die Burg Gottorf fehl, nach kurzem Waffenstillstand traten die Holsteiner Ritter zum Gegenangriff an, erstürmten die Schanze und hieben die Mannschaft nieder.

Nach dem Aussterben der Schauenburger Herzöge 1459 kam Gottorf in den Besitz des neuen Landesherrn, des Königs Christian I. von Dänemark, der gleichzeitig seit 1460 Herzog von Schleswig und Holstein war. Aber erst bei der Landesteilung von 1490 erhielt das Schloß in der Person Herzog Friedrichs I. erstmals einen wirklichen Herrn. 1523 wurde er nach dem Sturz König Christians II. auch König von Dänemark. Damit ging eine eigentümliche Prophezeiung in Erfüllung. Friedrich I. hatte in dem Arzt und Astrologen Dr. Lüder Reventlow einen guten Freund und Berater. Dieser hatte dem Herzog in seiner Jugend geweissagt, er werde König werden, eine Prophezeiung, die in der Tat wider alles Erwarten eintrat, als Christian II. im Jahre 1523 zur Abdankung gezwungen wurde. In dieser Zeit ist die sogenannte Königshalle im heutigen Südflügel erbaut worden, der besterhaltene und hervorragendste profane

Königshalle im Südflügel

Schloß Gottorf, Blauer Saal

Innenraum der Spätgotik in unserem Lande, 37 m lang und über 8 m breit, ein langgestreckter zweischiffiger Raum; die Gewölbe werden von sieben runden Pfeilern getragen, drei von ihnen auf Sandsteinschäften, die anderen vier aus Granit. Die achteckigen Kapitelle, Basen und Wandkonsolen sind aus Sandstein. Im Westen der Halle liegt das Haupt des Raumes, das westlichste Gewölbejoch ist durch einen breiten Gurtbogen vom übrigen Saal abgesetzt, das Kapitell des Rundpfeilers in die Länge gezogen. Ursprünglich stand in der Mitte der Westwand ein Kamin. Der Fußboden ist gen Westen hin leicht ansteigend angelegt, wie man an den Basen der Rundpfeiler erkennen kann; eine schlüssige Erklärung für diese gewollte Erhöhung nach Westen hat sich bis heute nicht finden lassen.

Ursprünglich wird die Königshalle vermutlich als isolierter Saalbau im Süden der alten Burg gestanden haben, wurde aber wohl schon im 16. Jahrhundert in den Südflügel mit einbezogen, und so vieles auch sonst bei dieser Gelegenheit verändert, abgebrochen oder umgebaut wurde, die Königshalle blieb nahezu unberührt erhalten. Sie ist um 1700 an der Ostseite mindestens um ein Joch verkürzt und auch an der Fensterfront verändert worden.

Friedrich I. war schon in jungen Jahren von seiner Mutter, der Königin Dorothea, mit großem Gefolge nach Gottorf entsandt worden, um dort mit einigen jungen Adeligen erzogen zu werden. So hat er sich schon von früh an mit Gottorf verbunden gefühlt. 1492 zerstörte ein Brand, einer der sehr vielen Brände in der Geschichte dieses Schlosses, das Haupthaus. Dieser Brand nötigte Friedrich zu umfangreichen Neubauten. Man weiß aus Urkunden und Briefen, daß im Jahre 1506 gebaut wurde, daß vor 1510 ein neuer Bau stand, daß aber noch um 1530 Bauarbeiten im Gange waren. Da Friedrich I. auch während der Bauarbeiten auf Gottorf residierte, kann das Schloß nicht im ganzen abgebrannt sein.

Etwa um 1530 bat Friedrich I. den Lehnsmann auf Bergenshus in Norwegen, Esge Bille, die Apostelkirche bei Bergen abzubrechen und das Material nach Gottorf zu schaffen, die Kirche stand den Kanonen der Festung Bergenshus im Wege. Der König schrieb eigens:

> „Welches wir brauchen für das neue Haus,
> das wir jetzt bauen lassen.''

Sorgfältige Untersuchungen der Gesteinsarten haben ergeben, daß die Gesimse der dem Innenhof zugewandten Ostseite des Westflügels aus nordischem Talkschiefer bestehen, ähnlich dem von Guldalen bei Drontheim. Das macht es wahrscheinlich, daß um diese Zeit das Haupthaus im Westen entstand und nicht die Königshalle, wie man früher vermutet hat. Dieses Haupthaus war mit vier parallelen Satteldächern gedeckt, wobei zum Hof hin mindestens zwei Giebel zu sehen waren; nach außen hin aber vier. Bei der gegenwärtigen Restaurierung hat es sich gezeigt, daß diese Hoffront die reichste Fassade der Frührenaissance im Lande war. Die westliche Wand stand sicherlich sehr nahe am Ufer der Burginsel. Diese Wand war vom Absacken bedroht und wird durch mächtige Strebepfeiler gestützt. Der Boden liegt an der Westseite bedeutend tiefer als im Innenhof, daher liegen die Kellergewölbe nebst ihren Zugängen in Höhe des Erdbodens, im Innenhof liegt die Bodenoberfläche um ein volles Geschoß höher. Als Friedrich I. 1533 gestorben war, blieb Gottorf zunächst im Besitz des Königs. So bezeichnen diese Jahrzehnte die einzige Epoche in der langen Geschichte des Schlosses, in der es Sitz der Regierung und Mittelpunkt des ganzen Reiches war, das die Herzogtümer Schleswig und Holstein, Dänemark selber und Norwegen umfaßte. König Christian III. hat die Bautätigkeit König Friedrichs I. tatkräftig fortgesetzt, noch 1540 ließ er große Mengen von Bodenfliesen aus Antwerpen heranschaffen.

Im Jahre 1544 erfolgte die zweite Teilung der Herzogtümer, der Bruder König Christians III., Herzog Adolf (1526–1586) erhielt zu seinem Landesanteil Schloß und Festung Gottorf als Residenz zugewiesen. Mit diesem Jahre hebt die große Zeit Gottorfs an, die freilich kaum länger als 1½ Jahrhunderte währen sollte.

Saal des 16. Jahrhunderts mit Stadtportal Johann Rautzau

Was sich daran anschließt, ist fast ausschließlich Niedergang und Zerstörung, nur durch einige Perioden des Stillstandes unterbrochen, aber die Zeit des fürstlichen Schlosses ist seit den ersten Jahren des 18. Jahrhunderts endgültig vorüber.

Umso wichtiger ist für uns diese Zeitspanne, in der die Herzöge von Holstein-Gottorp von hier aus das kleine Land regierten, fast in allen Generationen bemüht, das Schloß nicht nur zum politischen, sondern auch zum geistigen und künstlerischen Mittelpunkt des Herzogtumes zu machen. So hat Gottorf ebenso für die politische wie für die Geistes- und Kunstgeschichte des Nordens eine Bedeutung erlangt, die weit über die Grenzen des kleinen Fürstentums hinausreicht. Von großer Wichtigkeit ist dabei die strategische Rolle Gottorfs geworden, das sich eng an Schweden anlehnte und dadurch den natürlichen Gegensatz zu dem benachbarten und stärkeren Dänemark weitgehend zu polarisieren wußte.

Diese große Zeit der Herzöge von Gottorp umfaßt drei Perioden, die sich deutlich voneinander abheben. Die erste Zeitspanne reicht von dem Besitzantritt Herzog Adolfs im Jahre 1544 bis etwa gegen das Ende des Jahrhunderts. In dieser Zeit wird in erster Linie gebaut. Im darauffolgenden Jahrhundert begnügt man sich weitgehend mit dem langsam fertig gewordenen Renaissanceschloß und ist bestrebt, den Bau mit Leben und Kultur zu erfüllen. Gegen Ende des Jahrhunderts kommen dann die großen Gedanken, ein prächtiges Barockschloß zu errichten, Gedanken, die nicht weiter gediehen sind als bis zum Bau des gewaltigen Südflügels, und die dann jäh unterbrochen werden durch die politischen Ereignisse, die das Herzoghaus aus Schloß und Herzogtum verdrängen.

Naturgemäß sind die Übergänge fließend, schon in der Zeit Herzog Adolfs bestand ein aufgeschlossener Sinn für Kunst und Kultur bei aller kriegerischen Männlichkeit des Herzogs. In seine Zeit fällt die Errichtung des großartigen Grabmals, das er zusammen mit seinen Brüdern, König Christian III. und Herzog Johann d. Ä., dem Vater, dem König Friedrich I., im Schleswiger Dom setzte. Der berühmteste Bildhauer der Zeit, Cornelis Floris aus Antwerpen, wurde mit der Herstellung beauftragt. Ebenso gehen in seine Zeit die Anfänge der Gottorfer Bibliothek zurück.

Gleichwohl liegt die Bedeutung von Herzog Adolf vor allem auf dem Gebiet des kriegerischen Einsatzes. Er gehört zu den Fürsten seiner Zeit, die sich wohl mit am meisten auf dem Schlachtfeld hervorgetan haben und kämpfte sowohl im Dienst des Kaisers wie auch des Herzogs von Alba. Der berühmte Feldzug nach Dithmarschen im Jahre 1559, der zu der vollständigen Unterwerfung des Ländchens führte, kam in erster Linie durch die Initiative des Herzogs in Gang.

Als Regent war er ein tüchtiger, aber strenger Herr. Er sorgte für die Wohlfahrt des Landes, nahm Eindeichungen in der Marsch vor und stützte Rechtswesen, Kirche und Schule. Das Glück war ihm günstig gesonnen, so wurde er instand gesetzt, seine Besitzungen wesentlich zu erweitern. Vom Herzog von Lüneburg erwarb er die Ämter Tremsbüttel und Steinhorst, und als sein jüngster Bruder Friedrich, der Bischof von Schleswig und Hildesheim war, im Jahre 1556 starb, setzte sich Herzog Adolf in den Besitz der Begüterung des Schleswigschen Bischofsstuhles. Endlich erlangte er bei dem Tode seines älteren Bruders Hans im Jahre 1580 einen sehr bedeutsamen Zuwachs an Land, er übernahm damals die Hälfte von dessen Besitzungen in Schleswig-Holstein, nämlich die Ämter Tondern und Lügumkloster, außerdem Nordstrand, Fehmarn, Bordesholm und dessen Anteil an Dithmarschen außer dem sonstigen umfangreichen großen Besitztum.

Aber der Akzent liegt doch auf seiner Bautätigkeit. In den Jahren von 1579 bis 1583 entstanden gleichzeitig die großen Schlösser von Kiel, Reinbek und Tönning und das Schloß vor Husum. Vor allem aber hat er in Gottorf gebaut. In seiner Hochzeitsnacht am 17. Dezember 1564 brach im Schloß ein Feuer aus, das östliche mit Kupfer gedeckte Haus vom großen Turm bis zur Kapelle brannte bis auf die untersten Mauern ab, auch das Dach, der Turm und die Sparren der Kapelle bis auf das Gewölbe, berichtet der Herzog seinem Schwiegervater. Dieser

Schlachterturm
von 1572

Brand gab dem Herzog wohl die erste Veranlassung, mit Neu- und Umbauten zu beginnen, ein Vorhaben, das sich über Jahrzehnte hinzog, noch im Jahre 1598 schenkt König Christian IV. dem Sohn, dem Herzog Johann Adolf 224500 Mauersteine. Es ist müßig, an diesem Ort die einzelnen Etappen des Baues zu schildern, soweit sie überhaupt rekonstruierbar sind. Es mag genügen, die Namen der Baumeister zu nennen, die uns überliefert sind, Antonius Puppe und Thomas de Orea, angeblich beide aus Italien stammend, obwohl der erstgenannte, seinem Namen nach zu urteilen, wohl Niederländer gewesen sein dürfte. Wir haben in der Radierung bei Braun und Hogenberg von 1584 ein Bild des Renaissanceschlosses, wie es zu dieser Zeit im wesentlichen fertig gewesen sein wird, offensichtlich hat der Herzog nicht nur den Ostflügel wieder aufgebaut, sondern auch den Nordflügel errichtet und alle Teile vereinheitlicht und im Stil der Renaissance mit aufwendigem Schmuck an Giebeln, Türmen und Dekoration geziert. Als Herzog Johann d. Ä. im Jahre 1580 gestorben war, trat dessen Architekt Herkules von Oberberg in die Dienste des Gottorper Herzogs. Er hat zunächst für das Schloß in Tönning gearbeitet, seit 1590 auch auf Gottorf. Und noch eine entscheidende Tat ist Herzog Adolf zu verdanken, die Schaffung einer Zufahrt zum Schloß von Süden her. Wir dürfen nicht vergessen, daß noch im 16. Jahrhundert ein Schloß wie Gottorf in erster Linie Festung war. Die früheren Jahrhunderte hatten zur Genüge erwiesen, wie bedroht die Lage der Festung mit ihrem Zugang von Osten her war, genau gegenüber dem Hesterberg, wo nur allzu oft feindliche Heere sich zum Sturm auf Gottorf gerüstet hatten. Herzog Adolf erbaute im Jahre 1582 den Damm, der bis zum heutigen Tage die verschiedenen Stadtteile von Schleswig miteinander verbindet, der aber auch ein Leerlaufen des Burgsees verhindert. Die Zufahrt zum Schloß geht seitdem von Süden her, die Bedrohung von Osten ist entfallen.

Als Herzog Adolf 1586 gestorben war, folgten ihm in rascher Folge zunächst die beiden Söhne Herzog Friedrich II., † 1587, und Herzog Philipp, † 1590, auf diese der dritte Sohn Herzog Johann Adolf, † 1616. Herzog Philipp hatte noch im Jahre 1590 mit der Einrichtung der neuen Schloßkapelle begonnen, des einzigen Raumes im ganzen Schloß, der unverändert bis zum heutigen Tage steht. In den Jahren von 1590 bis 1593 wird die Kapelle selber erbaut, von 1609 bis 1614 wird der Fürstenstuhl in die Kapelle eingebaut. Sie kann als ein Musterbeispiel dafür gelten, wie weit sich der protestantische Kirchenbau in dem Jahrhundert nach der Reformation von seiner eigentlichen Aufgabe, ein sakraler Raum zu sein, entfernt hatte. Alles erscheint hier ausschließlich auf die Bequemlichkeit der fürstlichen Familie zugeschnitten, diese betritt die Kapelle unmittelbar aus den anstoßenden Gemächern und gelangt direkt auf die Empore. Für die einfachen Mitglieder der Schloßgemeinde war das Portal im Innenhof vorgesehen, aber von hier aus muß man mehrere Stufen hinabsteigen, um den unteren Kapellenraum zu erreichen. Auch die Lage der Kapelle ist ungewöhnlich, statt der üblichen Ost-West-Orientierung liegt die Kapelle in der Nord-Süd-Achse und empfängt ihr Licht von den beiden Schmalseiten in ungünstiger Weise. Der Grund für diese Lage dürfte wahrscheinlich die bessere Zuordnung des Raumes zu den herzoglichen Privatgemächern gewesen sein.

Noch eine Bequemlichkeit bot der Fürstenstuhl; als einziger Raum in der Schloßkirche war die sogenannte Betstube der Herzogin heizbar. Sie stellt eine hervorragende Arbeit an Täfelung und Intarsien, an Relief-Schnitzerei und Ornamentik dar, höchstens mit der Kriegsstube im Lübecker Rathaus und mit besten Augsburger Arbeiten vergleichbar. Zwei Meister haben an ihr gearbeitet: Andreas Salgen und Jürgen Gower. Nur hat sie nichts mehr an Beziehung zum Gottesdienst aufzuweisen, sie ist ein behaglicher, mit Sitzbänken und Ofen ausgestatteter Raum, ursprünglich auch mit Tisch und Stühlen, auch ein Portrait des Herzogs wurde nicht vergessen. Ihre Lage über dem Altar verbietet jegliche Teilnahme an der Liturgie, und sollte doch ein Laut von unten hereindringen, so lassen sich die reich gezierten, zum Kirchenraum hingehenden Fenster schließen.

Der Altar stammt aus dem Jahre 1666, hält sich aber noch ganz in den Formen der Renaissance mit seinem Aufbau in 4 Geschossen. Er enthält drei reich

Schloßkapelle mit dem herzoglichen Betstuhl

getriebene Silberreliefs in einer Umrahmung aus tiefschwarzem Ebenholz und ist eine vorzügliche Arbeit des Hamburger Goldschmieds Hans Lambrecht. Herzog Johann Adolf hatte im Jahre 1596 die Schwester des Königs Christian IV. von Dänemark, die Prinzessin Augusta, geheiratet. So ergab sich eine politische Zusammenarbeit mit dem Schwager, die von großer Bedeutung für die Zukunft des holstein-gottorpischen Herzogshauses wurde. Herzog Johann Adolf legte nämlich die Gültigkeit des Erstgeburtsrechts innerhalb seines Hauses fest. Diese Bestimmung wurde vom Kaiser und vom dänischen König im Jahre 1608 bestätigt und verhinderte die schädliche Erbteilung, die im Laufe von wenigen Generationen mehrere seiner Vettern aus den Linien, die von Herzog Hans dem

Hischsaal

Jüngeren abstammten, an den Rand des Konkurses gebracht hatte. Bei der übermäßig aufwendigen Lebensführung innerhalb dieser vielen Zwergherzogtümer kann dieses Ergebnis nicht verwundern.

Als Herzog Johann Adolf 1616 gestorben war, trat sein Sohn Herzog Friedrich III. die Nachfolge an. Dessen Regierungszeit bezeichnet den Höhepunkt in der Geschichte des Gottorpischen Hofes. Friedrich III. war der geistig bedeutendste in der Reihe der Herzöge von Gottorp, vielleicht weniger ein kühler Politiker als ein kühner Planer, ein Fürst, der seine vielfältigen Interessen mit echter Gelehrsamkeit erfüllte, der sowohl im gesellschaftlichen wie im künstlerischen Bereich höheren Ansprüchen zu genügen wußte. Noch zu Zeiten Johann Adolfs ging es in Gottorf rauh her. Ein lebendiges Zeugnis jener Zeit ist der neben der Schloßkapelle im Nordflügel liegende Hirschsaal, der etwa um 1595 entstanden ist, mit plastisch aufgetragenen Hirschen und weiblichem Wild, über dem Kamin ein riesiger Hirsch mit echtem 24-Ender-Geweih, nach der Beischrift 1595 auf der Ostenfelder Heide geschossen. Der 2 m hohe Sockel des Saales ist in sehr eigentümlicher Weise mit der Imitation eines grünen Stoffbehanges bemalt. Im 17. Jahrhundert hieß der Saal Kirchensaal und wurde auch zu feierlichen Audienzen benutzt, so z. B. als König Karl X. Gustav von Schweden um die Hand der Prinzessin Hedwig Eleonora anhielt. Zur Zeit seiner Entstehung hat der Raum sicherlich mehr für derbere Geselligkeit und jagdliche Gelage gedient. Zu den Zeiten Johann Adolfs waren im Schloß täglich 433 Menschen zu bespeisen, ohne die vielen heimlichen Mitesser und ein herzoglicher Rat seufzt: „Ich mag nicht gern an der Junkern Tisch gehen, da hat man viele schandbare Sachen vor, die ich nicht hören mag."

Das alles wandelte sich in der Regierungszeit Herzog Friedrich III. gründlich, die Lebensart verfeinert sich und in Übereinstimmung damit entstehen die Schmuckelemente einer neuen Zeit. Drei großartige stukkierte Säle aus seiner Zeit sind erhalten, der eine um 1625 entstandene nimmt heute Teile der Volkskunst auf und wirkt seltsam gedrückt, weil der Fußboden in neuerer Zeit um fast 1 m angehoben worden ist. Das Gewölbe in Form einer flachen Mulde ist reich belebt durch Quadrate, Rechtecke und Rundfelder, die durch Profil-Leisten abgetrennt sind, alle Rahmenfelder sind mit lebhaft bewegtem, teilweise plastischem Ornament gefüllt.

Um 1635 entsteht der Weiße Saal, um 1645 der Blaue Saal, beide im 1. Obergeschoß des Nordflügels, beide hervorragende Beispiele der Knorpelarchitektur. Der Weiße Saal trägt ein Fächergewölbe mit 5 Kappen, der Blaue Saal über quadratischem Grundriß ein Kreuzrippengewölbe. In das Knorpelwerk eingestreut sind Tiermasken und Früchtebündel, Vögel und Pflanzen. Dahinter zieht sich ein flaches Relief hin mit Städten und Burgen, mit Toren und Türmen.

So ergibt sich eine phantastische Welt aus verschiedenen Motiven und Dimensionen, aus verschiedenen Vorstellungswelten und Wirklichkeiten.

Um die gleiche Zeit, schon von 1640 an, entstehen die großzügigen Anlagen des Neuwerk, einer nördlich des Schlosses gelegenen Garten- und Parkanlage im Geiste des Barock, mit Teichen und Bosketten, Fontänen und Lusthäusern. Eines dieser Bauwerke bedarf der Erwähnung, auch wenn es heute nicht mehr steht, die Friedrichsburg. Die äußere Gestaltung dieses Gebäudes hing eng zusammen mit der Expedition nach Persien, die der Herzog 1635 entsandte und mit der er den persischen Seidenhandel über Schleswig in die europäische Welt zu ziehen trachtete. Noch bis in die Zeit des 2. Weltkrieges hinein standen auf dem Rathausmarkt in Kiel die persianischen Häuser, gebaut als reine Wohnbauten von den Materialien, die für Speicherbauten für den erhofften persianischen Handel vom Herzog beschafft waren.

Angeregt durch die Verbindung mit Persien erhielt die Friedrichsburg eine asiatische Bauform, eines der frühesten Beispiele in Europa für die Übernahme orientalischer Baustile.

Das Gebäude bestand aus drei Geschossen mit Balustraden, geschweiftem Türmchen mit hohem Helm, flachen Dächern und Arkaden und muß sich in der nordischen Landschaft sehr seltsam ausgenommen haben. Im Inneren stand ein Riesenglobus, den der Hofmathematiker und Astrologe Adam Olearius angefertigt hatte. Er war so groß, daß er in seinem Inneren Raum bot für einen Tisch, an dem 12 Personen Platz nehmen konnten und gewährte von außen den Anblick der Erde, im Inneren den des Himmels. Durch einen künstlich hineingeleiteten Bach sollte sich die riesige Apparatur drehen, ob es je dazu gekommen ist, bleibt zweifelhaft.

Und noch einer Schöpfung Herzog Friedrich III. müssen wir ein Wort widmen, der Kunstkammer. Die Kunstkammern des 17. Jahrhunderts, wie sie am besten im Grünen Gewölbe in Dresden erhalten geblieben sind, umfaßten den Kosmos der Zeit, Uhren und Meßinstrumente, Globus und Atlas, Fernrohr und Mikroskop, Pflanzen und Tiere, vor allem auch Raritäten aller Art. Die Gottorfer Kunstkammer hatte als Grundlage die umfangreichen Sammlungen des 1633 verstorbenen holländischen Arztes Bernhard ten Brocke, latinisiert Paludanus. Er hatte erst Litauen und Polen bereist, dann in Padua studiert, war später in die Levante gekommen, hatte Syrien, Palästina und Ägypten besucht und war über, Malta und Sizilien nach Rom zurückgekehrt. Von diesen Reisen hatte er bedeutende Werke zur Volkskunde der besuchten Länder und unschätzbare Kunstwerke mitgebracht. Nach seinem Tode kaufte Herzog Friedrich III. seinen Nachlaß, 1651 brachte Adam Olearius die Schätze nach Gottorf. Sowohl der Herzog wie auch seine beiden Nachfolger haben die Kunstkammer um viele weitere Wertstücke bereichert. Sie fand ihre Aufstellung in dem schönsten und größten Saal des ganzen Schlosses, in der Königshalle und damit in nächster Nähe der privaten fürstlichen Gemächer, mit denen sie durch eine Wendeltreppe in Verbindung stand.

Die Kunstkammer ist im Verlauf des 18. Jahrhunderts aufgelöst worden, vieles ist in die Museen und Schlösser von Kopenhagen gewandert, aber wir sind heute in der Lage, einen großen Teil dieser merkwürdigen Sammlung zu rekonstruieren.

Herzog Friedrich III. führte im Gegensatz zu Herzog Johann Adolf, der zur Krone Dänemark hielt, eine Politik der engen Zusammenarbeit mit Schweden, die sich auf die Länge als schicksalhaft für die Herzöge von Gottorp erweisen sollte. Bereits unter seinem Sohn, Herzog Christian Albrecht, führte der Gegensatz zwischen der Krone Dänemark und dem Herzog von Gottorp zu offenem Streit. Herzog Friedrich III. hatte sich im Schatten der Schwedenkriege eine Reihe politischer Vorteile in den Herzogtümern sichern können. Nun griff die wiedererstarkte dänische Staatsgewalt bei zwei Gelegenheiten zu und erklärte die gottorpischen Anteile an den Herzogtümern für verbrochen, das heißt für verwirkt, und nahm in den Jahren 1676 bis 1679 und von 1684 bis 1689 deren Länder in Besitz. Zweimal in dieser Zeit mußte der Herzog Gottorf verlassen und Schutz in Hamburg suchen.

Auf Herzog Friedrich III., † 1659, folgte der Sohn Herzog Christian Albrecht, † 1694. Er ist als der Begründer der Universität in Kiel bekannt geworden, einer Institution, die anscheinend ursprünglich für Schleswig vorgesehen war. In seiner Zeit wurden zwar noch die Anlagen des Neuwerk fortgesetzt, aber die Bautätigkeit kam in dieser Epoche aufgrund der politischen Verwicklungen fast völlig zum Erliegen.

Der große Architekt Nikodemus Tessin d. J. ist der letzte in der Reihe der Künstler, die Gottorf großgemacht haben. Die Familie stammte aus Deutschland und war später nach Schweden gegangen. Schon mit 27 Jahren wurde der junge Tessin zum schwedischen Schloßarchitekten und zum Stadtarchitekten von Stockholm ernannt, bald darauf kam er in Verbindung zum Gottorper Hof aufgrund der engen verwandtschaftlichen Beziehungen der beiden Fürstenhäuser. 1687 scheint er zum ersten Male in Schleswig gewesen zu sein, 1690 zum zweiten Male. Aber erst als 1694 der Sohn und Nachfolger Friedrich IV. Herzog von Gottorp geworden war, nahmen die Pläne Gestalt an. 1697 wurde mit den Bauarbeiten am Südflügel begonnen unter der Leitung des italienischen Baumeisters Domenico Pelli. Was dem jungen Herzog vorschwebte, ist auch heute noch klar erkennbar; er wollte, sicherlich durch die großartigen Bauten von Stockholm angeregt, ein großes Barockschloß erbauen, der riesige Südflügel ragt weit über das mittelalterliche Gefüge des Vierflügelbaues hinaus. Offensichtlich bestand der Plan, den alten Ostflügel abzubrechen und durch einen neuen Querbau am östlichen Ende des Südflügels zu ersetzen.

Aber bei aller Größe des Bauwerks mit seinen 27 Achsen in 3 Hauptgeschossen, dazu einem hochliegenden Keller- und einem Mezzaningeschoß wirkt der Neubau doch nüchtern, kaum gegliedert durch die Aufteilung in dreiachsige flache Felder, nur sparsam betont durch Turm und Portal. Wir stehen am Ende des Gottorper Hauses, nicht nur in seiner Kraft als fürstliches Haus, sondern auch in seinem Willen zur Gestaltung.

Denn in Übereinstimmung mit diesem Erlahmen der künstlerischen Baugestaltung steht das Schicksal des Herzogshauses. Herzog Friedrich IV. hatte sich ganz in die Arme seines jungen Schwagers geworfen, des Königs Carl XII. von Schweden. Ja, er hatte sogar im Jahre 1701 die Regierung seiner Lande an einen Abenteurer verpachtet, den Oberstleutnant v. Bergholz, nur um zu seinem Schwager, dem schwedischen König, zu stoßen. Nach dem Tode des Herzogs auf dem Schlachtfelde von Klissow im Jahre 1702 wurde eine vormundschaftliche Regierung eingesetzt, die aus dem Geheimrat Magnus v. Wedderkop und dem Freiherrn v. Schlitz, genannt v. Goertz, als den hervortretendsten Mitgliedern bestand und mit dem Onkel des unmündigen Herzogs, dem Herzog Christian Albrecht, als Administrator. Als Gottorp die Neutralität während des großen nordischen Krieges nicht aufrecht erhielt, besetzte Dänemark im Jahre 1713 die Herzogtümer und zog die gottorpischen Besitzungen ein. Im Jahre 1721 erreichte der deutsche Kaiser jedoch, daß Herzog Carl Friedrich, der sich bis dahin am schwedischen Hofe aufgehalten hatte, wenigstens seine holsteinischen Besitzungen zurückerhielt. Jetzt verlegte das Herzogshaus seinen Wohnsitz nach Kiel.

Damit war in gewisser Weise das Todesurteil über das Schloß Gottorf gesprochen. Der Südflügel des Schlosses war noch nicht völlig fertig, der Bau wurde nur mehr insoweit fortgesetzt, als es nötig war, um das Begonnene nutzbar zu machen. Italienische Stukkateure statteten die neuen Räume aus, einige Zimmer wurden noch im Sinne des gefallenen Herzogs mit Tapeten und Prachtmöbeln versehen. Sobald aber das Schloß in dänischen Besitz übergegangen war, begann der Abbau der Kunstwerke, des Inventars und der ganzen übrigen fürstlichen Pracht, mit der die Gottorper Herzöge ihre Residenz erfüllt hatten. Noch im Jahre 1713 schenkte König Friedrich IV. dem Zaren Peter I. von Rußland, als er zu Besuch auf Schloß Gottorf weilte, den Riesenglobus. 1714 wurde er nach St. Petersburg transportiert; um ihn fortzuschaffen, mußte die eine Wand des Globushauses geöffnet und zerstört werden, damit war auch dessen allmählicher Verfall unvermeidlich geworden. Als sich im 2. Weltkrieg die deutschen Truppen Leningrad näherten, fanden sie den Globus im Schloßpark von Zarskoje Sselo auf und schafften ihn nach Holstein zurück. Während der letzten Kriegsjahre fristete er ein unwürdiges Dasein in einem Lübecker Gaswerk. Heute steht er im Lomonossow-Museum in Leningrad. Die Kunstkammer wurde nach und nach ihrer Schätze beraubt, bis im Jahre 1752 auch ihre letzten Reste nach Kopenhagen geschafft wurden. 1737 kam das Archiv, 1749 die Bibliothek nach Kopenhagen. Um 1770 waren Globushaus und Orangerie völlig verfallen. 1842 wurde das Ballhaus aus der Zeit Herzog Johann Adolfs abgerissen, im gleichen Jahre durch den Prinzen v. Noer die Schleifung der Festungswerke angeordnet. Die Wälle wurden in den Burgsee geworfen, dadurch wurden die Schloßinsel vergrößert und die klaren Umrißlinien der befestigten Anlage zerstört.

Freilich blieb lange noch der Charakter des landesherrlichen Schlosses gewahrt; vor allem in der Zeit der dänischen Könige Friedrich IV. und Christian VI. standen immer noch Wohntrakte zur Aufnahme der Monarchen bereit, sie waren gut ausgestattet mit Möbeln und Gemälden. Der König hatte seine Räume im zweiten Obergeschoß des Südflügels, die Königin im dritten Obergeschoß, beide Wohnungen lagen westlich des Turmes.

Im übrigen ging das Schloß weitgehend dem Verfall entgegen. Ein Reisender, der das Schloß gegen Ende des 18. Jahrhunderts besuchte, schreibt hierüber:

„Übrigens ist hier nichts, das viel Aufmerksamkeit verdient und etwa die Wohnzimmer ausgenommen, findet man so wenig Reinlichkeit, daß ich in den Gängen und Sälen nicht durch das Glas der Fenster sehen konnte."

Auch die Statthalter residierten im Schloß, erst der Markgraf Friedrich Ernst von Brandenburg-Culmbach, der alsbald nach der Thronbesteigung seines Schwagers, König Christian VI. von Dänemark, also bald nach 1730 zum Statthalter eingesetzt wurde und es bis zu seinem Tode im Jahre 1762 blieb, dann von 1762 bis 1768 Graf Friedrich Ludwig v. Dehn auf Ludwigsburg. Von 1768 bis 1836 war der Landgraf Carl v. Hessen-Cassel Statthalter. Dieser letztere wußte dem Verfall durch seine Hofhaltung wenigstens in bescheidenem Umfange Einhalt zu gebieten. Er war mit der Prinzessin Louise v. Dänemark, Tochter König Friedrich V., verheiratet und hielt einen Rest des alten Glanzes aufrecht, der sowohl dem Schloß als auch der Stadt zugutekam. Zu seiner Zeit umfaßte die Hofhaltung immer noch über 100 Bedienstete. Er fuhr stets vierspännig durch die Stadt, seine Gemahlin als Königstochter sogar sechsspännig.

Nach dem Tode des Landgrafen war kein Halten mehr. Während der Kriegsjahre von 1848 bis 1850 wurde das Schloß als Lazarett für die dänischen Truppen eingerichtet. Nach Beendigung des Krieges blieb es für militärische Zwecke reserviert, 1852 wurde es offiziell zur Kaserne erklärt. Diesen Charakter hat das Schloß durch ein Jahrhundert hindurch, bis 1948, behalten, wenn man von einer kurzen Zwischenepoche im Jahre 1864 absieht, als das Schloß Sitz der Regierung wurde. Durch die Bedürfnisse des Militärs wurde naturgemäß vieles zerstört, anderes entscheidend verändert. Zubauten wenig schöner Art entstanden auf der Schloßinsel, Treppenhäuser wurden umgebaut, Zwischenwände in den großartigen Raum des Hirschsaales eingezogen, kurz, der gesamte riesige Bau hatte völlig den einstigen Zauber verloren.

Fast gleichzeitig mit dieser Zerstörung von Schloß Gottorf als Bauwerk und als Hort uralter Tradition setzt die gegenläufige Bewegung ein. Als 1852 die Schloßkapelle verändert, wenn nicht gar zerstört werden soll, ist es der Geistliche der dänischen Garnison, der sich schützend vor das Gotteshaus stellt und seine Restaurierung erreicht, sie wird tatsächlich im Jahre 1857 ausgeführt. Historische Studien von Christian Claus Lorenzen und August Sach folgen, in den Jahren um 1880 entdeckt man die Schönheiten der Schloßkapelle und des herzoglichen Betstuhles von neuem, Richard Haupt, der erste Provinzialkonservator, beschäftigt sich eingehend mit dem Baugefüge des Schlosses, Robert Schmidt veröffentlicht 1887 eine ausgezeichnete Monographie über das Schloß Gottorf, in der er es als einen nordischen Fürstensitz rühmt. Im Jahre 1882 wird der Betstuhl durch Heinrich Sauermann restauriert, 1897 folgen Erneuerungsarbeiten in der Kapelle, 1931 wird der Hirschsaal wiederhergestellt.

Nach dem letzten Weltkriege lagen zunächst englische und polnische Truppen im Schloß, erst 1948 endlich hörte der Kasernenbetrieb auf, das Schloß wurde den Staatlichen Sammlungen des Landes Schleswig-Holstein übergeben. Das

Innerer Schloßhof, Nordwestecke, Holzschnitt, Illustreret Tidende 1864

Thaulowmuseum in Kiel war im Zweiten Weltkrieg zerstört worden, seine Bestände waren in weiser Voraussicht ausgelagert gewesen und wurden nun nach Schloß Gottorf überführt. Weiter kamen hinein das Museum für Vor- und Frühgeschichte und das Landesarchiv. So sind hier an historischer Stätte drei Institutionen vereinigt, die sich wie keine anderen die liebevolle Pflege der überkommenen Werte und ihre Darstellung für künftige Generationen zur Aufgabe machen.

Aber mehr noch, das Landesmuseum als der eigentliche Hausherr des alten Schlosses hat es im Laufe der letzten dreißig Jahre vermocht, das Bauwerk selber so weit als möglich zu restaurieren und mit neuem Glanze zu erfüllen. Vielleicht war dieses Beginnen noch am einfachsten und nächstliegenden im Königssaal und in der gotischen Kammer. Aber inzwischen sind auch die großen Säle wieder zu Leben erwacht, der Weiße und der Blaue Saal, der Hirschsaal, die Herzogliche Betstube, die Schloßkapelle. Die Schloßkapelle wird noch für kirchliche Zwecke benutzt, sie dient der dänischen Gemeinde der Stadt Schleswig gelegentlich als Gotteshaus, im übrigen sind die Räume für die Zwecke des Museums hergerichtet, werden aber auch für Veranstaltungen und Konzerte benutzt. Der stimmungsvolle Innenhof des Schlosses ist großartiger Schauplatz für sommerliche Theateraufführungen geworden.

Wirft man einen Blick auf die ungezählten Tausende von Besuchern, die alljährlich aus den Herzogtümern, aus Dänemark, aus Skandinavien und aus dem übrigen Europa das Schloß besuchen, so begreift man die große innere Kraft, die immer noch aus diesem alten Fürstensitz strömt, eine Kraft, die nicht von der Größe des Bauwerks abhängt, sondern von der gestaltenden Persönlichkeit der Herzöge, die hier einst residiert haben.

Viele Belagerungen hat das Schloß erlebt, selten nur wurde es erobert. Es mutet wie ein Satyrspiel an, daß noch im Jahre 1920 eine Belagerung stattfand, aber sie war von blutigem Ernst erfüllt. Im Kapp-Putsch von 1920 hatte sich die Schleswiger Garnison unter Führung des Majors Hans Kuno v. Lattorf auf die Seite der Putschisten gestellt und im Schloß verteidigt. Aufrufe der Bürgerschaft und des Bürgermeisters, sich zu ergeben, nachdem der Putsch in Berlin und im Reich längst zusammengebrochen sei, blieben vergebens. So schlossen sich Bürgerwehr und Arbeiterschaft zum Angriff auf das Schloß zusammen und besetzten die beiden Zufahrten nach Süden und nach Norden. Vom Schlosse aus, wo man gut bewaffnet war, wurde heftig geschossen. Als hierbei ein völlig unbeteiligter Arbeiter getötet wurde, stieg die Empörung der Belagerer auf den Siedepunkt. Am Tage darauf unternahm die Besatzung einen Ausbruchversuch, der aber auf dem freien Damm im Feuer der Gegner liegenblieb, nicht weniger als neun Tote bedeckten das Pflaster.

Die Belagerer stellten nun ein Ultimatum: wenn nicht bis zum nächsten Tage mittags 12 Uhr die weiße Fahne gehißt werden würde, würde das Bombardement auf das Schloß eröffnet werden, und man werde nicht aufhören, bis nicht das Schloß dem Erdboden gleich gemacht wäre und sämtliche Verteidiger tot seien. Ob man diese Drohungen angesichts der schwachen Bewaffnung der Bürgerwehr ganz ernst nehmen darf oder nicht, jedenfalls erschien jetzt endlich ein General aus Flensburg, v. Hammerstein, ordnete die sofortige Einstellung aller Feindseligkeiten an und ließ die Offiziere der eingeschlossenen Truppe in dem Keller eines Hotels in der Stadt einsperren, von wo sie drei Tage später entlassen wurden, nachdem man sie während der ganzen Zeit hatte hungern lassen.

Während des ganzen 19. Jahrhunderts ging die Zerstörung der Baulichkeiten weiter, 1820 wurde der Ziergiebel über der Ostseite des Westflügels entfernt, der First in die Nord-Südrichtung geschwenkt und damit seiner ausdrucksvollen Gestaltung beraubt. 1822 wurde die Amalienburg, die schon längst verfallen war, vollends abgebrochen, 1846 Gewölbe und Stukkaturen aus dem Leichensaal entfernt, ebenso 1853 aus dem Rittersaal die geschnitzte Balkendecke und die gemalten Panelle. Im gleichen Jahre verloren weitere Innenräume ihre wandfeste Ausstattung, Restbestände des Inventars wurden öffentlich versteigert. 1870 zerstörte eine Pulverexplosion die Laterne vor dem Westflügel, wohl das edelste Glied der Architektur des gesamten Schlosses. 1897 brach ein Brand im Turm aus, 1917 brannten Turm und Dachstuhl des Südflügels westlich des Turmes sowie das Dachgeschoß des Westflügels völlig aus. Nach Gerüchten, die in der Stadt Schleswig umliefen, hatte ein ungetreuer Zahlmeister seine Verfehlungen vertuschen wollen. Noch im Jahre 1927 entstand der unschöne Verandaanbau an der Nordseite, noch 1932 ging der größere der alten Küchenanbauten verloren.

Angesichts dieser langen Verlustliste erscheint es beruhigend, das Schloß heute in sicherer Obhut der staatlichen Denkmalpflege und der historischen Sammlungen des Landes zu wissen. Aber selbst in jüngster Zeit ist weder das Schloß selber noch seine Umgebung frei von Gefahr. Es ist erst wenige Jahre her, daß der damalige Landrat des Kreises Schleswig, der Bundestagsabgeordneter und von Beruf Lebensmittelkaufmann in der Stadt Schleswig war, öffentlich aussprach, daß er hoffe, eines Tages Fabrikschornsteine aus den Dächern des Schlosses rauchen zu sehen. Dies erst würde die Krönung seiner politischen Lebensarbeit sein.

Noch sind Schloß und Schloßinsel ein ruhender Pol inmitten einer von modernem Verkehr erfüllten Stadt, noch atmet die unmittelbare Umgebung die natürliche Würde, die dem stolzen Fürstensitz zukommt. Aber unablässig gilt es diesen Bestand zu verteidigen, mühsame Versuche, Neuwerk wieder freizulegen und soweit als möglich Antentempel, Kaskaden und Herkulesteich in ihrer ursprünglichen Gestaltung zu restaurieren, wurden immer wieder bedroht von dem unverantwortlichen Verlangen, Fußballplätze oder moderne Wohnsiedlungen auf den letzten freien Flächen nördlich des Schlosses anzulegen. Glücklicherweise erkennen immer weitere Kreise, unterstützt von den verantwortlichen Landespolitikern, die Bedeutung unseres kulturellen Erbes und tragen zu seiner Erhaltung bei.

Schloß Gottorf

Schl.-Holst. Landesmuseum, Schl.-Holst. Landesarchiv, Archäologisches Landesmuseum der Christian-Albrechts-Universität Kiel — ganzjährig geöffnet

Besitzer		*Bauten*	
1161	Bischof von Schleswig	1288	Abbruch von Teilen des Schlosses
1268–1340	Herzöge von Schleswig		
1340–1459	Grafen von Schauenburg (Herzöge von Holstein)	1449	Erbauung eines Turmes
		1492	Brand im Schloß
		um 1510	Neubauten
1460	Könige v. Dänemark	1530	Bau des Westflügels
1544	Herzog Adolf von Holstein-Gottorp, dann die Herzöge von Holstein-Gottorp bis 1713	1564	Brand im Ostflügel
		1573	Bau des Torhauses
		1590	ff. Einbau der Kapelle und des Betstuhles im Nordflügel
1713	Krone Dänemark	nach 1614	Bau des Ballhauses
1730–1836	Sitz der Statthalter	nach 1640	Bau des Neuwerks und der Friedrichsburg (Globushaus)
1848	Lazarett		
1852–1948	Kaserne		
seit 1948	Sitz der Museen des Landes Schleswig-Holstein	1698	Beginn des Baues des Südflügels
		1842	Schleifung der Festungswälle
seit 1948	Land Schleswig-Holstein	1897	Brand des Turmes
		1917	Brand von Turm, Westseite des Südflügels und des Westflügels
		1987	Restaurierung der Westseite des Innenhofes

12 Falkenberg

Kirchspiel Schleswig St. Michaelis   Kreis Schleswig-Flensburg

Das Gut Falkenberg, unweit nördlich der Stadt Schleswig gelegen, gehört zu den reizvollsten Gütern im alten Herzogtum. Das Gut ist nicht groß und auch durch seine moorigen und sandigen Böden nicht einmal besonders ertragreich. Aber durch seine anmutige Lage inmitten einer hügeligen und waldreichen Landschaft, geschmückt durch schöne alte Alleen, hat es sich seinen besonderen Zauber als bevorzugter Landsitz bewahrt. Dabei hat Falkenberg zwei Gesichter: das Gut in seiner heutigen Gestalt ist erst um 1800 entstanden, andererseits liegt im Walde von Falkenberg die alte bischöfliche Burg von Alt-Gottorp, die im 12. Jahrhundert bestanden hat. So berühren sich hier Vergangenheit und Gegenwart in eigentümlicher Weise.

Von der bischöflichen Burg ist manches erhalten. Man erkennt deutlich die fast halbmondförmige Vorburg, die sich 4 m über dem Erdreich erhebt, von ihr durch eine tiefe Schlucht oder einen Graben getrennt die Hauptburg, die 6 m hoch über dem Gelände ansteigt, in ihr 6 Einbuchtungen, die vielleicht die Lage der einstigen Wehrtürme anzeigen. Cypräus hat im 16. Jahrhundert noch erhebliche Teile an Mauerwerk gesehen, heute erkennt man noch mit Mühe Grundsteinlagen aus Feldstein, Mauerreste aus Backstein. Bei Ausgrabungen des Landesamtes für Vor- und Frühgeschichte stieß man 1982 überraschend auf die einzige bis heute bekannte Siedlung aus der Völkerwanderungszeit im Raume der alten Angeln.

Eines scheint sicher, die Burg war genau das, was ihr Name aussagt, sie war nicht der Sitz des Bischofs, sondern seine Zuflucht in Notzeiten, seine Burg. Der Sitz des Bischofs war Schleswig selber, rund um Falkenberg ist von keiner Kirche, keiner geweihten Stätte die Rede, höchstens daß innerhalb der Burg sich eine kleine Kapelle befunden haben wird. Und der Bischof hatte es nötig, sich eine sichere Stätte zu schaffen, durch das ganze 11. Jahrhundert brausen die verheerenden Stürme der Wenden durch das Land. Seit 1072 ist der Stuhl des Bischofs verwaist, erst 1110 wird Gunnar als Bischof eingesetzt. Er oder erst sein Nachfolger Albert dürften die Burg errichtet haben.

Die Lage der Burg war gut gewählt, nach Norden und Westen schweift der Blick ungehindert über die weite Lürschauer Heide, auf der erst wenige Jahrzehnte vorher, im Jahre 1043, die große Schlacht gegen die Wenden gewonnen worden war, nach Süden und Osten war sie durch Wasser und Sumpf gesichert. Sie hat aber nur wenige Jahrzehnte Bestand gehabt, die Bischöfe geraten in den Streit der beiden Erzbischöfe von Bremen und Lund hinein. Jeder der beiden beansprucht das Recht, den Bischof von Schleswig einzusetzen und verjagt den Kandidaten des anderen. Der Streit gerät in die Gefilde der hohen Politik, als ein Papst und ein Gegenpapst gewählt werden und von den beiden Erzbischöfen der eine zu diesem und der andere zu jenem hält, auf der einen Seite zu dem rechtmäßig gewählten Papst Alexander III., als Gegenpapst zu dem mit kaiserlicher Unterstützung auftretenden Viktor IV. So wird der Bischof Esbern, der von Lund aus eingesetzt ist, zur Entscheidung genötigt, schließlich bricht offene Feindschaft aus, der Statthalter des Königs Waldemar, Nils Rasson überrumpelt 1161 die Burg, nur mit knapper Not kann der Bischof entfliehen und sich nach Deutschland in Sicherheit bringen. Die Burg wird zerstört, der bischöfliche Sitz endgültig nach Schleswig verlegt; 1268 geht auch der bischöfliche Hof an den Herzog über.

Durch viele Jahrhunderte verdämmert die von so starken geschichtlichen Impulsen erfüllte Landschaft. Das einstige bischöfliche Tafelgut wird zur herzoglichen Domäne und mit der benachbarten Gastwirtschaft in Ruhekrug vereinigt, später an private Besitzer verkauft. Da kommt gegen Ende des 18. Jahrhunderts ein Offizier nach Schleswig, der kgl. Kammerherr Heinrich Graf v.

Reventlow, geb. 1763, † 1848. Er hatte zunächst das Gut Aakjer im nördlichen Jütland besessen, war nun als Rittmeister nach Schleswig versetzt worden und trachtete nach einem angemessenen Landsitz in der Nähe der Stadt. So kauft er am 12. Januar 1797 von Joseph Hesdorff den Freihof Ruhekrug für 12 400 Reichstaler und nennt ihn nach den vielen Falken, die über die Hügel auch heute noch streichen, Falkenberg. Er hatte kurz zuvor die junge Gräfin Sophie Anna v. Baudissin a. d. H. Knoop geheiratet und war dadurch in enge Beziehungen zu dem Schimmelmann-Reventlow-Baudissinschen Kreis getreten.

Als er nun ein Herrenhaus erbauen wollte, fand er keinen besseren als den berühmten Baumeister Carl Gottlieb Horn, der zuvor schon Emkendorf erbaut hatte. Horn schuf im Jahre 1803 auf Falkenberg ein gerade für kleinere Verhältnisse mustergültiges Haus, mit einem zweigeschossigen Mittelrisalit von drei Achsen, beiderseits je drei hohe schmale Fenster. Die Anbauten gehören der ersten Hälfte des 19. Jahrhunderts an. Der Gartensaal und ein Salon wurde von Guiseppe Anselmo Pellicia, der auch auf Emkendorf und auf Knoop gearbeitet hatte, ausgemalt. Frau Dr. Frauke Lühning geb. Missfeldt hat die Malereien gesehen und photographiert, bevor sie wieder unter neuen Tapeten verschwanden. Sie hat in ,,Nordelbingen'' Bd. 47 hierüber ausführlich berichtet. Mit ihrer freundlichen Zustimmung wird ihr Bericht auszugsweise veröffentlicht. Sie schreibt: ,,Nachdem im Herbst 1974 das Haus für Fernsehdreharbeiten zur Verfügung gestanden hatte, sollten der Gartensaal und das nach Osten anschließende Zimmer neu tapeziert werden. Als die alten Tapeten abgenommen wurden, kamen in beiden Räumen Malereien zum Vorschein. Die Hand Pellicias war unverkennbar.

In beiden Räumen befanden sich die Malereien an allen drei Innenwänden direkt auf die Wand gemalt. Die Außenwände waren und blieben wegen Feuchtigkeitsabdämmung hinter Spanplatten verkleidet. Die Decken und oberen Wandabschlüsse mußten ununtersucht bleiben. Pellicias Malereien traten, was die Farbstabilität anbelangt, in gutem Zustand zutage. Fehlstellen waren im Gartensaal namentlich durch schon früher unter den Putz gelegte Lichtleitungen entstanden, im anschließenden Zimmer durch später eingesetzte kleine Türen, durch Hineinsetzen und Herausnehmen von Öfen.

Der Falkenberger Gartensaal liegt symmetrisch in der Hausachse. Es ist ein querrechteckiger Raum, dessen abgeschrägte Ecken an der Innenseite ihm nicht nur etwas immanent Wohnliches geben, sondern, und das wurde für Pellicia wichtig, Wandabschnitte entstehen ließen, die Pellicia die Feldereinteilung seiner Malerei vorgaben.

Von den so entstandenen insgesamt sechs Wandfeldern der drei Innenwände entsprechen sich drei jeweils spiegelbildlich: die zwei an der Eingangswand links und rechts der Tür zur Diele, die der schrägen Wandstücke und die der schmalen Seitenwände zwischen den Schrägen und den Durchgangstüren. An der Eingangswand links und rechts von der Dielentür befinden sich die zwei breitesten Wandfelder. Zwei antike Statuen, en grisaille gemalt, stützen kariatydenartig ein Gesims. Sie haben zwischen sich ein ebenfalls illusionistisch gemaltes, gerahmtes Feld, in dessen Füllung sich ein groteskes Ornament symmetrisch breit entfaltet, das von farbigen, figurengezierten Zwischenformen belebt wird.

Die schrägen Wandfelder haben als seitliche Begrenzungen schmalhohe Ornamentbahnen mit symmetrischen Blattranken, von Vögeln und Schlangen belebt. Im Mittelfeld befindet sich je ein spitzovales Hochmedaillon mit antiken Motiven: eine Priesterin entfacht auf einem Altar vor einer Statue ein kleines Ölfeuer, und: einer Herme wird eine Girlande umgelegt.

Die anschließenden Felder der Schmalwände werden wieder von antiken Statuen auf Rundpostamenten flankiert. Zwischen ihnen verbleibt jeweils nur ein schmales Feld, dessen Füllung eine symmetrisch ausgerichtete Blattranke mit Maskengrotesken ziert.

Der Grisailleton herrscht vor in diesem Raum, er spielt im Wandgrund ins sehr verhaltene rötliche Lila, eine Farbe, die Pellicia offensichtlich sehr liebte.

In dem nach Osten anschließenden Salon, einem fast quadratischen Raum, herrscht ein helleres Grün als Grundton der Wände vor. Hier war keine Gliederung vorgegeben, Pellicia schuf sie erst mit dem Pinsel. Durch schmale senkrechte Ornamentbänder teilte er die Wände in je drei Felder im Rhythmus schmal, breit, schmal. Das breite Mittelfeld schmückte er jeweils mit einem antiken Relief en grisaille gemalt. Dieser Sachverhalt war jedoch nur noch an der Ostwand voll erhalten.

Klar auszumachen war, daß für den Gartensaal immer noch im Sinne des Barock schwerere Formen und Farben gewählt worden waren, wohingegen man für den Salon die helleren Farben und leichteren Formen bevorzugt hatte. Hier gab Pellicia in den schmalen Ornamentbändern mit ihren symmetrischen Spiralranken mit den eingestreuten Motiven von Blüten, Blättern, Masken, Putten und vielem mehr Proben vom Besten seines Könnens.

Sichtbar ist von Pellicias Malereien auf Falkenberg heute nichts mehr. Sie lagen nur am 16. und 17. Dezember, also für 24 Stunden, frei und wurden dann wieder übertapeziert.''

Über diese Jahre auf Falkenberg gibt es die anmutigen Schilderungen des späteren Statthalters Friedrich Reventlow in seinen Erinnerungen. Freud und Leid wechselten sich ab, eine große Kinderschar von 13 Kindern wuchs heran, es gab vergnügte Geselligkeit im Hause und mit den Verwandten auf Knoop und auf Emkendorf, traurige Tage, als der älteste Sohn, der hochbegabte Heinrich Reventlow, das Unglück hatte, als er auf der Jagd einen Hund erschießen wollte mit einer schief abgeprallten Kugel auch dessen Herrn zu töten. Nur durch königliche Gnade konnte der Fall zu seinen Gunsten bereinigt werden. Er erlangte später hohe Staatsämter, starb aber noch vor dem Vater.

Dieser letztere hatte später das Gut Kaltenhof im Dänischen Wohld hinzuerworben, so ging der Haushalt zwischen Kaltenhof und Falkenberg hin und her, bis sich 1823 wirtschaftliche Schwierigkeiten einstellten und die Familie ganz nach Aakjer verzog. Wenige Jahre später verkaufte Graf Reventlow Falkenberg an seinen Schwiegersohn, den Hofjägermeister Adolf Baron Blome. Blome war in den Jahren von 1832 bis 1841 Gesandter in London, aber in den Jahren vorher und nachher wohnte er mit seiner Familie in Falkenberg. Als jedoch Blome 1849 Heiligenstedten bei Itzehoe erbte und er von dem unglücklichen Ausgang der schleswig-holsteinischen Erhebung tief enttäuscht war, verkaufte er 1851 Falkenberg an den Gutsbesitzer Jepsen auf Tolkschuby für nur 66 000 Mark. Dieser gab es schon im folgenden Jahr für 90 000 Mark weiter. Als im Jahre 1862 die großen Manöver bei Schleswig schon in Erwartung des bald darauf ausbrechenden Krieges zwischen Dänemark und Preußen abgehalten wurden, hatte König Friedrich VII. sein Zeltlager vor dem Hof Falkenberg aufgeschlagen. Seitdem hat das Gut mehrfach seinen Besitzer gewechselt. 1873 wird Friedrich Wilhelm Wall genannt, 1903 Friedrich Meyer, 1906 Friedrich Wilhelm Adolf Kehrer. 1916 kauft der Fleischwarenfabrikant Peter Rasch aus Schleswig Falkenberg, ihm folgte 1935 sein Sohn Claus Rasch, seit 1957 dessen Sohn Claus Hans Jürgen Rasch. Während dessen Minderjährigkeit war der Hof verpachtet an Claudius v. Samson-Himmelstjerna, welcher es 1971 kaufte. Das Areal des Gutes hat seit seiner Errichtung fast ständig geschwankt, Verkäufe und Ankäufe fanden wiederholt statt. Gegenwärtig beträgt das Gesamtareal 196 ha, davon Acker und Grünland 153 ha, Wald und Moor 43 ha.

Nicht unerwähnt bleiben soll das kulturelle Engagement des jetzigen Besitzers, der von sich aus die oben erwähnte Burganlage von Alt-Gottorp unter Denkmalschutz stellen ließ.

Gut Falkenberg

Besitzer: Claudius v. Samson-Himmelstjerna

Besitzer		*Gut und Bauten*	
1110	Bischof von Schleswig	4./5. Jh.	Siedlung der Angeln
1268	Besitz des Herzogs	1110	bischöfliche Burg
vor 1797	Joseph Hesdorff		Alt-Gottorf
1797	Graf Reventlow	1161	Burg zerstört
1829	Baron Blome	1797	Gut Falkenberg errichtet
1851–1916	verschiedene Besitzer	1803	Herrenhaus von Carl Gott-
1916–1971	Peter Rasch,		lieb Horn erbaut
	dann dessen Nach-	ca. 1840	Anbauten beiderseits des
	kommen		Herrenhauses
1971	C. v. Samson-Him-	1974	kurzzeitige Aufdeckung der
	melstjerna		Ausmalung von Gartensaal
			und Salon durch G. A.
			Pellicia
		1974	Wiederherstellung des
			Eingangsportals nach den
			ursprünglichen Entwürfen
			in Sandstein

13 Louisenlund

Kirchspiel Kosel   Kreis Rendsburg-Eckernförde

Louisenlund kann man nur bedingt zu den eigentlichen Gütern zählen. Es besitzt zwar seit 1770 die Eigenschaft eines adeligen Gutes, und es bestand bis zur Gegenwart aus Haupthof, Meierhof, einem größeren Waldareal und den zugehörigen Dörfern Güby und Esprehm sowie mehreren Einzelstellen. Trotzdem liegt die Bedeutung Louisenlunds auf ganz anderer Ebene, es ist in der heutigen Form entstanden als Sommerresidenz des Landgrafen Carl von Hessen-Cassel, † 1836, des langjährigen Statthalters auf Schloß Gottorf. Ihm ist der Bau des Schlosses in seiner bezaubernden Lage unmittelbar an der Großen Breite der Schlei zu verdanken, ihm die Gestaltung von Garten und Park mit seinen vielen Denkmälern, dem Freimaurerturm, der Eremitage und weiteren Eigentümlichkeiten, die im Charakter des Landgrafen ihren Ursprung hatten. Bis zum Besitzantritt des Hofes durch den Landgrafen hat das Gut keine hervortretende Rolle gespielt. Erstmals in der ersten Hälfte des 16. Jahrhunderts taucht es auf unter dem Namen: Tom Tegelhoff, zum Ziegelhof. Die Ziegelei, die sicherlich der Ausgangspunkt des Gutes gewesen ist, soll an der Stelle des heutigen Wirtschaftshofes gelegen haben. Die ersten Besitzer gehören dem Geschlechte Sehestedt an, das zu dieser Zeit auf vielen Gütern in Schwansen und in Angeln angesessen war. Drei Brüder werden genannt, Benedict Sehestedt besitzt Rundhof mit Drült, Schack mindestens seit 1517 das Gut tom Tegelhoff, stirbt aber früh im Jahre 1535 und hinterläßt einen unmündigen Sohn Stellanus. Während dessen Minderjährigkeit verwaltet der dritte Bruder Sievert Sehestedt das Gut und verpflichtet sich in einer Urkunde aus dem Jahre 1537, dem Neffen Stellanus eine jährliche Rente von 50 Mark, seinen beiden Schwestern, die Nonnen im St. Johanniskloster vor Schleswig sind, je 24 Mark jährlich zu zahlen. Er verspricht weiter, das Holz nicht zu verhauen, das Gut unverdorben in gutem Stande zu erhalten und das steinerne Haus, in dem er wohne, zu unterhalten. Danach war also schon damals ein Wohnhaus vorhanden. 1549 wird Stellanus Sehestedt erstmals auf dem Gut genannt, in diesem Jahr bezahlt er den sogenannten Fräuleinschatz, eine Abgabe für die unverheirateten Prinzessinnen, damals war er also erwachsen. Wenige Jahre später trennte er sich von dem Besitz, vielleicht, weil er nur zwei Töchter hinterließ. Im Umschlag 1563 verkaufte er das Gut tom Tegelhoff an Herzog Adolf von Gottorp für 15 000 Mark Lübsch, in einer zweiten Urkunde vom 31. Januar 1563 wird das Inventar gesondert übergeben. Allzu reichlich war es nicht: 22 Ochsen, dreißig Haupt Rindvieh, zehn Kälber und etwas Heu und Stroh. Aus der Urkunde ergibt sich, daß auch ein Torhaus vorhanden war.

Der Herzog mag das Gut gekauft haben, um für die Bedürfnisse der fürstlichen Hofhaltung auf Schloß Gottorf sorgen zu können. Später wird der Ziegelhof als Belohnung für treue Beamte des Hofes verwendet: 1630 erscheint Carl Gutthäter als Inhaber des Hofes, 1647 wird die Ziegelei dem herzoglichen Oberhofmarschall Ernst Christoph v. Günteroth, † 1665, geschenkt, 1653 das ganze Gut auf Lebenszeit überlassen. Nach seinem Tode erhält es der Sohn, der Hofmarschall und Amtmann zu Apenrade Friedrich v. Günteroth auf Dörphof, † 1703. Die Günteroth, auch Günderode geschrieben, stammten aus Sachsen, hatten jedoch in den einheimischen Adel eingeheiratet, Ernst Christophs Tochter Sara Margarethe heiratete Heinrich Günther v. Baudissin, Friedrich v. Günteroth Adelheid v. d. Wisch, die das Gut Ziegelhof bis zu ihrem Tode 1727 behielt. Seit 1721 war der herzogliche Anteil am Herzogtum Schleswig mit dem

königlichen vereinigt worden, so fiel jetzt das Gut an den König und wurde während der nächsten Jahrzehnte als königliches Vorwerk benutzt, bis die Person des Landgrafen Carl v. Hessen in Erscheinung trat.

Dieser war 1744 in Kassel als Sohn des späteren Landgrafen Friedrich II. geboren. Als dieser zur katholischen Kirche übertrat, hielt sich der Großvater für verpflichtet, die Söhne den katholischen Einflüssen zu entziehen und stellte sie unter den Schutz der protestantischen Könige von Großbritannien, Dänemark und Preußen. So kamen der Landgraf Carl und seine beiden Brüder an den nahe verwandten Hof in Kopenhagen, so wurde Dänemark sein zweites Vaterland. Er war ein begabter Junge, sah sehr vorteilhaft aus und hatte ein liebenswürdiges, einnehmendes Wesen. So gewann er sich am dänischen Hof bald alle Herzen. Kaum erwachsen, erst 22 Jahre alt, vermählte er sich mit der Prinzessin Louise, Tochter des Königs Friedrich V. Schon mit 20 Jahren war er zum Generalmajor ernannt worden. Als Christian VII. im Jahre 1766 den Thron bestieg, flossen dem Landgrafen, der in hoher Gunst beim König stand, ungewöhnliche Ehrungen zu. Er wurde bald darauf Generalleutnant und Vorsitzender des

Obersten Kriegsrats, Staatsminister und Ritter vom Elefantenorden. Außerdem wurde er zum Vicekönig von Norwegen ernannt.

Aber die Begeisterung des jungen Königs für seinen Schwager kühlte ebenso schnell wieder ab, hinzu kam, daß dem jungen Paare die Hofluft nicht behagte, die von Intrigen durchsponnene Hofgesellschaft konnte dem jungen Landgrafen nicht zusagen. Daher bat er den König um eine Verwendung in den Herzogtümern und wurde daraufhin 1769 zum Statthalter der Herzogtümer ernannt, ein Amt, das er bis zu seinem Tode innehaben sollte, er starb erst mit 92 Jahren im Jahre 1836, hat also das Amt 67 Jahre lang bekleidet. Jetzt gewann das Schloß Gottorf einen Teil seines alten Glanzes zurück. Im Jahre 1770 schenkte der König seiner Schwester den Ziegelhof. Damit beginnt erst die eigentliche Geschichte von Louisenlund.

Zunächst erhielt das Gut einen neuen Namen: nach der Gemahlin des Landgrafen wurde der Ziegelhof in Louisenlund umgetauft. Dann ging es an die Errichtung des Schlosses, zweifellos mehr als Sommerresidenz des Paares gedacht. Eine Verbindung zum Wirtschaftshof wurde nicht gesucht, wesentlicher erschien die Orientierung nach ästhetischen Gesichtspunkten, mitten zwischen Wald und Wasser sollte das neue Haus erbaut werden. In den Jahren zwischen 1772 und 1776 entstand das erste Herrenhaus, das im Kern noch im heutigen Bau enthalten ist, jedoch in seiner ursprünglichen Form kaum mehr erkennbar. Baumeister war der spätere Landbaumeister Johann Hermann v. Motz, der gleichfalls aus Kassel stammte. Als dem landgräflichen Paar im Jahre 1772 ein kleiner Sohn gestorben war, zogen sie für mehrere Wochen nach Louisenlund, aber der Bau des Hauses war eben erst begonnen, so konnten sie sich nur notdürftig im Hause des Pächters einrichten, den der Landgraf für 1100 Taler Abstand aus der Pacht genommen hatte. Das Gefolge mußte in Zelten leben.

Das Haus, das Motz erbaute, ist uns in seiner ursprünglichen Gestalt durch ein Aquarell von C. D. Voigts aus dem Jahre 1790 und durch die Gouachebilder aus dem gleichen Jahre bekannt. Es ist ein formschön komponierter Bau des frühen Klassizismus, mit hervortretendem zweistöckigem Mittelrisalit von 3 Achsen, beiderseits mit je 4 weiteren Achsen. Das Obergeschoß ist als voll ausgebautes Mansardgeschoß angelegt, der Mittelrisalit durch einen Dreiecksgiebel abgeschlossen. Das Dach ist zu den Seiten hin abgewalmt und ist durch 4 Dachgauben und zwei Kamine an den Firstecken belebt. Das Mittelportal im Erdgeschoß liegt verhältnismäßig hoch und wird durch eine zweiläufige Treppenrampe erreicht, das Treppengitter war eine schöne handgeschmiedete Arbeit, die im Gitterwerk das Monogramm der Erbauer trug: LC (=Louise und Carl), darüber die landgräfliche Krone. Wie dieses erste Haus im Inneren aussah, wissen wir nicht.

Wahrscheinlich zog sich durch die ganze Länge des Hauses ein Mittelflur, größere Repräsentationsräume wird es kaum gegeben haben. Man muß sich vor Augen halten, daß Louisenlund nur als sommerliche Villeggiatura gedacht war, ähnlich wie das fast zur gleichen Zeit entstandene Paretz bei Potsdam, der geliebte Landaufenthalt der Königin Louise v. Preußen.

Der Landgraf hatte vielfache Neigungen, für die ihm Louisenlund den rechten Platz bot. Schon seit jungen Jahren hatte er ein lebhaftes Interesse für die Freimaurerei bekundet, die in jener Zeit gerade auch in den fürstlichen Häusern viele Anhänger hatte. In Schleswig gab es die Johannis-Loge „Josua zum Korallenbaum", die 1771 nach Rendsburg verlegt wurde. 1775 entstand unter Mitwirkung des Landgrafen eine neue Loge: „Salomon zum Goldenen Löwen". Der Landgraf trat im Jahre 1774 der Freimaurerei bei, unbekannt welcher Loge, da die eine schon verlegt war, die andere noch nicht bestand. Dieser Schritt, so bekennt er selber in seinen Lebenserinnerungen, habe auf sein weiteres Leben einen größeren Einfluß gehabt als man glauben möchte, sowohl durch die vielen Verbindungen, die sich daher ergaben, wie auch durch die Kenntnisse, die er sich in ihr erworben habe. Die Aufnahme in die Loge verlief dramatisch genug, der Landgraf mit seiner Begleitung hatte das Schiff verfehlt, das ihn nach Schleswig bringen sollte, so ruderten sie hinterdrein, außer dem Landgrafen der Landbaumeister v. Motz, der Oberst v. Köppen und ein Herr v. Gaehler, aber das Boot verfing sich in den Fischernetzen am Ufer und konnte nur mit großer Mühe, noch dazu im Dunkeln, wieder herausgezogen werden. Endlich glaubten die Herren ein Licht zu sehen, mußten aber einen tiefen Sumpf passieren, bis sie erst nach mehreren Stunden im Hause der Loge eintrafen. Der Landgraf wurde als Maurer aufgenommen. Er schreibt hierzu, daß diese erste Fahrt ziemlich genau den gewundenen und schwierigen Weg bezeichnet habe, den er in der Freimaurerei zu machen hatte.

Schon wenige Wochen nach seiner Aufnahme wurde er am 24. März 1775 zum Gesellen und Meister befördert. In der strikten Observanz wurde er zum Superior Ordinis et Protektor der Präfektur Binin (= Kopenhagen) und Eydendorf (= Schleswig) eingesetzt. Unter dem 2. November 1792 erließ der König von Dänemark eine Kabinettsorder, durch die die Maurerbruderschaft öffentlich Anerkennung erhielt unter der Bedingung, daß im dänischen Reich keine Loge bestehen dürfe, die von dem Landgrafen Carl nicht als löbliche Gesellschaft anerkannt sei.

Der Landgraf schloß sich später dem Illuminaten-Orden an, fand dort aber keine Befriedigung seiner freimaurerischen Ideale, ebensowenig wie in dem Orden der Asiatischen Brüder, die ihr Hauptquartier von Wien nach Schleswig verlegt hatten. Dann trat er in Beziehungen zu den Chevaliers bienfaisants de la

Sainte-Cité und schuf ein eigenes, das sogenannte Gottorfsche System, das er auf 12 Grade ausbaute. Einen sichtbaren Ausdruck dieser starken Verbindung zur Freimaurerei stellte die Errichtung des Freimaurerturms im Park von Louisenlund dar. In ihm fanden die Zusammenkünfte der Logenbrüder statt. Der Turm ist vermutlich in den Jahren zwischen 1778 bis 1784 erbaut worden. Auf schwerem kreisrundem Bruchsteinsockel erhob er sich in drei Geschossen und flachem Dach mit Brüstung. In jedem Stockwerk befand sich ein gewölbter Raum, im unteren Wand- und Deckenmalereien mit Emblemen, die sich auf die Freimaurerei bezogen, im mittleren Stockwerk waren Flüsterwinkel eingebaut und Fußboden und Wand mit perspektivischer Parkettierung bemalt. Das Eingangsportal war ein monumentales Bauwerk im ägyptischen Stil, von Dreiviertelsäulen mit Lotoskapitellen flankiert, der Türsturz mit Skarabäusornament und Schlangenstäben geschmückt. Der Turm ist nach dem 2. Weltkriege zerstört worden, heute sind nur die Fundamente noch erhalten, das Portal ist in einem Stallgebäude eingemauert. Die gesamte Anlage hatte die Form eines Skarabäus.

Außer seinen freimaurerischen Neigungen bewies der Landgraf einen starken Hang zum Mystizismus und Okkultismus und zu alchimistischen Forschungen. Er nahm den Grafen von St. Germain in seine Dienste, der einem Cagliostro ähnlich teils Scharlatan, teils Abenteurer war, sicherlich aber auch durch Persönlichkeit, Auftreten, Bildung und Geist den Landgrafen zu beeindrucken wußte. Herkunft und Lebensumstände des Grafen von St. Germain blieben dunkel, die einen behaupteten, er sei ein Frankfurter Jude, die anderen ein spanischer Jesuit. Der Landgraf gab an, er sei der Sohn eines Prinzen Ragotzky aus Siebenbürgen. Im Keller des Freimaurerturms laborierte nun dieser Graf von St. Germain mit seinen alchimistischen Versuchen, sollte Gold machen, Glas in Edelstein verwandeln, Farben veredeln und verschönen und Geister zitieren. Ja, er versprach auch ein Elixier herzustellen, das das Leben verlängern könne.

Es braucht kaum gesagt zu werden, daß alle diese Versuche keinerlei Erfolge zeitigten, sicherlich aber viel Geld kosteten. 1784 starb der Graf von St. Germain in Eckernförde in bitterster Armut. Die Erinnerung an den Alchimistenkeller hatte sich aber in der Bevölkerung so fest verankert, daß über 130 Jahre nach dem Tode des Wundergrafen, in den Wirren der Revolutionszeit von 1918 der Keller nächtlicherweise erbrochen und zerstört wurde.

Der Park von Louisenlund gehört zu den frühesten und am sorgfältigsten durchgeführten Anlagen der beginnenden romantischen Epoche im ganzen Norden. Sicherlich geht der Entwurf der Anlage zurück auf den berühmten Schöpfer des Parks von Wilhelmshöhe bei Kassel, Christoph Jussow. In neuerer Zeit sind viele der interessantesten Einzelheiten innerhalb des Parks zerstört und

Vorderfassade

entfernt worden, Freimaurerturm mit Flüstergalerie und die Eremitage. Aber die Grundanlage des Parks mit seinen schönen Lindenalleen und den vielen Durchblicken zur Schlei ist immer noch zu erkennen. Der Professor der Philosophie und der schönen Wissenschaften an der Universität Kiel, C. C. L. Hirschfeld schrieb gegen Ende des 18. Jahrhunderts seine fünfbändige „Theorie der Gartenkunst". Hier widmet er im vierten Bande, der 1782 in Leipzig herauskam, dem Park von Louisenlund einen längeren Aufsatz und rühmt die einzigartige Verbindung von Park und Wald auf der einen Seite, dem breiten Gewässer der Schlei auf der anderen, er preist die geschickte Anlage des Parkes mit seinen eingestreuten Ruheplätzen, Brücken und Bänken, den Obelisken und Denkmälern.

Eine Wunderlichkeit enthielt der Park mit der Eremitage oder Einsiedelei. In einer kleinen mit Borke verkleideten Kapelle lag auf einer Pritsche die holzgeschnitzte Figur eines Einsiedlers mit Bart und altertümlicher Kleidung. Beim Betreten der Kapelle wurde durch eine mechanische Vorrichtung im Fußboden der Oberkörper des Einsiedlers senkrecht aufgerichtet, und mit großen dunklen Augen starrte die Figur den Eindringling an. Nach dem 2. Weltkrieg haben übermütige Soldaten der britischen Besatzungstruppen die Gestalt herausgebrochen und in die Schlei geworfen.

Der Landgraf, der seit 1774 norwegischer Feldmarschall war und seit seinem

Feldzuge in Norwegen sich eine große Vorliebe für dieses Land bewahrt hatte, ließ eigens aus Norwegen ein Blockhaus herüberschaffen und im Park aufstellen. Es wurde später mit einem Glockentürmchen versehen und dient bis auf den heutigen Tag als Kapelle.

Als 1796 und 1797 der Landmann Jürgen Meggers in der Nähe des Dorfes Wedelspang zwei Runensteine aufgefunden hatte, ließ der Landgraf sie im Park von Louisenlund im Halbrund eines Mauersockels aufstellen. 1902 gelangten sie als Leihgabe in den Besitz des Museums vaterländischer Altertümer in Kiel, heute befinden sie sich im Landesmuseum für Vor- und Frühgeschichte im Schloß Gottorf.

Der Park füllte sich in der gleichen Zeit mit Erinnerungsmälern an die Menschen, die dem Landgrafen nahestanden. Von den vielen Gedenksteinen, die im Park verstreut stehen, seien genannt die Louisensäule mit verschlungenem CL (Carl – Louise), von der mit dem dänischen Kronprinzen Friedrich verlobten Tochter Marie Sophie Friederike von Hessen für ihre Eltern errichtet; dann der Obelisk von 1790 mit der Inschrift: Friedrich und Marie vereinte die Liebe, wohl zur Verlobung des Paares geschaffen; sodann die Wilhelmssäule, ,,Vilhelms-minde'' zur Erinnerung an den Herzog F. Wilhelm P. L. von Schleswig-Holstein-Sonderburg-Glücksburg; endlich die Marienlaube von 1804 mit dem Monogramm F. M. (= Friedrich – Marie), in Wahrheit keine Laube, sondern ein Stein mit darin eingelassener Marmorplatte, die die Inschrift trägt: Marienlaube, errichtet den 31. Juli 1804, später auch als Freundschaftsstein bezeichnet.

1790 wurde eins der größten Feste gefeiert, die das kleine Schloß je erlebt hat, die Vermählung der Tochter, der Prinzessin Marie Sophie Friederike von Hessen mit dem damaligen Kronprinzen, dem späteren König Friedrich VI. von Dänemark. Die Serie von Gouachen, die aus diesem Anlaß geschaffen worden sind, und die heute noch in mehreren Exemplaren teils in Louisenlund, teils auf Schloß Gottorf erhalten sind, geben einen Eindruck von dem großen Zauber dieses höfischen Festes im späten Rokoko. Die Serie besteht aus sechs Blättern, sie stellen dar:

1. Das herrschaftliche Gartengebäude nebst dem Grasparterre,
2. das große türkische Speisezelt nebst dem Feuerwerk,
3. den Louisenplatz mit dem Obelisk,
4. die Marienlaube,
5. den Obelisken zu Louisenlund, wie dieser unter Vorstellung einer Waldgöttin mit ihren Nymphen erleuchtet gewesen,
6. den großen Tempel von Louisenlund mit den Hirten der Gegend.

Die Blätter, die Carl Daniel Voigts gemalt hat, geben in großartiger Weise die Illumination von Schloß und Park wieder.

Louisenlund verblieb zwar bis zum Tode des Landgrafen im Jahre 1836 zu seiner Verfügung. Aber da das Gut der Landgräfin gehört hatte, ging es schon nach deren Tode im Jahre 1831 im Erbgang auf ihre jüngste Tochter Louise Caroline von Hessen, † 1867, über. Sie war vermählt mit dem Herzog Friedrich Wilhelm Paul Leopold von Schleswig-Holstein aus der Linie Beck. Dieser, meist nur Herzog Wilhelm genannt, ist der Stifter der neueren Linie Glücksburg: im Jahre 1825 verlieh ihm König Friedrich VI. nach dem Aussterben der älteren Linie den Titel eines Herzogs von Glücksburg. Er starb wenige Tage nach dem Tode seiner Schwiegermutter, er hatte sich bei ihrem Begräbnis erkältet und starb am 17. Februar 1841 mit nur 46 Jahren. Die Herzogin, die mit zehn kleinen Kindern zurückblieb, widmete sich ganz der Erziehung und Pflege ihrer Kinder und des greisen Vaters, des alten Landgrafen. Im Winter lebte sie auf Schloß Gottorf, im Sommer in Louisenlund und versammelte hier ihre vielen Kinder und Enkel um sich. Wie zahlreich die Familie war, ergab sich bei der Einweihung der ersten Eisenbahnlinie nach Schleswig im Jahre 1858, die damals ihren Bahnhof beim Klosterkrug hatte. Das kleine Stationszimmer konnte die Krinolinen der anwesenden Damen nicht fassen. Zugegen waren der spätere König Christian IX. von Dänemark, die spätere Königin Louise von Dänemark, König Friedrich VII. von Dänemark, die Prinzessin Alexandra, später Königin von England, Prinz Wilhelm, später König Georg I. von Griechenland, und Prinzessinnen Dagmar spätere Gemahlin des Zaren Alexander III. und Thyra spätere Herzogin von Cumberland und das Herzogliche Paar.

Ansicht über die Schlei

1848 trat die Herzogin Louise das Gut Louisenlund ihrem ältesten Sohn Carl auf dessen Wunsch ab und zog nach Ballenstedt am Harz. Aber auch dieser mußte nach dem Waffenstillstand 1848 das Land verlassen und ging zunächst nach Dresden. Erst 1853 durfte er nach Louisenlund zurückkehren. In diesen Jahrzehnten, wohl schon bald nach dem Tode des Landgrafen dürfte das Schloß zu seiner heutigen Anlage erweitert worden sein. Das Mansardgeschoß wurde als zweites Geschoß ausgebaut, das Haus an den Schmalseiten um je zwei Fensterachsen erweitert, die mit ihren vorspringenden Risaliten den Bau seitlich zusammenfassen, so daß die lange Flucht von fünfzehn Achsen jetzt durch drei Risalite, abwechselnd mit Dreiecks- und Segmentbogengiebeln gegliedert wird. Nach Westen hin ist ein langgestreckter eingeschossiger Flügel mit Eckpavillon angebaut, ursprünglich Orangerie, heute Festraum der Schule, Herzog Carl erbaute noch den Pferdestall und das Cavalierhaus.

Nach seinem kinderlosen Tode im Jahre 1878 gingen die herzoglichen Besitzungen zunächst auf den Bruder, Herzog Friedrich zu Schleswig-Holstein-Glücksburg, über, von ihm im Jahre 1885 auf dessen Sohn Herzog Friedrich Ferdinand, † 1934, von diesem auf den Sohn Herzog Friedrich, † 1965 und weiter auf dessen Sohn Herzog Peter, † 1980. Alle diese Herzöge haben Louisenlund ihre Zuneigung bewahrt. So sehr auch Glücksburg und Grünholz die Hauptwohnsitze des Hauses wurden, so sehr hingen alle diese Generationen des letzten Jahrhunderts an dem idyllischen Louisenlund, so gerne verlebten sie hier frohe Jugendtage oder erste Jahre glücklicher Ehen. Nach dem Tode Herzog Peters 1980 ist der jetzige Chef des Hauses, Christoph Prinz zu Schleswig-Holstein-Sonderburg-Glücksburg, geb. 1949, Besitzer.

In den Jahren vor dem Ersten Weltkrieg war Louisenlund zu einem regelmäßigen Treffpunkt der nahe verwandten Königshäuser von Dänemark, England und Griechenland mit dem holsteinischen Herzogshause geworden. Hier konnte man sich zwanglos und ohne höfisches Zeremoniell treffen, hier konnten auch die Spannungen, die durch die Wirren der Mitte des 19. Jahrhunderts entstanden waren, wirkungsvoll beigelegt werden.

Nach dem Zweiten Weltkriege sah sich Herzog Friedrich vor völlig neue Verhältnisse gestellt. Die Besatzungsmacht hatte das Haus Louisenlund fast des gesamten Inventars beraubt, hinzu kam die Sorge um die Erhaltung der vielen Schlösser und Herrenhäuser, die dem herzoglichen Hause verblieben waren. Endlich trat als entscheidender Faktor der aufgeschlossene Geist des Herzogs in Erscheinung, der nach zeitgemäßen Formen der Jugenderziehung suchte. So wandelte er im Jahre 1949 seinen Lieblingssitz Louisenlund in ein Landerziehungsheim um, das als Stiftung begründet worden ist. Dem Herzog verblieben nurmehr Schloß und Park, ein kleiner Teil des Grundbesitzes ging an die benachbarten Gemeinden, der größte Teil von Acker- und Waldbesitz wurde der Stiftung Louisenlund übereignet.

Jetzt gehören vom alten Gut Louisenlund 249 ha Wald, Acker und Grünland der Stiftung, 46 ha dem herzoglichen Hause. Im Schlosse selber sind durch die neue Zweckbestimmung einige Veränderungen vorgenommen worden. Immerhin sind aus der Zeit des Landgrafen erhalten geblieben eine größere Anzahl von Stukkaturen in vielen Zimmern, von Öfen und Ofennischen, von Kristall-Lüstern und Kronleuchtern. In Louisenlund wurde ein Landerziehungsheim moderner Prägung eingerichtet. Als schon nach wenigen Jahren sich Raumschwierigkeiten einstellten, ließ der Herzog auch das Schloß Carlsburg bei Kappeln für die jüngeren Jahrgänge herrichten. In Louisenlund sind jetzt 260, in Carlsburg 90 Schüler und Schülerinnen.

Die Konzeption der nach wie vor von der herzoglichen Familie mit Engagement getragenen Landerziehungsheime wird beeinflußt von den Prinzipien des durch seine Erziehungsarbeit in Salem und Gordonstoun bekannten Pädagogen Kurt Hahn: Bewährung in toleranter Gemeinschaft, Verantwortungsbewußtsein und geistige Unabhängigkeit, auch Masseninstinkten gegenüber.

Nach Herzog Peter zu Schleswig-Holstein folgt als Vorstandsvorsitzender der Stiftung sein Sohn Prinz Christoph als Chef des Hauses Schleswig-Holstein-Sonderburg-Glücksburg.

Adel. Gut Louisenlund

Gut Louisenlund und neuere Gebäude seit 1949
Besitzer: Stiftung Louisenlund
Schloß Louisenlund, Park und ältere Gebäude
Besitzer: Christoph Prinz zu Schleswig-Holstein-Sonderburg-Glücksburg

Besitzer		*Gut und Bauten*	
1517	(v.) Sehestedt	16.	Steinhaus und Torhaus
1563	Herzog v. Holstein-Gottorp	Jahrh.	
1630	Carl Gutthäter	1772 ff.	Bau des ersten Herrenhau-
1647	v. Günteroth		ses durch
1721	König v. Dänemark		J. H. v. Motz
1769	Landgraf Carl v. Hessen und	1778 ff.	Bau des Freimaurerturmes
	Landgräfin Louise, Prinzessin v.	1. Hälfte	Umbau des Herrenhauses
	Dänemark	19.Jahrh.	
1831	Herzöge von Schleswig-	1834	Bau des Cavalierhauses
	HolsteinSonderburg-	1949	Gründung des Landerzie-
	Glücksburg		hungsheimes

14 Krieseby

Kirchspiel Sieseby   Kreis Rendsburg-Eckernförde

Erst gegen Ende des Mittelalters, im Jahre 1448, hören wir zum ersten Male von Krieseby und bemerkenswerterweise nicht in Verbindung mit einem Edelhof, einer Burg, sondern mit Dorf und mit curia, einem adeligen Wirtschaftshof. Große Teile Schwansens sind zu dieser Zeit Besitz des Bischofs von Schleswig, unmittelbar angrenzend liegt die bischöfliche Burg Stubbe, noch bis zur Gegenwart erinnern auf dem nahebei gelegenen Büstorfer Feld die Flurnamen Petriholz und Petribek an die einstige Zugehörigkeit zum Petersdom in Schleswig. Der Name Krieseby läßt überdies auf eine ursprünglich dörfliche Siedlung schließen, wie so viele -by Namen in der Umgebung der Schlei. Der erste Teil des Wortes ist bisher nicht befriedigend erklärt worden, vielleicht enthält er einen Personennamen. Noch heute wird der Ortsname wie Krisby ausgesprochen, die amtliche Schreibweise dürfte an die beiden östlich und westlich gelegenen Ortschaften Sieseby und Rieseby anknüpfen.

In jenem Jahre 1448 wird uns von zwei Lansten, also Bauernhöfen, des Bischofs von Schleswig berichtet und von einem Streit mit dem Besitzer der curia, dem Ritter Bartholomäus Breide. Betrachtet man die Lage des jetzigen und die des alten Hofes, so wird klar, daß hier nie eine Burg in dem eigentlichen Sinne bestanden haben kann. Die alte Hofstätte ist dafür viel zu groß, sie ist in der Tat kein castrum gewesen, keine Wasserburg, sondern ein großer, von breiten Gräben umgebener Wirtschaftshof.

Die Breide, die ersten uns bekannten Besitzer, gehören dem holsteinischen Uradel an, unbekannter Herkunft, nicht auf einen bestimmten Ort zu lokalisieren, vielleicht der einzige Fall einer Ministerialität in Holstein. Sie sitzen anfänglich in der Umgebung von Eutin, haben aber später überall in den Herzogtümern Besitzungen gehabt. Der Vater unseres Ritters Bartholomäus, der Ritter Hinrich Breide, wird 1390 genannt, er besitzt den Hof Nettelsee bei Preetz und wird hier von einem Manne aus Lübeck erschlagen. Seine Söhne, außer dem schon genannten Bartholomäus noch Hans Breide, schwören 1434 der Stadt Lübeck Urfehde wegen der Ermordung ihres Vaters.

Hans Breide, offenbar der ältere der beiden Brüder, erbt Krieseby von seinem Bruder, etwa um 1450 und wird noch einmal genannt wegen Grenzstreitigkeiten mit dem Domkapitel von Schleswig als Besitzer von Stubbe. Er scheint aber Krieseby nicht lange besessen zu haben, denn bald darauf sitzt das Geschlecht Sehestedt auf Krieseby. Damit beginnt die fast unablässig sich wiederholende Folge von neuen Besitzern, nur drei Epochen von längerer oder bestimmender Dauer heben sich heraus: die Zeit der Wohnsfleth, der Otte und der Kühl.

Hans Breide verkauft Krieseby an Claus Sehestedt gleichfalls aus altem holsteinischem Geschlecht, nicht verwandt mit den dänischen Sehestedt. Die Sehestedtsche Ära gibt zu vielen Wirrungen Anlaß. Claus verkauft Krieseby gleich zweimal, einmal an seinen Bruder Otto und dann an seinen Vetter Emeke Sehestedt. Als Otto tot ist, verkaufen Witwe und Kinder Krieseby an den Bischof von Schleswig, Helrich v. d. Wisch. Aber der Kauf wird angefochten, die Schötung, wir würden heute sagen: die Auflassung, ist nicht erfolgt. Als daher nach dem Tode des Bischofs Helrich 1488 dessen Nachfolger, der Bischof Eggert Anspruch auf Krieseby erhebt, wird er abgewiesen, und die Sehestedt behalten den Besitz. So findet sich 1507 und 1523 Sievert Sehestedt, ein Sohn des oben genannten Emeke Sehestedt, wieder als Herr auf Krieseby genannt. Nach anderen Quellen war Sievert ein Sohn Benedikt Sehestedts auf Kluvensieck. Von ihm geht das Gut über auf das Geschlecht Wohnsfleth, das seit 1544 auf Krieseby erscheint und das fast durch zwei Jahrhunderte mit diesem Gut verbunden bleibt.

Die Wohnsfleth gehören zu den ursprünglich sehr zahlreichen Rittergeschlechtern der Elbmarsch, aber außer ihnen haben nur die Brockdorff und die mit den letzteren wappengleichen vam Damme sich bis über das Mittelalter hinaus behaupten können. Die Wohnsfleth, die um die Mitte des 18. Jahrhunderts ausgestorben sind, erscheinen seit der Mitte des 15. Jahrhunderts in Schwansen, vor allem in Eschelsmark. Von 1512 bis 1540 war Waldemar (=Volmer) Wohnsfleth Besitzer von Eschelsmark. Er übergab seinem Sohn Henning 1537 Kl. Norby, seinem Schwiegersohn Heinrich Rantzau 1540 Eschelsmark, für sich selber richtete er den Hof Sönderby bei Rieseby ein. Henning Wohnsfleth heiratete Sibylle Sehestedt a. d. H. Ziegelhof, dem heutigen Louisenlund und erwarb offensichtlich durch sie Krieseby. Von der Mutter Margarethe Wohnsfleth, geb. Pogwisch, war ihm Kl. Norby zugefallen. Auch Stubbe scheint ihm wenigstens zeitweise gehört zu haben.

Als die Eltern gestorben waren (1556 bzw. 1557), ließen die Kinder ihnen den schönen Grabstein in der Kirche von Rieseby setzen. Der Meister der Tafel ist unbekannt, verwandte Stilmerkmale deuten auf ähnliche Grabsteine in der Kirche von Klipleff in Nordschleswig hin.

Henning Wohnsfleth selber starb 1564. Ihm folgte im Besitz von Krieseby sein Sohn Waldemar, der 1609 gestorben ist. Während seiner Besitzzeit kam das inzwischen verlorengegangene Kl. Norby durch Kauf an Krieseby zurück. Waldemar Wohnsfleth war, wie sein gleichnamiger Großvater, mit einer Pogwisch verheiratet, ebenfalls mit dem Vornamen Margarethe, jedoch aus dem Hause Farve. Auf ihn folgte sein Sohn Justus, meist Jost genannt, der schon in jungen Jahren 1618 starb, seine Frau Margarethe, geb. v. d. Wisch a. d. H. Fresenhagen, folgte ihm ein Jahr später, 1619. Jost Wohnsfleth dürfte der Erbauer der Wohnsflethschen Gruft in der Kirche von Sieseby gewesen sein. Diese Gruft wurde erst im Jahre 1965 bei Restaurierungsarbeiten in der Kirche aufgefunden und bot zunächst den Zustand völliger Verwüstung, wenn nicht gar Beraubung. Inzwischen ist durch eingehende Nachforschungen der Sachverhalt aufgeklärt worden. Im 18. Jahrhundert wurde an der Kirche in Rieseby eine Wohnsflethsche Grabkapelle erbaut und hierher die noch gut erhaltenen Särge aus Sieseby überführt. Der Rest blieb in Trümmern liegen. Aber aus den geborgenen Sargschildern lassen sich die verwandtschaftlichen Beziehungen der Wohnsfleth nunmehr einwandfrei rekonstruieren.

Als Jost Wohnsfleth 1618 gestorben war, hinerließ er drei Söhne, Wolf, Sievert und Henning. Nach altem holsteinischem Brauch warfen sie das Los über den väterlichen Nachlaß, Sievert erhielt Krieseby und lebte hier von 1623 bis 1665, dann trat er das Gut an seinen Schwager Hartwig Schack ab, doch kam Krieseby bald darauf an die Söhne des Bruders Henning Wohnsfleth auf Dörphof. Der eine von ihnen, auch wieder Waldemar oder Volmer geheißen, fiel als Rittmeister in der Schlacht bei Lund in Schweden am 4. Dezember 1676. Krieseby wurde bald darauf an den Sohn seines Bruders, Gosche Wohnsfleth, für 15 309 Rthlr. verkauft. Dieser war seinerseits mit Margarethe Schack verheiratet, einer Tochter von Hartwig Schack und Anna Wohnsfleth. Nach seinem Tode im Jahre 1683 erbte dessen Sohn Christian Detlev Wohnsfleth Krieseby. Er ging in holstein-gottorpische Dienste und folgte der Leiche des 1702 auf dem Schlachtfelde von Klissow in Polen gefallenen Herzog Friedrichs IV. zurück in die Heimat. Er starb im Jahre 1714, und sein einziger Sohn, der Kammerjunker Henning Wohnsfleth übernahm jetzt Krieseby. Zur gleichen Zeit kaufte er Stubbe, aber starb bereits 1717, nachdem er kurz zuvor die junge Sophie v. Leuenburg a. d. H. Hemmelmark geheiratet hatte. Er war der letzte Wohnsfleth auf Krieseby, und mit seinem Vetter Ernst Christopher Wohnsfleth auf Weseby starb die männliche Linie des Geschlechts im Jahre 1747 aus. So hatten die Wohnsfleth 7 Generationen hindurch und fast 175 Jahre auf Krieseby gesessen. Nun wechselt Krieseby in rascher Folge gleich viermal den Besitzer, erst Friedrich v. Ahlefeldt, der auch das Gut Stubbe von Henning Wohnsfleth gekauft hatte, aber mit beiden Gütern schon 1720 Konkurs machte, Krieseby ging über an Cai Friedrich Schack, der es nur bis 1722 behielt. Dann folgt ein Herr Twestring, über den nichts weiter bekannt ist. 1735 geht Krieseby an den Kaufmann Christian Otte aus Eckernförde über, zu der Zeit noch ein seltenes Faktum, daß Kaufleute adelige Güter erwerben. Mit dem Einzuge der Otte beginnt die Glanzzeit von Krieseby, die knapp vier Jahrzehnte umfaßt, aber bis zum heutigen Tage dem Gut seine Bedeutung verleiht.

Mit der Familie Otte betritt eine ganze neue Schicht unsere Güter, ihr folgen die Koch auf Schobüllgaard, die Wittmaack auf Testorf, die Lassen auf Siggen und manche andere mehr. Die Familie Otte hatte sich durch mehrere Generationen hindurch in Eckernförde Ansehen und Vermögen erworben, Korn- und Weinhandel bildete die Grundlage ihrer Existenz. Nun stößt Christian Otte 1735 kühn und erfolgreich in den Kreis der adeligen Güter vor und löst die in sich zerstrittenen und müde gewordenen kleinen Rittergeschlechter ab. Er geht mit Schwung ans Werk, kaum hat er Krieseby erworben, als er auch schon die gesamte alte Hofanlage abbrechen läßt. Aus dem Geröll schichtet er nahe der Landstraße einen ebenen Platz auf und errichtet hier im Verlaufe eines Jahrzehnts den neuen Hof, der sich heute noch, nach über 200 Jahren, fast genau so repräsentiert wie zur Zeit der Erbauung. Geschickt wird die Erhöhung, die das Herrenhaus trägt, in die Landschaft hineinkomponiert, steil fällt der Abhang herab zu den breiten Hausgräben des alten Hofes, in der ganzen Länge dieses weiträumigen Platzes legt er eine stattliche Lindenallee an, in deren äußerstem Blickpunkt eine uralte Eiche steht, sicherlich ein Stamm aus der Zeit der Entstehung des Hofes. In der Mitte ist die Allee zur Kreuzform gestaltet und gibt den Blick frei vom Gartensaal des Herrenhauses bis hin zu der entfernten Pforte in der äußeren Begrenzung des alten Hofes.

Das Kuhhaus, das nicht mehr steht, war das erste Gebäude des neuen Hofes, es entstand 1739 ; 1742 folgte das Herrenhaus, auf der Platte über dem Portal nennt sich Christian Otte stolz: „Erbherr auf Criesebuy", der Pferdestall wurde 1747, das Torhaus 1749 errichtet. Die Anlage des Hofes ist sehr geschickt, die

Torhaus

Hofgebäude stehen nicht parallel, sondern in leichtem Winkel zueinander, um die charaktervolle Fassade des Herrenhauses besser einzurahmen. In ganz besonderem Grad beherrscht jedoch das Torhaus den Eindruck des Gutes Krieseby. Unmittelbar an der Landstraße liegt dieses stattliche Gebäude, dessen breiter Torbogen den Blick freigibt in den geschlossenen Hofraum. Die robust aus Quadern aufgemauerten weißgekalkten Eckrisalite geben dem Tor Schwere und Würde. Über dem hohen Dreiecksgiebel mit dem Monogramm des Bauherrn und der Jahreszahl 1749 in starken schmiedeeisernen Ankern erhebt sich die hohe dreiteilige Laternenspitze mit ihrer leichten Holzkonstruktion. Hier hängen seit alter Zeit Uhr und Glocke, die die Viertelstunden schlägt, und deren Aufhängung im buchstäblichen Sinne das alte Wort verdeutlicht: Die Uhr geht wie der Wind bläst – da das Pendel in der freien Luft schwingt, geht die Uhr in der Tat schneller, wenn der Wind von Osten kommt!

Christian Otte hatte acht Kinder, unter ihnen drei hervortretende Söhne, Georg Christian, der Bürgermeister von Schleswig wurde, Johann Nikolaus, der 1754 das benachbarte adelige Gut Bienebek kaufte, 1758 jedoch Krieseby übernahm und Friedrich Wilhelm, der Bürgermeister von Eckernförde war. Vor allem die beiden letztgenannten Brüder setzten die weltoffene, geschäftskundige Art der Otte fort. Johann Nikolaus gründete auf Bienebek 1761 eine Wollmanufaktur mit Färberei, später nach Eckernförde verlegt. Bedeutender noch war die Begründung einer Fayencefabrik auf Krieseby, die bald nach der Übernahme des Gutes enstanden sein muß, wahrscheinlich im Jahre 1759. Die Fabrik stand nicht

Fayencen

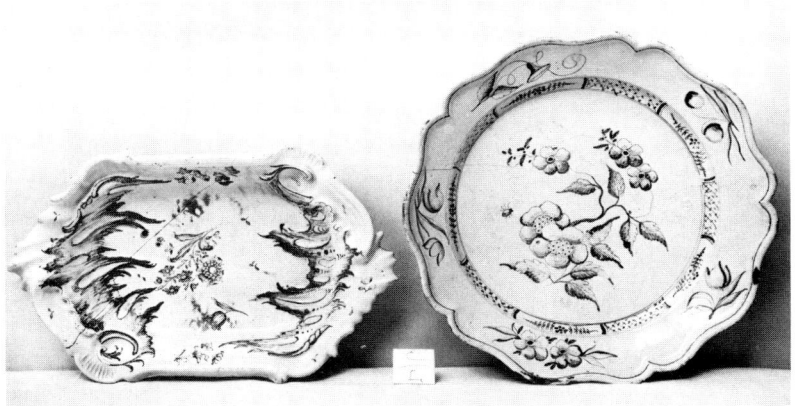

auf dem Hofe, sondern im Kriesebyer Wald, anscheinend auf einer reichlich dünnen Tonschicht. Im Januar 1760 berichtet der Conferenzrath v. Adriani: „daß der Versuch, welcher auf bemeldetem Gute zur Anlegung einer zwoten Fayencefabrike (die erste war in Schleswig begründet worden) vorgewesen, soll gut vonstatten gegangen sein". Im September 1760 schreibt er jedoch: „Auf Criesebuy aber ging dieselbe Unternehmung gar nicht wol vonstatten. Er könne nicht anders vermuten, als daß solches daher komme, weil man daselbst der Meinung des vorigen Buchhalters Cohs folgen wolle".

So bemüht sich 1763 Johann Nikolaus Otte, zusammen mit seinem Bruder Friedrich Wilhelm, die Fabrik nach Eckernförde zu verlegen. Spätestens 1765 ist die Verlegung tatsächlich erfolgt. Als Künstler in Krieseby waren die Maler Abraham Leihamer und Jahn tätig. Die Leistungen dieser kleinen Fayence-Manufaktur sind bedeutend, hier ist mit großer Anmut und Grazie gearbeitet worden.

Der rastlose Geschäftssinn der Otte ließ auch noch eine Amidam-Fabrik (Amidam = Stärkemehl) entstehen, doch haben alle diese Gründungen auf den entlegenen Gütern nicht lange Bestand gehabt.

Interessant ist, daß beide Brüder, so sehr sie Kaufleute, ja Industrielle des frühen Merkantilismus waren, doch danach trachteten, landfest zu werden und es den benachbarten Junkern gleich zu tun. Johann Nikolaus Otte vermählte sich mit Elisabeth Friederike v. Gössel aus dem benachbarten Stubbe, Friedrich Wilhelm gar mit einer Reventlow, Dorothea Charlotte.

Johann Nikolaus verlegte 1763 seinen Wohnsitz von Krieseby nach Eckernförde, damit scheint sein Interesse am Besitz weitgehend erloschen. Wenige Jahre später, 1771, verkauft er das Gut an Detlev v. Ahlefeldt auf Saxtorf und Hohenstein. Nun beginnt eine Periode des häufigen Besitzerwechsels für Krieseby. Detlev v. Ahlefeldt hat schwerlich auf Krieseby gewohnt, sondern das Gut wohl mehr als Kapitalanlage oder zwecks Abfindung seiner Schwester gekauft. Nur zwei Jahre später, 1773, gibt er es an seinen Schwager Friedrich v. Rumohr auf Seegalendorf und Sehestedt weiter. Dieser war Landrat in Holstein und Obergerichtsrat in Schleswig, hat aber nach seiner Entlassung aus seinen Ämtern von 1774 an auf Krieseby gelebt. Ein Jahr vor seinem Tode übergibt er Krieseby seinem ältesten Sohne Detlev Christian v. Rumohr, einem anscheinend unruhigen und spekulativ veranlagten Charakter. Dieser behält Krieseby nur vier Jahre lang, bis 1803, nimmt aber in der kurzen Zeit seines Besitzes große Veränderungen vor. Der Meierhof Büchenau wird von ihm vom Gut getrennt und am 1. November 1802 an den bisherigen Pächter Christian Wilhelm Brandt für 30000 Taler in Species verkauft. Als er Krieseby selber kurz darauf am 15. Januar 1803 an die Brüder v. Eggers veräußert, erwirbt er an Stelle von Krieseby die Güter Maasleben und Schönhagen in Schwansen, Petersdorf im Oldenburgischen Güterdistrikt und Steinrade im Dänischen Wohld, endlich nach dem unbeerbten Tode seines Bruders noch Sehestedt, macht aber mit seinem ganzen großen Vermögen 1812 Konkurs und stirbt in Armut in Plön. Aber auch die Zeit der Eggers war wirr genug. Noch im Jahre des Ankaufs von Krieseby, am 28. Oktober 1803, verkaufen die beiden Brüder Eggers das Gut für 114500 Taler Kurant an zwei Engländer, an den englischen Agenten George Harward in Husum und dem Kaufmann Olivier in London. Dieser letztere trat seinen Anteil an Harward ab, der jedoch in Vermögensverfall geriet und sich 1807 seinen Gläubigern durch die Flucht entzog. So fiel Krieseby jetzt an den inzwischen zum Freiherrn aufgestiegenen Christian Ulrich Detlev v. Eggers auf Gaarz zurück. Eggers, der sich sowohl durch seine hohen Staatsstellungen als auch durch eine umfangreiche schriftstellerische Tätigkeit einen Namen gemacht hat, starb 1813 als Oberpräsident von Kiel. Über seinen Nachlaß wurde wiederum ein Konkurs eröffnet, so mußte Krieseby abermals verkauft werden. Auf der Zwangsversteigerung vom 11. Dezember 1817 ersteigerte der Kaufmann Johann Detlev Kruse aus Eckernförde das Gut für nur 37000 Taler Kurant, für ein Drittel der Kaufsumme, die 14 Jahre früher die beiden Engländer bezahlt hatten. Aber auch jetzt noch war keine Stetigkeit im Besitz vorhanden, zwar erbte 1824 der Sohn Christian Friedrich Kruse das Gut, aber 1847 war auch er wirtschaftlich am Ende.

Der neue Erwerber, Hinrich Kühl, stammte aus dem Dorfe Rade Kreis Rendsburg, wo seine Familie seit 300 Jahren fest auf deren Hof saß. Diese Zähigkeit des Festhaltens an der Scholle blieb den Kühl auch auf Krieseby erhalten, Hinrich, der wegen der politischen Unruhen der Zeit den Besitz erst 1848 übernehmen konnte, behielt Krieseby bis zu seinem Tode am 1. April 1887; ihm folgte sein Sohn, der Generallandschaftsrat Claus Kühl, der im hohen Alter von 86 Jahren am 21. März 1940 starb. Von ihm erbte sein Sohn Heinrich Kühl, † 1967. Dessen Sohn wiederum, Otto Heinrich Kühl, bewirtschaftet das Gut jetzt also schon in der vierten Generation.

Nachdem der Meierhof Büchenau im Jahre 1802 abgetrennt worden ist und das Dorf Zimmert 1948 aus Gründen der Erbteilung mit den Geschwistern verkauft wurde, beträgt die Größe des Gutes heute 202 ha, davon 175 ha Acker und 27 ha Wald, der Holm genannt.

Das Herrenhaus von 1742 hat in den über zwei Jahrhunderten seit seiner Erbauung kaum Veränderungen erfahren. An der Hinterfront entstand eine Veranda, um 1890 wurde das Frontespice aufgehöht, der Flügel zur Rechten ist wohl fast gleichzeitig mit dem Hause selbst entstanden. Im Inneren ist die Eingangshalle von architektonischem Reiz, ein verhältnismäßig schmaler Raum, der die steil ansteigende doppelläufige Treppe aufnimmt und in nahezu perspektivischer Verkürzung den Blick zu einer oberen Treppentür öffnet. Im Zuge der grundlegenden Sanierungsmaßnahmen seit 1985 wurden in der Diele die im Ostseeraum früher viel verwendeten Öland-Platten neu verlegt. Im Gartensaal, der sparsam stuckiert ist, zwei Supraporten des ausgehenden 18. Jahrhunderts, die eine die Gartenfront von Krieseby, die andere eine Landschaft an der Schlei darstellend, vielleicht bei Bienebek.

Auch die Hofanlage präsentiert sich nunmehr in ihrer reizvollen geschlossenen Form: Die Hofscheune von 1642 wurde um 6 m verkürzt und dadurch auf ihre ursprünglichen harmonischen Ausmaße gebracht. Anstelle des baufälligen Pferdestalles unmittelbar am Herrenhaus entstand für den als Betriebsleiter tätigen Sohn des Besitzers durch Architekt Fröhler ein stilvolles Wohnhaus nach alter Vorlage.

Es gibt zwei gedruckte Gutsbeschreibungen, die eine aus dem Jahre 1807, die andere von 1815, also beide aus der Zeit der Wirrungen mit den Engländern und dem Freiherrn C. U. D. v. Eggers. Aus ihnen ergibt sich, daß das Hofland – fast entsprechend dem heutigen Bestand – 430 to = 215 ha betrug.

Adel. Gut Krieseby

Besitzer: Otto Heinrich Kühl

Besitzer		*Gut und Bauten*	
1448	Ritter Bartholomäus Breide	1448	curia Kritzbü
1495	(v.) Sehestedt	1742	Herrenhaus erbaut
1544	Henning Wohnsfleth,	1749	Torhaus erbaut
	dann dessen Nachkommen	1802	Meierhof Büchenau verkauft
	bis 1717	1850	westliche Scheune erbaut
1735	Otte	1913	Kuhhaus erbaut
1771	v. Ahlefeldt	1948	Dorf Zimmert verkauft
1773	v. Rumohr	1985	Verkürzung der Hofscheune
1803	v. Eggers	1986	Aufbau eines Wohnhauses an
1817	Kruse		Stelle des Pferdestalles
1847	Hinrich Kühl,		
	dann dessen Nachkommen		

15 Carlsburg

Kirchspiel Karby   Kreis Rendsburg-Eckernförde

Erst nachdem im Jahre 1785 der Landgraf Carl von Hessen-Cassel, der langjährige Statthalter des Königs von Dänemark in den Herzogtümern, mit der Residenz auf Schloß Gottorf das Gut angekauft hatte, erhielt es den Namen Carlsburg, heute in amtlicher Schreibweise Karlsburg. Bis dahin hieß es Gereby, im Mittelalter ein bischöfliches Dorf unweit der Schlei und seit 1352 bezeugt. Damit reiht sich Gereby in die große Zahl der Ortschaften auf beiden Seiten der Schlei ein, deren Namen auf -by endigen und die Anlaß zu der Vermutung gegeben haben, daß es sich hier um Siedlungen der Wikinger-Zeit handelt, an deren Endpunkt die alte Handelsstadt Haithabu liegt. Ob diese Annahme stichhaltig ist, kann hier nicht näher untersucht werden, – es gibt auch Gründe, die gegen diese Theorie sprechen. Interessanter für uns ist vielleicht die nahezu unablässige Veränderung der Gestaltung des Gutes. Vor einigen Jahren erschien ein kleine Schrift, die sich auf Karlsburg bezieht: Vom Dorf zum Gut, vom Gut zum Dorf. In dieser knappen Überschrift verbirgt sich in der Tat das Wesentliche, was über Karlsburg ausgesagt werden kann, im Mittelalter ein Dorf, dann zu Beginn der Neuzeit zu einem großen Gut umgewandelt, um die Wende des 19. Jahrhunderts weitgehend parzelliert und von den einst zugehörigen Dörfern getrennt, endlich in neuerer Zeit auch der Gutskern aufgelöst, mit gewissen Resten alter Herrlichkeit wie Schloß und Allee, aber auch mit vielen neugegründeten Bauernhöfen von Siedlern und Häuslerstellen für Arbeiter und Flüchtlinge; vor allem aber auch der Umgestaltung des Schlosses zu einem Landerziehungsheim.

Im Zeitalter der Reformation geht eine gewaltige Umschichtung des Kirchenvermögens vor sich. Der letzte katholische Bischof von Schleswig, Gottschalk v. Ahlefeldt, ist seiner ganzen Persönlichkeit nach ein wahrer Kirchenfürst gewesen, nicht nur Geistlicher, sondern auch Politiker und Staatsmann, Berater der dänischen Könige, treuer und geschickter Verwalter des ihm anvertrauten Kirchenguts. Die Zeichen der Zeit sind nicht zu verkennen, so entschließt er sich, den Besitz des Bistums durch Verkäufe zu verkleinern, um Schulden abzutragen, die das bischöfliche Vermögen belasten. 1533 war der Bischofszehnte abgeschafft worden, dadurch sanken die Einnahmen des bischöflichen Stuhles erheblich. So verkauft er zunächst im Jahre 1537 die später zu Olpenitz gelegten Dörfer Hüxmark, Nübbel und Brodersby. Zwei Jahre später, 1539, verkauft er an den Ritter Cai Rantzau auf Kletkamp das anstoßende Gereby mit der Mühle, Kopperby und Karby, „... mit allen Äckern, Wiesen, Weiden, Hölzungen, Mast und Mastgeld, Brüchen, Busch, Mooren, Gewässern, Fischerei mit allen Renten, Pachten, Abgaben, Diensten, Jagdgeld und allen Herrlichkeiten und Freiheiten". Cai Rantzau machte sich ungesäumt ans Werk, legte das Dorf Gereby nieder und errichtete hier einen großen Wirtschaftshof. Nach Cai Rantzaus Tode, † 1560, erbten Gereby zunächst seine beiden Söhne Moritz und Detlev gemeinsam, aber seit 1572, als Moritz gestorben war, befand sich das Gut allein in der Hand von Detlev Rantzau.

Detlev Rantzau, † nach 1605, war ein bedeutender Mann, Rat des Herzogs Adolf, zeitweilig auch dessen Statthalter. In Gereby dürfte er kaum Wurzeln geschlagen haben, schon 1586 gab er das Gut weiter an Johann v. Ahlefeldt. Auch dieser behielt das Gut nur kurze Zeit, durch seine Heirat mit Ida Rathlow stand er zu diesem Geschlecht in nahen Beziehungen. So verkaufte er 1598 Gereby mit 13 Hufen im Dorfe Winnemark, 6 Hufen in Kopperby und 6 Hufen in Karby an Gosche Rathlow in Lensahn für 42 000 Rthlr. Am 10. Februar 1598 wurde der Kaufvertrag von König Christian IV. von Dänemark bestätigt. Johann v.

Ahlefeldt hat sich durch sein großartiges Epithaph in der Kirche von Eckernförde bis zur Gegenwart im Gedächtnis erhalten. Das aus Sandstein und Alabaster gefertigte, der Werkstatt von Henni Heidtrieder zugeschriebene Werk ist ein architektonischer Renaissance-Aufbau in drei Geschossen, linke und rechts von den vollplastischen Figuren des Ritters und seiner Gemahlin flankiert, sie beide kniend mit gefalteten Händen auf kleinen Betschemeln vor Halbrundnischen mit Muschelgewölben, links der Ritter in voller Rüstung mit gerafftem Schultercape, rechts die Frau in weiter Mantelpelerine.

Jetzt setzt für eine Zeitspanne von fast 2 Jahrhunderten eine stetige Entwicklung ein, erst sitzt das Geschlecht Rathlow auf Gereby, später deren Erben v. Brömbsen. Die ersten Jahrzehnte dieser Besitzerzeit sind erfüllt von der Umbildung der Landschaft zu einer für damalige Zeiten modernen Großlandwirtschaft, 1604 wird das Dorf Rinkenis an der Schlei hinzugekauft, nur um alsbald niedergelegt zu werden. Alle Gesuche der Hufner und Kätner um eine Entschädigung für den Abbruch ihrer Häuser, die doch von ihnen selber errichtet waren, blieben ohne Erfolg, nicht einmal der König fand sich bereit, ihnen zu helfen.

Gosche Rathlow starb 1636, ihm folgte sein Sohn Wulf Siegfried, der an Härte des Wesens den Vater noch übertraf. Wir hören von ihm wenig Gutes in bezug auf die Behandlung seiner Untertanen, auch von Grenzstreitigkeiten mit Nachbarn um nichtige Dinge ist immerfort die Rede. Schlimmer war eine Affäre aus dem Jahre 1655. Einem Bienebeker Knecht waren beim Ausspannen am Dorfe Sensby zwei Pferde entlaufen. Als er sie auf einer Gerebyer Weide wieder einfangen wollte, kam Wulf Siegfried Rathlow darüber hinzu, ritt den Knecht nieder und ließ ihn durch seinen Reitknecht erschießen. Rathlow mußte für diese empörende Tat einen Knecht von Winnemark nach Bienebek geben und eine Mannbuße von 400 Rthlr. zahlen.

Der 30jährige Krieg warf seine Schatten auch über Schwansen, vielleicht mehr noch der sogenannte Polackenkrieg von 1658 bis 1660. In dieser Zeit wurden dem Junker v. Rathlow von den Schweden Sattel und silbernes Zaumzeug gestohlen, von den Polen sein Petschaft, ein Drittel der Rindviehherde und alle Wagen und Pfluggeräte. Von sieben Hufnern in Karby waren vier geflüchtet, die übrigen drei zu Bettlern geworden. In Kopperby waren von sechs Hufnern noch zwei übrig, die keine Pferde und jeder nur noch eine Kuh besaßen. Von den neun Winnemarker Hufen waren vier wüste, von den restlichen fünf hatten zwei wenigstens zwei Pferde und zwei Kühe gerettet, einer besaß noch eine Kuh, die beiden letzten gar nichts mehr.

So kann es nicht überraschen, daß bei dem Tode von Wulf Siegfried Rathlow 1658 verworrene Zustände herrschten. Sicherlich hatte dies zu dem einen Teil eine aufwendige Lebensführung bewirkt, zum anderen Teil aber auch die Wirren der Kriege, kurz und gut, seine Witwe Berthe Katharine geb. v. Rumohr a. d. H. Olpenitz besaß nicht einmal die Mittel für eine standesgemäße Beerdigung. Erst nachdem sie drei Jahre später, 1661, ihren Schmuck in Eckernförde verpfändet oder verkauft hatte, konnte die Beisetzung stattfinden. Bei dieser Gelegenheit wurde am 6. September 1661 ein vollständiges Inventarium aufgenommen, das nicht nur die Gebäude, die Teiche und Fischwässer und die Dorfschaften umfaßte, sondern auch die Mobilien an Silber- und Gold-Geschmeide, an Waffen, Kleidern, Betten, Leinen, Zinn- und Kupfergerät, an Hausrat aller Art, endlich an Vieh und Getreide. Auch die Schulden mit 22848 Rthlr. wurden sorgfältig erfaßt. Unter den Gegenständen aus Edelmetall ist von besonderem Interesse eine goldene Kette mit anhängendem Kleinod, ein Geschenk der Schwiegermutter, jetzt von der Witwe wegen der Begräbniskosten verpfändet, ebenso ein vergoldeter großer Trinkbecher mit Deckelaufsatz. Weiter werden genannt eine vergoldete silberne Kanne mit den Initialen I. R. und H. R. bezeichnet, wohl Ida Rathlow und Hinrich Rathlow, 6 silberne Löffel, ein vergoldeter zusammenlegbarer Löffel, 5 kleine vergoldete Becher. Und zum Schluß des Inventariums heißt es melancholisch: ,,Des seligen Junkers Petschaft haben die Polacken mit sich genommen''.

Wulf Siegfried Rathlow hinterließ einen Sohn und fünf Töchter. Eine von ihnen, Anna Rathlow, war verheiratet mit Hans v. Brömbsen, † 1677, aus Lübeck. Er kaufte der Witwe und den Miterben 1671 für 36400 Rthlr. das Gut ab und ließ sicherheitshalber von den Kanzeln der Kirchen in Kiel, Rendsburg und Oldesloe alle Gläubiger der Rathlow auffordern, sich mit etwaigen Ansprüchen zu melden. Mit ihm zieht eine neue Schicht von Landjunkern ein. Das Geschlecht gehört wie die v. Wickede, v. Höveln, v. Calven und andere mehr dem Lübecker Patriziat an, fand aber in dieser Zeit den Weg auf die Güter im Holsteinischen. Außer auf Gereby begegnen wir den Brömbsen auch auf Hohenlieth im Dänischen Wohld und durch manche Heiraten, mit den Rathlow, mit den Buchwaldt, vor allen mit den Hedemann haben sie sich dem einheimischen Landadel vielfach verbunden.

Nach dem Tode von Hans v. Brömbsen 1677 führte die Witwe das Gut weiter, bis sie es im Jahre 1700 ihrem jüngsten Sohn Hans Heinrich v. Brömbsen für 60000 Rthlr. überließ. Dieser begründete durch Zusammenlegung einiger Hufen den Meierhof Bockholt. In der Kirche von Karby ließ er eine Familiengruft erbauen, deren Bekrönung von zwei Löwen getragen die vereinigten Wappen v. Brömbsen und v. Buchwaldt zeigt, er war mit Anna Hedwig v. Buchwaldt verheiratet. Die aus Holz geschnitzte Bekrönung befindet sich jetzt im Schleswig-Holsteinischen Landesmuseum auf Schloß Gottorf. 1717 verstarb er nach kurzer Besitzzeit.

Ihm folgte sein Sohn Marquardt v. Brömbsen im Besitz nach, aber es erwies sich als unmöglich, das Gut zu halten. Der Nordische Krieg von 1700 bis 1721 hatte weithin Handel und Wandel gelähmt, Einquartierungen aller Art bedrückten die Güter, der Verkauf landwirtschaftlicher Produkte war oft unmöglich. So gingen in den Jahren von 1717 bis 1723 eine Reihe von Gütern in Schwansen in Konkurs, darunter 1720 auch Gereby. Aus dem Konkurs kaufte ein wohlhabender Freund der Familie v. Brömbsen, der Vice-Präsident am Appellationsgericht in Celle Johann Christoph von Hedemann das Gut an. Er tat es sicherlich nicht ohne Vorbedacht, in der gleichen Zeit war Marquardt v. Brömbsen sein Schwiegersohn geworden; gleichwohl wußte er seinen Vorteil zu wahren. Er selber hatte Gereby für 61 000 Rthlr. erworben, gab es aber 1727 für 71 000 Rthlr. an den Schwiegersohn zurück. In der kurzen Zeit, in der Hedemann das Gut besaß, entstand das heute noch stehende Schloß, sicherlich im Laufe der inzwischen verflossenen 250 Jahre in vielen Einzelheiten verändert, aber doch eindeutig die Zeichen der Zeit, den Stil des Barock aufzeigend.

Das Haus ist ein ungewöhnlich langgestreckter, etwas nüchtern wirkender weißgetünchter Ziegelbau mit zwei Geschossen und 13 Fensterachsen. Der Mittelteil wird durch einen schmalen dreistöckigen und dreiachsigen turmartig vorspringenden Ausbau betont und gegliedert. Dieser Mittelteil ist von einer gedrungen gestalteten welschen Haube überhöht, die ursprünglich vorhandene Laterne ist wohl 1853 entfernt worden. Die Ecken des Mittelrisalits und die der Seitentrakte sind durch leichte Rustikagliederung eingefaßt. Wieweit im

Inneren eine Ausgestaltung stattgefunden hat, ist heute schwer zu entscheiden, nachdem zahlreiche Umbauten vorgenommen worden sind. Erhalten hat sich nur im Festsaal des Obergeschosses eine verhältnismäßig bescheidene Stuckierung aus der Zeit der Erbauung des Hauses, also um 1725. Von dem Hause, das vorher hier stand, erfahren wir durch das erwähnte Inventar von 1661. Hier heißt es in moderner Umschrift: ,,Das adelige Wohnhaus Gereby in sich selbst ist zwar ein altes Gebäude, jedoch an Dach und Fenstern ziemlich in Ordnung, nur sind die Pfannen nicht verstrichen.'' Demnach war es ein hartgedecktes Wohnhaus, wohl noch aus der Rantzauschen Zeit.

Marquardt v. Brömbsen gehört mit seiner Familie, mit Nachbarn und Freunden im Holsteinischen zu den entschiedenen Anhängern des Pietismus. Diese Bewegung strahlte aus von dem Grafen Stolberg auf Wernigerode im Harz und hatte vor allem im Norden Deutschlands viele Freunde. Der Hofrat Anton Heinrich Walbaum aus Wernigerode unternahm in den Jahren 1741, 1744 und 1752 drei Reisen nach Schleswig und Holstein und hielt sich 1744 längere Zeit auf Gereby auf. Er stellte mit Freuden fest, wieviele ,,Erweckte'' es hier gab, die Brömbsen auf Gereby, die Dewitz auf Loitmark, die Priörin v. Beulwitz aus Schleswig und andere mehr. Marquardt v. Brömbsen, der auch Hohenlieth besaß, wo er eine Kapelle erbaute, ist auch als Dichter von Chorälen bekannt geworden.

Brömbsen hatte nicht die Härte seiner Vorfahren Rathlow geerbt, es finden sich Urkunden über die Freilassung Leibeigener, ja sogar freiwilliger Unterstellung in die Leibeigenschaft auf Gereby. 1737 legte er die lange Lindenallee an, die auf das Carlsburger Schloß zuführt. 1738 richtete er gemeinsam mit seinem Nachbarn auf Loitmark die Schule in Kopperby ein, schon seit 1733 hatte er in Gereby einen Schullehrer beschäftigt.

Als er 1761 starb, ging Gereby über an seinen Sohn, der wie er selber Marquardt hieß und ebenso wie der Vater kgl. dänischer Landrat war. Er hat Gereby nicht selber bewirtschaftet, sondern es von 1764 bis 1780 an Bertram Friedrich Jansen aus Bienebek verpachtet, anschließend an Nikolaus Jansen, wohl dessen Sohn. Das Schloß wurde von ihm wesentlich erweitert, vermutlich in seiner Besitzzeit entstanden die beiden Flügelanbauten auf der Südseite des Schlosses. Der Anbau am Ostende nahm die Breite von drei Fenstern ein und enthielt die Pächterwohnung, darunter einen Keller. Asymmetrisch dazu ragte vor der heutigen Westtür ein schmälerer, dafür doppelt so langer Flügel hervor, der den Wirtschaftshof nach Westen hin abschloß und Wagenremise, Pferdeställe, Backhaus und dergleichen enthielt. Vielleicht hatten diese umfangreichen Bauten die finanziellen Kräfte Marquardt v. Brömbsens überstiegen, jedenfalls entschloß er sich zum Verkauf. Am 5. November 1785 wurde der Kaufvertrag mit dem Landgrafen Carl v. Hessen-Cassel abgeschlossen, der Kaufpreis betrug 109 500 Rthlr., ein guter Preis, wenn man bedenkt, daß reichlich 100 Jahre früher der Urgroßvater Hans v. Brömbsen nicht mehr hatte aufwenden müssen als 36 400 Rthlr. Mit dem Ankauf Gerebys durch den Landgrafen geht die Zeit des Gutes als selbständige Einheit zu Ende. Der Ankauf fügt sich ein in eine klare und zielbewußte Politik des Landgrafen und seiner Besitznachfolger, der Herzöge zu Schleswig-Holstein, sich einen geschlossenen Güterkomplex zu sichern. Nördlich der Schlei sind es die großen adeligen Güter Roest und Buckhagen, südlich außer Carlsburg Loitmark, Grünholz, Bienebek und Staun. So findet auf Carlsburg keine herrschaftliche Haushaltung mehr statt, der Gutsbetrieb wird eingegliedert in die Gesamtzahl der herzoglichen Betriebe, das Schloß wird aufgeteilt in vier Kompartimente, die dem Pächter, dem Förster, später auch seit 1888 der herzoglichen Generalverwaltung zugewiesen werden. Nur selten, daß das Schloß für große Veranstaltungen benutzt wird; einmal, 1855, als dem Herzog Carl zu Schleswig-Holstein, der den Landgrafen beerbt hatte, das Fideikommiß übergeben wird.

Der Landgraf Carl von Hessen war 1836 im Alter von 92 Jahren verstorben. Er hatte in seinem Testament die Güter Carlsburg, Roest und Buckhagen mit einem Fideikommiß zugunsten seines Enkels, des Herzogs Carl zu Schleswig-Holstein-Sonderburg-Glücksburg belegt. Zunächst wurden die drei Güter durch den Geheimen Conferenzrath Detlev v. Bülow auf Bothkamp, Verbitter des adel. Klosters Itzehoe, administriert. Nach Errichtung der Fideikommiß-Stiftungsurkunde 1854 fand am 28. November 1855 die feierliche Übergabe auf Schloß Carlsburg statt. Der Festakt begann um 12 Uhr, um 3 Uhr gab es ein gutes Diner, um 8 Uhr abends eine soirée dansante im Gartensaal. Gleichzeitig wurden in den Dörfern der Güter Lustbarkeiten abgehalten, die Gutsherrschaft hatte Kaffee, Punsch, Bier und Kuchen gestiftet, nur der „unanständige'' Branntwein blieb verpönt. Zum Schluß gab es Tanz.

Als Herzog Carl 1878 kinderlos verstorben war, ging der Besitz über an seinen Bruder, Herzog Friedrich und dann jeweils im Erbgang weiter auf einen Sohn: 1885 an Herzog Friedrich Ferdinand, 1934 an Herzog Friedrich, 1965 an Herzog Peter und 1980 an Prinz Christoph, geb. 1949.

Und noch ein zweites Mal sah das Schloß eine große und glänzende Gesellschaft, im preußisch-dänischen Krieg von 1864. Ein Augenzeuge berichtet hierüber folgendes. Der Oberbefehlshaber der preußischen Truppen, Prinz Friedrich Carl von Preußen, ein Bruder des peußischen Königs, nahm am 4. Februar 1864 im Schloß Carlsburg Quartier. Im Pastorat in Karby lag der Stab einer Infanterie-Division, die Pferde wurden wegen der großen Kälte in der Kirche untergebracht und zernagten hier das Gestühl so gründlich, daß der Überlieferung nach der König von Preußen nach dem Kriege der Kirchengemeinde ein neues Gestühl schenkte. Am Nachmittag des 5. Februar 1864 fand im Schloß Carlsburg der Befehlsempfang statt, da für den nächsten Tag der Übergang über die Schlei an mehreren Punkten geplant war, nächst Carlsburg durch Schlagen einer Pontonbrücke nach Arnis. Nach dem Bericht unseres Augenzeugen mochte das Schloß in Carlsburg wohl noch nie eine so zahlreiche und glänzende Versammlung in seinen Mauern wie an diesem Nachmittag gesehen haben. Alle Räume des stattlichen und geräumigen Baues waren mit den zum Hauptquartier gehörigen Offizieren und Mannschaften überfüllt. Überall herrschte das regste Leben, Adjutanten gingen und kamen, und vor dem Schlosse hatte die österreichische Brückenkolonne ein Biwak bezogen. Um 4 Uhr erschien Se. Kgl. Hoheit Prinz Friedrich Carl mit dem Chef des Generalstabes im Großen Saale, wo sich außer den Generalen und selbständigen Truppenkommandeuren noch Ihre Kgl. Hoheiten, Prinz Albert von Preußen und der Großherzog von Mecklenburg-Schwerin sowie die Generaladjutanten eingefunden hatten. Es wurde ein heftiger Kampf erwartet, tatsächlich kam es jedoch nicht dazu, da die Dänen das nördliche Ufer der Schlei freiwillig geräumt hatten. So konnte die Pontonbrücke am nächsten Morgen planmäßig geschlagen werden.

In den späteren Jahren wurde das Schloß in Carlsburg alljährlich zu einem großen Weihnachtsfest für die Kinder aller Angehörigen der herzoglichen Güter benutzt und zwar lud die Herzogin Caroline Mathilde zur Bescherung ein. Die Bediensteten und Pächter des Herzogs fanden sich ein und viele mit Stroh ausgepolsterte Kastenwagen voller erwartungsfroher und vor Frost und Kälte rotbackiger Kinder, etwa 300 an der Zahl, sammelten sich nach langer Fahrt in Schnee und Eis am Schloß. Die Bäcker der Umgebung lieferten Berge von Kuchen, dann kam die Bescherung, und nachher gab es im Saal und den anstoßenden Räumen eine große Kaffee- und Kuchenschlacht.

Während der ganzen Besitzzeit des Landgrafen, später der Herzöge, ist fast unablässig der Bau des Schlosses mit großer Fürsorge umgeben worden. Schon gleich nach seinem Besitzantritt 1785 ließ der Landgraf durch den Landbaumeister v. Motz, der auch Louisenlund erbaut hatte, das Herrenhaus in Gereby gründlich untersuchen. Motz schlug vor, die verunstaltenden Flügelbauten abzureißen, ein Plan, der erst viele Jahre später ausgeführt worden ist. Nachdem dann in den Jahren von 1817 bis 1820 die Kirche in Karby, deren Patron der Besitzer von Gereby war, gründlich renoviert worden war, wurde anschließend das Schloß umgebaut. 1822 erfolgten die Ausschreibungen, der Bau begann wohl im Jahre darauf. Die beiden Nebenflügel wurden abgerissen, das Treppenhaus völlig umgestaltet, an der Südseite asymmetrisch zu dem Mitteleingang zwei

Schloßfassade zum Garten

weitere Eingänge geschaffen. An der Nordseite wurde der Balkon im zweiten Stock entfernt, derjenige im ersten Stock vergrößert, durch Säulen gestützt und mit einem schmiedeeisernen Ziergitter versehen, das den neuen Namen des Gutes zeigt: Carlsburg. Der Schmiedemeister Fr. Kock aus Kappeln hatte das Eisengeländer angefertigt, wie die noch erhaltene Rechnung vom 28. März 1826 ergibt. Ferner wurde ein neues Pächterwohnhaus errichtet.

Weitere größere Umbauten wurden 1876 erwogen, danach sollte auf der Nordseite im Erdgeschoß ein durchgehender Flur entstehen, zwei kleine Flügel nach Norden hin angebaut werden, in den entstehenden Winkeln zwei Treppentürme mit Wendeltreppen errichtet werden. Sämtliche Wohnräume hätten dann auf der Südseite gelegen. Offensichtlich lagen damals Pläne zur Aufnahme einer fürstlichen Hofhaltung vor, leider sind jedoch diese Umbauten nicht zur Ausführung gekommen. 1877 begnügte man sich damit, zwischen Schloß und Gutshof eine Mauer zu ziehen, doch ist diese inzwischen wieder abgetragen worden.

Aber auch das Gut selber erfuhr in der Zeit seit 1785 tiefgreifende Veränderungen. Schon von 1787 an trug sich der Landgraf mit der Absicht, das Gut zu parzellieren, 1790 hob er die Leibeigenschaft auf und ließ gleichzeitig die Parzellierung durchführen. Von 1221 ha Ackerland wurden nicht weniger als 933 ha abgegeben, es entstanden 27 neu angesetzte Parzellisten mit 498 ha, 35 bereits vorhandene Hufner und Kätner erhielten 435 ha zu Eigentum.

Beim Haupthof verblieben rund 303 ha, außerdem der bedeutende Wald Karlsburgholz mit 194 ha ; der Meierhof Charlottenhof konnte 1828 zurückgekauft werden, ferner fielen eine Anzahl von Parzellen, deren Besitzer in wirtschaftliche Not geraten waren, zum Gut zurück. Die einschneidendste Veränderung erfolgte auf Grund der Bestimmungen über die Bodenreform nach dem 2. Weltkriege. Die Ordinance Nr. 103 der Britischen Militärregierung vom 4. September 1947, der alsbald die schleswig-holsteinischen Landesgesetze über die Agrarreform folgten, bildeten die gesetzliche Grundlage. Durch Kaufvertrag vom 12. November 1949 überließ der Herzog der Landgesellschaft Schleswig-Holstein das Gut Carlsburg in Größe von 303 ha. Ihm verblieben nur das Schloß mit der Allee und die Schwonsburg, eine ringförmige Wallanlage am Ufer der Schlei, vielleicht ursprünglich eine Wikingerburg, außerdem der Wald und der Meierhof Charlottenhof.

Der Haupthof war schon in den letzten Jahren der Brömbsen verpachtet gewesen, dabei blieb es auch später. Zunächst waren drei Generationen Jansen die Pächter, von 1764 bis 1874 ; dann folgten drei Generationen Kühl. Der letzte Pächter Helmut Kühl erhielt die Möglichkeit, einen Stammhof in Größe von 98 ha zu erwerben, je ein weiteres Drittel wurde zur Errichtung von 7 Bauernhöfen und von 47 Nebenerwerbssiedlungen verwendet.

Von 1944 bis 1950 waren im Schlosse die Insassen eines Altersheimes aus Kiel untergebracht, das dort den Bomben des Zweiten Weltkrieges zum Opfer gefallen war. Jetzt ergab sich eine neue Verwendung : Der Herzog hatte schon 1949 im Schlosse Louisenlund ein Landerziehungsheim für Jungen begründet. Als dort die Räume nicht mehr ausreichten, stellte er 1951 das Schloß Carlsburg der Stiftung Louisenlund unentgeltlich zur Verfügung und zwar zur Aufnahme der unteren Jahrgänge. Kleine Umbauten im Schlosse waren notwendig. Außerdem sind nach 1955 eine Reihe von Gebäuden neu entstanden, so daß Carlsburg heute 90 interne Schülerinnen und Schüler aufnehmen kann. Zur Zeit sind dort die Klassen Sexta bis Untertertia untergebracht. Die Schule hat für Carlsburg die alte Schreibweise mit „C" beibehalten. Mit diesen Maßnahmen ist das Schloß aus seinem Dornröschenschlaf des letzten Jahrhunderts zu einem fröhlichen munteren Leben erwacht.

Schloß Carlsburg

Besitzer: Christoph Prinz zu Schleswig-Holstein-Sonderburg-Glücksburg

Besitzer		Gut und Bauten	
vor ≥539	Bischof von Schleswig	seit 1352	bischöfliches Dorf Gereby
1539–1586	(v.) Rantzau		
1586	v. Ahlefeldt	nach 1539	adeliges Gut Gereby
1598–1671	(v.) Rathlow	16. Jahrh.	Bau des ersten Herren-
1671–1785	v. Brömbsen		hauses
1785	Landgraf Carl v. Hessen-Cassel	1604	Erwerb und Niederlegung des Dorfes Rinkenis
1855	Herzog Carl zu Schleswig-Holstein-	nach 1720	Bau des Schlosses
	Sonderburg-Glücks-	um 1770	Bau der Flügel
	burg,	1790	Parzellierung des Guts
	dann dessen Nach-	1822 ff.	Umbau des Schlosses
	kommen	1826	Annahme des Namens Carlsburg
		1828	Rückkauf des Meierhofes Charlottenhof
		1949	Auflösung des Gutes
		1951	Eröffnung der Schule Carlsburg für die Unterstufe des Landerziehungsheimes Louisenlund.

16 Olpenitz

Wie bei so vielen Gütern in Schwansen und im Dänischen Wohld ist auch die Geschichte von Olpenitz, so wie sie sich uns heute darstellt, nahezu ausschließlich durch das Geschlecht Ahlefeldt bestimmt, Herrenhaus, Wirtschaftsgebäude und Park verdanken diesem baulustigen Geschlecht ihre Entstehung. Über 300 Jahre sitzen sie hier, seit etwa 1684. Wie auch bei anderen Gütern hat sich Olpenitz durchaus nicht in direkter Folge von Vater auf Sohn vererbt. Nicht weniger als vier verschiedene Linien des weitverzweigten Geschlechtes haben hier gesessen, aber stets fand sich ein Ahlefeldt, der dem müde oder wirtschaftlich schwach gewordenen Vetter im Besitz nachfolgte.

Die Geschichte von Olpenitz reicht freilich in wesentlich ältere Zeiten zurück. Erstmalig im Jahre 1285 wird es in einer Urkunde des Königs Ulpenaes genannt, offensichtlich als Burg zum Schutze der Mündung der Schlei gegen eindringende Seeräuber, ähnlich wie am anderen Ufer der Schlei die erste Burg Buckhagen. Vielleicht lag diese Burg Olpenitz nicht an der heutigen Stelle, vielleicht näher zur Schleimündung hin, wo Reste einer älteren Burg, der sogenannten

Oldenburg oder Gammelborg, aufgedeckt worden sind, einer kreisrunden Anlage, die auf ein hohes Alter hindeutet.

Der Name wird verschieden erklärt. Stellt man sich vor Augen, daß das Gut Olpenitz in seiner ursprünglichen Ausdehnung von 2740 ha die gesamte nördliche Spitze der Halbinsel Schwansen einnimmt, weiter, daß die südlich der Gutsgrenze gelegene Kirche Karby auch kurzerhand Kirche Schwansen heißt, endlich, daß noch heute im Volksmund diese nördliche Spitze Schwans-Ort genannt wird, so kann es kaum einem Zweifel unterliegen, daß wir es in dieser Landschaft mit dem eigentlichen Kern Schwansens zu tun haben. Dicht östlich Karbys liegt der Schwansener See, so scheint die Erklärung des Wortes Schwansen nicht als Schwanen-Insel, sondern als Schwanen-See die richtige. In einer Urkunde von 1260, in der zum ersten Male der Name Schwansen auftaucht, heißt es: svansio, was auch mehr auf den See als auf eine Insel hindeutet. Von da dürfte der Name des Sees auf die ganze Halbinsel übertragen worden sein.

Demgemäß ergibt sich die Deutung für Olpenitz. Der zweite Teil des Wortes ist klar, – nitz = naes bedeutet Landvorsprung, der erste Teil ist wohl als Entsprechung zu dem niederdeutschen und niederländischen wolp oder wulp = Regenpfeifer zu erklären. So gesehen sind beide Ortsnamen, Schwansen wie Olpenitz, auf die Tierwelt der Küste bezogen.

Seit 1436 wird Olpenitz als Gut genannt, als Curia. Seltsamerweise erscheinen zwei Ritter gleichzeitig als Besitzer, aus verschiedenen, wenn auch nahe miteinander verwandten Geschlechtern, Lüder Schinkel und Jürgen Sehestedt, beide mit dem gleichen Wappen siegelnd, mit den drei Blättern der Seerose. Sie beide, die Schinkel und die Sehestedt, gehören zu den holsteinischen Adelsgeschlechtern, die als erste den Weg über die Eider nach dem Norden antraten und hier landsässig wurden, beider Geschlechter neue Heimat liegt dicht nördlich der Grenzlinie zwischen Holstein und Schleswig.

Die Einzelheiten sind nicht hinreichend geklärt, wir kennen wohl Fälle von ungeteilten Erbschaften, von Mitbesitz von Brüdern, manchmal auch von Vettern. Aber daß Ritter aus verschiedenen Geschlechtern in einer Art von Kondominium leben, ist für unser Land einmalig. Es gibt auch nicht zwei getrennte Burganlagen, die man sich als Wohnsitze der beiden Ritter vorstellen könnte, die oben genannte Oldenburg ist ein wesentlich älterer Bautyp und kann in diesem Zusammenhang nicht herangezogen werden.

Auf Lüder Schinkel folgt sein Sohn Claus Schinkel, auf Jürgen Sehestedt Sievert Sehestedt. Dieser letztere war ein bedeutender Mann, er wurde 1438 von dem deutschen König Albrecht II. mit der hohen Auszeichnung des Lindwurm-Ordens beliehen. Aber der Streit der Vettern bei so nahem Zusammenleben war unausbleiblich, im Jahre 1450 erstach er Claus Schinkel und dessen mit Namen nicht genannten Begleiter, wohl seinen Reitknecht, in der Kirche zu Kappeln während der Messe. Die furchtbare Bluttat verlangte ihre Sühne, die Kirche mußte neu geweiht werden, Sievert Sehestedt wurde zu der sehr bedeutenden Summe von 1600 Mark Bußgeld verurteilt. Hiervon erhielt das Hospital zur Heiligen Dreifaltigkeit in Schleswig 400 Mark, die Marianer in Schleswig zum Unterhalt der Prediger 1200 Mark. Bestimmend für diese letztere Anordnung mag die Tatsache gewesen sein, daß der ermordete Claus Schinkel Mitglied der Marianergilde in Flensburg gewesen war. Nach der Reformation erschien den Sehestedtschen Erben die fortdauernde Besoldung katholischer Priester in Schleswig nicht mehr zeitgemäß; sie erreichten im Jahre 1584 einen Spruch des Königs Friedrichs II. von Dänemark und des Herzogs Adolph von Holstein, daß die 1200 Mark dem Domkapitel in Schleswig aberkannt und den Herren Sehestedt zu ihrer eigenen Kirche Nutzen und Unterhalt zuerkannt wurden. Somit hatten sie ihr Geld zum größten Teil wieder.

Auf Claus Schinkel folgt sein Sohn Lüdeke, der 1446 und 1459 auf Olpenitz und Brunsholm in Angeln genannt wird. Er hat – offensichtlich durch die Ermordung seines Vaters veranlaßt – dem Kirchherrn zu Kappeln große Seelengaben gestiftet, in Kirchspielszeugnissen aus den Jahren 1482 und 1504 wird seiner ehrend gedacht. Es handelte sich bei diesen Schenkungen vor allem um die Heringszäune in der Schlei, die bis weit in das 19. Jahrhundert hinein eine große Rolle spielten, stets standen hier die Rechte der sogenannten Schleijunker, das heißt der Herren von Oehe, Buckhagen, Roest, Olpenitz und anderer mehr, gegen die Ansprüche der Fischer von Schleswig, Arnis, Kappeln und Maasholm.

Seit 1496 wird Benedict v. d. Wisch auf Olpenitz genannt. Es scheint so, als ob er den Anteil des Geschlechtes Schinkel erworben habe. Er erwies sich als einer der berüchtigsten Herren, die aus der schleswig-holsteinischen Ritterschaft hervorgegangen sind. Bereits im Jahre 1491 gab er seinem Bruder Detlev v. d. Wisch einige Knechte mit, die einen Mann im Dienste des Königs ermordet hatten, und gab ihnen Geleit bis zu dem väterlichen Hofe Rundhof. Im Jahre 1511 überfiel er ein Schiff aus Flandern auf der Nordsee und ließ die Besatzung erschlagen. Er erklärte darauf dem Herzog Friedrich Fehde, weil er das Schiff an dessen Besitzer zurückgegeben hatte. Hierauf ließ der Herzog Mannschaften mit Pferden und Harnisch gegen Herrn Benedict aufbieten. Dieser stellte als Gegenwehr zusammen mit seinem Vetter Clement v. d. Wisch einen förmlichen Fehdebrief gegen den Herzog aus und blieb offensichtlich während des Restes seines Lebens dabei, gegen den Herzog Ränke zu spinnen, bis er 1535 in der Schlacht am Ochsenberg im Heer des Grafen v. Oldenburg gefallen ist.

Die Sehestedt hatten gleichwohl ständig ihren Anteil in Olpenitz, Henneke

Sehestedt wird 1506 genannt, aber 1527 verkauft er sein Gut an Benedicts Brudersohn Jürgen v. d. Wisch. Es ergibt sich aus diesen urkundlich belegten Tatsachen überzeugend die Schlußfolgerung, daß in dieser Zeit die Auflösung des Kondominiums erfolgt ist. Erst hat Lüdeke Schinkel sich von Olpenitz getrennt und seinen Anteil den feindlichen Vettern Sehestedt überlassen, – er mochte umso eher dazu geneigt sein, als er nur zwei Töchter hinterließ. Diesen seinen Anteil hatte dann Benedict v. d. Wisch erworben, bis in der nächsten Generation die Herren v. d. Wisch den gesamten Besitz vereinigen konnten. Und sie besorgten ihr Geschäft gründlich. Benedict selber hinterließ keine Kinder, sein Bruder Detlev fiel mit jungen Jahren im Jahre 1500 in der Schlacht von Hemmingstedt. Aber Jürgens Sache war es nun, nicht nur beide Besitzanteile zusammenzufügen, sondern auch das Gut zeitentsprechend abzurunden. 1537 kauft er die Dörfer Brodersby, Hüxmark, Nübbel, Schleimünde hinzu, Schönhagen kommt als Meierhof zu Olpenitz, aus dem Dorfe Nübbel wird ein weiterer Meierhof Nübbelhof gebildet. Jetzt endlich ist Olpenitz zu einem bedeutenden Besitz geworden, jetzt werden auch die ersten größeren – heute längst vergangenen – Baulichkeiten entstanden sein. Der Sohn Johann v. d. Wisch vermählte sich mit Hese Rumohr a. d. H. Roest, das Ehepaar schenkte im Jahre 1592 der Kirche in Karby die schöne Kanzel, eines der Hauptwerke des Bildschnitzers Hans Gudewerdt d. Ä. aus Eckernförde.

Jürgen v. d. Wisch war ein reicher Mann, er soll viel Geld verdient haben im ungarischen und im deutschen Krieg und er bezahlte im Jahre 1543 Steuern für Olpenitz für 58 Pflüge, für Fresenhagen und Lütjenhorn in Nordfriesland für 50 Pflüge.

Nach dem unbeerbten Tode des Ehepaares geht Olpenitz zunächst auf den Brudersohn Detlev, dann dessen Sohn Heinrich v. d. Wisch über, der auch die Güter Knoop im Dänischen Wohld und Güldenstein im Oldenburgischen Güterdistrikt besaß. Aber als während des 30jährigen Krieges Olpenitz vom Feind verwüstet und zerstört wurde, ging er Konkurs.

Aus dem Konkurse kaufte Schack Rumohr a. d. H. Düttebüll das Gut. Die Rumohrsche Zeit dauerte zwar nur knappe 30 Jahre, Schack Rumohr ist aber nach allem, was wir von ihm wissen, ein bedeutender und angesehener Mann gewesen, hatte in Marburg, Tübingen und Gießen studiert, später das Vertrauen von König und Herzog voll genossen. So erhielt er 1627 den Auftrag, das Verteidigungswesen instandzusetzen, so nahm er 1634 an der Revision der Landgerichtsordnung teil, so wurde er 1643 Beisitzer im Kriminalgericht über Cai Rantzau auf Emkendorf. Im Besitz von Olpenitz folgte ihm sein Sohn Hans, der es aber nicht vermochte, den Besitz, der noch um das Gut Ohrfeld in Angeln erweitert worden war, zu halten. 1662 machte er Konkurs und konnte sich nur auf den kleinen Hof Augaard bei Oeversee retten, wo er in dürftigen Umständen starb, – als Folge eines Schlaganfalles, den er wegen eines bevorstehenden Duells mit einem dänischen Offizier erlitt. Olpenitz wechselte wiederum seinen Besitzer. Aus dem Konkurs erwarb Gosche v. Buchwaldt 1665 das Gut, ein hochbedeutender Mann, Ritter des Elefantenordens, als Gesandter in Hannover, Holland, Brandenburg und England tätig, Verbitter von Itzehoe und Klosterprobst von Uetersen, schwach von Körper, aber groß an Geist und Begabung. Sein Wahlspruch: tue Recht, scheue niemand, zeichnete sein ganzes Leben aus. Im Dorfe Brodersby errichtete er das heute noch bestehende Armenstift und ließ am 15. Janaur 1683 eine Fundationsurkunde über Stift und Schule ausstellen.

Jetzt kommt die Ahlefeldtsche Zeit, die bis zur Gegenwart andauert. Gosche v. Buchwaldt hatte aus seinen beiden Ehen keine Kinder, aber durch seine erste Frau Mette v. Ahlefeldt war er in nahe verwandtschaftliche Beziehungen zu diesem im Norden so reich begüterten Geschlecht getreten. Sämtliche vier Kinder seines Bruders, ebenso seine einzige Schwester hatten sich mit Mitgliedern dieses Geschlechts vermählt. So lag es nahe, in diesem Verwandtenkreise den zukünftigen Herrn von Olpenitz zu suchen. 1684 verkaufte Gosche v. Buchwaldt das Gut an den Mann seiner Nichte, dem Vicestatthalter Joachim v. Ahlefeldt auf Buckhagen, auf dem anderen Ufer der Schlei. Joachim wird sich um Olpenitz nicht viel gekümmert haben, er hatte in jungen Jahren genug mit dem König zu schaffen, der ihn wegen seines Eintretens für den Herzog seiner Ämter enthoben und sein Vermögen kassiert hatte. Es bedurfte erst langwieriger Verhandlungen, bis ihm Anerkennung und Restitution zuteil wurde. So trennte er sich sicherlich leichten Herzens von Olpenitz und verkaufte es 1702 an seinen Vetter Detlev v. Ahlefeldt a. d. H. Gelting.

Mit ihm beginnt die Zeit, die dem Gut und dem Hause Olpenitz sein Gepräge bis zum heutigen Tage gegeben hat. Detlev lebte nur bis 1718, aber das, was er begonnen, führten zunächst seine Witwe Augusta geb. v. Rumohr, † 1745, dann der einzige Sohn Henning, † 1778, tatkräftig fort. Sicherlich hat an der heutigen Stelle schon vor 1700 ein Herrenhaus gestanden, das läßt sich deutlich aus der Art der Kellergewölbe rekonstruieren. Der südwestliche Teil des Kellers, der die Küche enthielt, ist mit neun fast quadratischen Kreuzgratgewölben überwölbt, die Gewölbe ruhen auf vier Pfeilern in der Mitte des Raumes. Die übrigen Kellerräume bestehen aus quer zu einem Mittelflur stehenden Tonnengewölben. Daraus ergibt sich der Schluß, daß ein älteres Herrenhaus über dem südwestlichen Kellerteil gestanden hat und daß Detlev v. Ahlefeldt, als er das heutige Herrenhaus erbaute, es um die östliche Hälfte erweiterte. So stellt das Herrenhaus sich heute dar als ein zweistöckiges Querhaus von 11 Achsen mit

Alte Scheune am Hausgraben

Walmdach und etwas hervortretendem dreistöckigem Mittelrisalit. Inwieweit der heutige Zustand der Gestaltung zur Zeit seiner Erbauung entspricht, ist schwer zu entscheiden, da im 19. Jahrhundert Veränderungen vor allem der Fassade vorgenommen worden sind. Das Innere bewahrt eine Fülle an Ausstattung aus der Régencezeit, also der Zeit der Erbauung des Hauses. In der Halle hängt ein großer in Öl gemalter Ahlefeldtscher Stammbaum, in den vier Ecken die Gutshäuser Olpenitz, Buckhagen, Loitmark und ein unbekanntes Haus. Ferner stehen hier zwei altertümliche Böller, beides Ahlefeldtsche Stiftungen, wie die eingeprägten Namen und Wappen bezeugen. Der eine, offenbar ein Geschenk des Vorbesitzers, des Vizestatthalters Joachim v. Ahlefeldt, mit der Jahreszahl 1707 und der Inschrift: non ad saevitiam, sed ad laetitiam, nicht zum Ungestüm, sondern zu Freude. Der zweite, aus dem Jahre 1708, stammt von Johann Rudolph v. Ahlefeldt a. d. H. Damp und trägt die fröhliche Inschrift:

Wann ich knalle,
Trincket alle.

Links und rechts an die Halle schließen sich die Gesellschaftsräume an, rechts die Bibliothek mit schöner Régence-Stuckdecke und großem neuzeitlichem Kamin mit dem Ahlefeldtschen Wappen, daran anschließend ein reizendes Kabinett, gleichfalls mit Régence-Stuck und Supraporten-Gemälden um 1800, das eine Olpenitz darstellend, mit den Hofgebäuden und der Schlei im Hintergrunde, das andere Schloß Gottorf mit belebter Szenerie mit Frauen und spielenden Kindern in Empiretracht. Es folgen eine Reihe von Zimmern, die gleichfalls fast alle Stuck der Régence-Zeit tragen, also wohl sämtlich in den ersten Jahrzehnten des 18. Jahrhunderts entstanden sind. Die linke Hälfte des Hauses ist im 19. Jahrhundert ausgebrannt, hier haben sich daher die alten Stuckdecken und Boiserien nicht erhalten.

Aber auch im Obergeschoß finden sich eine Reihe von reizend ausgestalteten Zimmern der Régence- und der Rokoko-Zeit, ferner ein Schlafzimmer mit zwei Empire-Schlafbetten und ein Zimmer mit einem eisernen Ofen im etruskischen Stil mit aufgesetzter wahrhaft kolossalischer Vase, das ganze farbig getönt in pompejanisch Rot, Gelb und Schwarz. In einem weiteren Zimmer gute Supraporten des Klassizismus, die in Weiß auf schwarzem Grunde Darstellungen aus der römischen Sage wiedergeben.

Kaminzimmer

Der überaus reiche Bestand an Portraits des 18. und 19. Jahrhunderts ist den Bombenangriffen des letzten Krieges zum Opfer gefallen, – die letzte Frau v. Ahlefeld auf Olpenitz, Ulinka geb. Schmidt-Hederich, lebte nicht auf Olpenitz, sondern in Kiel, so ging dort der wertvolle Bestand verloren. Andererseits ist das Archiv erhalten geblieben und ist außerordentlich reichhaltig, insbesondere durch die generationenlange Verwaltung des Goschenhofes in Eckernförde, einer Ahlefeldtschen Stiftung des 16. Jahrhunderts.

Eine besondere Zierde von Olpenitz ist der Park, der sicherlich während dieser Ahlefeldtschen Epoche des 18. Jahrhunderts angelegt worden ist. Eine stattliche Allee von Linden erstreckt sich vom Herrenhause bis herunter an die Schlei, hier bei dem sogenannten Halbmond endigend. Als Ernst-Carl v. Ahlefeld auch das gegenüberliegende Gut Oehe erwarb, ließ er von dort einen Obelisk herüberschaffen, der heute in würdiger Form auf dem Halbmond aufgestellt ist. Erst Dr. Paul Weller fand im Jahre 1925 den Obelisk im Geröll des Strandes wieder auf. Er hat seine besondere Geschichte. Das Gut Oehe ist, wie der Name besagt, ursprünglich eine Insel, vom Festland aus zunächst nur durch Fährboote, später durch den Damm bei Wormshöft erreichbar. 1796 erwarb der holländische Professor Gadso Coopmann aus Franeker in Westfriesland das Gut und ließ nach holländischer Deichbaumethode das Wormshöfter Noor eindeichen, eine Maßnahme, die freilich nicht von Dauer war. Schwere Sturmfluten zerstörten das Werk, bis erst im 20. Jahrhundert die endgültige Eindeichung gelang. Der genannte Obelisk kündet in lateinischen Worten von diesem Werk:

Als Christian VII König war
und Prinz Friedrich als Kronprinz das Reich lenkte
und die königlichen Räte Schimmelmann und Reventlow
das Gewerbe förderten
schuf Gadso Coopmann aus Franequer in Friesland
diesen Damm vor dem Meer
im Jahre 1798.

1734 übernahm der einzige Sohn Henning v. Ahlefeldt den Besitz und behielt ihn 44 Jahre lang, bis zu seinem Tode 1778. Er heiratete im gleichen Jahre 1734 Friederike Anne Sophie Wohnsfleth a. d. H. Krieseby, eine der letzten Angehörigen dieses alten und müde gewordenen Geschlechts. So blieb auch diese Ehe kinderlos.

Henning v. Ahlefeldt hatte in seiner Jugend als Kammerjunker in Kopenhagen erhebliches Aufsehen erregt. Er hatte eine Liaison begonnen mit der Frau des Staatsministers Rosenkrantz, Frau Charlotte Amalie Skeel, und besuchte sie an einem Abend in der Weihnachtszeit 1733. Hier stieß er zu seiner Überraschung auf einen Nebenbuhler, den ältesten Sohn des früheren Großkanzlers Graf

Holstein. Ahlefeldt besann sich nicht lange, zog seinen Degen und fügte Holstein mehrere Wunden zu, worauf dieser schleunigst flüchtete. Die Sache kam dem König zu Ohren, Ahlefeldt wurde des Hofes verwiesen und seine Kammerjunkergage eingezogen. Der Ehemann Rosenkrantz mußte für seine Frau beim König um Vergebung für ihre Unvorsichtigkeit nachsuchen. Aber schon im Juni 1734, wohl im Zusammenhang mit der Übernahme von Olpenitz und mit seiner Verheiratung erhielt Ahlefeldt die Verzeihung des Königs. 1738 wurde er zum Jägermeister in den Grafschaften Oldenburg und Delmenhorst ernannt, 1740 zum Oberförster. 1749 wurde er kgl. Kammerherr, 1761 Geheimer Rat. Als er starb, trug der Pastor in Karby in das Kirchenbuch die ehrenden Worte über ihn ein: Fleiß und Ordnung in seinen Geschäften, Freundlichkeit und Güte waren Hauptzüge seines Charakters.

Wieder mußte für Olpenitz ein Nachfolger gefunden werden, und wieder war es ein Ahlefeldt, der den schönen Besitz erwarb. Jürgen v. Ahlefeld, † 1823, besaß vom Vater her schon Damp und Hohenstein und kaufte im Laufe seines Lebens viele Güter hinzu, um sie ebenso schnell wieder zu verlieren. Außer Olpenitz erwarb er noch Möhlhorst, Dörphof, Maasleben, Borghorst, alle im heutigen Kreise Rendsburg-Eckernförde gelegen. Aber wahrscheinlich waren gerade diese vielen Ankäufe der Grund für seine schlechten finanziellen Verhältnisse; 1813 machte er Konkurs mit seinem gesamten Besitz. Dabei scheint er kein unbedeutender Mann gewesen zu sein, war schon als eben erwachsener junger Mann dem König Christian VII. vorgestellt worden, bereiste als Student verschiedene süddeutsche Höfe, war Gast König Friedrich II. von Preußen bei Gelegenheit des Staatsbesuchs des Großfürsten Paul, des späteren Zaren von Rußland. Er wurde Großkreuz vom Danebrog, Amtmann von Hütten und Gottorp, Oberdirektor der Stadt Schleswig, Geheimer Conferenzrath, Erstes Mitglied der schleswig-holsteinischen Landbaukommission und Mitglied des schleswigschen Landgerichtes. Schon mit 23 Jahren wurde er zum Klosterprobst des adeligen St. Johannisklosters vor Schleswig erwählt, eine Würde, die er nur 6 Jahre innehatte.

Aus dem Konkurse kaufte ein Sohn seines Bruders das Gut an, im Jahre 1816 erwarb Ernst-Carl v. Ahlefeld Olpenitz für den Preis von 40000 Reichsthalern, im gleichen Jahre auch Dörphof aus dem Konkurs des Onkels für 20000 Reichsthaler. Kurz vorher, im Jahre 1807, hatte er Oehe von dem Prof. Gadso Coopmann für 53400 Rthlr. gekauft, 1812 das Gut Rögen bei Eckernförde von F. H. J. Reiche. So hatte er binnen kurzem einen ansehnlichen Landbesitz zusammengebracht, behielt allerdings die Nebengüter nicht lange, aber nur, um sie mit großem Gewinn wieder zu verkaufen. Für Oehe erzielte er über das Doppelte, 115000 Rthlr., für Rögen sogar 625000 Mark.

Luftbild

Ernst-Carl v. Ahlefeld erreichte das hohe Alter von 92 Jahren und starb 1877. Er ist der Begründer der neueren Linie Ahlefeld auf Olpenitz und ist durch seine starke Persönlichkeit bis zum heutigen Tage unvergessen. Er hatte die üblichen juristischen Examina durchweg mit besonderer Auszeichnung durchlaufen, wurde Landrat und Mitglied des schleswigschen Landgerichts. Als die Spannungen innerhalb des Gesamtstaats ausbrachen, gehörte er zu den 70 „aufgeklärten Männern" aus den Herzogtümern, die sich auf Christiansborg zur Beratung des Königs einzufinden hatten. 1853 wurde er Mitglied der Ständeversammlung, im Jahre darauf Deputierter der schleswig-holsteinischen Ritterschaft.

Sein Sohn August Detlev v. Ahlefeld, † 1891, trat in die Fußstapfen des Vaters ein, legte seine juristischen Examina ab und wurde Landrat. Während der Erhebung der Herzogtümer gegen Dänemark 1848 hatte er als Verpflegungskommissar der deutschen Reichsarmee die Verpflegung der preußischen Truppen in Jütland geleitet. Daher wurde er nach dem Zusammenbruch der Erhebung des Landes verwiesen und erst 6 Jahre später amnestiert. Erst 1856 wurde ihm erlaubt, nach Olpenitz zurückzukehren, ein Jahr später überließ der schon alt gewordene Vater ihm den Besitz. Sein ältester Sohn Carl v. Ahlefeld hatte sein Besitznachfolger werden sollen, starb aber mit jungen Jahren lange vor dem Vater im Jahre 1879 in Olpenitz. Seine zweite Frau Therese geb. v. Rumohr a. d. H. Rundhof überlebte ihn viele Jahre lang, die Ehe hatte nur ein Jahr gedauert, sie starb erst 38 Jahre später, 1917.

Von seinen vier Söhnen übernahm der älteste August v. Ahlefeld nach erreichter Volljährigkeit 1896 Olpenitz, starb aber schon wenige Jahre später im Jahre 1903. Olpenitz ging über an den damals erst 6 Jahre alten Sohn, Carl v. Ahlefeld, aber auch ihm war kein langes Leben beschieden, im ersten Weltkriege fiel er 1916 bei St. Quentin. So ging das Gut über an die einzige Schwester Elisabeth, † 1956, die 1920 Dr. phil. Paul Weller, den Vater des heutigen Besitzers heiratete. Das Ehepaar besaß Olpenitz gemeinschaftlich, der Ehefrau gehörten ¾ dem Ehemanne ¼. Nach deren Tode erbte der heutige Besitzer das Gut in voller Größe, 1971 wurde durch den schl. holst. Minister des Innern sein Name in: Weller von Ahlefeld abgeändert.

Das Gut hat seit dem Mittelalter naturgemäß viele Veränderungen und Verkleinerungen erfahren. Die Dörfer und Nebenhöfe wurden im Zuge der Aufhebung der Leibeigenschaft abgetrennt, Schönhagen schon 1711 als selbständiges Gut abgelegt. Heute umfaßt Olpenitz rd. 400 ha, davon etwa 50 ha Wald, 350 ha Acker und Wiese.

Adel. Gut Olpenitz

Besitzer: Karl-August Weller von Ahlefeld

Besitzer		*Gut und Bauten*	
seit 1436	Geschlechter Schinkel und Sehestedt	1285	Ulpenaes
		1436	curia Olpenitz
1494–1636	v. d. Wisch	1537	Brodersby, Hüxmark,
1636	(v.) Rumohr		Nübbel, Schleimünde,
1665	v. Buchwaldt		Schönhagen mit Olpe-
1684–1920	v. Ahlefeld(t)		nitz vereinigt,
1920	Dr. Paul Weller zu ¼ und dessen Ehefrau Elisabeth von Ahlefeld zu ¾		Meierhof Nübbelhof gebildet
		1683	Armenstift in Brodersby errichtet
1957	Karl August Weller von Ahlefeld	nach 1702	Bau des Herrenhauses und der Scheune
		1799	Bau des Kuhhauses
		1838	Bau des Torhauses
		1930	Bau des neuen Kuhhauses

17 Damp

Kirchspiel Karby und Sieseby   Kreis Rendsburg-Eckernförde

Das adelige Gut Damp ist erst in nachmittelalterlicher Zeit entstanden, hat sich aber zu einem der schönsten Herrensitze im ganzen Herzogtum entwickelt. Die Lage des Hofes unweit der Ostsee, inmitten einer anmutig bewegten, von vielen Wäldern durchzogenen Landschaft, der Hof selber mit den beiden Inseln, die das Herrenhaus und den Bauhof tragen, mit den alten rethgedeckten Scheunen, dem stattlichen und im Inneren großartig ausgestalteten Schlosse, den schönen alten Alleen im Park, dies alles umgibt Damp mit einem besonderen Zauber, dem sich keiner entziehen kann, der dieses Gut besucht.

Damp, Halle

Sicherlich steht das heutige Damp auf altem Kulturboden, schon aus frühgeschichtlicher Zeit sind zahlreiche kleinere Funde an behauenen Steinen und geschmiedetem Metall geborgen worden. Im Jahre 1964 wurde in dem Gehölz Rote Maas eine eigentümliche Steinsetzung aufgefunden, deren Bedeutung bislang nicht befriedigend geklärt werden konnte, vielleicht eine Kultstätte mit verschiedenen Grundrißformen, einer größeren in der Gestalt eines Schiffes, eine weitere kreisrunde um einen Urnenfriedhof, daran unmittelbar anschließend weitere nicht geklärte Steinsetzungen.

Das Wohngebiet des Volksstammes der Angeln hat sich schwerlich auf die Halbinsel Angeln beschränkt, sondern erstreckte sich sicherlich weiter nach Süden bis nach Schwansen hinein. Nach dem Abzuge der Angeln in der Mitte des 5. Jahrhunderts verödet das Gebiet und bedeckt sich weithin mit Wald. Die ersten Spuren einer Neubesiedlung, offenbar gleichzeitig von Norden und von Süden her, zeigen sich in den Dörfern, die später zum Gute Damp gehören, als ältestes wird 1285 Schwastrum genannt. Der Name steht für die Au, de swarte Strom, die Namen der uns bekannten Hufner sind sämtlich niederdeutsch. 1352 erscheint das Dorf Pommerby urkundlich zum ersten Male, auch hier sind die Namen der Hufner und Kätner trotz des nordgermanisch klingenden Dorfnamens sämtlich niederdeutschen Ursprungs. Endlich Nieby, das neue Dorf, wird seit 1450 genannt, es scheint ausschließlich von Jüten, also einem nordgermanischen Volksstamm, besiedelt worden zu sein. So entspricht diese Feststellung genau dem Befund der Bauart der Häuser: wir befinden uns in Damp an der Nahtstelle zwischen Norden und Süden, zwischen den nordgermanischen Jüten und den niederdeutschen Sachsen.

Außer den kleinen Siedlungskammern der genannten drei Dörfer ist fast alles Land bewaldet und gehört zum Besitz des Bischofs von Schleswig, nur an der Stelle des heutigen Damp scheint eine größere von Baum und Strauch befreite Landfläche gelegen zu haben, Biscops – Ornum genannt. Unter Ornum, einer Bezeichnung, die nicht selten vorkommt, versteht man ein Stück Land, das außerhalb der Feldgemeinschaft eines Dorfes liegt. Hier handelt es sich also um ein Stück Land, das zu keinem der drei Dörfer gehört und das Besitz des Bischofs ist. 1438 vergibt der Bischof an Eler Smid die Fischereigerechtsame und die Äcker in Pacht, jedoch mit der Auflage, ein Haus zu errichten, mit Hilfe der bischöflichen Lansten in Schuby, Nieby und Pommerby den Wald zu roden und bischöfliche Jagdgäste zu beherbergen. Dafür werden ihm vier Freijahre gewährt, von dann an muß er eine jährliche Pacht zahlen. Der Teich, auf den sich die Fischereirechte bezogen, heißt in der Urkunde: Biscops-Dam, Bischofsteich. Möglich, daß aus dem Worte Dam das spätere Damp entstanden ist, wahrscheinlicher ist die Deutung des Wortes Damp als feuchte Niederung.

Auf Eler Smid folgt im Jahre 1463 Peter Boysen, von dem es heißt, daß er sich große Mühe um die Rodung des Waldes und die Freihaltung der Äcker vom Buschwerk machte; auf diesen 1509 Johann Erick, ein Name, dem wir schon bei den Hufnern von Schwastrum begegnen.

Bald darauf kommt zum ersten Male das Wort Damp vor, in einer Urkunde von 1517 verkaufte Wulf Pogwisch seinen Hof Grünholz mit allem Zubehör, wie Schwastrum mit der Mühle, Pommerby, Börentwedt, Nieby, Schuby-Mühle, Karlberg, einem Hof bei Karlberg, einem Hof bei Sieseby, drei Hufen in Norby und als letztes mit Damp. Vorher hatte das Geschlecht Sehestedt wohl schon kurze Zeit hier gesessen, 1463 wird in Schwastrum Helrich Sehestedt genannt; 1470 gehört das Dorf bereits Benedict Pogwisch.

Später kommt noch Sievert Sehestedt vor, möglich, daß der Bischof ihn mit Damp belehnt hat. Zunächst aber gehört jetzt Damp für längere Zeit mit Grünholz zusammen, auf eine kurze Besitzzeit des Herzogs in den Jahren von 1517 bis 1519 folgt für über ein Jahrhundert das Geschlecht v. d. Wisch, schon von 1519 an Sievert v. d. Wisch.

Claus v. d. Wisch, † 1559, besitzt die vier großen Güter Grünholz, Bienebek, Norby und Damp; nach seinem Tode bleibt zunächst die Witwe im Besitz der Güter.

Torhaus

1566 losen die vier Söhne um den Besitz, Melchior v. d. Wisch fällt Damp zu. Jetzt endlich ist Damp ein eigenes Gut, offensichtlich ist in den Jahrzehnten vorher das Nötige geschehen, um einen modernen Großbetrieb zu gestalten, jetzt steht auch Damp auf gleicher Ebene wie die übrigen drei Güter. Auch die drei Dörfer Schwastrum, Pommerby und Nieby werden jetzt endgültig Damp zugelegt und verbleiben bei ihm bis in das 20. Jahrhundert hinein.

Mit Melchior v. d. Wisch zieht der erste wahre Herr auf Damp ein. Während seiner Besitzzeit, die von 1566 bis 1598, also 32 Jahre dauerte, dürften die Grundlagen der heutigen Hofanlage gelegt sein, der rechteckig gestaltete Bauhof, von breiten Gräben umflossen, durch ein Torhaus mit fester Pforte nach außen geschützt, davon durch Graben und Zugbrücke getrennt der Herrenhof, der in alter Zeit sicherlich nur das Herrenhaus selber und die Pferdeställe aufnahm. In den Jahren von 1595 bis 1597 errichtete Melchior das Herrenhaus, das im Laufe der Zeit viele Veränderungen erfahren hat, mit Verputz von außen, neuen Fensteröffnungen, Anbauten an der Ostseite, Zubauten im Nord- und Südtrakt, und das trotz aller dieser Veränderungen noch heute eindeutig den Bauwillen seines Erbauers erkennen läßt.

Das Haus, das Melchior v. d. Wisch erbaute, ist in dieser Form in ganz Schleswig-Holstein einzigartig, es gibt nur ein vergleichbares Muster in einem Stuckrelief in der Kirche von Krusendorf im Dänischen Wohld, aber ob das dort dargestellte Haus überhaupt gebaut worden ist, wissen wir nicht. Das von Hercules von Oberberg kurz zuvor erbaute Schloß in Tönning zeigte einen ähnlichen Grundriß: einen kräftigen gedrungenen Mittelbau mit vier Türmen. Melchior schuf eine geradezu geniale Verbindung von mittelalterlicher Bauweise mit zeitgemäßer Fortentwicklung; von vorn und von hinten bietet sich der Bau als moderne Dreiflügelanlage dar, im Innern bleibt beherrschend der zentrale Raum des mittelalterlichen Rittersaales. Um diesen Saal mit den imponierenden Ausmaßen von 15 × 9 m gruppieren sich in allen vier Ecken symmetrisch verteilt die Räume des Erdgeschosses, sämtlich durch Kamine in den Außenwänden zu beheizen, der Rittersaal vermutlich ähnlich wie in Roest, Lindau und Wahlstorf ursprünglich eingeschossig mit Balkendecke überdeckt. Von hinten bewahrt das Herrenhaus heute noch am besten den anfänglichen Charakter mit den beiden hochgezogenen schlichten Giebeln der Renaissance, ähnlich wie im gleichartigen Nütschau mit seinen drei Giebeln. Über die ältere Baugeschichte von Damp ist viel gerätselt worden, weil die vom Rittersaal bis zum First durchgehenden Giebelwände scheinbar nicht zu erklären waren. Betrachtet man jedoch den Grundriß, wie er aller Wahrscheinlichkeit nach zu den Zeiten Melchiors v. d. Wisch ausgesehen hat, so lösen sich alle Probleme, erst später hat man die Flügelbauten links und rechts der Halle durch Einbauten miteinander verbunden. Der in den Kunstdenkmälern des Kreises Eckernförde veröffentlichte Grundriß macht diese Auslegung deutlich.

Melchior v. d. Wisch war ein gebildeter und weitgereister Herr, aber sicherlich auch ein frommer Mann. Über den Türsturz des Eingangsportals ließ er – auf plattdeutsch – die Worte einmeißeln:

> Ach Gott, hilf mich erwerben
> ein ehrlich Leben und ein selig Sterben.

Aber sein Wunsch ging nicht in Erfüllung, schon ein Jahr später, 1598, ließ seine Frau Anna, geb. Blome ihn vergiften, aus Gründen, die uns heute nicht mehr erkennbar sind. Nach alten Chroniken wurden etliche Leute zusammen mit der Frau des Pastors verdächtigt, sie hätten das Gift zubereitet, aber es wurde nicht aufgeklärt. Das Gift soll so furchtbar gewesen sein, daß Melchior – wie es heißt – auseinandergeborsten ist.

Es gibt auch eine Sage über den unglücklichen Melchior. Alljährlich in seiner Todesnacht erscheint er auf einem weißen Roß, kommt über die Brücke, reitet dreimal um das Herrenhaus, sprengt über den Burggraben und verschwindet.

Bei den v. d. Wisch und ihren Erben bleibt Damp bis 1626, als es Otto Rantzau für 44 300 Reichsthaler kauft. In seiner Zeit ist die heute noch stehende große Scheune von 1640 erbaut worden mit dem schönen in den Türbalken geschnitzten Spruch:

> Wo Gott nicht selbst das Haus bewacht,
> da ist umsonst der Wächter Macht.

Vor einigen Jahren ist dieser Torbalken von unbekannten Tätern ausgebaut und gestohlen worden.

Auch das Kuhhaus scheint um 1640 erbaut zu sein, freilich später mehrfach umgebaut. Das Torhaus geht zumindest in seinem westlichen Teil gleichfalls auf diese Bau-Epoche zurück.

Im Grunde blieb Damp in der Familie v. d. Wisch, die Schwiegermutter Otto Rantzaus war eine geborene v. d. Wisch, er selber ein rechter Vetter der Herren v. d. Wisch auf Damp. So gab er das Gut bald weiter an seinen Schwiegersohn Wulf v. d. Wisch auf Oehe. Dieser verkaufte Damp und Oehe 1656 an Hinrich v. Ahlefeldt a. d. H. Grönwohld. Mit ihm beginnt die zweite große Epoche des Gutes, die Ahlefeldtsche Zeit, die bis 1797 währen sollte.

Hinrich v. Ahlefeldt starb verhältnismäßig jung schon 1678. 1693 warfen seine drei Söhne das Los über den väterlichen Nachlaß, dem jüngsten Sohn Bendix fiel Damp zu. Er war zweimal mit einer Rumohr verheiratet; aus seiner Besitzzeit dürfte der erste Umbau der Halle zu einem zweigeschossigen Raume stammen.

Bei Restaurierungsarbeiten am Stuck der Halle vor wenigen Jahren wurde oberhalb der heutigen Stuckdecke eine Balkendecke freigelegt, auf die in großen frühbarocken Formen das Ahlefeldtsche und das Rumohrsche Wappen gemalt sind. Bendix v. Ahlefeldt blieb jedoch nicht lange im Besitz von Damp, schon 1706 trat er das Gut an seinen älteren Bruder Johann Rudolph v. Ahlefeldt ab, der gleichfalls mit einer Rumohr vermählt war, Magdalene Heilwig aus dem Hause Düttebüll.

In die Besitzzeit dieses Ehepaares, großenteils sicherlich auch erst nach dem frühen Tode des Mannes 1713 von der Witwe fortgesetzt, fällt die großartige Gestaltung von Halle und Wohnräumen im festlichen Stil des Hochbarock. Und was das Ehepaar in den kurzen Jahren des Besitzes nicht vollendete, setzten Tochter und Schwiegersohn fort, Margarethe Hedwig v. Ahlefeldt heiratete ihren Vetter Jürgen v. Ahlefeldt a. d. H. Haseldorf, † 1728. Im einzelnen sind die Bauepochen nicht zu datieren, man darf aber davon ausgehen, daß hier nach einem einheitlichen und großzügig angelegten Plan gearbeitet worden ist. Wahrscheinlich erst in diesen Jahren wurden die Flügelbauten östlich und westlich durch Zwischenräume miteinander verbunden, so entstand an der Westseite der Rote Salon, dessen heutige Ausgestaltung freilich erst in das 19. Jahrhundert fällt. Aber der nach Süden anschließende Raum, die Kaminstube, dürfte wohl zu den am ersten hergerichteten Räumen gehören, wahrscheinlich um 1700 entstanden. Der Hauptschmuck des in Weiß und Gold gehaltenen Raumes ist die reiche Stuckdecke, mit großem Mittelfeld und acht Nebenfeldern. Das Mittelfeld ist ausgefüllt durch das große Doppelwappen Ahlefeldt-Rumohr, vier Nebenfelder enthalten Allegorien der Jahreszeiten, die anderen vier die der Erdteile. Die beiden Supraporten an den Durchgängen zur Halle und zum Roten Salon sind ein Blütenstilleben und ein Früchtestilleben.

Der imponierendste Teil des Hauses ist jedoch die Halle selber, die in dieser Zeit in ihrer heutigen Gestaltung entstanden ist, und die sich seitdem nicht wesentlich verändert hat. Man hat nicht zu Unrecht gesagt, daß dieser Raum gleichzeitig Eingangshalle, Treppenhaus, Flur, Hauskapelle, Musiksaal und Wohnraum in sich vereinigt, ein nach Größe und Ausstattung auf den schleswig-holsteinischen Gütern nahezu einzig dastehender Raum, allenfalls vergleichbar mit der Halle des adeligen Gutes Hasselburg im Holsteinischen. Der Akzent liegt zweifellos auf der Musik, fast freischwebend sind stuckierte Figuren mit den Emblemen der Musik des Barock in der Decke angebracht, nicht Engel, wie früher fälschlich behauptet wurde, sondern fröhliche, leicht bekleidete musizierende Gestalten in flatternden Gewändern. Sie präsentieren die Instrumente der Zeit, in der einen Ecke Harfe und Viola, in der zweiten Oboe und Flöte, in der dritten Pauke und Langspiel, ein heute verschollenes Saiten-Instrument,

Halle

in der vierten endlich Trompete und Sängerin mit Notenblatt in der Hand und dem Text: Non plus ultra, höher gehts nicht.

Die reichen Stuckarbeiten werden dem Italiener Carlo Enrico Brenno zugeschrieben, der um 1680 in Lugano geboren ist und um 1720 über Hamburg nach Dänemark zog, wo er im Schloß Fredensborg, später auch auf Clausholm in Jütland gearbeitet hat. Bei seinen Arbeiten fiel nach zeitgenössischen Berichten die Kenntnis antiker Formen und das Studium der Anatomie besonders auf. Aus seiner Schule müssen daher die Figuren der fröhlichen Musikantinnen stammen, wenn er nicht selber der Schöpfer dieser Kunstwerke gewesen ist. Von ihm steht fest, daß er für den Geheimen Rat Wulf Blome auf Hagen den Chor der Kirche in Probsteierhagen stuckiert hat.

Der Gestaltung der Decke entsprechend, ist die westliche Schmalseite behandelt. Sie wird von einem mächtigen Orgelprospekt eingenommen, der bis in eine hohe Ausbuchtung der Decke vorstößt. Unterhalb der Orgel befindet sich ein gewaltiger Kamin, der in der heutigen Form dem 19. Jahrhundert zuzuweisen ist, hinter dem Kamin eine kleine Kammer, in der der Hausdiener zu schlafen hatte. In der Halle hängt das Portrait Ottos v. Qualen auf Nübel, † 1604 oder 1605, „des Bösen", so genannt, weil ihm aus seiner Tätigkeit als Amtmann von Tondern und Schwabstedt zahlreiche Untaten zur Last gelegt wurden.

Die Orgel ist nach der Überlieferung ein Werk des berühmten Orgelbauers Arp Schnittger, 1648 bis 1720, gewesen, das Werk selber ist leider im 19. Jahrhundert entfernt worden. Erhalten geblieben ist jedoch der mächtige Orgelprospekt, das Rückpositiv mit höherem Mittelturm und zwei kleineren Seitentürmen, seitlich in der Brüstung zwei weitere vorkragende hohe Türme mit dicken Pfeifen, hinter dem Rückpositiv der in die Decke vorstoßende dreitürmige Mittelprospekt. Die Pfeifen, die mit Akanthus-Schleiern verhängt sind, sind größtenteils erhalten, seitlich von ihnen sind beiderseits die geschnitzten Wappen v. Ahlefeldt angebracht; das läßt einen Schluß zu auf die Stifter der Orgel, Jürgen v. Ahlefeldt, † 1728 und dessen Ehefrau Margarethe Hedwig, geb. v. Ahlefeldt, † 1744.

Die östliche Schmalseite der Halle wird eingenommen vom Treppenhaus, in ihm führt ein von hinten geschwungener Treppenlauf zu einem vorgerückten niedrigen Podest in halber Höhe des Raumes. Von hier aus führen zwei Treppenläufe zu der im Oberstock rings um die Halle laufenden Galerie.

Der Raumeindruck dieser Halle ist wie vom ersten Tage ihrer Entstehung an ein überwältigender. Die großartige Lösung der zweigeschossigen Halle, die praktsich sämtliche Räume des weit gestreckten Herrenhauses miteinander verbindet, ist von wahrhaft künstlerischem Geist. Die Proportionen sind so glücklich gewählt, daß die Halle trotz ihrer Größe von 9 × 15 m und ihrer Höhe von über 9 m nicht den Charakter des Wohnlichen einbüßt. Alle Türen, die von der Halle in die Seitenzimmer führen, sowohl im Erd- wie im Obergeschoß, stammen noch aus der gleichen Zeit. Sie weisen schwere rechteckige Profilrahmen mit vorstehenden Gebälkstücken über seitlichen Pilastern auf; die korinthischen Kapitelle sind mit allegorischen Köpfen und Brustbildern in Schnitzwerk geziert. Der Fußboden besteht aus quadratischen Granitplatten in Blau und Rot, im Schachverband verlegt.

Die Stuckdecke hatte ebenso wie die in der Kaminstube im Laufe der letzten Jahre schwere Beschädigungen erlitten, ganze Teile der plastischen Stuckornamente in der Halle hatten sich gelöst, in der Kaminstube war sogar fast der gesamte Mittelplafond heruntergestürzt. Als Ursache für diese plötzlich eintretenden Schäden werden die Schießübungen der Bundesmarine in der Eckernförder Bucht angesehen, die Schallwellen sollen der Grund für die Lockerung des Stuckgefüges gewesen sein. Unter großen Kosten hat der damalige Besitzer mit Unterstützung durch das Landesamt für Denkmalpflege beide Räume wieder völlig hergestellt.

Der nordöstlich an die Halle anstoßende Raum ist das Eßzimmer. Reizend ist die Supraporte über der Tür zur Halle, eine Ölmalerei auf Holz. Der Gott der Hochzeit, Hymen, dessen Lämpchen an der Wand glüht, zieht die Braut an sich ; der Brautkranz liegt zerpflückt auf dem Tisch, die Braut schreibt noch mit zitternder Hand auf eine Tafel, Amor führt ihr die Hand.

Der Hauptschmuck dieses Raumes sind die beiden großen Tableaus an den Innenwänden des Zimmers, die in Öl auf Leinwand gemalt sind. Sie werden seit jeher mit dem Zaren Peter dem Großen in Verbindung gebracht. Möglich, daß

Speisezimmer

der Zar, der mehrfach in Schleswig gewesen ist, auf Damp gewohnt hat und daß von solchen Besuchen her diese Wandbespannungen stammen. Das südliche Tableau, das gleichzeitig die Türen zu einem Wandschrank bildet, zeigt einen Hafen mit Leuchtturm und Segelschiffen zwischen klassischer Architektur. Im Vordergrund steht auf einem Hügel eine Gruppe von drei Männern, der eine von ihnen ist der Zar, er ist in einfacher Zimmermannskleidung dargestellt und erhält in Gegenwart seines niederländischen Handelsherrn, eines Herrn im roten Frack, durch den Boten aus Moskau, einen als Kalmücken gekleideten Asiaten, die Botschaft, er möge nach Rußland zurückkehren. Bekanntlich hatte der Zar sich als einfacher Zimmermann nach Holland begeben, um hier die Schiffsbaukunst zu erlernen, man denke nur an die Oper: ,,Zar und Zimmermann'' von Albert Lortzing. Das Tableau an der Ostseite ist höchst eigentümlich in zwei Schauplätze geradezu kulissenhaft aufgeteilt. In der Mitte steht eine spitz auf den Besucher hinweisende Häuserzeile, zur Linken ein asiatischer Binnenhafen, im Hintergrund die Hafenstadt mit zweitürmiger Kirche und Gebirge, davor vornehme Orientalen in Turban und neapolitanischer Zipfelmütze, Schifferknechte, Aufseher und andere mehr. Der Hafen stellt angeblich Astrachan dar. Zur Rechten öffnet sich der Blick auf einen offenen Seehafen mit Kähnen, Segelschiffen und Ladeknechten, im Vordergrund ein einfach gekleideter Schiffer mit den Händen in den Hosentaschen. Die Szenerie deutet vielleicht auf den damals aufblühenden Handel mit den Ostseestaaten hin.

Der südöstlich an die Halle anstoßende Raum ist heute durch eine Zwischenwand in zwei kleinere Zimmer aufgeteilt und enthält ein Büro und die Bibliothek. Man erkennt aber noch die durch beide Räume hindurchlaufende Stuckdecke, die ganz ähnlich wie die nordöstliche Kaminstube im Mittelplafond das große Allianzwappen Ahlefeldt und Rumohr enthält. Aber während der Plafond in der Kaminstube dem ersten Ehepaar Ahlefeldt-Rumohr, nämlich Bendix v. Ahlefeldt, † 1723, vermählt mit Ida Margarethe Rumohr, † 1722, zuzuweisen ist, erscheint das Doppelwappen hier freier gestaltet, die Decke selber ist leer, nur symmetrisch übersponnen mit dünnen Akanthusranken. Diese Wappen gehören sicherlich dem zweiten Ehepaar Ahlefeldt-Rumohr an, nämlich Johann Rudolph v. Ahlefeldt, † 1713, und seiner Gemahlin Magdalene Heilwig Rumohr, † 1740.

Endlich der nordwestliche der vier an die Halle anstoßenden Räume enthält die sogenannte ,,Getäfelte Stube'', offensichtlich aus Teilen einer reicheren Vertäfelung und späteren Ergänzungen zusammengesetzt. Die Büchernischen, die in die Wände eingelassen sind, werden von Pilastern gerahmt, die geflügelte Drachen mit spitzen Schwänzen tragen, am unteren Teil der Pilaster befindet sich geschnitztes Rocaillewerk, über den Nischen Giebelabschlüsse in Form von Voluten mit Hängeglöckchen. Der Kamin steht an der Außenwand, der Schornsteinkopf krönt den Giebelabschluß, – ein Motiv, das aus der Baukultur der venezianischen Paläste übernommen ist. Das Mobiliar der Räume ist nicht so einheitlich wie die Ausstattung der Räume selber. Aber vor allem in der Halle sind bedeutende Stücke an Truhen und Schränken der Eckernförder Bildschnitzkunst vorhanden, vielleicht von Hans Gudewerth d. Ä., ein Schrank wird einem Schüler von Hans Brüggemann zugeschrieben. Die Kaminstube besitzt eine einheitliche Ausstattung mit Tischen und Sesseln, Spiegeln und Appliquen des nordischen Rokoko. Reich ist auch der Bestand an Gemälden, in erster Linie Portraits aus den Geschlechtern Qualen, Reventlow und Ahlefeldt.

Und noch ein besonderer Schatz gehörte in das Haus, die Serie der großen Gobelins mit Darstellungen aus dem Leben Alexanders d. Großen. Seit dem Jahre 1908 befinden sie sich im Schleswig-Holsteinischen Landesmuseum auf Schloß Gottorf. Die Alexanderfolge ist nach Entwürfen von Charles Lebrun in den Gobelinwerkstätten von Aubusson um 1670 gewebt worden und wurde mehrfach wiederholt. Sie besteht aus fünf Bildern, erhalten sind vier, teilweise stark beschnitten, so daß man nicht einwandfrei den ursprünglichen Standort im Herrenhause ausmachen kann. Ein Zimmer im Obergeschoß heißt die Gobelinstube, der Raum ist aber so klein, daß die Gobelins sicherlich nicht für dieses Zimmer angefertigt worden sind, hier mögen sie später untergebracht worden sein. Wahrscheinlicher sind sie zunächst für die Halle vor ihrem großzügigen Umbau nach 1700 bestimmt gewesen und haben hier vielleicht an den Schmalseiten beiderseits der Treppe und des Kamins gehangen. Sie stellen den Triumphzug Alexanders dar sowie die Begrüßung der Roxane durch Alexander; dann eine kriegerische Szene, Alexander hoch zu Roß, vor ihm ein Page mit dem Banner und ein Krieger im Gespräch mit dem König. Endlich eine Audienz, Alexander auf dem Thronsessel, die rechte Hand in gnädiger Gebärde ausgestreckt, vor ihm kniend ein alter Mann mit Bart und eine stehende Frau, die von einem Wächter mit Schild und Speer aus einem Gefängnis herausgelassen wird, an den Stufen des Thrones Weihegeschenke, zur Rechten eine zweite Frauengestalt in bittender Haltung.

Nach dem Tode der beiden Brüderpaare erbte die eine Tochter von Johann Rudolph, Margarethe Hedwig v. Ahlefeldt das Gut. Sie war mit Jürgen v. Ahlefeldt a. d. H. Haseldorf, † 1728, verheiratet, so ging Damp jetzt auf diese Linie über. Ihm folgte der einzige Sohn (neben sieben Töchtern) im Besitz nach, nach seinem Großvater Johann Rudolph genannt. Er hat sich durch die Gründung des St. Johannisstiftes ein bleibendes Gedächtnis bewahrt. Viele Güter in den Herzogtümern haben sich durch Stiftungen von Armen- und

Johannesstift

Altenwohnungen um eine Fürsorge für die Gutsangehörigen bemüht und echtes soziales Verständnis bewiesen, aber wenige Anlagen dieser Art sind mit solch künstlerischer Ausgewogenheit aller Einzelteile geschaffen worden wie in Damp. Die Häusergruppe besteht aus dem Mittelbau, der die Kapelle enthält und in der auch heute noch regelmäßig alle 14 Tage Gottesdienst abgehalten wird, sowie vier Einzelhäusern, die für die alten Arbeiter des Gutes bestimmt sind und bis zur Gegenwart hin von ihnen bewohnt werden. Ursprünglich erhielt jeder jährlich 5 Rthlr. sogenannte Kuhgelder, vierteljährlich weitere 2 Rthlr. 8 Schilling aus der Gutskasse. Neben der Kapelle steht ein höchst eigentümlicher Glockenturm, zweigeschossig mit pyramidenförmigem Rethdach, darauf gesetzter offener Laterne zur Aufnahme der Glocken, darüber wieder ein abschließendes Pyramidendach. Die gesamte Gruppe ist in kräftigen gelblichen Tönen mit weißen Profilierungen gestrichen und ist von ganz besonderem Reiz. Ausweislich der eisernen Buchstaben und Jahreszahlen ist die Anlage 1742 durch Johann Rudolph v. Ahlefeldt und seine zweite Ehefrau Margarethe Ölgard Brockdorff erbaut worden. Schon 1706 hatte der gleichnamige Großvater die Stiftung angeordnet und 5000 Rthlr. zu 4 % auf ewige Tage legiert, 1712 weitere Ergänzungen der Stiftung vorgenommen. Erst 1741 wurde sie vom König bestätigt.

Johann Rudolph v. Ahlefeldt hatte zu Damp noch die adeligen Güter Hohenstein und Saxtorf hinzuerworben und gedachte für seine beiden Söhne zwei neue Linien zu stiften. Um ihnen den Besitz der Güter zu sichern, belegte er Saxtorf einerseits, Damp und Hohenstein andererseits kurz vor seinem Tode, 1770 mit einem Fideikommiß, jedes in der Höhe von 60000 Rthlr. Aber der Sohn, der Damp erbte, Jürgen v. Ahlefeldt, † 1823, hielt sich nicht an die Bestimmungen des Vaters, er ließ sich ganz in den Strudel der Zeit hineinreißen, die von dem schnellen An- und Verkauf von Gütern sich Geldgewinn erwartete. So erwarb er nach und nach Möhlhorst, Olpenitz, Dörphof, Maasleben und Borghorst und machte endlich im Jahre 1813 doch Konkurs. Das eigentliche Hauptgut Damp hatte er sorglos im Umschlag 1797 für 176500 Rthlr. an einen französischen Emigranten verkauft, den Grafen Peter C. F. A. Méan de Beaurieux, Geheimrat des Fürstbischofs zu Lüttich und Besitzer umfangreicher Liegenschaften im nördlichen Frankreich und in Belgien. Dieser wohnte mit seinem Bruder César auf Damp, freilich nur wenige Jahre, nur bis 1803. In dieser Zeit wurde in der Halle katholischer Gottesdienst abgehalten.

Der Kammerjunker Henning Bendix v. Qualen war der Käufer, er mußte jetzt 205000 Rthlr. anlegen. Aber der Erwerb war keine reine Freude, jetzt erschienen die Ahlefeldt wieder auf dem Plan, stellten die Behauptung auf, daß der Verkauf an den französischen Grafen nicht rechtens gewesen sei, da Damp mit Fideikommißqualität belegt gewesen sei und daß infolgedessen Henning Bendix v. Qualen keine Rechte auf Damp habe erwerben können. Der Streit wogte durch viele Jahre und durch viele Instanzen hin und her, zum Schluß fand man eine wahrhaft salomonische Entscheidung, die Qualen behielten das Gut, die Ahlefeldt ein Geldfideikommiß in Höhe von 60000 Rthl.

Inzwischen war aber auch die Familie v. Qualen ihrerseits des Besitzes nicht froh geworden. Schon 1807 geriet Henning Bendix v. Qualen in Vermögensverfall. Um ihn und das Gut zu retten, sprang der Vater, der Geheime Conferenzrath Josias v. Qualen ein, übernahm Damp, löste die Schulden des Sohnes aus und stiftete nun seinerseits ein Fideikommiß, jetzt zugunsten der Qualen. Auf diese etwas eigentümliche Weise kam der Sohn nach dem Tode des Vaters 1819 erneut in den Besitz von Damp, jetzt als Fideikommißerbe. Er hinterließ bei seinem Tode 1853 drei Söhne, Conrad v. Qualen, † 1870, auf Damp; Carl v. Qualen, Klosterprobst von Preetz, † 1882, auf Wulfshagen; Wilhelm v. Qualen, † 1887, auf Flarup. Alle drei Brüder hatten keine Nachkommen, so ging Damp nach der Stiftungsurkunde des Großvaters der Reihe nach auf sie über. Der letztlebende von ihnen, Wilhelm v. Qualen, mit dessen Tode das Fideikommiß erlosch, setzte den Patensohn seines Bruders, Karl Graf zu Reventlow, † 1961, zum Erben ein, bestimmte aber, daß Damp den noch am Leben befindlichen Frauen des

Nach einem Aquarell von J. M. Wagner, um 1830

Geschlechts v. Qualen ihrem Alter nach auf Lebenszeit zum Nießbrauch überlassen bleiben solle. So behielt zunächst seine Witwe Sophie v. Qualen, geb. Gräfin zu Reventlow, † 1891, das Gut, dann seine jüngste Schwester Elise, † 1905, die mit dem preußischen Major Rudolf Vielhauer v. Hohenau vermählt war. Danach kam die Tochter des ältesten Bruders Josias an die Reihe, Louise v. Qualen, die mit dem Klosterprobsten und Landtagsmarschall Kurt Graf Reventlou, † 1914, vermählt war. Sie starb 1932, hatte aber bereits im Jahre 1926 auf ihre Nießbrauchsrechte gegen Einräumung einer Abfindung verzichtet und das Gut dem wahren Eigentümer übergeben. Nach dessen Tode erbte Damp sein ältester Sohn Ludwig Graf zu Reventlow, † 1978.

Zu Damp gehört der Meierhof Dorotheenthal, der im Anfang des 18. Jahrhunderts aus niedergelegten Hufen des Dorfes Nieby gebildet wurde und der seinen Namen wahrscheinlich von der Schwiegermutter von Bendix v. Ahlefeldt, Dorothea geb. v. Ahlefeldt, trägt. 1786 wurde der Hof verkauft und wechselte seitdem fast unaufhörlich seinen Besitzer. 1914 wurde der Hof wieder mit Damp vereinigt, das Haus zunächst als Wohnung des Verwalters benutzt. Nach dem 2. Weltkrieg hielt hier der damalige Besitzer von Damp, Ludwig Graf zu Reventlow, seinen Einzug, modernisierte das Haus und stattete es in vorzüglicher Weise mit Möbeln und Porzellan, Bildern und Teppichen aus, so daß das schlichte rethgedeckte Haus heute unter den kleineren Herrenhäusern zu einem der schönsten des ganzen Landes zählt. Hervorragend sind die Portraits der Zarin Maria Feodorowna von Rußland, wahrscheinlich von Eduard Winterhalter, und der Gräfin Nina zu Reventlow von Edmond Passauro. Seit im Jahre 1803 das Geschlecht v. Qualen Damp erwarb, ist das Gut nicht wieder verkauft worden, sondern hat sich ausschließlich in den Geschlechtern v. Qualen und Reventlow vererbt. Nicht weniger als elfmal hat der Besitzer gewechselt, und trotzdem ist eine Stetigkeit in der Entwicklung des Gutes festzustellen, wie wir sie nur selten finden. Das äußere Bild ist fast unverändert geblieben, die großzügige Anlage vom Herrenhof mit seinen Nebengebäuden und vom Bauhof mit den alten Scheunen und dem Torhaus. Schon vor Jahrzehnten schrieb ein Topograph, daß Damp mit Recht als eine der schönsten Besitzungen des Herzogtums gelte, mit seinen üppigen Feldern, Wiesen und den prächtigen Buchenwäldern, mit dem stattlichen Herrenhaus und dem großen, von uralten Lindenalleen durchkreuzten Park.

In den letzten Jahren sind umfangreiche Restaurierungsarbeiten vor allem an der Vorder- und an der Rückfront vorgenommen worden. Der Architekt Carsten Rønnow aus Kopenhagen hat mit kundiger Hand viele Fenster im alten Stil mit kleinflächigen Scheiben neu eingesetzt, dem Hause einen neuen hellen Anstrich gegeben und bemüht sich weiter um die Wiederherstellung von Fassaden und Fenstern.

Die Rückfront hat bedeutend besser den Renaissance-Charakter des Bauwerkes bewahrt. Nach Osten hin wurde das Haus um 1720 durch einen Flügelanbau erweitert, vor dem Tore entstanden neue Wirtschaftsgebäude, das Kuhhaus wurde im Jahre 1908 stark erweitert. Im übrigen sind bis zur Gegenwart fast alle alten Hofgebäude aus den Jahren 1640 und um 1722 voll erhalten.

Dies alles wäre sicherlich nicht möglich gewesen, wenn nicht die ständige Fürsorge der vielen Besitzer über dem allen gelegen hätte. Unvergessen ist bis zur Gegenwart die Persönlichkeit von Conrad v. Qualen, † 1870, durch seine von wahrhaft sozialem Geist getragene Haltung. Und als 1905 Louise Gräfin Reventlou, geb. v. Qualen, das Nießbrauchsrecht erhielt, legte ihr Gatte Kurt Graf Reventlou sein Amt als Klosterprobst von Preetz nieder und zog mit ihr nach Damp, um sich ganz der Bewirtschaftung des wertvollen Besitzes zu widmen. Er war im Grunde Staatsmann, war Wirklicher Geheimer Oberregierungsrat mit dem Titel Excellenz und hatte sich in vielen Stellungen bewährt. Aber in Damp wurde er, was er vorher nie gewesen war, noch praktischer Landmann. Erst die Liebe zum Detail macht den großen Verwaltungsfachmann aus ; wie sehr sie ihm eigen war, konnte man nie besser sehen, als wenn er von früh bis spät sich mit eindringlicher Fürsorglichkeit um Vieh und Futter, Gerät und Arbeit, Verwalter und Familien kümmerte. Nachdem er 1914 gestorben war, setzte seine Frau, die stolz darauf war, die letzte Qualen zu sein, mit ihrem beweglichen und geselligen Temperament sein Werk fort.

In der Person von Karl Graf zu Reventlow, † 1961, fand das Gut einen würdigen Nachfolger, einen wahren Grandseigneur, der mit überlegenem Geist und Humor auch die schwierigsten Situationen meisterte und sich voll den sozialen Traditionen des Hauses anschloß. Erst unter seinem Sohn, Ludwig Graf zu Reventlow erfuhr der Besitz eine Wendung zum modernen Leben, am Strande bei Dorotheenthal wurden umfangreiche Campingplätze angelegt, die jetzt alljährlich vielen Tausenden von Großstädtern Erholung und Entspannung bieten. Hier ist auch das Bad Damp 2000 entstanden.

Die Dörfer Pommerby und Schwastrum mußten im Zeitalter der Bodenreform abgegeben werden. Heute besteht das Gut Damp aus dem Haupthof mit 510 ha, dem Meierhof Dorotheenthal mit 130 ha und einer Waldfläche von 100 ha, insgesamt 740 ha.

Nach dem Tode von Ludwig Graf zu Reventlow 1978 ist jetzt sein jüngerer Sohn Christian-Detlev Graf zu Reventlow Besitzer.

Adeliges Gut Damp mit Dorotheenthal

Besitzer Christian-Detlev Graf zu Reventlow
Besichtigung des Herrenhauses nach Anmeldung

Besitzer		*Gut und Bauten*	
15. Jahrh.	Bischof v. Schleswig	1595/7	Herrenhaus erbaut
1470–1517	(v.) Pogwisch	1640	Bau der älteren Wirt-
1523–1656	v. d. Wisch und ihre		schaftsgebäude
	Nachkommen (v.) Pog-	ca. 1700	Umbau der Halle
	wisch und (v.) Rantzau	1742	Bau des St. Johannisstifts
1656–1797	v. Ahlefeldt	1786	Dorotheenthal verkauft
1797–1803	Graf Méan	1914	Dorotheenthal zurückge-
	de Beaurieux		kauft
1803–1887	(1927) v. Qualen	1978	Renovierung Torhaus
1887 (1927)	Graf zu Reventlow	1980	Orgel in der Halle
			restauriert

18 Grünholz

Kirchspiel Sieseby   Kreis Rendsburg-Eckernförde

Seit über einem Jahrhundert befindet sich Grünholz im Besitz des herzoglichen Hauses Schleswig-Holstein-Sonderburg-Glücksburg. Es hat sich in dieser Zeit zu dem Hauptsitz des Hauses entwickelt und ist neben Glücksburg zum Mittelpunkt des herzoglichen Besitzes überhaupt geworden. Jahrzehntelang haben hier die Herzöge gelebt, erst Herzog Friedrich Ferdinand, † 1934, dann dessen Sohn Herzog Friedrich, † 1965, und dessen Gemahlin, die Herzogin

Marie Melita, Prinzessin zu Hohenlohe-Langenburg, † 1967. So möchte man sagen, daß Grünholz innerhalb dieses letzten Jahrhunderts weit über sich selbst hinausgewachsen ist. Bis dahin war es nicht mehr als ein Landgut wie andere auch, wenn auch seit altersher von stattlicher Größe mit vielen Zubehörungen an Nebenhöfen, Dörfern und Wäldern. Auch das Herrenhaus von 1749 ist bei aller seiner geschlossenen Schönheit des äußeren Baukörpers und bei aller Eleganz der Ausstattung im Inneren in Größe und Aufwand nicht mehr als andere Herrenhäuser auf unseren Gütern. Wenn heute dem Hause durchweg die Bezeichnung eines Schlosses zuerkannt wird, so beruht das vor allem auf der Tatsache, daß dieses Haus heute eine fürstliche Familie beherbergt und gleichzeitig der Mittelpunkt einer bedeutenden herzoglichen Vermögensverwaltung ist.

Die Geschichte von Grünholz reicht zurück in die Mitte des 15. Jahrhunderts. Zu dieser Zeit befanden sich große Teile Schwansens im Besitz des Bischofs von Schleswig. Schon im Jahre 1436 hatte der Bischof Auftrag gegeben, die Besitztümer des bischöflichen Stuhles aufzuzeichnen. Aber es dauerte 30 Jahre, bis das Werk vollendet war. Erst in den Jahren 1462 bis 1464, im wesentlichen wohl im Jahre 1463 wurde dieser bischöfliche Auftrag in die Tat umgesetzt. Jetzt entstand das heute nur mehr in Abschriften vorhandene Buch der Einnahmen des Bischofs von Schleswig unter dem Titel:

„Liber censualis episcopi Slesvicensis".

Das Buch ist säuberlich geordnet nach Landschaften und Kirchspielen, nach Zinsen und Zehnten. Aus ihm geht hervor, daß damals in Schwansen mindestens 3 curiae, also Edelhöfe, vorhanden waren, Maasleben, Krieseby und Grünholz, und daß auf Grünholz Hartwig Sehestedt aus dem alten holsteinischen Adelsgeschlecht saß. Bei den Zinsen ist vermerkt, daß in Pommerby ein bischöfliches Gut lag, für das früher Henning v. Qualen bezahlt hatte, später Drude v. Qualen und daß jetzt Hartwig Sehestedt Besitzer war. Bei der Aufzählung der Zehnten heißt es bei der curia Grünholz, daß der Rector des Domkapitels eine jährliche Abgabe empfange, aber hinsichtlich des Bischofs heißt es lakonisch:

„sed domino episcopo nihil",

aber der Herr Bischof erhält nichts.

Aus der Anlage des Verzeichnisses geht einwandfrei hervor, daß diese curiae aus bischöflichem Grundbesitz und Recht stammten, sonst wären sie gar nicht in das Verzeichnis aufgenommen worden. Aber ebenso ergibt die Tatsache, daß nichts mehr an Abgaben zu entrichten ist, daß sich das Obereigentum der Kirche schon

Grünholz

gelockert hat. Wenige Jahre später sucht der Bischof wieder an Einfluß zu gewinnen, im Jahre 1471 verkauft der Knappe Hartwig Sehestedt das zu Grünholz gehörende Dorf Börenwedt an den Bischof. Freilich wird es bald darauf wieder an den Besitzer von Grünholz zurückverkauft und ist seitdem bis zur Gegenwart hin mit Grünholz verbunden gewesen.

Wenig später scheint Hartwig Sehestedt Grünholz selber verkauft zu haben, seit 1475 ist der Ritter Benedikt Pogwisch auf Grünholz bezeugt. Jetzt bleibt Grünholz für zwei Generationen in den Händen dieses kräftigen Geschlechts, der Ritter Benedikt kommt in vielen wichtigen Rechtsgeschäften der Zeit vor, sein einer Sohn Detlev wird Bischof von Schleswig, der andere Wulf folgt dem Vater im Besitz von Grünholz nach. Aus dessen Geldgeschäften ersieht man vieles über den damaligen Umfang des Gutes. 1504 verschreibt Pogwisch den zwei Brüdern Sehestedt für ein angeliehenes Kapital eine jährliche Rente aus dem Dorfe Schwastrum mit der Mühle, Schuby mit der Mühle, 6 Lansten in Karlberg und einem in Karby. 1517 verkauft er Grünholz selber an Herzog Friedrich. Damals wurden mit Grünholz zusammen verkauft Schwastrum, Pommerby, Börentwedt, Nieby, Schubymühle mit 10 Lansten, Karlberg, 1 Hof in Karby, 1 in Sieseby, 3 Boel in Norby bei der alten Mühlenstätte und endlich Damp.

Der Papst in Rom war weit entfernt in jenen Zeiten, und doch mußte er nicht weniger als vier Mal in dieser kurzen Besitzzeit der Pogwisch auf Grünholz Veranlassung nehmen, sich mit ihnen zu beschäftigen, sowohl mit dem Vater, dem Ritter Benedikt, als auch mit seinen drei Söhnen Wulf, Hinrich und Detlev. Das erste Mal war es im Jahre 1461. Der Ritter Benedikt, damals noch Knappe und sicherlich jung an Jahren, hatte den Priester in Kosel erschlagen, weil er seinen Vater geschmäht hatte. Der Papst, wohl Pius II., erteilte ihm Absolution gegen Leistung einer Pilgerfahrt. Der Sohn Wulf, der seit 1500 auf Grünholz saß, hatte zusammen mit seinem Bruder Hinrich und mit Zustimmung des Königs das Gut Lensahn im Oldenburgischen Güterdistrikt von Anna Rathlow gekauft. Die Rathlowschen Erben erhoben Einspruch, die Sache kam zunächst vor den König, dann vor den Gerichtsstuhl Kaiser Maximilians, schließlich, was bei der Hartnäckigkeit der Pogwisch nicht zu verwundern ist, vor den Papst. Dieser, vermutlich Julius II., ließ unparteiische Männer einsetzen, die zwischen den Rathlow und den Pogwisch schlichten sollten. In der Tat mußte der Kauf rückgängig gemacht werden.

Der Bruder Hinrich Pogwisch, der dem Stift Odense angehörte, hatte den Priester Joachim Runge vom Stifte Schwerin mißhandelt. Als nun 1516 Hinrich Pogwisch starb, wurde er gegen allen kirchlichen Brauch von den Franziskanern in Odense in geweihter Erde bestattet. Daraufhin verhängte Papst Leo X. den

Bann über die Mönche, und es bedurfte erst des geschlossenen Eintretens der noch lebenden Geschwister Pogwisch, um die Sache ins Reine zu bringen. Am meisten Not hatte der Papst mit dem dritten Bruder Detlev Pogwisch. Dieser war von früh an zum Geistlichen bestimmt, war 1489 Kanonikus in Schleswig, studierte in Bologna und wurde Magister, wurde 1499 in die Bruderschaft Santa Anima in Rom aufgenommen und fungierte als Coadjutor bei dem sterbenskranken Bischof Eckard Dürkop. Nach dessen Tode 1499 reiste er nach Schleswig zurück, wo der König und der Herzog Friedrich seine Wahl zum Bischof von Schleswig vornehmen ließen. Papst Alexander VI. war aber nicht einverstanden, weil er für den Bischofsstuhl seinen Günstling, einen italienischen Kardinal, bis dahin Bischof von Agrigent in Sicilien, Johannes de Castro, ausersehen hatte. Er setzte ihn auch tatsächlich im Jahre 1501 zum Bischof von Schleswig ein. Aber dem Italiener scheint das rauhe Klima des Nordens nicht behagt zu haben. Als sich Bischof Detlev bereitfand, Johannes de Castro mit einer jährlichen Rente von 300 Ducaten abzufinden, verzichtete dieser freiwillig, und Detlev Pogwisch wurde jetzt 1502 vom Papst als rechtmäßiger Bischof anerkannt. Er mußte jedoch dem Papst für das Pallium, das Zeichen der bischöflichen Würde, eine Abgabe von 3000 rheinischen Gulden entrichten. Die Folge war, daß das Bistum in schwere Schulden geriet, und um aus diesen Nöten wieder herauszukommen, mußte der Papst wiederum eingreifen. Julius II. erteilte Bischof Detlev Pogwisch das Beneficium, daß jeder Geistliche seines Sprengels ihm bis zur völligen Tilgung der Schulden die Hälfte seiner Einkünfte überlassen müsse.

Durch den Verkauf von 1517 kam Grünholz zum ersten Male in seiner Geschichte in den Besitz des Herzogs, blieb es aber nicht für lange Zeit. Schon zwei Jahre später, im Jahre 1519, gab der Herzog Grünholz weiter an Sievert v. d. Wisch, der im Tausch dafür Hütten dem Herzog überließ. Hütten, auch Herrenhütten genannt, umfaßte das Gut mit den Dörfern Osterby, Hummelfeld, Ascheffel, Bünstorf, Wentorf und Steinwehr. Aber der Tausch zog gerichtliche Schritte nach sich. Sievert v. d. Wisch beschwerte sich darüber, daß sich nicht alle in den Registern von Grünholz aufgeführten Hufen und jährlichen Hebungen vorfänden. Wulf Pogwisch, der Vorverkäufer, wurde herbeizitiert und mußte einen Zwölfmanneneid auf die Richtigkeit der Verzeichnisse leisten. Erst dann wurden die Beschwerden zum größten Teile zurückgewiesen und die Sache auf dem Landtag in Rendsburg im Jahre 1525 endgültig verglichen.

Bei den Herren v. d. Wisch und ihren Erben und Besitznachfolgern, den Pogwisch (aus einer anderen Linie wie der eingangs genannten) und den Ahlefeldt verbleibt jetzt Grünholz volle zwei Jahrhunderte, bis 1722. Diese Zeitspanne ist die entscheidende Epoche in der Geschichte des Gutes im Hinblick auf die Bildung eines landwirtschaftlichen Großbetriebes gewesen. Ja, im

Grunde sind es schon die beiden ersten Herren v. d. Wisch gewesen, Sievert, † 1540, und sein Sohn Claus, † 1559, die diesen Prozeß der Formung des Betriebes mit Erfolg durchgeführt haben. Mehrere Umstände kamen diesem Beginnen günstig entgegen; einmal war die äußere Voraussetzung dadurch gegeben, daß das Ritterwesen des Mittelalters seinem Ende entgegen ging, die Erfindung des Schießpulvers machte die Waffen und Verteidigungssysteme der früheren Jahrhunderte illusorisch; zum anderen lag es im allgemeinen Zug der Zeit, der Zeit des beginnenden Frühkapitalismus, die zur Ausbildung großer landwirtschaftlicher Betriebe drängte; und drittens kam den Grundherren gerade in Schwansen der Zusammenbruch der katholischen Kirche im Zeitalter der Reformation äußerst gelegen. Bis dahin war fast alles Land in Schwansen Besitztum des bischöflichen Stuhles von Schleswig gewesen. Nun lockerten sich die Bindungen, die Ritter griffen eifrig zu, und als Claus v. d. Wisch 1559 starb, gehörten der Familie nicht nur Grünholz, sondern auch Damp, Bienebek, Norby, dazu die vielen Dörfer wie Pommerby, Nieby, Schwastrum, Börentwedt, Sensby und zahlreiche Einzelhöfe und Hufen, alles in allem ein höchst stattlicher Besitz. Die vier Söhne, die Claus v. d. Wisch hinterließ, teilten den riesigen Besitz des Vaters und versuchten, vier neue Häuser zu begründen, Detlev, der Älteste, erhielt Grünholz, der zweite, Melchior, Damp, Sievert fiel Bienebek zu und Hans Norby, das später wieder in Dörfer umgewandelt wurde. Aber die Hoffnungen erfüllten sich nicht, Melchior, Sievert und Hans hinterließen überhaupt keine Kinder, Detlev hatte einen Sohn Claus, der noch zu Lebzeiten des Vaters auf der Holstenstraße in Kiel von dem berüchtigten Otto Rantzau auf Bothkamp, im ganzen Lande nur „der Dolle" genannt, erstochen wurde. So gingen die Güter zwischen den Brüdern und ihren nächsten Erben hin und her, Melchior hat außer Damp auch Grünholz, Norby und Bienebek besessen, Sievert ebenso außer Bienebek auch Grünholz, Damp und Norby, Hans außer Norby auch Damp und Grünholz. Schließlich, als alle Brüder gestorben waren, verblieb Grünholz bei der längstlebenden Schwester Dorothea, † 1626, die ihrerseits mit einem entfernten Vetter Wulf v. d. Wisch auf Fresenhagen verheiratet war. Auch diese Herren v. d. Wisch waren ein vermögendes Geschlecht, aus der Ehe waren fünf Söhne hervorgegangen, die nach dem Tode des Vaters um ihre Erbteile gelost hatten, jeder der fünf Söhne hatte ein großes Gut erhalten, Öhe, Olpenitz, Ellund, Fresenhagen und Lütjenhorn. So überschrieb Frau Dorothea jetzt Grünholz gleich ihrem Enkel Johann v. d. Wisch, † 1659. Mit 25 Jahren, im Jahre 1626, im gleichen Jahr, in dem seine Großmutter starb, übernahm er Grünholz. Das Mittelalter machte den strengen Unterschied zwischen castrum und curia. Castrum ist die Burg des Ritters, sicherlich ursprünglich nicht mehr als ein Wohnturm, aber stets in gesicherter Lage, meist auf kleinem kreisrundem Hügel

umgeben von breitem Graben und Wall. Viele Beispiele dieser Art sind im ganzen Land erhalten, freilich kein einziges Bauwerk, nur hier und da Andeutungen von Fundamenten. Auch im Walde von Grünholz lag eine solche Turmburg, die wohl der Wohnsitz der ersten Ritter und auch von vornherein ihr Eigentum gewesen sein mag. Die curia, der Wirtschaftshof, war im Falle von Grünholz ursprünglich bischöflich und ging erst allmählich in das Eigentum der Ritter über. Diese curia wird vermutlich an der gleichen Stelle gelegen haben wie der heutige Gutshof. Auch die curia bedurfte des Schutzes und war daher allseitig von breiten Wassergräben umzogen. Das Wohnhaus an der Stelle des späteren Herrenhauses ursprünglich auf einer gesonderten kleinen, der sogenannten Herreninsel, mit dem eigentlichen Wirtschaftshof, dem Bauhof, nur durch einen einzigen Zugang über eine Zugbrücke verbunden, der Bauhof seinerseits zur Außenwelt hin durch ein Torhaus, das nachts verschlossen wurde, abgeschirmt. Trotz aller Veränderungen, die Grünholz durch Brände und Umbauten, durch Entfernen von Brücken und Zuschütten von Hausgräben erfahren hat, ist dieser spätmittelalterliche Zustand des Hofes für das kundige Auge auch heute noch leicht zu rekonstruieren. Immer noch steigt das Herrenhaus unmittelbar aus dem Wasser auf, und auch heute noch gibt es keinen Zugang vom Gartensaal in den Park, und wie seit eh und je schließt das Torhaus den Gutshof wehrhaft ab.

Johann v. d. Wisch war mit Dorothea Pogwisch in kinderloser Ehe verheiratet. Er mag auch nicht gut gewirtschaftet haben, schon seit 1642 war sein Schwager Henning Pogwisch mindestens Miteigentümer von Grünholz, sicher seit 1655 alleiniger Herr. Henning Pogwisch hinterließ Grünholz seinem ältesten Sohne Claus, † 1716, dieser seiner Tochter Mette, die mit Johann v. Ahlefeldt aus Quarnbek , † 1732, verheiratet war. Aber obwohl dieser letztere von Haus aus ein wohlhabender Mann gewesen war und fünf große Güter besaß, machte er doch im Jahre 1722 Konkurs, und Grünholz mußte verkauft werden. Jetzt beginnt eine neue Zeit des Aufstiegs für das Gut, rund ein Jahrhundert, in dem Grünholz den reichen Thienen und ihren Erben, den nicht minder reichen Plessen gehört und in der die wesentlichsten Bauten, vor allem das Herrenhaus, entstehen.

1722 kaufte Heinrich v. Thienen, † 1737, Grünholz für 66 000 Rthlr. aus dem Konkurse an; er besaß schon die beiden großen Güter Wahlstorf und Güldenstein im Holsteinischen, beides Güter, auf denen die Thienen ebenfalls die großartigen heute noch voll erhaltenen Herrenhäuser errichteten, Wahlstorf schon um 1470, Güldenstein 1728. Heinrich v. Thienen scheint anfangs das Geld zum Erwerbe von Grünholz nicht flüssig gehabt zu haben, zunächst tritt der General Werner v. d. Schulenburg als Mitbesitzer auf, aber seit 1730, nach anderen 1732 ist das Gut im Alleinbesitz von Heinrich v. Thienen. Nach seinem Tode ging Grünholz zunächst über an den ältesten Sohn Wulf Heinrich v. Thienen, der erst 1809 im hohen Alter von 88 Jahren starb und einer der reichsten Grundbesitzer war, die man in neuerer Zeit in den Herzogtümern gekannt hat. Er besaß nicht weniger als zehn stattliche Güter und dazu ein Barvermögen von 2 Millionen Thalern. So mag er sich leichten Herzens dem Wunsch der Mutter gefügt haben, ihr Grünholz zu überlassen. Diese, Ida Lucia v. Thienen, geb. v. Brockdorff, † 1752, kaufte es ihrem Sohn für den billigen Preis von 50 000 Rthlr. ab und begann alsbald nach dem Erwerbe, sich mit Bauplänen für das Herrenhaus zu tragen. 1749 stand der Bau, wie aus einem Guß außen und innen gleich vollkommen gestaltet. Heute, nach über 200 Jahren, ist das Haus fast unverändert, ein kleiner Anbau an der Südfront ist hinzugekommen, eine Terrasse mit darunterliegenden Wirtschaftsräumen, im Jahre 1910 erbaut, aber im übrigen präsentiert sich das Haus fast genau so wie zur Zeit seiner Entstehung.

Früher pflegte man alle bedeutenderen Herrenhausbauten dieser Epoche dem großen Baumeister E. G. Sonnin zuzuschreiben. Dank der gründlichen Forschungen von Dr. Peter Hirschfeld, dem langjährigen Landeskonservator, ist es gelungen, für die meisten dieser Häuser die wahren Baumeister zu ermitteln, kein einziges von allen diesen ist von Sonnin errichtet. Für Grünholz ist bisher ein Baumeister nicht nachgewiesen, so hat man lange Zeit geglaubt, gerade dieses Haus als großartiges Beispiel der meisterhaften Baukunst von Sonnin ansehen zu können. Aber mangels näherer Anhaltspunkte ist es nicht einmal wahrscheinlich, im Jahre 1749, im gleichen Jahre, in dem Grünholz vollendet war, baute Sonnin sein erstes Gebäude in den Herzogtümern, eine Brauerei. Schon im Jahre 1711 hatte ein Hamburger Bautheoretiker geschrieben:

„Der treffliche und baulustige holsteinische Landadel verwendet den Nutzen seines Reisens und Studierens zu eigener Erfindung und Leitung ihrer prächtigen Wohnschlösser, so daß den Maurern und Zimmerleuten nichts anderes als die bloße Ausführung des ihnen vorgelegten Planes, Grund- und Aufrisses übrig bleibt."

Trotz dieses Urteils erscheint es wenig glaubhaft, daß Ida Lucia v. Thienen, geb. v. Brockdorff, Grünholz selber erbaut habe. Ein Architekt großen Formats muß ihr zur Seite gestanden haben, möglich, daß es eines Tages gelingt, seine Spur zu entdecken.

Grünholz ist nicht wie viele andere Herrenhäuser der Zeit ein Flügelbau, sondern ein einfacher Querbau von 9 Achsen, die Hinterfront fast schmucklos, dafür dreigeschossig unmittelbar aus dem Wasser aufsteigend, die Vorderfront zweigeschossig und durch das kräftige Mittelrisalit nachdrücklich betont. In schönem Schwung führt die breite, aus neun Stufen bestehende Treppe zum Portal, korinthische Pilaster tragen ein reich profiliertes Gebälk, das in der Mitte zum segmentbogigen Giebelstück ausbuchtet und seitlich zierliche plastische Rocaillevasen trägt. Im Giebelfeld darüber ist in zwei üppigen Rocaillekartuschen unter der Krone das Doppelwappen Thienen und Brockdorff angebracht, darüber steht die Jahreszahl 1749.

Im Inneren ist die Raumaufteilung klar und übersichtlich, ohne Flure reiht sich Raum an Raum, ohne doch dadurch beengt zu wirken. Von der verhältnismäßig schmalen Eingangsdiele geht der Weg zu dem dahinterliegenden fast quadratischen Gartensaal mit den Maßen von 8 zu 9 m. Links und rechts an Halle und Gartensaal anstoßend befinden sich je 2 große Räume, von denen der südlich der Halle gelegene das Treppenhaus aufnimmt, das in großartigen Schwüngen vom Keller bis zum Dachgeschoß läuft und beiderseits mit einem geschnitzten Geländer aus Eichenholz versehen ist. An den Enden im Erd- und Kellergeschoß läuft das Geländer in zierlichen Schnecken aus. Das durchbrochene Geländer ist

Gartensaal

einheitlich aus großen Bretterbohlen herausgearbeitet mit Schnitzfüllungen, deren Ornament die Wirkung von aneinandergereihten Balustraden anstrebt. Die Ornamente zeigen zierliche Rocailleschwünge mit kleinen Blüten. Auch die Decken über den Treppenläufen und -absätzen sind kunstvoll gestaltet. Sie haben Stuckgesimse, die dem Anstieg der Treppe folgen und an den Absätzen jedesmal wieder mit einem Schwung in die Schräge hineinführen. Das Treppenhaus ist sicherlich ebenso wie die Eingangshalle ursprünglich in hellen festlichen Farben gestrichen gewesen und wurde inzwischen in den ursprünglichen Farbtönen restauriert.

Am Ost- und am Westende des Hauses bilden jeweils drei kleine Kabinette den Abschluß, an der Ostseite ist das eine wiederum unterteilt durch eine Wendeltreppe für die Dienerschaft.

Die Ausstattung der Räume ist fast unverändert die gleiche wie zur Zeit der Erbauung des Hauses, vor allem in der Eingangshalle, im Gartensaal und im anstoßenden Gelben Zimmer. Der Gartensaal hat noch am eindrucksvollsten die Farben des 18. Jahrhunderts, wenn auch nach neueren Restaurierungen, bewahrt, die drei Innenwände sind in schmale, rechteckig gerahmte Felder aufgeteilt, die elfenbeinweiße Ornamente auf festlichen, zartgelben Farbtönen zeigen. Auch Rahmen, Paneele und Türfelder sind in gelb und weiß abgesetzt. Die Ornamente in den Feldern sind üppig gestaltete Rocaille-Boiserien und sind von Feld zu Feld verschieden. Federwerk und Fittiche, zerfetztes Blattwerk, Akanthus und Bärlapp, Ohrmuscheln mit Knorpelwerk, die ganze Fülle des Rokoko breitet sich aus, bald schaumig spritzend, bald flammend züngelnd. Selbst die Supraporten über den Eingängen und die Gewände der Fensternischen sind mit feinem Schnitzwerk gefüllt: Barock und Rokoko duldeten keine leeren Flächen. Alles in allem stellt dieser Saal ein großartiges Beispiel eines vollkommenen Kunstwerks dar.

Ähnlich, wenn auch einfacher ist das nördlich anstoßende Gelbe Zimmer gestaltet, während der westlich anschließende Speisesaal mit Gobelins ausgestattet ist, die in den einzelnen Stücken beschnitten sind und daher nicht ursprünglich hier gehangen haben könnnen. Sie stellen Szenen aus den Metamorphosen von Ovid dar. Die Gobelins stammen nach neueren Feststellungen aus dem Schlosse Glücksburg und sind vermutlich Brüsseler Arbeiten aus der Zeit um 1700.

Treppe

Die zwei Gobelins im Billardzimmer bedeuten nach dem Gutachten von Prof. Heinrich Göbel: „Die Pflichten des Herrschers", der eine stellt die „Pflege der Baukunst", der andere die „Pflege des Theaters dar. Sie werden als Brüsseler Arbeiten um 1650 klassifiziert, sie stammen ursprünglich aus dem Schlosse Gottorf und gehören zu einer Serie, von der Teile heute in Grünholz und im Schlosse Glücksburg hängen.

Auch die übrigen Räume des Obergeschosses sind einheitlich ausgestaltet, überall befinden sich Paneele, Türfüllungen, Supraporten aus der Mitte des 18. Jahrhunderts, Täfelungen und Boiserien mit feinen Rocailleschwüngen, Fayence-Öfen und eiserne Öfen, kurzum die baufreudige Herrin ließ es an nichts fehlen. Während man so oft in unseren Herrenhäusern darauf stößt, daß Nebenräume und Obergeschosse lieblos und dürftig ausgestattet sind, oft, weil die Kasse erschöpft war, ist hier das Haus bis in den letzten Winkel sorgfältig mit künstlerischer Hand geschmückt worden. So blieb nur wenig Raum für spätere Ergänzungen, außer den Gobelins ein kleiner klassizistischer Kachelofen, ein sogenannter Tischbein-Ofen in einem Zimmer des Obergeschosses.

Als Ida Lucia v. Thienen, geb. v. Brockdorff, 1752 verstarb, ging Grünholz über an ihre Tochter Elisabeth Christine, die mit dem Oberzeremonienmeister Mogens v. Scheel-Plessen verheiratet gewesen war. Plessen, von dem es hieß, daß seine Passion die Jagd und schöne Frauen waren, war damals schon nicht mehr am Leben, er war mit nur 36 Jahren im Jahre 1749 verstorben, im gleichen Jahre, in dem der Bau des Grünholzer Herrenhauses vollendet wurde. So war es Sache der Frau, für die 10 Kinder aus der Ehe und die große Verlassenschaft zu sorgen. 1756 gelang ihr die Aufnahme in die schleswig-holsteinische Ritterschaft. Ihr ältester Sohn erbte die dänischen Güter, Selsø, Fussingø. Harrested und Lindholm, der zweite – Christian Friedrich Scheel v. Plessen, † 1804 – erhielt Grünholz. Er übernahm das Gut nach dem Tode der Mutter 1788 und besaß außerdem noch die Güter Førslev, Fuglebjerggaard und Fodbygaard in Dänemark. Seine erste Frau Margarethe Ölgard v. Rumohr a. d. H. Buckhagen war schon 1782 nach der Geburt des heiß ersehnten Stammhalters, des späteren Lehnsgrafen Mogens Joachim v. Scheel-Plessen verstorben, die zweite Ehe mit Friederike v. Bernstorff blieb kinderlos und scheint auch nicht glücklich gewesen zu sein, sie wurde wenige Jahre später geschieden.

Die Zeit der Plessen auf Grünholz war nicht ungetrübt. Bei einem Herrn aus so reichem Hause, wie es Christian Friedrich v. Plessen war, sollte man glauben, daß gerade die wirtschaftlichen Dinge bestens geordnet seien. Aber das Gegenteil war der Fall. Christian Friedrich v. Plessen belegte zwar Grünholz mit einem Fideikommiß, also doch in der Erwartung, den Besitz seinen Nachkommen zu erhalten. Aber schon wenige Jahre später sah sich sein Sohn Mogens veranlaßt, den König um Aufhebung des Grundfideikommisses zu bitten und an dessen Stelle ein Geldfideikommiß von 120000 Rthlr. eintragen zu lassen. 1807 verkaufte er Grünholz an den Geheimen Conferenzrath Detlev v. Buchwaldt a. d. H. Seedorf für 270000 Rthlr. Dieser gab das Gut schon im Jahre darauf an seinen Bruder, den Kammernherrn Ludwig Achatz v. Buchwaldt, † 1836, weiter. Als dieser letztere 1816 Konkurs machte, sahen sich die Plessen gezwungen, Grünholz zurückzukaufen, um ihr Fideikommißkapital zu retten. Jetzt brauchte Plessen nur mehr 163000 Rthlr. anzulegen. 1829 wurde er dänischer Lehnsgraf, seine Stellung in der Öffentlichkeit schien unantastbar. Nur seine wirtschaftlichen Verhältnisse blieben verworren, schließlich wurde er unter Kuratel gestellt und der Höchstbetrag seiner jährlichen Revenuen auf 20000 Rthlr. festgesetzt, immerhin noch ein stattlicher Betrag.

Grünholz bedeutete für ihn kein bleibendes Domizil, so fand er sich angesichts der vielen wirtschaftlichen Schwierigkeiten bereit, das Gut zu verkaufen. 1834 zog Magnus Graf Moltke als neuer Herr ein, ein Mann aus einem Geschlecht, das nun schon in mehreren Generationen sich im Dienst des Gesamtstaates in vielen bedeutenden Ämtern bewährt hatte. Sein Urgroßvater war der Geheime Staatsminister und Oberhofmarschall Adam Gottlob Moltke gewesen, der im Jahre 1750 in den dänischen Lehnsgrafenstand erhoben wurde, sein Großvater Christian Magnus Friedrich Moltke wurde in die schleswig-holsteinische Ritterschaft aufgenommen und war Besitzer der adeligen Güter Noer und Grönwohld im Dänisch-Wohlder Distrikt, sein Vater Adam Gottlob Detlev Moltke, † 1843, war Vertreter der schleswig-holsteinischen Ritterschaft auf dem Kongreß von Wien 1815 gewesen. Dessen drei Söhne setzten die großen politischen Traditionen des Geschlechtes fort, der älteste Carl Graf Moltke, † 1866, wurde Geheimer Staatsminister, Minister für das Herzogtum Schleswig und Canzleipräsident und stand mitten zwischen zwei Feuern, als es um den Fortbestand des Gesamtstaates ging. Die Holsteiner betrachteten ihn als Dänenfreund und Abtrünnigen, die dänische Partei glaubte nicht an die Echtheit seiner Gesinnung. So wurde er nicht weniger als dreimal aus seiner Stellung als Minister entlassen. Dabei lag in Wahrheit ihm nur ein Ziel am Herzen, die Erhaltung der Kontinuität des Gesamtstaates. Der dritte Sohn Adam Gottlob Moltkes, gleichfalls Adam geheißen, wurde erst Amtmann, später Präsident der holsteinischen Regierung in Plön.

Der mittlere der drei Brüder, Magnus Moltke, † 1860, war der neue Besitzer von Grünholz und trat ebenso wie seine Brüder voller Leidenschaft in die Politik ein. Er wurde Mitglied der schleswigschen Ständeversammlung und war auch publizistisch tätig. Im Jahre 1849 ließ er eine Schrift erscheinen: „Die Schleswig-Holsteinische Frage", in der zum ersten Male in der Öffentlichkeit die

Frage aufgeworfen wurde, ob es nicht im Interesse der Erhaltung des Friedens im Gesamtstaat besser sei, Nordschleswig an Dänemark abzutreten, das südlich der neuen Grenze liegende Schleswig mit Holstein zu vereinigen und mit ihm dem Deutschen Bunde beizutreten.

Magnus Moltke war ebenso wie sein Vater an den Aufgaben der schleswig-holsteinischen Ritterschaft interessiert und wurde 1847 zum Verbitter gewählt, eine Würde, die bis dahin einem Manne aus einer recipierten Familie noch kaum übertragen gewesen war. Aber als die politischen Verhältnisse sich nach dem Zusammenbruch der Erhebung 1851 zuspitzten, erschien ihm ein längeres Verbleiben im Amt und in der Heimat nicht mehr erträglich. 1855 legte er sein Amt als Verbitter nieder und verkaufte Grünholz. Er siedelte nach Oberschlesien über und erwarb hier in der Nähe von Beuthen das Rittergut Zalenze. Später kehrte der Sohn Carl Moltke in die schleswigsche Heimat zurück. Seine beiden Töchter Frieda und Freya Moltke vermählten sich mit den Brüdern Max und Oscar Kirsten, der eine auf Waabshof, der andere auf Kasmark, beide in Schwansen und in der Nähe von Grünholz angesessen. So gehören heute diese beiden Güter dem Enkel Oscar, der den Namen Graf v. Moltke-Kirsten führt. Grünholz ging in den Besitz des Herzogs Carl zu Schleswig-Holstein-Sonderburg-Glücksburg über. Hatte noch Graf Moltke das Gut für 183000 Rthlr. erwerben können, so mußte jetzt der Herzog nicht weniger als 500000 Rthlr. anlegen, freilich abzüglich des Plessenschen Fideikommisses. Der Herzog war Enkel des 1836 verstorbenen Landgrafen Carl v. Hessen-Cassel, des langjährigen Statthalters auf Schloß Gottorf. Dieser hatte den Enkel zwar zum Erben eingesetzt, aber gleichzeitig die Errichtung eines Fideikommisses aus den drei großen adeligen Gütern an der unteren Schlei angeordnet, nördlich Roest und Buckhagen, südlich Carlsburg. Herzog Carl neigte einer anderen Auffassung zu, durch den Erwerb von Grünholz verlagerte sich der Schwerpunkt des herzoglichen Besitzes in das mittlere Schwansen. So beginnt mit diesem Herzog eine Epoche einer zielbewußten Arrondierung des Besitzes, 1840 kaufte er Loitmark von der Frau Lucie v. Warnstedt für 140000 Rthlr. an, 1887 kam Bienebek hinzu, 1904 endlich als letztes das adelige Gut Staun. Herzog Carl war der Meinung, daß das am entferntest gelegene Gut Buckhagen veräußert werden könne und wandte sich am 7. Mai 1862 mit einer ausführlichen Eingabe an den König. In ihr suchte er um Aufhebung des Fideikommisses für Buckhagen nach und erklärte sich gleichzeitig bereit, an dessen Stelle das adelige Gut Grünholz in das herzogliche Fideikommiß aufzunehmen. Das Ministerium für das Herzogtum Schleswig forderte den Herzog auf, eine Taxation beider Güter durchführen zu lassen. Die Gutsbesitzer P. Feddersen auf Staun und P. C. Schmidt auf Windeby führten die Schätzung durch, sie ergab für Buckhagen 339000 Rthlr., während Grünholz beinahe auf das doppelte, auf 650 000 Rthlr. kam. In dem Schätzungsprotokoll wurde hervorgehoben, daß nicht nur die Größe von Grünholz die von Buckhagen erheblich übersteige, sondern daß auch der Boden von weit besserer Beschaffenheit sei. So erteilte am 25. Oktober 1862 das Ministerium seine Genehmigung unter der Voraussetzung der Zustimmung sämtlicher Agnaten des herzoglichen Hauses.

In dem letzten Jahrhundert hat sich auf diese Weise ein geschlossener Komplex des herzoglichen Besitzes gebildet. Nach dem Zweiten Weltkrieg mußten freilich im Zeitalter der Bodenreform erhebliche Opfer gebracht werden, das Gut Loitmark wurde völlig abgegeben und in Siedlungen aufgeteilt, von Carlsburg blieb nur der Kern mit dem Schloß und Park und dem Meierhof Charlottenhof erhalten, auch Louisenlund wurde in wesentlichen Teilen der Siedlung zur Verfügung gestellt. Die meisten Dörfer sind inzwischen auf Grund der verschiedenen Bodenreformen von den Gütern getrennt worden, nach dem 1. Weltkriege bereits Kopperby, nach dem 2. Weltkriege Ellenberg und Schuby. Heute hat das Gut Grünholz eine Größe von insgesamt 1207 ha, davon entfallen auf den Haupthof 547 ha, auf Grünthal 355 ha, auf den Wald 305 ha. Dieser letztere besteht aus den Hölzungen Carlsburgholz, Moorholz und Jägersmaas, sowie einigen kleineren Hölzungen. Zu Staun gehören 242 ha, zu Bienebek 348 ha. Dazu kommen Roest mit 167 ha Acker und Grünland, 130 ha Wald und Charlottenhof mit 110 ha. So beträgt die Gesamtgröße einschließlich der bei Carlsburg und Louisenlund noch erhalten gebliebenen Teile 2340 ha. Daher ist immer noch ein sehr ansehnlicher und vorzüglich bewirtschafteter Besitz zu verwalten.

Am 28. Mai 1888 brannte der Hof Grünholz in einer gewaltigen Brandkatastrophe ab, selbst das Herrenhaus war schon bedroht. Von den Hofgebäuden aus alter Zeit ist infolgedessen nichts mehr erhalten, außer zwei kleinen Pferdeställen in der Nähe des Torhauses. Torhaus, Scheunen und Ställe wurden anschließend im Geschmack der Zeit wieder aufgebaut.

Herzog Friedrich, † 1965, hat sich einen bleibenden Namen gemacht durch seine Haltung während der schwierigen Jahre nach dem 2. Weltkrieg. Die britische Militärregierung hatte durch ihre Verordnung Nr. 103, später ergänzt durch die Verordnung Nr. 189, bestimmt, daß der gesamte Großgrundbesitz enteignet werden solle. Dem Eigentümer sollten nurmehr eine Fläche von höchstens 150 ha oder ein Steuerwert von 200 000 Mark verbleiben. Diese Verordnungen, die von dem Gedanken der Entmachtung des Großgrundbesitzes getragen waren, wurden durch die sozialdemokratische Landesregierung in den entscheidenden Punkten wesentlich verschärft. Jetzt sollte keiner mehr besitzen dürfen als höchstens 100 ha, keiner mehr als 50 000 Mark Steuerwert. Zunächst sollten die sogenannten Mehrfachbesitzer enteignet werden, das heißt, alle diejenigen, die mehrere Güter (dazu wurden auch die Meierhöfe gezählt) besaßen. In dieser politisch hoch brisanten Situation ergriff Herzog Friedrich entschlossen die Führung. Er verstand es, diesen sogenannten Mehrfachbesitzern klar zu machen, daß es um ihrer aller Existenz gehe, wenn sie nicht bereit seien, freiwillig ein Opfer zu bringen. So kam das inzwischen berühmt gewordene 30 000-ha-Abkommen vom 14. Mai 1949 zustande, das die Abgabe dieser Landflächen auf freiwilliger Basis vorsah. Dieses Abkommen ist auch im wesentlichen durchgeführt worden. Wirtschaftlich war diese Maßnahme ohne jeden Zweifel ein Fehlschlag, weil blühende Großlandwirtschaften aufgelöst wurden zugunsten einer Vielzahl von kleineren Siedlerstellen, die bis zum heutigen Tage weder leben noch sterben können; politisch war das Abkommen unter den damaligen Voraussetzungen zweifellos dringend geboten, um den starken Druck aufzufangen, der von den Massen der aus dem Osten vertriebenen Bauern ausging.

Ein Problem besonderer Art stellen innerhalb des herzoglichen Besitzes die vielen großen Häuser dar. Nicht weniger als sechs Schlösser und Herrenhäuser sind zu unterhalten, Glücksburg vor allem, dann Staun und Louisenlund, Carlsburg, Grünholz und Bienebek. Die letztgenannten beiden sind der herzoglichen Familie für Wohnzwecke und Zwecke der Verwaltung vorbehalten geblieben, Glücksburg hat zwar auch seinen Charakter als Wohnsitz behalten, wird aber heute in erster Linie als Museum gezeigt. Die Verwendung der beiden Häuser Louisenlund und Carlsburg entspricht den sozialen Anschauungen sowohl des verstorbenen Herzogs Friedrich wie der jetzigen herzoglichen Familie: beide Häuser wurden zu bekannten Landerziehungsheimen für Jungen und Mädchen, auch als Stipendiaten.

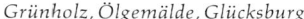

Grünholz, Ölgemälde, Glücksburg

Besitzer: Christoph Prinz zu Schleswig-Holstein-Sonderburg-Glücksburg

Besitzer		*Gut und Bauten*	
1463	Hartwig Sehestedt	15. Jahrh.	Turmburg im Wald
1475–1617	(v.)Pogwisch	1463	curia grönholt
1517	Herzog von Holstein	1471	Börentwedt verkauft
1519–1723	v. d. Wisch und deren	1475	Börentwedt zurückge-
	Erben (v.) Pogwisch und		kauft
	v. Ahlefeldt	1749	Herrenhaus erbaut
1723–1834	v. Thienen und deren	1888	Brand des Hofes und
	Erben v. Scheel-Plessen		Neubau der Wirt-
	dazwischen von 1807 bis		schaftsgebäude
	1816 v. Buchwaldt	1910	Anbau am Herrenhaus
1834–1855	Graf Moltke	1949	Bodenreform
1855	Herzöge zu Schles-		
	wig-Holstein-Sonder-		
	burg-Glücksburg		

19 Maasleben

Wir hören von Maasleben zum ersten Mal durch eine Urkunde, die Otto de
Sestede (Otto von Sehestedt) im Jahre 1349 ausgestellt hat. Diese bisher wenig
beachtete Urkunde ist in mehrfacher Hinsicht sehr aufschlußreich. Zunächst
einmal erfahren wir durch diese Urkunde erstmalig von einem Besitzer von
Maasleben und zwar aus dem Geschlechte Sehestedt, das seinem Namen führt
nach dem Gut und dem Kirchdorf Sehestedt am heutigen Nord-Ostseekanal, das
sich aber im 14. und 15. Jahrhundert stark nach Norden ausgebreitet hat. Wenn
man bedenkt, daß im Jahre 1339 Sievert Sehestedt Buckhagen in Angeln
erworben hat, außerdem aber erhebliche Besitzungen in Schwansen als Pfand
erhielt, das Dorf Gammelby, ein Drittel des Dorfes Loose, die Hälfte der Mühle
von Schnaap, und wenn man weiter sich dessen bewußt ist, daß dieser Ritter
Sievert Sehestedt schon 1332 den Zehnten des Dorfes Sieseby als Pfand erhalten
hat, so wird der Zusammenhang der beiden Sehestedt, Sievert und Otto,
deutlich. Vielleicht waren sie beide Brüder oder jedenfalls sehr nahe verwandt.

Die Urkunde ist aber auch durch ihren Inhalt sehr lehrreich. Es handelte sich damals darum, daß Otto Sehestedt zusammen mit einem Eckernförder Bürger, dem Langen Peter, ein Schiff nach Rostock verfrachtet hat und daß die Rostocker dieses Schiff in Rostock an die Kette legten, weil sie damals mit Dänemark im Streit lagen und glaubten, daß es sich um ein dänisches Schiff handele. Erst nachdem Otto Sehestedt den Sachverhalt aufgeklärt hatte, gaben sie das Schiff wieder frei. Otto Sehestedt stellte daraufhin die erwähnte Urkunde aus, in der er ausdrücklich zusagt, daß er keine Ansprüche gegen die Rostocker erheben wolle und auch von einer Rache absehen werde.

Rund ein Jahrhundert später wird wiederum ein anderer Otto Sehestedt auf Maasleben genannt, vielleicht ein Enkel des oben Genannten. Ursprünglich dürfte Maasleben zu dem Besitz des Bischofs von Schleswig gehört haben, wie fast ganz Schwansen, aber schon 1463 wird eine curia in Maasleben genannt, ein Edelhof, den der Bischof vielleicht zunächst als Lehen ausgegeben hatte, bis er schon frühzeitig durch Kauf in die Hände von Rittergeschlechtern geriet.

Der Name Maasleben dürfte sehr alt sein, in allen mittelalterlichen Urkunden erscheint der Name fast genauso wie in der heutigen Schreibweise (1349 Masleve, 1451 Maesleben, 1469 Masleve). Nach übereinstimmender Ansicht unserer Ortsnamenforscher bedeutet der zweite Teil des Wortes etwa Erbe, Hinterlassenschaft oder dergleichen. Daraus folgt, daß der erste Teil einen Personennamen enthält etwa mit Ma(r) oder ähnlich zu deuten. Da alle Wörter, die auf -leben endigen, unter Umständen bis auf die Zeit der Völkerwanderung zurückgehen, muß man dem Worte Maasleben ein sehr hohes Alter zuweisen. Otto Sehestedt d. J. wird in mehreren Urkunden von 1451 bis 1469 mit dem Beinamen „der Lange", manchmal ausdrücklich als Besitzer von Maasleben genannt. Es gibt einen Kaufbrief eines Bunde Boltsendal und eines Gert Walstorp an den Bischof von Schleswig aus dem Jahre 1451, in dem dieser Otto Sehestedt als Zeuge auftritt. 1469 schließt der Bischof mit den Söhnen Reimer und Hartwig („lange Ottonsones to Masleve") einen Vergleich ab. Das Gut können die Sehestedt jedoch nicht lange mehr besessen haben, schon 1467 wird Claus v. Ahlefeldt als Herr aus Maasleben genannt, er scheint es auch längere Zeit besessen zu haben, wohl bis zu seinem Tode 1486.

Daß Claus v. Ahlefeldt wirklicher Besitzer und nicht nur Lehnsträger war, ergibt sich daraus, daß er in der Lage war, im Jahre 1470 dem Domkapitel in Schleswig eine Rente von 40 Mark von einem Kapital von 500 Mark aus Maasleben zu verkaufen. Claus von Ahlefeldt gehörte zu den stärksten Stützen des eben erst zum Herzog von Schleswig und Holstein gewählten Königs Christian I. von Dänemark und bekleidete lange Zeit hindurch das wichtige und ehrenvolle Amt eines Schloßhauptmannes von Kiel.

Spätestens seit 1495 ist Maasleben im Besitz der Familie Pogwisch, erst Wolf Pogwisch, ein Sohn des berühmten und streitbaren Henning Pogwisch auf Farve, nach seinem Tode wird sein einziger Sohn Hans (Wolffes son tho Masslebe) genannt, er scheint aber früh verstorben zu sein, das Gut geht über auf den Vetter Hans auf Farve, der seit 1545 auch auf Maasleben genannt wird, von diesem an den Bruder Benedict Pogwisch, der „Erbe zu Farbe und Marsleve'' genannt wird. Sein zweiter Sohn Hans Pogwisch ist Stammvater der sogenannten jüngeren dänischen Linie des Geschlechts, er erscheint 1566 auf Maasleben, nach seinem Tode 1601 sein einziger Sohn Benedict. 1626 verkauft dieser Maasleben an Benedict von Ahlefeldt. Um Benedict Pogwisch rankt sich die Überlieferung von dem Maaslebener Vergleich von 1602, von dem es leider keine urkundliche Nachricht gibt, aber in der er zweifellos die Abfindung der Mutter und die Auseinandersetzung mit den übrigen Erben beurkundet hat.

Eine Tochter aus der Ehe, Abel Pogwisch, wird Priörin des adeligen St. Johannisklosters vor Schleswig, bei ihr lebt die Mutter bis an ihr Lebensende.

1626 kauft Benedict oder Bendix von Ahlefeldt Maasleben mit den fünf Dörfern Hümark, Söby, Holzdorf, Bösby und Thumby für 25 000 Rthlr. Aber seine Besitzzeit ist von schwerem Unglück überschattet, mehrere Male wird das Gut

Kellergewölbe

Gegenstand von feindlichen Durchmärschen und Plünderungen. Weihnachten 1658 quartiert sich der kaiserliche Oberstleutnant von Hornstein mit 100 Reitern ein und bleibt bis zum Mai des folgenden Jahres. Nach einem Schreiben Ahlefeldts an den Herzog fraßen sie und raubten alles, was vorhanden war an Vieh, Korn und Eßwaren. Von den 300 Kühen, die Bendix v. Ahlefeldt besessen hatte, blieb ihm keine einzige übrig. Ein Teil der Gebäude ging in Flammen auf. Im Dezember 1661 bat er den Herzog um Freistellung von Steuern und Abgaben, da sein Gut und die Bauern völlig verarmt seien. Im Jahre darauf ging er in Konkurs und starb elend und verarmt im Einlager in Eckernförde. Maasleben wurde zunächst 1663 an den letzten Herrn von Meinstorp, Christoph, verkauft und ging nach dessen Tode 1664 an den Schwiegersohn Gosche von Thienen über.

Gosche von Thienen, † 1671, hat der Überlieferung nach um 1665 das Herrenhaus erbaut, das im Kern noch heute steht. Er dürfte es auf älteren Fundamenten errichtet haben, die mächtigen Kellergewölbe und die Reste eines seitlich stehenden Turmes machen es wahrscheinlich, daß hier schon in erheblich früherer Zeit, vielleicht noch im 15. Jahrhundert, eine erste Burg gestanden hat. Bestens erhalten ist bis zum heutigen Tage die rund herum von Wasser umflossene Burginsel mit der Zufahrt über eine steinerne Brücke, ebenso bildet das Halbrund der Hofgebäude ein eindrucksvolles Bild der Vorburg. Erst 1888 wurde das Haus um ein zweites Stockwerk erhöht.

Die Tochter eines Verwalters von Maasleben im 19. Jahrhundert, Frau Louise Langholz, geb. Behrns, hat einen sehr farbigen Bericht hinterlassen über das Aussehen des Hauses vor dem Umbau von 1888. Das Haus enthielt, wie in allen unseren Herrenhäusern üblich, im Erdgeschoß die Gerichtsstube, Archivzimmer, Wohn- und Schlafräume. Hervorzuheben ist nach ihren Ausführungen der sogenannte Bildersaal, der heute leider nicht mehr vorhanden ist. Nach ihrer Beschreibung waren die Wände dieses Saales in Felder abgegrenzt, auf denen man Figuren aus den verschiedensten Gebieten erblickte, – hier eine Gruppe aus der Mythologie, dort eine Schäferidylle, dort eine Kampfszene, geharnischte Ritter, Bilder aus der biblischen Geschichte usw.

Wenn diese Beschreibung zutrifft, so dürfte sich in Maasleben eine ähnliche Bunte Kammer befunden haben wie heute noch auf Ludwigsburg oder auf Gaarz in Ostholstein.

Nach dem Tode von Gosche von Thienen 1671 folgt im Besitz nach der dritte Sohn, gleichfalls Gosche mit Vornamen, † 1699, diesem wiederum ein Gosche, † 1744, der den Besitz stattlich erweitern konnte. Aus dem großen Konkurse des Grafen Carl von Ahlefeldt kaufte er 1726 Seegaard für 30000 Rthlr., Ahretoft für 7700 Rthlr., endlich das adelige Gut Mirebüll in Nordfriesland.

Luftbild

Maasleben ging über an den Bruder Hieronymus von Thienen, † 1720, anscheinend noch zu Lebzeiten von Gosche, da er bereits in der „Renovirten Landesmatricul" von 1705 als Besitzer genannt wird. Vier Monate nach seinem frühen Tode brachte die Ehefrau einen Sohn zur Welt, der nach dem Brauch der Zeit den Namen des soeben verstorbenen Vaters erhielt. Dieser zweite Hieronymus erbte Maasleben und die Güter des Onkels, Seegaard, Ahretoft und Mirebüll. Er starb unverheiratet 1786.

Die Mutter hatte in zweiter Ehe den Feldmarschall Graf Werner von der Schulenburg, † 1755, geheiratet, der dänischer Graf und Ritter des Elephantenordens war. Die Güter gingen daher an den Sohn aus dieser Ehe über, den Grafen Werner von der Schulenburg, † 1810. Maasleben blieb aber nicht in der Familie, 1792 verkaufte er es an den Kammerherrn und Geheimen Conferenzrath Jürgen v. Ahlefeldt auf Damp, jetzt für 200000 Rthlr.

Ahlefeldt nahm alsbald nach seiner Besitzübernahme die Parzellierung des Gutes vor, alle fünf Dörfer wurden selbständig, vom Gute selber wurden weitere 52 Parzellen ausgelegt. Als 1818 der Freiherr Leopold Wilhelm v. d. Schulenburg Maasleben kaufte, bemerkt der Oberjustizrat Friedrich Christian Boock in einem Brief an ihn, daß die Parzellierung unter der Oberleitung des Geheimen Conferenzraths sehr ungeschickt vorgenommen worden sei, gleich hinter dem Zaune des herrschaftlichen Gartens begännen schon die ersten Parzellen.

Maasleben um 1860

Ahlefeldt behielt Maasleben nicht lange, 1802 geht es an Lars v. Benzon, 1803 an Detlev Christian v. Rumohr, 1810 an den Kammerherrn Ludwig Achaz v. Buchwaldt, endlich 1818 an den preußischen Landrat Leopold Wilhelm Freiherrn v. d. Schulenburg, jetzt nurmehr für 70800 Rthlr., zuzüglich 6700 Rthlr. für die beiden Parzellen 8 und 50.

Der Zukauf dieser beiden Parzellen war zur Abrundung des Gutsareals zwingend notwendig geworden.

Trotzdem blieb das Ergebnis bis zur Gegenwart hin unbefriedigend, das Restgut bestand jetzt aus drei getrennten Teilen, dem Stammhof mit zunächst 265 ha, dem See bei Söby mit 15 ha und endlich dem Wald Großholz in Größe von 75 ha. Erst in jüngster Zeit ist es gelungen, das Gut auf zwei Teilstücke zu reduzieren und durch Ankauf von Randflächen zu erweitern, so daß das Gut heute insgesamt eine Fläche von 380 ha ausmacht, davon entfallen auf den eigentlichen Hof 270 ha, sowie 110 ha auf den abseits liegenden Forstort Großholz.

Die Freiherrn von der Schulenburg, die Maasleben zwei Generationen bis zum Jahre 1853 besessen haben, zogen es vor, auf ihren Gütern in der Altmark zu leben und hatten im Herrenhaus sich nur zwei Zimmer vorbehalten. Im übrigen wurde das Herrenhaus von dem jeweiligen Gutsinspektor bewohnt.

Auf die Schulenburgsche Zeit, in der die meisten Hofgebäude neu entstanden, folgen zwei kurzzeitige Besitzer, erst Koopmann, dann von 1854–1871 Andreas Dieck, der das Kuhhaus neu erbaute.

1871 nach der Rückkehr aus dem Kriege wurde Maasleben durch Johannes Broderus Kellinghusen angekauft. Er entstammt einer alten hochangesehenen Hamburger Großkaufmannsfamilie, aus der viele Domherren, Senatoren und Bürgermeister hervorgegangen sind. Johannes Broderus Kellinghusen war erst 21 Jahre alt, als ihm Maasleben übergeben wurde. Dieser Ankauf gehört in die gleiche Reihe von Gutkäufen in Schleswig-Holstein durch wohlhabende Hamburger Kaufmannsfamilien hinein, wie die Schiller, die Buckhagen erwarben, die Schlubach auf Oehe, die Donner auf Rethwisch und Bredeneek, die Godefroy auf Lehmkuhlen, die Sloman auf Lammershagen, die Ohlendorf auf Tangstedt, um nur einige zu nennen. Johannes Broderus Kellinghusen heiratete Auguste Hederich aus dem nahebei gelegenen Büstorf und konnte damit seine Verbindung zu dem neuen Lande vertiefen. Nach ihrem Tode ging Maasleben über auf den Sohn Hans, nach dessen Tode 1955 auf den heutigen Eigentümer Johann Kellinghusen.

Adeliges Gut Maasleben

Eigentümer: Johann Kellinghusen

Besitzer		Gut und Bauten	
1349–ca.1467	(v.) Sehestedt	1349	erstmals genannt
1467–1486	v. Ahlefeldt	1463	curia (= Edelhof)
1495–1626	(v.) Pogwisch	15. Jahrh.	Bau einer ersten Burg
1626–1663	v. Ahlefeldt	1665	Bau des heutigen Her-
1663–1792	erst Meinstorf dann v.		renhauses
	Thienen dann Grafen	1794	Parzellierung des Gutes
	von der Schulenburg	1850	Bau der jetzigen Hofge-
1792	v. Ahlefeldt		bäude
1802–1818	verschiedene Besitzer	1888	Aufstockung des Her-
1818–1853	Freiherrn von der Schu-		renhauses
	lenburg	1963	Erweiterung und Arron-
1853–1871	verschiedene Besitzer		dierung des Gutes
seit 1871	Kellinghusen		

20 Saxtorf

Kirchspiel Rieseby   Kreis Rendsburg-Eckernförde

Dieses vormals sehr große und landschaftlich höchst reizvoll gelegene Gut tritt erst gegen Ende des Mittelalters in unseren Gesichtskreis. Einzelne der später zu Saxtorf gehörenden Dörfer und Nebenhöfe sind im Besitz des Bischofs von Schleswig gewesen und werden teilweise seit 1352 bezeugt, wie z. B. Patermess. Saxtorf wird erstmalig 1480 genannt, als Besitz des Ritters Carsten Wohnsfleth. Aber zu der Zeit scheint es, wie der Name sagt, noch ein Dorf gewesen zu sein, es enthielt mehrere Hufen, die dem Geschlechte Sehestedt, einige andere, die Gosche v. Ahlefeldt auf Lindau gehörten. Der Name des Ortes deutet auf eine Besiedelung durch Niedersachsen hin, umso einleuchtender, als viele Dörfer in unmittelbarer Umgebung von Saxtorf jütische Namen tragen. Carsten Wohnsfleth wird zuletzt 1494 genannt, als er Saxtorf an Hinrich Blome verkauft. Dieser scheint in den wenigen Jahren seiner Besitzzeit den Hof angelegt zu haben. 1499 vertauscht er den Besitz mit Deutsch-Nienhof, das bis dahin Marquardt v.

Ahlefeldt gehört hatte. Im Jahre darauf fielen alle beide in der Schlacht von Hemmingstedt.

Das Geschlecht v. Ahlefeldt tritt hiermit zum ersten Male in den Besitz von Saxtorf ein und behält es zunächst in drei Generationen. Gleichzeitig wird in dieser Zeit der Besitz wesentlich vergrößert durch den Hinzukauf von Stubbe, Büstorf und Guckelsby, die 1539 aus dem Besitz des Bischofs von Schleswig für 24000 Rheinische Gulden erworben wurden. Die Tochter des Enkels, Margarethe v. Ahlefeldt, bringt das Gut ihrem Manne Hans Rantzau, † 1604, zu. Dieser besaß noch die großen Güter Neuhaus und Satjewitz in Ostholstein, Espenis, Eschelsmark und Ornum in Schwansen. Margarethe selber fand 1615 ein unglückliches Ende, als sie auf einer Spazierfahrt in der Nähe von Neuhaus von durchgehenden Pferden zu Tode geschleift wurde.

Saxtorf dürfte im 16. Jahrhundert im wesentlichen die Ausdehnung erfahren haben, die es durch Jahrhunderte behielt. Die Güter Groß- und Klein-Norby, um die es so viel Streit gegeben hatte, wurden mit Saxtorf vereinigt. War sonst in dieser Zeit die Regel, Dörfer niederzulegen und daraus Güter zu bilden, so trat bei Norby der umgekehrte Fall ein, die Gutswirtschaften beider Güter wurden aufgelöst und ein Dorf Norby begründet, vielleicht um genügend Arbeitskräfte für die vielen schon vorhandenen Höfe zu behalten. Außer dem Haupthof Saxtorf gehörten dazu Rögen, das später ein eigenes adeliges Gut wurde, und sieben Meierhöfe, die fünf alten Hörst, Holzkoppel, Osterhof, Ilewitt und Patermess und zwei später angelegte, Erichshof und Charlottenhof, außerdem die Dörfer Loose und Basdorf und zahlreiche Einzelstellen. Alles in allem wurde der Besitz in der Landesmatrikel auf 50 Pflüge eingeschätzt und umfaßte ca. 4000 ha. Kaum ein anderes Gut im ganzen Herzogtum Schleswig hatte eine ähnlich hohe Pflugzahl. Damit gehörte Saxtorf zu den größten Besitzungen des Herzogtums. Aber nicht genug damit, nicht wenige Besitzer von Saxtorf besaßen außerdem weitere große Güter, so daß hier mehrfach ein außerordentlicher Reichtum zusammenkam.

Die Rantzausche Zeit dauerte noch kein Jahrhundert, wiederum nur drei Generationen lang. Die Schwester des Enkels, Margarethe Rantzau, war mit Cai v. Ahlefeldt, † 1670, vermählt. So kam Saxtorf zum zweiten Male an die Ahlefeldt, dieses Mal nur für zwei Generationen.

In der Rantzauschen Zeit dürfte das erste Herrenhaus entstanden sein. Wir besitzen zwei Abbildungen dieses Hauses, in Einzelheiten nicht übereinstimmend, so daß schwer zu entscheiden ist, welche Abbildung der Wirklichkeit am besten entspricht. Die eine stammt aus dem Werk von Hieronymus Henninges, Genealogia aliquot familiarum nobilium von 1590 und stellt Saxtorf dar als Wasserburg in kreisrundem Graben, was auf ein hohes Alter hindeutet. Nach dem Bilde war es ein zweigeschossiger Fachwerkbau, wobei das obere Geschoß über das untere vorsprang. An den Schmalseiten hatte das Haus zwei Fenster, an den Längsseiten vier, man kann daraus entnehmen, daß das Haus im Inneren zwei getrennte Zimmerfluchten enthielt. Das Dach war höchst eigentümlich in Bogenform konstruiert, – falls hier nicht eine fehlerhafte Wiedergabe vorliegt.

Die zweite bildliche Darstellung stammt aus der gleichen Zeit und zwar von der Rantzauschen Tafel von 1586, heute in Krengerup auf Fünen. Hier stehen über und unter dem Bildchen die Worte: Hansii filii Henrici A (rx) Sacastorpia, Burg Saxtorf, Besitz Hans Rantzaus, Sohn von Heinrich. Das Gemälde zeigt ein weißgeputztes zweistöckiges Einzelhaus aus Fachwerk mit rotem Holzwerk und rotem Dach, von Gräben umgeben.

Als Cai v. Ahlefeldt Herr auf Saxtorf wurde, zog mit ihm ein großer Herr ein. Er war schon von Hause aus reich, besaß die Güter Mehlbek, Colmar und Kampen im Itzehoer Güterdistrikt, Knoop, Bülk und Seekamp im Dänischen Wohld, endlich in Schwansen außer Saxtorf noch Eschelsmark und Ornum. Sein Besitz allein in Schwansen wurde auf 7200 ha geschätzt. Er spielte eine große Rolle im öffentlichen Leben und stand in hohem Ansehen bei König Christian IV., der ihn mit zahlreichen diplomatischen Missionen betraute. So wurden ihm große Stellungen und Ehrungen zuteil, er war Generalkriegskommissar, außerdem Archidiakon und Thesaurarius des Bistums in Schleswig, Ämter die schon in katholischer Zeit vorzugsweise mit Männern aus dem Geschlechte Ahlefeldt besetzt gewesen waren.

In Saxtorf erbaute er etwa 1648 ein neues, sehr stattliches Herrenhaus. Es brannte zwei Jahrhunderte später – 1847 – aus, aber die Grundrißanlage und die Fundamente sind bis zur Gegenwart erhalten geblieben. J. M. Wagner hat 1835 ein Aquarell des Hauses gemalt, das noch auf Saxtorf vorhanden ist und das das Haus von der Gartenseite zeigt. Danach war es ein zweistöckiger Querbau mit hohem Kellergeschoß, nach der Vorderseite erstreckten sich zwei Flügelbauten. In der Mitte der Rückfront stand ein nahezu quadratischer, das Dach des Hauses beträchtlich überragender Turm von vier Geschossen. Im Erdgeschoß war hier das Gartenportal, die übrigen Geschosse dürften ein Treppenhaus enthalten haben. Der Turm wurde gekrönt von einer welschen Haube mit aufgesetzter offener Laterne, die durch einen kleinen Zwiebelknauf abgeschlossen wurde. Die Giebel der vorderen Seitenflügel waren durch einen fünffach gestuften Treppengiebel mit Eck- und Schlußzinnen und Kugelaufsätzen geziert. Von der Innenausstattung ist infolge des Brandes von 1847 so gut wie nichts erhalten geblieben. Im Schloß war auch eine Kapelle vorhanden, auf den schleswig-holsteinischen Gütern im allgemeinen nur selten anzutreffen. In ihr soll sich ein Bild von Peter Paul Rubens, Anbetung der Könige, befunden haben.

Nach einem Aquarell von J. M. Wagner, 1835

Wenn ein Zeitgenosse urteilt, daß Cai v. Ahlefeldt den neuen Hof von Grund auf prächtig wieder erbauen ließ, so kann man dem schon auf Grund des Baubefundes des Herrenhauses voll beipflichten. Es ist eines der ersten Herrenhäuser unseres Landes, das den Palaisstil des französischen Barock übernimmt. Die etwa zur gleichen Zeit entstandenen Häuser Hagen bei Kiel und Schackenburg bei Tondern sind vergleichbare Bauten, Saxtorf scheint aber erheblich aufwendiger in der Verwendung von Schmuckformen gewesen zu sein. Etwa gleichzeitig mit dem Herrenhaus erbaut Cai v. Ahlefeldt das Speicherhaus auf der südlichen Längsseite des Hofes. Das zweistöckige Gebäude enthält heute im unteren Teile Ställe, im oberen einen Speicher. Ursprünglich war es zweifellos ein Wohnhaus, das beweist die sorgfältige Ausgestaltung des Bauwerks mit Geschoßteilung durch ein horizontales Gesimsband, durch die Vermauerung von abwechselnd roten und blaugrünen Ziegeln im Blockverband, durch das rundbogige Portal, das von zwei flachen Pilastern eingerahmt ist und über einer reich profilierten Gebälkzone einen Dreieckgiebel mit profilierten Gesimsbändern trägt. Im östlichen Wohnteil des Gebäudes sind noch Spuren alter Bemalung erkennbar, auch ein Kamin im Erdgeschoß hat sich erhalten.

Vielleicht, daß Cai v. Ahlefeldt dieses Haus als Zwischenhaus erbaute und bewohnte, während die alte Wasserburg abgebrochen und das neue Herrenhaus errichtet wurde, – bei dem großen Lebensstil, den er hatte, erscheint diese Annahme möglich. Gegenüber dem Speicherhaus entstand zu gleicher Zeit ein schlichteres einstöckiges Wirtschaftsgebäude, westlich davon eine große rethgedeckte Scheune, mit rundbogig gemauertem Tor, rundbogigen Lukentüren und Luken im ersten und zweiten Geschoß, jetzt nicht mehr vorhanden.

Der jüngste Sohn von Cai v. Ahlefeldt, Friedrich Christian, scheint zu großen Erwartungen berechtigt zu haben. Erst 17 Jahre alt starb er plötzlich als Student in Straßburg, wo er unter Anleitung von Dr. jur. Gerhard v. Stöcken Geschichte und Staatswissenschaften studierte. Der Vater ließ ihm in der Thomaskirche in Straßburg einen prachtvollen Marmorsarkophag aufstellen, der heute noch zu den größten Sehenswürdigkeiten dieser Kirche rechnet.

Die Güter gingen über an den älteren Sohn Burchard, † 1695, der die glänzenden Verhältnisse des Vaters fortzusetzen schien. Zu den vielen Gütern kamen noch durch seine Vermählung mit Dorothea v. Rumohr a. d. H. Rundhof Büstorf und Stubbe hinzu, die schon ein Jahrhundert früher mit Saxtorf verbunden gewesen waren. Burchard v. Ahlefeldt wurde im Jahre 1672 als erster holsteinischer Adeliger in den dänischen Grafenstand erhoben und begründete die bis zur Gegenwart blühende gräfliche Linie v. Ahlefeldt-Eschelsmark. 1681 wurde er Oberlanddrost in Oldenburg und Delmenhorst. Aber so großartig auch die äußeren Verhältnisse zu sein schienen, so kam doch schnell Unordnung in die finanziellen Verhältnisse des Grafen, und bereits im Jahre 1672 begann er damit, von seinem Besitz Teile zu verkaufen. Im Jahre 1690 erging ein Proklam an seine Gläubiger, und 1691 mußte er Saxtorf mit Rögen und Hörst an seinen Schwager Detlev Brockdorff, † 1732, auf Rohlstorf verkaufen.

Dieser reich begüterte Mann besaß nacheinander außer Rohlstorf noch Hohenlieth im Dänischen Wohld, Osterrade, Kluvensiek, Gaarz, Travenort und einige Güter mehr in Holstein. Er scheint jedoch kaum auf seinem schleswigschen Besitz gewohnt zu haben. Aber sein Sohn gleichen Namens, der Amtmann auf Gottorf war, wohnte gern auf Saxtorf, wo er 1748 starb. Die jüngste Tochter Margarethe Ölgard war verheiratet mit Johann Rudolph v. Ahlefeldt von dem nahebei liegenden Damp, so kamen jetzt die Ahlefeldt zum dritten Male nach Saxtorf, dieses Mal für anderthalb Jahrhunderte.

Johann Rudolph v. Ahlefeldt, † 1770, war ein Mann, der viel tat zur Verbesserung der sozialen Verhältnisse auf seinen Gütern. Es war sein Grundsatz, daß seine Bauern und Arbeiter in guten Verhältnissen leben sollten, und als seine Hauptcharakterzüge werden genannt: Güte, Freundlichkeit und Menschenliebe. Bei ihm fanden alle Notleidenden mit Sicherheit Hilfe.

Auf Saxtorf ließ Johann Rudolph v. Ahlefeldt einen prachtvollen Garten anlegen. Aus Holland wurden hierfür verschrieben große Sendungen von Blumen, Stauden und Blumenzwiebeln. Im Jahre 1761 wurden für 508 Gulden Pflanzen gekauft, und im Jahre 1764 wurden nicht weniger als 260 verschiedene Arten geliefert. Kurz vor seinem Tode stiftete er zwei Geldfideikommisse in den beiden Gütern Saxtorf und Damp, jedes zu 60 000 Rthlr. Saxtorf fiel dem ältesten Sohne Detlev zu, der zweimal verheiratet war mit Töchtern des Geschlechts Ahlefeldt, und nach dessen Tode 1796 erhielt sein ältester Sohn Johann Rudolph v. Ahlefeldt Saxtorf, während der Bruder Ernst Carl Oehe, Rögen und Olpenitz kaufte.

Im letzten Jahrzehnt des 18. Jahrhunderts wurde der gewaltige Güterkomplex rund um Saxtorf sehr wesentlich verkleinert. Bereits im Jahre 1792 war der Meierhof Kasmark verkauft worden, 1795 folgte Ilewitt, 1797 wurde das adelige Gut Rögen verkauft, 1798 die Meierhöfe Hörst, Holzkoppel, Osterhof und Patermess. Gleichviel kam in den Händen des jüngeren Johann Rudolph v. Ahlefeldt, † 1848, wieder ein großer Landbesitz zusammen, nachdem er 1813 Sehestedt kaufte und 1822 aus dem wirtschaftlichen Zusammenbruch des Baron v. Ahlefeldt-Dehn Ludwigsburg.

Johann Rudolph von Ahlefeldt gedachte das Herrenhaus von der Gartenseite her mit einer großen Marmortreppe zu schmücken, die von großen Schwüngen und Altanen durchsetzt den Burggraben überspannen sollte. So ließ er, offenbar auf Grund von Zeichnungen, diese Treppe in den Marmorbrüchen von Carrara in Italien zurechthauen und sechsspännig über die Alpen nach Saxtorf schaffen. Anscheinend aber hatten sich Mißverständnisse eingeschlichen, die nach außen gedachten Bögen kehrten sich nach innen, so mußten die Teile die weite Fahrt nach Italien wieder antreten und die Treppe erneut angefertigt werden. Sie führte über zwei Läufe hinweg, zwischen denen Podeste eingeschaltet waren, die seitlich zu rundbogigen Altanen ausbuchteten. Treppe und Altane wurden durch Balustraden eingesäumt.

Johann Rudolph v. Ahlefeldt, † 1848, war verheiratet mit Charlotte v. Seebach und brachte mit ihr eine hochbegabte und viel gelesene Schriftstellerin in den musenfeindlichen Norden. Er hatte sie auf einer Reise in Weimar kennengelernt und wurde ihr durch Johann Gottfried Herder, den großen Philosophen und Dichter im Hause der Frau Charlotte v. Stein angetraut. Schon mit 16 Jahren veröffentlichte sie anonym und ohne Wissen ihrer Eltern ihren ersten Roman: „Liebe und Trennung".

Charlotte v. Stein, die Freundin Goethes, förderte sie, auch Goethe selber wurde früh auf sie aufmerksam und urteilte über sie, daß ihr Talent zu großen Erwartungen berechtige. Sie lebte zunächst nach ihrer Verheiratung zusammen mit ihrem Mann auf Saxtorf und schrieb hier eine Reihe von Erzählungen. Die Ehe war jedoch nicht glücklich, 1807 trennte sie sich von ihrem Mann und zog nach Schleswig, kehrte freilich 1810 und 1811 für kürzere Zeit nach Saxtorf zurück. 1821 zog sie nach Weimar und blieb hier bis zu ihrem Tode 1849. Die vielen Romane, Novellen und Erzählungen, die sie geschrieben hat, machten sie zu einer der volkstümlichsten Schriftstellerinnen der Goethezeit. Aber auch ihre Lyrik gehört in Themen und Ausdrucksweise noch ganz der empfindsamen schwärmerischen und moralisierenden zweiten Hälfte des 18. Jahrhunderts an. Am 2. Weihnachtstag des Jahres 1847 brannte das Herrenhaus ab. Dachstuhl und Turm brannten aus, auch das Innere erlitt schweren Schaden. Wir besitzen über diesen Brand eine Schilderung in dem Tagebuche des Grafen Roderich v. Baudissin, † 1894, später auf Knoop. Graf Baudissin wohnte zu dieser Zeit auf dem benachbarten Gute Eschelsmark. Er schreibt über diesen Brand folgendes:

„Das ganze große Herrenhaus brannte bis auf die Brandmauern nieder. Da der Burggraben zugefroren, fehlte es an Wasser und war an Löschen nicht zu denken, auch ward fast nichts gerettet. Über die Entstehung des Feuers kursierten verschiedene Gerüchte. Das verbreitetste war folgendes: Aus Schleswig waren mehrere junge Herren zum Besuch dort, darunter Lucian Wasmer, der spätere Major. Dieser sollte mit dem ältesten Sohn Fritz v. Ahlefeldt in demselben Zimmer schlafen. Sie gehen einmal hinauf, finden das hübsche Hausmädchen beim Bettabnehmen und fangen mit ihr an zu charmieren. Sie läuft fort und fällt dabei das brennende Licht aufs Bett. Die jungen Herren laufen ihr nach und gleich darauf steht alles in Feuer und Flammen."

Ein Jahr vor dem Brande des Herrenhauses war Johann Rudolph v. Ahlefeldt verstorben. In seinen letzten Lebensjahren hatte er, so erzählt man sich, in zwei Zimmern des Turmes gehaust, in einem dritten sein Diener, das einstige Treppenhaus war wohl schon in das Innere des Schlosses verlegt worden. Erbe wurde sein ältester Sohn Carl Friedrich Georg v. Ahlefeldt, † 1862, kgl. dänischer Kammerherr, Mitglied der Ständeversammlung, 2. Ständedeputierter der Schleswigschen Ritterschaft. Er ließ in den Jahren 1851/52 das Herrenhaus durch den Hamburger Architekten Friedrich Stammann neu aufbauen. Grundriß und Fundamente, auch große Teile der Außenmauern waren noch gut erhalten. Neu wurde vor allem die Ausstattung des Gebäudes mit Fenstern; an die Stelle der alten charaktervollen, durch zahlreiche Sprossen in kleine Scheiben aufgeteilten Fenster entstanden jetzt die großformatigen Scheibenfenster, wie sie die Mitte des 19. Jahrhunderts liebte. Man kann kaum feststellen, daß diese bauliche Komponente sich als vorteilhaft erwiesen hat. Von der alten Ausstattung waren noch einzelne Teile erhalten geblieben, im Treppenaufgang vier

Reliefs, die Bertel Thorwaldsen zugeschrieben werden und die die vier Jahreszeiten darstellen, zwei weitere mit allegorischem Inhalt befinden sich in der Halle. Alle diese Medaillons bestehen aus dem sogenannten Stukko lustro, einem Stuck mit gehärteter Oberfläche und einem Marmoreffekt, einem aus Italien stammenden Schmuckelement. Ähnliche Reliefs befanden sich in dem Schlosse Branitz bei Kottbus, dem Besitz des Fürsten Pückler. Nur bestanden sie dort aus Terrakotta und waren an den Außenmauern des Parkes angebracht. Zwei Marmor-Kamine, angeblich gleichzeitig mit der Gartentreppe aus Italien herbeigeschafft, der eine aus grünlichem, der andere aus rötlichem Marmor, sind im rechten Flügelbau des Schlosses erhalten geblieben. Im großen Saal, heute in zwei Zimmer unterteilt, stehen in den Ecken zwei Porzellanöfen mit neugotischer Architektur, also wohl etwa der Zeit um 1820 zuzuweisen. Das Treppenhaus erhielt bei dem Neubau von 1851/52 einen abschließenden Fries mit gemalten Wappen. Die Motive stellen dar einen Männerkopf, einen Doppeladler mit Krone, Zepter und Reichsapfel, ein Gebäude mit zwei Türmen,

Seitenfassade

den Schleswiger Löwen und das Ahlefeldtsche Wappen. Der Turm wurde wieder hergerichtet, jetzt aber mit einer flachen Plattform als Abschluß versehen. Der Hausgraben wurde in Teilen zugeschüttet, insbesondere zum Hofe und zur Gartenseite hin, erhalten blieb nur die Wasserdurchfahrt unter dem Turm, nach dem Baubefund befand sich ursprünglich hier ein Notausgang aus dem Keller. Auch von zwei unterirdischen Gängen wird erzählt, der eine zum Verwalterhause hinführend, der andere unter dem Hausgraben hindurchgehend. So atmet das alte Herrenhaus, an beiden Seiten noch unmittelbar aus dem Wasser aufsteigend, umgeben von einem wildwuchernden Park, in starker Weise den Geist einer beseelten Vergangenheit.

Und auch das oben erwähnte Bild: Die Anbetung der Könige von Peter Paul Rubens, das die Kapelle geziert haben soll, fand noch im neuen Hause seine Fortsetzung. Der Dichter Detlev v. Liliencron war um 1880 als Volontär auf dem Landratsamt in Eckernförde beschäftigt und kam häufig nach Saxtorf herüber. Damals lebte dort eine Tochter von Carl Friedrich Georg, Elise v. Ahlefeldt, die nach einer unglücklichen Ehe mit einem preußischen Major die Erlaubnis des dänischen Königs erhalten hatte, sich Frau v. Ahlefeldt zu nennen. Wenn wir dem Dichter glauben dürfen, so hing zu ihrer Zeit im Speisesaal eine Kopie von Paolo Veronese, Anbetung der Könige. Hierauf bezieht sich ein Gedicht Liliencrons vom 3. Juli 1880: „Die Anbetung der heiligen drei Könige", das wie folgt beginnt:

„Im Saale vor mir Veroneses Bild,
als Nachbarin die schönste aller Frauen..."

und es schließt mit den Versen:

„... indessen spielt Musik, verschallt und schwillt
und aus dem Garten schrillt der Schrei des Pfauen."

Die Zeit der Ahlefeldt ging ihrem Ende entgegen. Der Kammerherr Carl F. G. v. Ahlefeldt, der durch seine Ehe mit Friederike v. Klöcker auch Besitzer von Eschelsmark geworden war, starb im Jahre 1862, nur wenige Wochen nach dem Tode seines ältesten Sohnes Friedrich J. W. v. Ahlefeldt. Die beiden anderen Söhne waren nach Amerika ausgewandert, und die fünf Kinder des ältesten Sohnes waren noch ganz klein. Wenige Jahre später glitt das alte Gut völlig aus den Händen des Geschlechts Ahlefeldt. Das Schicksal wollte, daß ebenso wie Vater und Sohn beide im Jahre 1862 verstorben waren, zwanzig Jahre später durch Unglücksfälle auf dem Meere die beiden letzten männlichen Erben des Geschlechtes auf seltsame Weise ums Leben kamen. Im Jahre 1882 ertrank der erst 22jährige Hermann A. L. v. Ahlefeldt auf dem Atlantik, und im selben Jahre starb sein Onkel Emil v. Ahlefeldt an Bord des Schiffes, das ihn von Amerika nach Hause bringen sollte.

So wurde Saxtorf zunächst an N. G. Gülich aus Berlin für 1 Million Mark verkauft, wechselte aber anschließend mehrfach seinen Besitzer. 1910 wurden die Meierhöfe Charlottenhof und Erichshof verkauft. 1919 erwarb Peter Hoff aus Olufskjer bei Hadersleben das Gut, seit 1955 war sein Sohn Johann Ludwig Hoff, † 1973 Besitzer. Ihm folgte sein Adoptivsohn Bernd Hoff-Hoffmeyer-Zlotnik, Sohn seiner Schwester, von ihm 1969 adoptiert.

Die Größe von Saxtorf beträgt heute insgesamt 578 ha, hiervon Acker und Grünland 481 ha, der Wald Kollholz genannt hat eine Größe von 56 ha, der Rest entfällt auf Wasser, Unland, Wege und dergl. mit 41 ha.

Adeliges Gut Saxtorf

Besitzer: Bernd Hoff-Hoffmeyer-Zlotnik

Besitzer		Gut und Bauten	
1480	Carsten Wohnsfleth	vor 1490	Dorf Saxdorf vermutet
1494	Hinrich Blome	ca. 1495	Bildung des Gutes
1500–1566	v. Ahlefeldt	15. oder	16. Jahrh. Bau einer
1566–1633	(v.) Rantzau		Burg
1633–1691	v. Ahlefeldt, seit 1665	1648	Bau des Herrenhauses
	Graf v. Ahlefeldt-	nach 1795	Verkauf der fünf alten
	Eschelsmark		Meierhöfe und Dörfer
1691–1741	(v.) Brockdorff	1797	Verkauf von Rögen
1741–1885	v. Ahlefeldt	1847	Brand des Herrenhauses
1885–1919	verschiedene Besitzer	1851/2	Bau des jetzigen Her-
seit 1919	Peter Hoff, dann dessen		renhauses
	Nachkommen	1910	Verkauf der Meierhöfe
			Charlottenhof und
			Erichshof
		1972	Brand des Kuhstalles

21 Ludwigsburg

Kirchspiel Waabs   Kreis Rendsburg-Eckernförde

Die Gesamtanlage von Ludwigsburg ist eine der großartigsten barocken
Schöpfungen des Herzogtums. Auf der Grundlage einer mittelalterlichen
Wasserburg erhebt sich mitten in doppeltem Hausgraben das stattliche
dreigeschossige Herrenhaus, eher ein Schloß zu nennen, von gewaltigem
Walmdach überspannt, bis zum heutigen Tage nur durch zwei schmale Brücken
mit dem Hof und mit dem Park verbunden. Der Ehrenhof wurde gegen den
Wirtschaftshof, den Bauhof, durch das sogenannte Krummhaus geschieden,
einen in sanftem Halbrund geschweiften Bau, der Marstall und Wirtschaftsräume enthielt. Die Bedürfnisse der Gegenwart gehen andere Wege, so ist 1967
dieses Krummhaus zum größten Teil abgebrochen worden, ein schwerer Verlust
für die Herrenhausarchitektur unseres Landes. Die gesamte Hofanlage ist von
einem Hausgraben umgeben, der sich nördlich des Hofes zu einer größeren
Wasserfläche weitet, durchflossen von der Kobek, daher auch der ursprüngliche
Name des Gutes Kohöved. Die Hofanlage wird gegen die Außenwelt durch das

geradezu festungsartig wirkende Tor abgeschirmt, ursprünglich mit zwei Treppentürmen zu beiden Seiten des langgestreckten Baues, heute steht nurmehr der westliche. Die Torfahrt ist gekrönt von einem kleinen Türmchen mit Laterne und welscher Haube, beides erst 1904 entstanden, aber in glücklicher Ergänzung des imposanten Bauwerks. Die Torfahrt selber ist in einer für das Herzogtum einmaligen Art und Weise angelegt, sie gabelt sich hinter dem Torhaus in zwei Wege, der westliche führte bisher in einem zweiten Tor durch den Marstall hindurch in den Ehrenhof und zum Schloß, die östliche Ausfahrt geht auf den Bauhof. Für große landwirtschaftliche Maschinen der Neuzeit hat sich die Durchfahrt als zu schmal erwiesen, so ist vor wenigen Jahren quer durch den Hausgraben hindurch eine neue Zufahrt zum Wirtschaftshof aufgeschüttet worden. Aber trotz aller dieser Veränderungen, die die Neuzeit mit sich gebracht hat, bleibt Ludwigsburg immer noch eines der bedeutendsten Beispiele barocker Baukunst; immer auch noch mit vorzüglichen Beispielen von künstlerischer Ausstattung im Inneren des Schlosses, vor allem mit der Bunten Kammer.

Die Geschichte Ludwigsburgs – oder wie wir für die früheren Jahrhunderte richtiger sagen müssen, die von Kohöved – gewinnt im Anfang des 15. Jahrhunderts festere Umrisse. Das Gebiet scheint wie der größte Teil von Schwansen im Besitz des Bischofs von Schleswig gewesen zu sein. Um 1400 wird eine curia mit 7 Hufen als Lehen des Bischofs genannt, die ersten Besitzer gehören zum Adelsgeschlecht Sehestedt, das zu dieser Zeit auf vielen Edelhöfen in Schwansen und im Dänischen Wohld sitzt und das Kohöved für fast zwei Jahrhunderte behalten sollte. Die Möglichkeit, sich durch vorhandene Gewässer zu schützen, macht es wahrscheinlich, daß diese curia bereits an der gleichen Stelle gelegen hat wie der heutige Hof; wir sind sogar in der Lage, drei unter sich ganz verschiedene Herrenhäuser nachzuweisen, die allesamt sicherlich an der gleichen Stelle mitten im Wasser gelegen haben, das Haus des Mittelalters, vielleicht auch erst des 16. Jahrhunderts, uns bekannt durch die Rantzausche Tafel von 1586, das Haus des 17. Jahrhunderts, von dem Abbildungen sowohl der Vorderfront wie auch der Gartenfassade auf zwei Gemälden in der Bunten Kammer erhalten geblieben sind, endlich der heute noch stehende stattliche Bau der Barockzeit, der nach 1730 entstanden ist. Alle drei Bauwerke verraten ein ungewöhnliches Maß von Stattlichkeit und Größe. Der erste spätmittelalterliche Bau liegt noch in kreisrundem Hausgraben, was auf ein bedeutend höheres Alter der Anlage hindeutet. Das Haus ist zweigeschossig, an der hochaufragenden Giebelseite sogar fünfgeschossig, die Schauseite durch zwei dreigeschossige Zwerchgiebel bereichert. Der Zugang zum Hause ist nicht erkennbar.

Der zweite Bau, der etwa der Mitte der 17. Jahrhunderts zuzuweisen ist, wirkt großartiger, moderner, mit reichen Zutaten an Türmen, Zwiebelhauben,

Ludwigsburg

Ausbauten, Giebeln mit Voluten und Obelisken, Laufgalerien am Turm vor der südlichen Schmalseite, auf den Türmen vierteilig geschweifte Dächer mit Laternen und Zwiebelknauf, im Hauptturm gab es sogar eine Hofuhr mit großem Zifferblatt. Aber trotz aller barocken Verbrämung haftet doch auch diesem Bau in starkem Maße der Eindruck der Wasserburg an, die schwere, auf massiven Gewölben ruhende Brücke, in der Mitte durch eine fast zierlich wirkende Zugbrücke unterbrochen, die beiden quadratischen Türme, die den festungsartigen Charakter des Bauwerks trotz aller zeitgemäßen Zutaten eher betonen als abschwächen, endlich die schießschartenähnlich wirkenden Fensterchen an den Schmalseiten der Türme, – kurz, wir sind noch nicht weit vom Mittelalter entfernt.

Bevor wir uns der Entstehung des dritten Herrenhauses, das erst den Namen Ludwigsburg erhielt, zuwenden, müssen wir die Geschichte des Gutes Kohöved bis zu diesem Zeitpunkt kurz streifen. Der erste uns bekannte Besitzer war der Ritter Sievert Sehestedt, der zwischen 1396 und 1424 auf Kohöved genannt wird. Er hinterließ seine Witwe Catharine, geb. v. d. Wisch, die ihren Mann um mindestens 40 Jahre überlebt hat und noch 1467 in Urkunden vorkommt. Kohöved ging zunächst auf den Sohn Otto über, der zwischen 1469 und 1480 genannt wird, von diesem auf den ältesten Sohn Benedict. Auf ihn folgt wieder ein Otto Sehestedt, von dem wir in den Jahren von 1533 bis 1559 hören. Er hinterließ zwei Kinder, einen Sohn namens Melchior, der ohne Leibeserben 1564 starb, und eine Tochter Beate, die mit Paul Rantzau auf Bothkamp vermählt war. So ging Kohöved für ein Jahrhundert auf die Rantzau über. Die Schwester ließ ihrem Bruder in dem reichgeschnitzten Rantzaugestühl in der Kirche von Waabs ein rührendes Denkmal setzen. Zwei Seiten des Gestühls auf der Nordseite sind gefüllt mit Ahnentafeln und Stammbäumen der Sehestedt und Rantzau. In einer dritten knien und stehen zu Füßen eines hohen Kreuzes vor einer Mauer das Ehepaar mit Söhnen und Töchtern, zur Linken Paul Rantzau mit neun Söhnen, zur Rechten Beate Rantzau, geb. Sehestedt, mit sechs Töchtern.

Das vierte Feld ist dem Andenken des Bruders Melchior Sehestedt gewidmet. Er ist kniend unter dem Kreuz dargestellt, was darauf hindeuten soll, daß er damals schon verstorben war. Rechts vom Kreuz steht mit verschränkten Armen eine Frau in der reichen Tracht der Zeit. Die Unterschrift ist plattdeutsch und lautet:

„Melchior Sehestedt dem Gott gnädig sei ist der letzte Sehestedt auf Kohöved. Er ist entschlafen im Jahre 1564 am Freitag vor Jubilate. Ihm ist eine Jungfrau versprochen gewesen, Ölgard v. d. Wisch, Tochter des Oswald v. d. Wisch. Er hat sie nicht gekriegt.''

Da Ölgard v. d. Wisch später einen anderen Sehestedt heiratete und Melchior lange überlebte, ist er es, der vor der Hochzeit gestorben ist. Unten in der Fußleiste stehen von Ranken umspielt die Worte „Mein Bruder".

Frau Beate hatte entschieden ein gut Teil Ahnenstolz. An der Außenmauer des Torhauses in Ludwigsburg sind zehn Sandsteintafeln als bildhauerischer Schmuck angebracht. Die Tafeln sind durch einen Rahmen aus behauenen Formsteinen in fast kreuzförmiger Anordnung zusammengefaßt. Der Längsbalken besteht aus sieben Tafeln, in der Mitte das Rantzausche Wappen, links und rechts je dreimal das Wappen der Sehestedt. Unter dem Längsbalken stehen zwei Tafeln mit den Wappen Rantzau und Sehestedt. Da die Täfelchen keine Inschriften tragen, kann man nur vermuten, daß jedem Besitzer von Kohöved eine Tafel gewidmet ist, was mit der oben angeführten Besitzerreihe übereinstimmt. Über dem Längsbalken befindet sich eine hochaufragende Tafel, von einem spitz dreieckigen Giebel gekrönt. Im Giebel ist das Relief einer Taube angebracht, an der hohen Tafel selber die Darstellung der Kreuzigung mit Maria und Johannes, über dem Kreuz mit dem in den Wolken schwebenden Gottvater. Da Beate Rantzau, geb. Sehestedt, 1589 gestorben ist, dürfte das Torhaus etwa um diese Zeit erbaut worden sein.

Von den vielen Kindern, die das Ehepaar hinterließ, ist nicht nur Gutes zu berichten. Die schlimmste von allen war die Tochter Magdalene, die beschuldigt wurde, die eigene Mutter vergiftet zu haben. Sie wurde daraufhin von ihren Brüdern in Bothkamp eingesperrt, entwich aber, lief zu den Landsknechten und verkam als Dirne in den Kriegen der Zeit. Der älteste Bruder Gert hatte zunächst die beiden Güter Bothkamp und Kohöved geerbt und scheint ein hochbegabter junger Mensch gewesen zu sein. Auf dem Lehenstag von Odense 1580 wurde er in leichtfertigster Weise von Friedrich Brockdorff auf Bossee erstochen, was zu einem langdauernden Zwist zwischen den Geschlechtern Rantzau und Brockdorff führte. Erst 1588 wurde der Streit beigelegt, die Brockdorff mußten mit 36 Personen feierliche Abbitte in der Nikolaikirche in Kiel leisten, mit 12 Männern, 12 Frauen und 12 Jungfrauen, sogar die 90jährige Abel Brockdorff von Lindau in Angeln zog mit. Kohöved und Bothkamp gingen dann an den zweiten Sohn Otto Rantzau, † 1604, der im ganzen Land wegen seiner vielen Gewalttaten berüchtigt war und unter dem Namen „der Dolle" bekannt war. Von ihm, der keine Nachkommen hinterließ, kam Kohöved auf den 9. Bruder Bertram, † 1627. Er schenkte im Jahre 1600 der Kirche in Waabs eine geschnitzte Kanzel, ein vorzügliches Werk des Bildschnitzers Jürgen Koberg. Die einzelnen Felder der Kanzel sind mit Reliefdarstellungen reich geschmückt, teilweise religiösen Inhalts, teils mit Wappendarstellungen. Auch der wuchtige Turm der Kirche ist in der Rantzauschen Zeit erbaut worden, entweder gleichfalls durch Bertram

Rantzau oder seinen Vater Paul Rantzau, – ein mächtiger Bau von vier Geschossen mit Satteldach.

Bertram Rantzau hinterließ neben drei Töchtern nur einen Sohn, nach dem Großvater Paul genannt, † 1670, der nun die Güter alle besaß, Kohöved und Bothkamp, dazu Dobersdorf und Bienebek. Er hatte in Orléans und Siena studiert und war später Landrat und Amtmann in Kiel. Von seinen Kindern starben fünf im zarten Kindesalter, der einzige Sohn mit 15 Jahren, die Tochter heiratete nach Mecklenburg. So schlossen nach seinem Tode die Erben am 7. Oktober 1670 einen Erbteilungsvertrag, durch den Kohöved auf den Sohn der Schwester Beate Rantzau, vermählten Ahlefeldt, überging, auf den Generalleutnant Friedrich v. Ahlefeldt. Er behielt Kohöved nur die zwei Jahre bis zu seinem Tode 1672 und wird auch kaum dort gelebt haben. Praktisch war er schon durch seinen militärischen hohen Rang ganz an das Königreich gebunden. Er war sogar 1659 in den dänischen Adelsstand aufgenommen worden. In Dänemark besaß er umfangreichen Grundbesitz, war Lehnsmann über Halsted Kloster mit der Bewilligung, den Meierhof Halsted zu behalten und Kloster und Lehen Utsten zum Nießbrauch zu haben. Später wurde er mit Halsnø Kloster und Hardanger in Norwegen beliehen, 1664 mit dem Allerheiligen Gut und er kaufte noch Trudsholm. In die Geschichte ist er eingegangen durch sein Amt, die unglückselige Eleonore Christine, die Tochter König Christians IV. aus seiner Verbindung mit Kirsten Munck, im Jahre 1663 in den Blauen Turm in Kopenhagen einzusperren. Sie hat sich bitter über Friedrich v. Ahlefeldt beklagt, über seine große Härte und Grausamkeit.

1672 verkauften die Erben Kohöved für 75 000 Rthlr. an den Freiherrn Friedrich Christian v. Kielmansegg, einen Sohn des bekannten herzoglichen Kanzlers Johann Adolf Kielmann von Kielmannseck, diesem folgten Vater und Sohn Temming aus einer sonst wenig hervortretenden Familie, beide königliche Kanzler, erst Adrian v. Temming, † 1703, dann Johann v. Temming, der vermählt war mit Elisabeth Agnesia v. Thienen, Schwester von Gosche und Hieronymus v. Thienen auf Maasleben.

Von ihrer Zeit auf Kohöved ist bekannt, daß sie in großen wirtschaftlichen Nöten steckten und den Waldbestand erheblich schädigten. Damals war es noch üblich, Schweine zur Mast in den Wald zu treiben. Die Verheerungen im Walde waren jedoch so groß, daß der Pastor in Waabs die Zahl seiner Mastschweine von 30 auf 8 reduzieren mußte. So nimmt es nicht Wunder, daß Johann v. Temming 1722 Konkurs machte. Aus dem Konkurse kaufte ein seltsames Dreigespann das Gut, Friedrich v. Söhlenthal, Otto Friedrich v. Buchwaldt auf Troiburg und Frau Maria Heldt, aber auch nur für wenige Jahre.

Friedrich Christian v. Kielmansegg machte sich um die Kirche von Waabs sehr verdient, schenkte ihr im Jahre 1673 eine schöne, reich gezierte Orgel, von der freilich heute nur noch Teile erhalten sind. Die Vorderwand des Prospektes von 1608, das Rückpositiv mit Mittelturm und zwei dreiteiligen Seitenflügeln sowie einer umfangreichen Inschrift in Form einer langen Kartusche mit Flügeln und Fruchtbündeln sind noch vorhanden. Nach der Inschrift zu urteilen war die Orgel durch Soldaten zerstört worden, vielleicht im Schweden- oder Polacken-krieg zwischen 1657 und 1660, aber von Kielmansegg restauriert worden. Fast alle diese vielen kurzlebigen Besitzer haben umfangreiche Stiftungen hinterlassen. Otto Sehestedt, † 1560, hatte das ältere Armenstift bei der Kirche von Waabs erbaut, es ist im Jahre 1909 abgebrannt. Das Dreiergespann von 1722 hat im Jahre 1726 dieses Armenhaus renovieren lassen, wie eine noch erhaltene Inschrifttafel im Saal des jetzigen Armenstifts vermeldet. Adrian v. Temming stiftete gar um das Jahr 1700 ein Kapital von 36 000 Mark zur Unterhaltung der Waisenkinder. Und auch aus der Rantzauschen Zeit gab es Stiftungen. Das neuere Armenhaus wurde 1730 erbaut.

1729 oder 1730 erwarb der Baron Friedrich Ludwig v. Dehn, genannt v. Pott, † 1771, Kohöved für 112 000 Rthlr. Seine Familie stammte aus Holland. Der ursprüngliche Name Pott ist wappengebend, im Wappenfeld steht ein schwarzer Topf. Dieser Baron Dehn ist der wahre Schöpfer des Gutes geworden, er hat dem Herrenhause die Gestalt gegeben, die es heute noch besitzt, er hat das Haus mit Kunstschätzen gefüllt, den französischen Garten angelegt, das Krummhaus erbaut und endlich dem Gut seinen jetzigen Namen verliehen: Ludwigsburg. In den Jahren von 1762 bis 1771 bekleidete er das hohe Amt des Statthalters der Herzogtümer mit dem Sitz auf Schloß Gottorf, 1768 wurde er in den dänischen Grafenstand erhoben, im gleichen Jahre, in dem er die Erlaubnis erhielt, Kohöved in Ludwigsburg umzutaufen. Sein lebensgroßes, großartiges Portrait hängt heute in der Halle des Herrenhauses von Booknis. 1770 erhob er Ludwigsburg zu einem Fideikommiß für den jüngsten Sohn seines Stiefbruders, den braunschweig-lüneburgischen Hofmarschall August Wilhelm v. Dehn, den letzten männlichen Namensträger des Geschlechts; dann für die Nachkommen des älteren Bruders, des dänischen Kammerherrn und Oberst Johann Friedrich Christian v. Dehn, † 1768. So gelangte Ludwigsburg über dessen Tochter Sophie Charlotte Friederike Baronesse v. Dehn an deren Ehemann, Carl Friedrich Ulrich v. Ahlefeldt, † 1829. 1783 nahm dieser auf Grund einer Anordnung im Testament des Statthalters den Namen v. Ahlefeldt Baron von Dehn an. Ahlefeldt, der Probst des St. Johannisklosters vor Schleswig war und Geheimer Conferenzrath sowie Großkreuz vom Danebrog wurde, geriet in große wirtschaftliche Schwierigkeiten. 1806 verkaufte er Ludwigsburg an den Vetter, den Grafen Friedrich Ahlefeldt-Laurvig auf Langeland für 475 000 Rthlr., vermochte es zwar 1810 zurückzukaufen, konnte es aber nicht halten und machte 1822 Konkurs.

Friedrich Ahlefeldt-Laurvig ist eine sehr interessante Persönlichkeit. Er war als Besitzer der beiden Grafschaften Langeland und Laurvig sowie des Stammhauses Ahlefeldt ein sehr vermögender Mann, stieg in militärischen Diensten zum Rang eines Generalleutnants und zu hohen Ehren auf, bewahrte sich aber gleichzeitig einen ungewöhnlichen Sinn für die schönen Künste. So schrieb er selbst einige Ritterdramen und war von 1792 bis 1798 Direktor des Hoftheaters in Schleswig. Er war verheiratet mit Charlotte Louise v. Hedemann a. d. H. Hemmelmark und kaufte, wie er selber sagte, für und wegen seiner Frau Ludwigsburg an. Aber der Krieg gegen England habe ihn bald der Möglichkeit beraubt, einen so wichtigen Besitz zu verwalten.

In den wenigen Jahren, in denen der dänische Graf Ahlefeldt Ludwigsburg besaß, fand eine denkwürdige Trauung im Hause Ludwigsburg – im Cabinett – statt. Am 29. März 1810 heiratete die einzige Tochter Elise den späteren preußischen Generalmajor Adolf v. Lützow. Lützow war bekannt geworden als Führer eines Freikorps in den preußischen Freiheitskriegen, – vergleiche aus dem Gedicht von Theodor Körner die berühmten Worte: ,,Das ist Lützows wilde verwegene

Festsaal

Jagd". Elise v. Lützow, die sich später von ihrem Manne trennte, unterhielt einen literarischen Salon in Berlin und stand in langjähriger freundschaftlicher Verbindung zu dem Dichter Carl Immermann.

Der Statthalter Graf Dehn hat Herrenhaus und Krummhaus bald nach seinem Besitzantritt 1730 erbaut, vom alten Herrenhaus blieben praktisch nur die Keller und die Außenmauern stehen. Von der Ausstattung aus seiner Zeit ist nicht mehr allzuviel übriggeblieben. Ein Brand des Dachstuhls im Jahre 1955 hatte zur Folge, daß das oberste Geschoß völlig geräumt werden mußte und heute leer dasteht. Aber auch das Obergeschoß hat starke Einbußen erlitten. Erhalten geblieben sind eine Reihe schöner Supraporten sowie die Ausmalung eines Zimmers mit drei großen gemalten Tableaus aus der Zeit um 1800, eine Mischung von galantem Rokoko, heroischen Landschaften römischer Schule und empfindsamem Biedermeier. Sie stellen ein Blindekuhspiel im Park vor gebirgiger italienischer Landschaft dar; dann eine Szene am Fluß in einer Campagnalandschaft mit Turmruine, Kühen und Schafen in der Schwemme, einen reitenden Eseltreiber mit einem Landmädchen; endlich eine Schäferszene im Park in der Abendlandschaft, vor einer blumenbekränzten Schönen kniet ein Kavalier, eine junge Dame liest auf einer Gartenbank im Park in einem Buch.

Bunte Kammer

Ein äußerst wesentlicher Bestandteil der Ausstattung, der voll erhalten ist, ist die sogenannte Bunte Kammer, die schon im zweiten Herrenhause vorhanden gewesen ist und in das neue Haus übernommen wurde. Die Bunte Kammer hat ihren Standort im Hause mehrfach gewechselt, heute ziert sie den Speisesaal im Erdgeschoß. Sie besteht aus Getäfel, das im Rahmenwerk bis zur Decke reicht und in fünf Reihen übereinander 145 kleinere Bilder allegorischen Inhalts zeigt. Weitere 25 kleinere Bilder sind als Decke in dem jetzt so bezeichneten Lesezimmer eingebaut worden. Über den Bildtafeln sind Sprichwörter in den Weltsprachen der damaligen Zeit angebracht: deutsch, holländisch, spanisch, italienisch, französisch, englisch, lateinisch. Die Malerei ist sorgfältig und künstlerisch ausgeführt und dürfte holländisch-flämischen Ursprungs sein, die Trachten sind die des ersten Drittels des 17. Jahrhunderts. Paul Rantzau, † 1670, hatte in seiner Jugend in Frankreich und Italien studiert, vielleicht geht auf ihn die Schöpfung dieser großartigen Gestaltung eines Raumes zurück. Es gibt auf den schleswig-holsteinischen Herrenhäusern nichts Vergleichbares, wohl hie und da Ausmalungen von Kabinetten wie in Roest und Wulfshagen oder auch Bilderfolgen wie in Buckhagen, aber Ludwigsburg steht mit diesem Raum einzig da.

Die Joachim Jungius-Gesellschaft der Wissenschaften in Hamburg, damals unter Leitung des Prof. Wolfgang Harms hat sich in den Jahren von 1974 und 1975 der mühevollen Arbeit unterzogen, die Bunte Kammer in Schrift und Bild sorgfältig aufzunehmen. Die Wissenschaftler kommen zu dem Schluß, daß die Bunte Kammer nicht von Paul Rantzau geschaffen sein kann, sondern erst unter seinem Nachfolger, dem Freiherrn Friedrich Christian v. Kielmansegg. Dieser besaß Ludwigsburg, das damalige Kohöved seit 1672, hat aber nur vier Jahre dort verbracht bis zu seiner Gefangennahme, später lebte er in Wandsbek. Trotzdem nehmen die Wissenschaftler an, daß nur er als Stifter der Bunten Kammer in Frage kommen kann. Sie belegen ihre Annahme mit den Vorlagen, den barocken Emblembüchern, die erst 1671 erschienen sind. Nimmt man hinzu, daß Kielmansegg ein ungewöhnlich belesener Mann war, – seine Bibliothek, die nach seinem Tode verkauft wurde, umfasste 40000 Bände –, so ist die Annahme, daß die Schöpfung der Bunten Kammer auf ihn zurückgeht, nicht von der Hand zu weisen, selbst wenn noch kleine Zweifel stehen bleiben.

Das Gut Ludwigsburg ist seit langem verkauft, die Bunte Kammer ist immer noch Eigentum der letzten Vorbesitzerin, Frau Ingrid v. Ahlefeld in Eckernförde.

Friedrich Ludwig Graf v. Dehn, nicht verheiratet, lebte auf großem Fuß. Im Jahre 1742 wohnten im Schloß nicht weniger als 42 Menschen, darunter erscheint an zweiter Stelle nach Sr. Excellence der Koch, dann kommen Kammerdiener, Lakaien, Kutscher, Vorreiter, Reitknechte, Jäger, erst an 12. Stelle der Verwalter, und zum Schluß ohne Nennung von Namen heißt es: „sonst etwa 18 Dirnen (=Hausmädchen), drei davon mit Kindern".

Ludwigsburg war zu dieser Zeit ein sehr großer Besitz und hatte einen Flächeninhalt von 5162 Tonnen. Außer dem Haupthofe gehörten dazu die 6 Meierhöfe Waabshof, Sophienhof, Lehmberg, Karlsminde, Hökholz und Rotensande und die Dörfer Klein-Waabs, Groß-Waabs, Langholz und Glasholz. Als 1822 der Konkurs ausbrach, wurden die Meierhöfe vom Gut getrennt, den Haupthof mit Rotensande kaufte Johann Rudolph v. Ahlefeld auf Saxtorf, † 1848, für 82000 Rthlr. Für die Linie Ahlefeldt-Dehn wurde ein Teil der Ländereien gerettet, hier die Meierhöfe Booknis und Hülsenhain neu gebildet und ein zweites Fideikommiß unter dem Namen Gräflich Dehnsches Fideikommiß Gr. Waabs errichtet.

Auf Johann Rudolph v. Ahlefeld folgte sein Sohn, der Kammerherr Hermann v. Ahlefeld, † 1855. Er war in seiner Jugend Attaché an der dänischen Gesandtschaft in Paris gewesen und hatte hier die schöne Josephine Block kennengelernt und nach Ludwigsburg heimgeführt. 1853 wurde er Ritter vom Danebrog und vom König zum Deputierten in der Ständeversammlung bestimmt. Später war er 1. Ständedeputierter für die schleswigsche Ritterschaft. Nach seinem Tode erbte der erst 3 Jahre alte Sohn Jean v. Ahlefeld, † 1915, Ludwigsburg, von ihm dessen Sohn Johann v. Ahlefeld, † 1932. Dieser hinterließ nur zwei Töchter, von denen die ältere Ingrid v. Ahlefeld, geb. 1920, Ludwigsburg erbte. Sie verkaufte im Jahre 1950 das Gut an die ungeteilte Erbengemeinschaft Paul Carl, ehemals Domänenpächter der Domäne Katlenburg in Hannover. Die Erbengemeinschaft löste sich 1961 auf, dabei wurde Ludwigsburg in zwei Höfe geteilt. Ludwigsburg/Nord mit dem Herrenhaus erhielt Wolfgang Carl mit 229 ha; Ludwigsburg/Süd wurde für den Bruder Paul Werner Carl mit 192 ha ausgelegt, hiervon 140 ha Acker und Grünland, 52 ha Wald und Wasser. Das Herrenhaus wird zur Zeit von der Familie Carl Jun. genutzt.

Bis zu ihrem Tode wurde es teilweise von der Witwe des letzten Herrn v. Ahlefeld auf Ludwigsburg, Mathilde v. Ahlefeld geb. Jenisch, bewohnt. Aus ihrer zweiten Ehe mit Wilhelm v. Ahlefeld, † 1943, stammt die Tochter Sabine, der der Meierhof Rotensande mit 200 ha gehört.

Im Lustwäldchen Solitude am kleinen Aas-See nahe der Förde ist ein Mausoleum der Familie v. Ahlefeld erbaut. Von den alten Wirtschaftsgebäuden steht nicht mehr viel, im Jahre 1904 gingen bei einem gewaltigen Schadenfeuer, dessen Ursache nie ermittelt worden ist, fast alle Wirtschaftsgebäude verloren, nur Herrenhaus, Krummhaus und Torhaus konnten gerettet werden.

Adeliges Gut Ludwigsburg

nördlicher Teil mit Herrenhaus
Besitzer: Wolfgang Carl

Ludwigsburg Süd:
Besitzer: Paul Werner Carl

Besitzer		*Gut und Bauten*	
ca. 1396–1670	(v. Sehestedt,	um 1400	curia Kohöved
seit ca. 1570	deren Nachkommen	16. Jh.	erstes Herrenhaus
	(v.) Rantzau	1565	Bau des alten Armenhauses
1670	v. Ahlefeldt		in Waabs
1672	Frhr. v. Kiel-	ca. 1580	Bau des Torhauses
	mansegg	ca. 1630	Bau des zweiten Herren-
1690–1723	v. Temming		hauses, Einbau der Bunten
1729	Baron, seit 1768		Kammer
	Graf v. Dehn	ca. 1730	Umbau des Herrenhauses
1776	v. Ahlefeldt		und Errichtung des
	Baron v. Dehn		Krummhauses
1806	Graf v. Ahlefeldt-	1768	Name Ludwigsburg
	Laurvig	1822	Konkurs, Verkauf der Mei-
1823–1950	v. Ahlefeld		erhöfe
1950	Erbengemeinschaft	1904	Brand des Hofes
	Carl, dann deren	1967	Abbruch des Krummhauses
	Nachfolger		

278

22 Hemmelmark

Kirchspiel Borby   Kreis Rendsburg Eckernförde

Wie so viele Güter Schwansens tritt Hemmelmark erst gegen Ende des Mittelalters in unseren Gesichtskreis ein. Offenbar ist die Landschaft erst spät besiedelt worden, sicherlich durch niederdeutsche Bauern, aber vielleicht auf der Stelle einer vorausgegangenen jütischen Besiedelung. Der Ortsname dürfte nordischen Ursprungs sein, im ersten Teil des Wortes steckt das altdänische Wort hæmil = Klippe, steiniger Hang, der zweite Bestandteil -mark bedeutet gerodetes Feld. In einer Urkunde vom 11. November 1462 wird Hemmelmark zum ersten Male erwähnt. Der Knappe Claus Smalstede, Hinrichs Sohn, aus einem heute längst erloschenen holsteinischen Adelsgeschlecht, verschreibt dem Domprobsten und dem Domkapitel in Schleswig eine jährliche Rente von 24 Mark aus Hof, Dorf und Mühle zu Lütken Hemmelmark. Diese Urkunde ist außerordentlich wichtig für unsere Erkenntnis der Entstehung des späteren Gutes. Ein Hof war also zu dieser Zeit bereits vorhanden, vielleicht an derselben Stelle, wo heute der Gutshof liegt, in dieser Ortslage am Hemmelmarker See war sicherlich in alter Zeit eine leichte Möglichkeit für eine Befestigung gegeben. Neben dem Hof wird schon die Mühle erwähnt, vielleicht zunächst eine Wassermühle und endlich das Dorf Klein-Hemmelmark, das noch nach dem Borbyer Kirchenbuch von 1545 aus 6 Hufen bestand. Außerdem gab es noch das Dorf Groß-Hemmelmark, das ursprünglich 15 Vollhufen, 2 Halbhufen und 3 Wurtsitzer (=Kätner) umfaßte. Klein-Hemmelmark scheint zuerst niedergelegt worden zu sein, seit dem Anfang des 17. Jahrhunderts wird es nicht mehr erwähnt, Groß-Hemmelmark wurde allmählich verkleinert, hatte aber noch 1626 11 Hufner und wird noch 1652 in Danckwerts Landesbeschreibung erwähnt. Beide Dörfer sind zweifellos im Zuge der Schaffung großräumiger landwirtschaftlicher Betriebe niedergelegt worden, heute kennt man nicht einmal die Stelle, wo diese Dörfer gelegen haben, – vielleicht deutet der Name der Koppel Wühr auf einen dieser ehemaligen Dorfplätze.

Die nächsten Besitzer gehören dem Geschlecht Sehestedt an, das zur gleichen Zeit auf vielen Gütern Schwansens und Angelns sitzt. Als erster wird seit 1519 Schack Sehestedt genannt, der aus der Linie der Sehestedt auf Kohöved, dem heutigen Ludwigsburg, stammte. Er scheint schon früh Differenzen mit dem Herzog Friedrich gehabt zu haben. Im Jahre 1521 überfiel er auf der Landstraße einen Bürger aus Hamburg und nahm ihm Wagen und Pferde ab. Der Herzog ließ ihn daraufhin ins Gefängnis auf Schloß Gottorf werfen und wollte ihn wegen Straßenraubes verurteilen. Aber Fürsprecher des Adels erreichten, daß er gegen Leistung der Urfehde wieder freigegeben wurde. Verhängnisvoller wurde für ihn im Jahre 1526 seine Verbindung zu dem abgesetzten König Christian II. von Dänemark. Jetzt wurde er wieder verhaftet und nach weitläufigen Verhören zum Tode verurteilt. Auf Bitten der Familie wurde ihm zwar am Dienstag nach Matthiae Apostoli 1527 die Todesstrafe erlassen, er dafür aber zu ewigem hartem Gefängnis mit Verlust seiner Güter verurteilt. Auch dieser Spruch wurde weiter gemildert, nachdem sich sein Bruder Benedict Sehestedt und andere Verwandte für ihn verbürgt hatten. Er mußte wiederum Urfehde schwören und sich an einen vom König zu bestimmenden Ort ins ritterliche Einlager begeben. Tatsächlich wohnte er seitdem in Lübeck, sein Gut Hemmelmark mußte er an König Friedrich I. abtreten. Seine Brüder und Schwestern verzichteten in der gleichen Urkunde auf alle Ansprüche, die sie als Miterben an das Gut Hemmelmark oder an Schack Sehestedt selber zu stellen hätten. Freilich blieb der eine Bruder auf Hemmelmark wohnen und unterhielt sogar „einen eigenen Meßpfaffen", wie es in einer alten Chronik heißt, weil er sich von der alten Lehre nicht trennen wollte. König Christian III. lenkte wiederum ein. 1538 gab er an einen Neffen von Schack Sehestedt, Otto Sehestedt, † 1560, das Gut zurück und belehnte ihn 1542 zusätzlich mit Lütken Hemmelmark (= Klein-Hemmelmark). Zu dieser Zeit muß also dieses Dorf noch bestanden haben. Otto war Besitzer von Kohöved und wird auch dort gelebt haben. Nach seinem Tode gingen die Güter über erst an seinen Sohn Melchior, † 1564, dann an die Tochter Beate, die mit Paul Rantzau a. d. H. Bothkamp vermählt war.

Jetzt beginnt eine Periode von anderthalb Jahrhunderten, in der Hemmelmark immer wieder nach kurzer Zeit seinen Besitzer wechselt, während sie längsten Zeit dieser Epoche ist es nur als Nebengut zu dem Hauptsitz des jeweiligen Besitzers betrachtet worden und hat sich nicht zu einem eigenständigen wirklichen Familiengut entfalten können. Aus dieser ganzen Periode wissen wir praktisch so gut wie nichts über die Geschichte des Gutes und seiner Bauten, wir können nur aus dem Verschwinden der beiden Dörfer Groß- und Klein-Hemmelmark schließen, daß jetzt eine moderne Hofwirtschaft angelegt wurde. Das ist aber auch nahezu alles.

Die Reihe der Besitzer während dieser Epoche ist nicht immer sehr ansprechend. Auf Paul Rantzau, † 1579, folgt der Sohn Otto, der im ganzen Land berüchtigt war für seine zahlreichen Gewalttaten und unter dem Namen „der dolle" ging. Von ihm ging Hemmelmark zunächst an den Bruder Bertram Rantzau, dessen Ruf auch nicht viel besser war, von diesem 1598 an den Schwager Thomas v. Ahlefeldt über. Doch war dieser trotz der sehr großen Geldmittel, die ihm durch Erbschaft zugefallen waren, ein schlechter Wirtschafter und mußte 1605 das Gut seinen Gläubigern überlassen, die es an Christopher Rantzau auf Seedorf weiterverkauften. Noch 1610 wurde der Ehefrau von Thomas Ahlefeldt auferlegt, unter einem Zwölfmanneneid alles das herauszugeben, was sie von Hemmelmark unberechtigterweise entführt hätte.

Von Christoph Rantzau ging das Gut 1612 an den Bruder Jürgen weiter, der es schon 4 Jahre später an Detlev Brockdorff auf Windeby verkaufte. Jetzt schien sich erstmalig eine gewisse Zeit der Beständigkeit anzubahnen. Als Detlev Brockdorff gestorben war, verlosten die vier Söhne die väterliche Erbschaft, die aus den vier großen Gütern Hornstorf, Windeby, Altenhof und Hemmelmark bestand. Der älteste Sohn Hinrich Brockdorff, fürstlicher Kriegsrat, Oberst und Amtmann von Apenrade erloste Hemmelmark auf Grund einer Taxe von 50000 Rthlr. Aber auch er wurde nicht wirklich seßhaft, 1661 verkaufte er das Gut wieder, diesmal für 47000 Rthlr. an Hieronymus Rantzau auf Neudorf. Dieser gab es schon wenige Jahre später, 1675 mit einem Gewinn von 1000 Rthlr. weiter an den Amtmann zu Flensburg, Henning Reventlow, dieser wiederum 1692 an seinen Sohn, den Landrat Detlev Reventlow auf Stubbe. 1697 erwarb Paul Kohlblatt, erster bürgerlicher Gutsbesitzer in den Herzogtümern, derzeit schon auf Schrevenborn an der Kieler Förde angesessen, Hemmelmark, jetzt kostete es schon 70000 Rthlr. Aber auch er behielt es nur wenige Jahre, um es dann allerdings mit gutem Gewinn weiterzuveräußern. Laut Kaufbrief Kiel, den 15. April 1704, ging das Gut für 80000 Rthlr. Spec. und 4000 Rthlr. dän. Kronen an den Oberstleutnant Christian von Leuenburg über. So hatte es in dieser Zeitspanne, von 1550 bis 1700, nicht weniger als 15 Besitzer und 10 Verkäufe gegeben, eine Folge, die der Entwicklung des Gutes sicherlich nicht förderlich gewesen ist. Erst jetzt trat eine größere Stetigkeit in der Folge der Besitzer ein. Zwar hat Hemmelmark auch noch im 18. und 19. Jahrhundert mehrfach den Besitzer gewechselt, aber doch unter ganz anderen Umständen als in den Jahrhunderten vorher. Jetzt endlich wurde Hemmelmark ein eigenständiges Gut, fester Wohnsitz einer Familie und mit seinen zahlreichen Meierhöfen und Nebenbetrieben ein bedeutender wirtschaftlicher Komplex. Der Oberstleutnant Christian von Leuenburg begann tatkräftig mit dem Aufbau des Hofes. Er war ein homo novus, ein in den Herzogtümern bis dahin wenig bekannter Mann. Er kam aus Mecklenburg, wo er zwei Güter besessen hatte, hatte sich dann in Holstein angekauft und hier für wenige Jahre Schierensee mit Annenhof besessen. Durch seine Heirat mit Margarethe Hedwig v. Ahlefeldt war er in nähere Beziehungen zur Schleswig-Holsteinischen Ritterschaft getreten und hatte sogar 1711 seine Reception in die Ritterschaft erreicht, allerdings erst, nachdem er seinen Adel nachgewiesen hatte. Er besaß jedoch einen Adelsbrief aus dem Jahre 1668, ausgestellt von der Königin Hedwig Eleonore von Schweden für Erich Valentin von Leuenburg, wohl seinen Vater.

Sicherlich auf Leuenburg dürfte der Bau des Herrenhauses zurückgehen, das bis zur Wende des 20. Jahrhunderts gestanden hat, bis es dem jetzt stehenden Herrenhause weichen mußte.

Vielleicht haben diese Bauten, denen sich noch weitere – heute nicht mehr vorhandene – zugesellt haben dürften, die finanziellen Kräfte Leuenburgs überstiegen. Als 1722 gestorben war, mußte der Konkurs über sein Vermögen verhängt werden. Aus dem Konkurse kaufte der dänische Conferenzrath Alexander Tilemann v. Heespen, † 1738, das Gut an, um seine Hypotheken zu retten, von ihm erbte es sein Sohn, der Geheime Conferenzrath Christian Friedrich v. Heespen, † 1776. Mit ihm erhielt Hemmelmark einen Herrn von großer Bedeutung. Christian Friedrich v. Heespen hat zwar in der meisten Zeit seines Lebens nicht auf Hemmelmark gewohnt, sondern in seinem Palais in Schleswig, dem sog. Heespen-Hof, dem heutigen Amtsgericht. Aber er überragt die große Anzahl seiner Vorbesitzer bei weitem durch seine bedeutenden Gaben als Verwaltungsbeamter und als Staatsmann. Außerdem aber hat er für Hemmelmark in der Zeit seines Besitzes sehr viel getan. In dieser Zeit entstand die große Scheune auf der Ostseite des Hofes in ihrer heutigen Form, offenbar ganz bewußt der westlichen Scheune in Größe und Gestaltung angeglichen. Im Jahre 1977 mußte die Scheune auf der Westseite abgebrochen werden, die moderne Gutswirtschaft hat keine Verwendung mehr für die Wirtschaftsgebäude einer vergangenen Zeit. Der Grundriß zeigte je eine lange Durchfahrt an den beiden Langseiten, in der Mitte eine westöstliche Durchfahrt, in den Räumen zwischen den Durchfahrten große Kornböden. Am Südgiebel sind die Initialen des Erbauers mit der Jahreszahl 1740 angebracht: CFVH = Christian Friedrich von Heespen. Die ursprüngliche Scheune stammte aus dem Jahre 1582 und wurde jetzt von Heespen um 15 Fach erweitert, um den vermehrten Bedürfnissen einer besseren Landwirtschaft gerecht zu werden, gleichzeitig auch, um dem Hof die volle Symmetrie zu geben.

Im Jahre 1750 ließ Heespen, wie eine Inschrifttafel an der Südfront kundtut, eine Tafel aus dem Jahre 1582 wieder einsetzen. Die Inschrift besagt, daß Frau Beate, Witwe des verstorbenen Paul Rantzau und Tochter des Otto Sehestedt auf Kohöved und Hemmelmark, dieses (vermutlich zu ergänzen: Haus) im Jahre 1582 habe erbauen lassen. Die Wahrscheinlichkeit spricht also dafür, daß die Tafel aus der alten Scheune stammt und bei der Erweiterung der Scheune in pietätvoller Weise wieder eingesetzt worden ist. Nicht zu Unrecht hat man gesagt, daß diese Gestaltung geradezu in einer modern anmutenden denkmalpflegerischen Bemühung geschehen ist. Die Inschrift lautet wörtlich: ,,Obenstehender Stein ist in einem ehemaligen wegen Baufälligkeit abgebrochenen Westergiebel einer Scheune eingemauert gewesen und nach der im Jahr 1740 auf 116 Fuß geschehenen Verlängerung dieses Gebäudes aus Ehrfurcht vor dem Altertum am 12. Juni 1750 wiederum hierher gesetzt worden''. Unter der Tafel ist das stark plastisch herausgearbeitete Wappen v. Heespen angebracht.

Eine wesentliche Erweiterung des Gutes gelang Heespen im Jahre 1744. Der Oberstleutnant v. Leuenburg hatte im Jahre 1717 den Meierhof Hohenstein einer seiner Töchter übergeben. Seitdem hatte es infolge der Gemengelage beider Güter und wegen der streitlustigen Besitzer von Hohenstein ständige Verdrießlichkeiten gegeben. Jetzt konnte Heespen Hohenstein zurückkaufen und damit den Frieden herstellen.

Gleichwohl war Heespen des Besitzes überdrüssig geworden, schwere Viehseuchen hatten die Herden fast völlig vernichtet, es gab Prozesse mit den

Scheune auf der Ostseite

Leuenburgschen Erben, 1743 schon hatte er das große Gut Deutsch-Nienhof gekauft, kurzum im gleichen Jahre, in dem er die alte Inschrifttafel würdig wieder einsetzen ließ, entschloß er sich Hemmelmark zu verkaufen. Durch Vermittlung von Marquard v. Brömbsen auf Gereby wurde der Käufer gefunden: Georg v. Hedemann, † 1782. Der Käufer war also von vornherein kein Fremder, er wurde später gar der Schwager Heespens, und als dieser kinderlos und als letzter seines Geschlechts starb, vermachte er sein Gut Deutsch-Nienhof dem Sohne Georg v. Hedemanns, Christian Friedrich, als Fideikommiß und mit der Auflage, den Namen v. Hedemann-Heespen anzunehmen. 1752 wurde Hedemann das Gut Hemmelmark mit den Meierhöfen Hohenstein, Sophienruhe, Mohrberg, Louisenberg, Neu-Barkelsby und Aukamp sowie mit dem Dorfe Barkelsby übergeben.

Über die Zeit Christian Friedrich v. Heespens und Georg v. Hedemanns auf Hemmelmark besitzen wir gute Kenntnis einmal durch die sorgfältige Führung der Wirtschaftsbücher aus dieser Zeit, zum anderen durch eine Schrift Georg v. Hedemanns über die Wirtschaft auf den adeligen Gütern im Herzogtum Schleswig. In ihr werden eingehend behandelt:

284

1. Die Ackerwirtschaft und der Kornverkauf;
2. Die Milchwirtschaft;
3. Die Kleinviehwirtschaft und die Nebeneinnahmen;
4. Die Ausgaben der Wirtschaft;
5. Die Haushaltung;
6. Die Untertanen;
7. Der Ertrag der Wirtschaft.

Georg v. Hedemann wurde nicht alt. Er hatte sich in einen großen Streit mit der einheimischen schleswig-holsteinischen Ritterschaft eingelassen. Hedemann war der Auffassung, daß jeder Adelige gleichberechtigt sei und empfand es als unmöglich, daß die Ritterschaft Umlagen auf allen adeligen Gütern ausschrieb, die auch diejenigen bezahlen sollten, die nicht der Ritterschaft angehörten. Hedemann fand Bundesgenossen, die Brüder v. Schilden auf Haseldorf und Haselau, den streitbaren Paschen v. Cossel auf Jersbek und Stegen und vor allem seinen Vorbesitzer, Schwager und Gönner, den Geheimen Conferenzrath Christian Friedrich v. Heespen. Der letztere trat öffentlich am wenigsten hervor, wahrscheinlich wegen seiner amtlichen Stellung, aber zweifellos war er der eigentliche spiritus rector.

Der große Streit mit der schleswig-holsteinischen Ritterschaft um die Anerkennung der non recepti, der nicht rezipierten Familien als gleichberechtigt, hatte jedoch die Gesundheit Hedemanns untergraben. Der Streit ging zu Ungunsten der non recepti aus, aber es mutet wie eine Ironie des Schicksals an, daß der Sohn und Erbe des großen Besitzes, Christian Friedrich v. Hedemann-Heespen, verhältnismäßig mühelos im Jahre 1817 seine Aufnahme in die Ritterschaft erreichte.

Nach dem Tode Georg v. Hedemanns im Jahre 1782 behielt seine Witwe Davidia, geb. v. Drieberg, das Gut bis zu ihrem Tode 1795, im Jahre darauf verkauften die Kinder das Gut. Wiederum folgten häufige Wechsel der Besitzer, erst war es der preußische Kammerherr Otto v. Hahn auf Rondeshagen, schon zwei Jahre später die Gebrüder Johann Heinrich und Wilhelm Schalburg, seit 1800 Wilhelm Schalburg allein, 1817 die Gebrüder Breuls aus Bremen.

1817 wurde das Gut Hemmelmark öffentlich zum Verkauf gestellt, am 30. Juni 1817 fand auf dem Kieler Rathaus der Verkaufstermin statt. Inzwischen waren Mohrberg und Hohenstein endgültig vom Haupthof getrennt und 1806 zu selbständigen adeligen Gütern erhoben worden. Hemmelmark umfaßte außer dem Hofe selber nurmehr das Dorf Barkelsby und den Meierhof Neu-Barkelsby, ferner Aukamp und Louisenberg. Zwei Interessenten boten auf den Besitz, der Ober- und Landgerichtsadvocat Scheel aus Itzehoe 50000 Rthlr., der Konsul Platzmann aus Lübeck 76000 Rthlr. Dieser erhielt naturgemäß den Zuschlag, stellte aber die Bedingung, den Namen des wirklichen Käufers erst 14 Tage später nennen zu dürfen. Nach Ablauf der Frist erschien Jacob Clemens Breuls aus Bremen und erklärte, daß er und sein Bruder, Dr. Hermann Breuls, die Käufer seien. Hermann Breuls schied bald darauf wieder aus. Mit Jacob Clemens Breuls, † 1856, zog ein Gutsherr ganz anderer Art auf Hemmelmark ein. Sein Vater war Bürgermeister von Bremen gewesen, sein Großvater kam aus Aachen, die Vorfahren wohnten in Eupen, wo sie Fabriken betrieben. Breuls sah auch den Erwerb eines Landgutes zunächst mehr von der kaufmännischen Seite aus an. Er hatte zweifellos eine starke Begabung für Fortschritt und Technik, stand politisch sicherlich auf der Seite der Herzogtümer, war aber liberalen Ideen gegenüber aufgeschlossen. So war es nur natürlich, daß er weitgehend die Verbindung zu dem einheimischen Landadel mied, – ein Verhalten, das sicherlich auf Gegenseitigkeit beruhte. Der Verkehr beschränkte sich im wesentlichen auf Familien bürgerlicher oder doch erst neugeadelter Herkunft, wie zu den Schleiden auf Ascheberg, den Wasmer auf Bienebek, den Gyldenfeldt auf Hohenlieth. Hinzu kam, daß die Breuls reformierten Bekenntnisses waren. Jacob Clemens Breuls ließ eigens den Pastor der reformierten Gemeinde in Altona, François Louis Reuscher nach Hemmelmark kommen und dort Gottesdienst und Abendmahl nach reformiertem Ritus halten.

1826 wurde der Meierhof Neu-Barkelsby abgetrennt, Breuls überließ ihn seinem langjährigen Inspektor Wilckens. Im übrigen scheint die Wirtschaft dem lebhaften Temperamente des Gutsherrn entsprechend gut floriert zu haben. Außer der eigentlichen Gutswirtschaft mit Getreidebau und Viehzucht betrieb Breuls eine Ölmühle, eine Lohgerberei und eine Ziegelei.

Das Ehepaar hatte nur eine einzige Tochter, Metta Breuls, die das Unglück hatte, seit ihrem dritten Lebensjahre an großer Schwerhörigkeit und dadurch bedingter Sprachstörung zu leiden. Metta Breuls ging gleichwohl die Ehe ein mit dem Sohn des befreundeten Ehepaares v. Wasmer auf Bienebek, Christoph v. Wasmer, † 1877. Seine Mutter war eine der letzten Angehörigen des inzwischen ausgestorbenen Geschlechts v. d. Wisch gewesen. Beide Eltern Breuls starben im gleichen Jahre, 1856, so wurde Hemmelmark zunächst der Tochter Metta überschrieben. Aber noch im selben Jahr übertrug sie das Gut auf ihren Ehemann Christoph v. Wasmer, um, wie sie schrieb, ihrem vielgeliebten Manne einen ganz besonderen Beweis ihrer unbegrenzten Liebe und des höchsten Vertrauens zu geben. Sicherlich war für ihren Entschluß auch die Tatsache bestimmend, daß sie auf Grund ihrer körperlichen Behinderung nicht in der Lage gewesen wäre, einen großen Gutsbetrieb zu leiten.

Aus der Ehe gingen vier Töchter und ein Sohn hervor, der nach seinem Großvater die Vornamen Clemens Breuls erhielt. Er wurde preußischer

Oberstleutnant und übernahm Hemmelmark nach dem Tode des Vaters, konnte es aber wegen der Erbansprüche der vier Schwestern nicht halten. So verkaufte er 1896 das Gut. Das Geschlecht Wasmer stammte ebenso wie die Breuls aus Bremen, war aber schon 1695 mit dem Etatsrat Conrad v. Wasmer in den dänischen Adel aufgenommen worden. Der Berater des Herzogs Friedrich VIII., des sog. „Augustenburgers", in den Jahren 1860 bis 1867 war Karl Samwer, ein illegitimer Sproß des Geschlechts Wasmer, der aus Gründen der Tarnung die Buchstaben des Namens vertauscht hatte. Heute leben nur noch wenige Angehörige dieser alten Familie, die meisten von ihnen in den Vereinigten Staaten von Nordamerika. Clemens Breuls v. Wasmer, der letzte Besitzer von Hemmelmark, hat keine Nachkommen hinterlassen.

Mit diesem Verkauf beginnt eine neue, wohl die für die Geschichte Hemmelmarks wesentlichste Epoche. Käufer war der Bruder des deutschen Kaisers, Prinz Heinrich v. Preußen, † 1929. Dieser war seitens des preußischen Königshauses zum Dienst in der eben entstandenen kaiserlichen Marine bestimmt worden, hatte 1888 seinen Wohnsitz auf dem Kieler Schloß genommen und war innerhalb der kaiserlichen Marine zum Großadmiral und Generalinspekteur der Marine aufgestiegen. Während des Ersten Weltkrieges war er Oberbefehlshaber Ostsee. Durch seine Vermählung mit der Prinzessin Irene von Hessen und bei Rhein war er in nahe Beziehungen zu vielen europäischen Fürstenhäusern, insbesondere auch zum russischen Kaiserhaus getreten.

Als der Prinz Hemmelmark kaufte, war zunächst der Gedanke für ihn bestimmend gewesen, in der Nähe von Kiel einen angemessenen Landsitz zu erwerben, auf dem er im Sommer leben und seine zahlreichen Verwandten empfangen konnte. So sind der letzte deutsche Kaiser Wilhelm II. und der letzte russische Zar Nikolaus II. häufig in Hemmelmark gewesen. Die übrigen Besitzungen des Prinzen waren für einen öfteren Besuch zu entlegen, die Herrschaft Opatow in Posen, das idyllische Paretz bei Potsdam, geheiligt durch die Überlieferungen von König Friedrich Wilhelm III. und der Königin Luise oder gar die Burg Rheinstein unweit St. Goar. Erst 1918 nach dem Sturz der Monarchie verlegte Prinz Heinrich seinen endgültigen Wohnsitz nach Hemmelmark.

Aber schon bald nach seinem Besitzantritt 1896 begann er eine umfangreiche Bautätigkeit zu entfalten. Er berief den preußischen Hofbaurat Ernst v. Ihne und ließ den Hof von Grund auf erneuern. Praktisch blieben nur die schönen alten Scheunen aus den Zeiten Leuenburgs und Heespens stehen. Zunächst entstanden einige moderne Arbeiterwohnhäuser an der Landstraße nach Kappeln, dann wurde 1909 ein Pächterhaus draußen vor dem Tore erbaut. Das alte Torhaus wurde durch ein modernes Torhaus mit Marstall ersetzt, endlich das Herren-

Torhaus

Torhaus mit Garagengebäude

haus, das in Nord-Süd-Achse gestanden hatte, gänzlich abgebrochen und an seiner Stelle, aber jetzt mit der Hauptfront zum See hin, in den Jahren von 1903 bis 1904 ein neues Herrenhaus erbaut. Über seinen Stil ist viel gestritten worden, und sicherlich wirkt es auch heute noch wie ein Fremdkörper innerhalb der schleswigschen Gutslandschaft. Bei gerechter Beurteilung muß man sich aber vor Augen halten, daß der Architekt seine Aufgabe unter drei verschiedenen Gesichtspunkten zu bewältigen hatte. Einmal sollte die geschlossene Form des alten Gutshofes nicht gesprengt werden, zweitens war nicht ein einfaches Herrenhaus zu errichten, sondern ein großes Haus, das einer fürstlichen Hofhaltung genügen konnte, und endlich war Rücksicht zu nehmen auf die besonderen Wünsche des Prinzen. Seine Mutter war eine englische Prinzessin, er selber dem British way of life sehr zugeneigt. So entschied sich Ihne für den ins Übergroße gesteigerten cottage-Stil, der dem Prinzen aus seinen häufigen Aufenthalten in England lieb und vertraut war. Die Verbindung zwischen Herrenhaus und Hof muß als gelungen bezeichnet werden, ein Querbau vor dem Hof auf der Stelle des alten Herrenhauses hätte die Dimensionen verzerrt. Ihne erbaute daher am Ende des Hofes, nicht einmal symmetrisch in die Mitte gerückt, den Querflügel und legte die Hauptfront dem See vorgelagert an. Neben dem Herrenhaus entstand als Kavalierhaus das Victoria-Haus, nach der Mutter des Prinzen benannt, das jetzt die Wohnung der Besitzer darstellt, der Prinzessin Barbara von Preußen und ihres Gemahls, des Herzogs Christian Ludwig zu Mecklenburg.

Und noch ein weiteres Gebäude entstand in dieser Zeit, das Mausoleum. Das prinzliche Paar hatte das Unglück, im Jahre 1904 einen Sohn, den jungen Prinzen Heinrich, durch einen frühen Tod zu verlieren. So ließ Prinz Heinrich auf einer Anhöhe inmitten von drei Hünengräbern eine Kapelle in russisch-byzantinischem Stil, als Nachbildung einer Kapelle in Rußland, erbauen und hier den kleinen Prinzen beisetzen. Prinz Heinrich selber und seine Gemahlin haben hier ebenfalls ihre letzte Ruhestätte gefunden.

Das Haus füllte sich mit Gegenständen aller Art, die der Prinz von seinen Reisen durch die ganze Welt mitgebracht hatte. Geschenke vieler Fürstlichkeiten kamen hinzu, exotische Objekte aus China und Japan, aus Südamerika und Indien. Auf Grund seiner engen Verbindung zur kaiserlichen Marine, zur Stadt Kiel und zum preußischen Königshaus wurden zeitgemäße Statuen im Park aufgestellt, eine Gallionsfigur vom Kommandoschiff des Prinzen, der „Deutschland", die Figur der Kilia, ein Geschenk der Stadt Kiel, das Reiterdenkmal beim Gewächshaus, das Modell eines Denkmals des Kaisers Friedrich III. in der Gestalt eines römischen Reiters. Und auch an Bildern war kein Mangel, die Gemälde des Kaisers Friedrich III., des Kaisers der 99 Tage, des Prinzen selber und der

Prinzessin Irene, beide von F. A. v. Kaulbach gemalt, das großartige Portrait des Prinzen von D. A. Lászlo, endlich das Gemälde vom Treffen der „Hohenzollern" mit der Jacht des Zaren Nikolaus II. vor Reval 1905, gemalt von Mich. F. Katschenko, gaben dem Haus einen repräsentativen Anstrich, den es ansonsten nicht hatte. Das Prinzenpaar wollte sich nach aller protokollarischer Förmlichkeit im Kieler Schloß hier in ländlicher Atmosphäre wohlfühlen. Auf Hemmelmark kam bei allem kulturellen Anspruch das normale Familienleben nicht zu kurz.

Die bronzene Figur der „Kilia", ein Geschenk der Stadt Kiel an den Prinzen, ein Werk des Bildhauers Eduard Lürssen wurde 1977 von der Herzogin Barbara an die Stadt Kiel geschenkt, sie steht jetzt am Eingang der Dänischen Straße, dicht vor dem Gebäude des Landeskirchenamtes. Der Prinz hatte ferner eine größere Sammlung von Schiffsmodellen, Seebildern und Schiffsglocken in das Haus gebracht. Diese Kunstwerke sind seitens der gegenwärtigen Besitzer Museen und Marine als Leihgaben überlassen worden.

Nach dem Tode des Prinzen Heinrich im Jahre 1929 verblieb Hemmelmark zunächst im Besitz seiner Gemahlin, der Prinzessin Irene, † 1953. Von ihr ging das Gut auf die Enkelin, die Prinzessin Barbara von Preußen, über, die auf Grund einer Adoption durch die Großmutter den weiteren Namen Prinzessin von Hessen und bei Rhein führt.

Das Gut hatte während dieser Zeitspanne seinen Umfang bewahrt, ja sogar durch den Rückkauf des Meierhofes Louisenberg im Jahre 1902 noch erweitern können. Freilich waltete über Louisenberg kein günstiges Geschick, schon während der Aufrüstungszeit im Dritten Reiche mußten erhebliche Landflächen zum Aufbau von militärischen Anlagen geopfert werden, und nach dem letzten Weltkrieg ging der Hof völlig verloren. Heute beträgt das Gesamtareal von Hemmelmark rund 500 ha, davon entfallen auf Acker und Grünland 350 ha, auf Wald 65 ha, auf den See 85 ha.

Das große Herrenhaus erfuhr ein wechselvolles Schicksal. 1945 wurde es durch die British Air Force als Heim für Urlauber beschlagnahmt. Seit 1946 wurde es Erholungs- und Feierabendheim für Schwestern des Deutschen Roten Kreuzes. 1959 übernahm der Johanniterorden das Haus und errichtete hier ein Internat für Jungen und Mädchen, die dann die Schulen in Eckernförde besuchen sollten. Diese Institution wird getragen von der Hamburger und der Pommerschen Genossenschaft des Ordens, zunächst als Dokumentation des Willens, für die aus Ostdeutschland Vertriebenen zu sorgen, später für Jungen und Mädchen aus aller Welt zugänglich. Das Internat besteht heute nicht mehr, das Herrenhaus steht leer.

Adeliges Gut Hemmelmark

Besitzer: Barbara Herzogin zu Mecklenburg, Prinzessin von Preußen

Besitzer		Gut und Bauten	
1462	Claus Smalstede	1462	Hof, Mühle und Dorf
1519–1616	(v.) Sehestedt und deren		Kl. Hemmelmark
	Nachkommen (v.)	1582	Bau der östlichen Scheune
	Rantzau	1711	Bau der westlichen Scheune
1616–1661	(v.) Brockdorff	1717	Hohenstein verkauft
1661–1704	verschiedene Besitzer	um 1720	Bau des Herrenhauses
1704	v. Leuenburg	1740	östliche Scheune erweitert
1728–1796	v. Heespen,	1744	Hohenstein zurückgekauft
	dann v. Hedemann	1806	bzw. 1826 Meierhöfe
1817	J. C. Breuls,		Mohrberg, Hohenstein und
	dann dessen Nachkom-		Neu-Barkelsby verkauft
	men v. Wasmer	1898	Pächterhaus, Meierei, Ar-
1896	Prinz Heinrich v.		beiterhäuser erbaut
	Preußen, dann dessen	1903	Torhaus mit Marstall und
	Nachkommen,		Pferdestall erbaut
	jetzt dessen Enkelin Bar-	1903/04	Bau des jetzigen Herren-
	bara Herzogin zu Meck-		hauses
	lenburg, Prinzessin von	1905	Bau des Mausoleums
	Preußen	1977	Abbruch der Scheune auf der
			Westseite

23 Windeby

Kirchspiel Borby   Kreis Rendsburg-Eckernförde

Der Ortsname Windeby deutet darauf hin, daß hier ursprünglich ein Dorf bestanden hat, anscheinend unter jütischem Einfluß entstanden, wie die Endung -by beweist. Der erste Teil des Ortsnamens ist nur mit dem Volksstamm der Wenden in Verbindung zu bringen, ähnlich wie die beiden Pommerby in Angeln und in Schwansen mit dem Stamm der Pommern. Da planmäßige Ansiedlungen slawischer Bevölkerungsteile in drei voneinander räumlich völlig getrennten Dörfern praktisch undenkbar sind, haben Ortsnamenforscher die Vermutung ausgesprochen, daß es sich hier um die Seßhaftmachung kriegsgefangener Gruppen östlicher Stämme handeln könne.

Seit 1469 spätestens ist Windeby in adeligem Besitz, vielleicht schon seit etwa 1450. Um diese Zeit wird der Ritter Otto Pogwisch genannt, dem die Herzöge die Stadt Eckernförde verpfändet hatten und der von den Lansten des zu Windeby gehörenden Dorfes Kochendorf Dienste und Ausübung der Gerichtsbarkeit verlangt. Seit 1469 wird der Ritter Sievert Brockdorff, der das große Gut Gaarz im Oldenburger Distrikt besaß, auf Windeby genannt. Der Überlieferung nach waren die Brockdorff eines von den Rittergeschlechtern, die am Tage von Ripen am 5. März 1460 die Wahl König Christians I. zum Herzog von Schleswig und Holstein bekämpften. Wenn das der Fall war, was nicht mit voller Sicherheit zu belegen ist, so kann nur Sievert Brockdorff der Gegner gewesen sein, andere hervortretende Mitglieder des Geschlechts gab es in jenen Jahren nicht. Sehr wahrscheinlich ist diese Version überhaupt nicht, schon bald nach dem Erwerb von Windeby ist Sievert Brockdorff königlicher Rat und gewährt dem König größere Anleihen. Diese Darlehen sind so hoch, daß der König auch ihm die ganze Stadt Eckernförde verpfänden muß, noch 1480 schuldet der König ihm 1200 Mark Lübsch, eine für damalige Zeiten sehr hohe Summe, immer noch gegen Verpfändung der Stadt. Außerdem wird ihm 1477 durch die Königin Dorothea von Dänemark der Zoll zu Gottorf verpfändet, 1483 durch den König selber für 4500 Mark das Schloß Tielen und der Zoll von Stapelholm. Erst 1492 löst Herzog Friedrich die Pfandsumme über Eckernförde ein. So trifft auf Sievert Brockdorff voll das holsteinische Schlagwort zu: ,,Reich wie ein Brockdorff''.

In der Schlacht von Hemmingstedt 1500 ist Sievert Brockdorff gefallen, sein Erbe auf Windeby wird sein ältester Sohn Detlev, † 1538, Amtmann der Burg Glambeck auf Fehmarn, der außer Windeby und Gaarz weitere Güter in Holstein und Dänemark besaß. Er war schon vor dem Jahre 1522 Amtmann auf Gottorf, seit 1526 Amtmann auf Sonderburg. In dieser Eigenschaft verpflichtete er sich 1532 schriftlich zur Gefangenhaltung König Christians II. von Dänemark. Später stieg er zu hohen Ehren im Dienst König Christians III. auf, unterschrieb 1533 als königlicher Rat die Union zwischen dem König und seinen unmündigen Brüdern, führte die Blockade von Kopenhagen durch und wurde königlicher Feldherr. 1538 ist er gestorben, in der Kirche von Sonderburg steht sein Grabmal, ein besonders prächtiges Zeugnis einer neuen nachreformatorischen Kunstauffassung. Die Gestalt des Ritters beansprucht einen breiten Raum zwischen den schwellenden Balustersäulen, auf denen die Wappenschilder stehen. Über dem Haupt des Ritters wölbt sich ein Muschelbogen, unter ihm steht die Schrift geradezu als Sockel.

Ihm folgt sein Sohn Heinrich, † 1598, der auch das benachbarte Altenhof besaß, das nun für lange Zeit die gleichen Besitzer wie Windeby hatte. Er wurde beerbt von seinem Sohn, dem Landrat Detlev Brockdorff, † 1628, dann dessen Söhnen, erst Detlev, der, ohne Nachkommen zu hinterlassen, 1637 starb, dann von dessen zweiten Bruder Theodosius Brockdorff, † 1671. Nachdem die beiden Söhne von Theodosius Brockdorff jung gestorben waren, verkauften die drei Töchter im Umschlag 1675 Windeby an ihren Vetter Joachim Dietrich v. Levetzow, † 1690 aus Mecklenburg für 48000 Rthlr. Er hinterließ das Gut seinem Sohne Hinrich v. Levetzow, der es am 25. Juli 1694 mit gutem Gewinn, nämlich für 66000 Rthlr., an Otto v. Qualen weiterverkaufte. Dieser besaß schon das adelige Gut Siggen im Oldenburger Güterdistrikt.

Jetzt bleibt Windeby für ein Jahrhundert bei den Qualen, aber dieses Jahrhundert ist bestimmend gewesen für die Formung von Gut und Bauten. Otto v. Qualen, † 1698, ging 1680 im Alter von 28 Jahren, als Kammerherr mit der dänischen Prinzessin Ulrica Eleonora nach Schweden, als diese dort mit König Karl XI. vermählt wurde. Auf dieser Reise schloß er die Bekanntschaft mit einem Hoffräulein der Prinzessin, mit der aus elsässischem Adel stammenden Maria Friderika Wetzel von Marsilien. Noch im gleichen Jahre heirateten die beiden, die Ehe wurde sehr glücklich, und nicht weniger als 12 Kinder gingen aus ihr hervor. Der Frau wird nachgerühmt, daß sie sich gleichermaßen durch Schönheit, Leutseligkeit und Frömmigkeit ausgezeichnet habe. Darüber hinaus war sie eine Freundin der Wissenschaften und hatte die Absicht, ein Stipendium für Studenten an der Universität Kiel zu stiften. Wegen ihres frühen Todes kam es nicht mehr hierzu, aber ihre beiden Söhne, Jasper auf Siggen und Otto auf Windeby, vollzogen im Jahre 1722 „aus kindlicher Pflicht, Ehrerbietung und Liebe gegen ihre wohlselige Frau Mutter" diesen Willen.

Otto v. Qualen, der es bis zum Geheimen Rat und Obermarschall am bischöflich eutinischen Hofe gebracht hatte, wird in der kurzen Zeit seines Besitzes nicht allzuviel für Windeby getan haben können. Aber als nun sein gleichnamiger Sohn den Besitz übernahm, gingen große Veränderungen vor. Dies ist umso merkwürdiger, als dieser Sohn Otto v. Qualen, † 1767, ein höchst zwiespältiger Charakter gewesen sein muß. Er war verheiratet mit Dorothea Gräfin v. Ahlefeldt a. d. H. Eschelsmark und lebte mit ihr offenbar in einer höchst unglücklichen Ehe. Beide Ehegatten führten Prozesse gegeneinander vor dem Obergericht in Glückstadt. Die Akten, die noch erhalten sind, sind für beide Partner in gleicher Weise kompromittierend und bezeugen einen hohen Grad von Schamlosigkeit. 1740 wurde Otto v. Qualen vor das Oberkonsistorium zitiert, weil er über vier Jahre lang seine Ehefrau auf das Fürchterlichste mißhandelt habe, gepeitscht und geprügelt hätte. Er kam darauf ins Gefängnis nach Rendsburg, weil man ihn als eine Gefahr für seine Umgebung ansah, wurde aber 1742 auf seine Bitten hin wieder freigelassen. Später wurde er geisteskrank und starb 1767 in diesem Zustand der geistigen Umnachtung.

Zunächst, etwa ab 1719, werden fünf Meierhöfe angelegt, die sogenannten Talhöfe. Der Meierhof Kochendorf hatte schon bestanden, als Otto v. Qualen Windeby 1694 kaufte; er wurde jetzt in Westertal umbenannt. Mariental erhielt seinen Namen nach der Mutter, dem schönen Hoffräulein aus dem Elsaß. Es folgten Hoffnungstal und Freudental, später in Friedenstal umbenannt und endlich Wilhelmstal. Drei von ihnen, Mariental, Hoffnungstal und Friedenstal, wurden später zu selbständigen adeligen Gütern erhoben, Westertal und Wilhelmstal behielten bis zur Gegenwart hin den Status von Meierhöfen. Erst im 19. Jahrhundert entstand als letzter Meierhof auf den sandigen Höhen nach Kochendorf zu der Hof Christianshöhe, nach Christian Schmidt so benannt, dem Sohn des Senators Schmidt. Heute ist dieser Hof zu großen Teilen aufgeforstet.

Bei so zerrütteten häuslichen Verhältnissen muß es unser höchstes Erstaunen erwecken, daß Otto v. Qualen überhaupt in der Lage war, sich mit Bauplänen zu tragen. Und noch erstaunlicher ist, daß es ihm gelang, einen der bedeutendsten Baumeister des Nordens für Windeby zu gewinnen, Johann Gottfried Rosenberg. Der Bau eines großen Herrenhauses war auch in alter Zeit sicherlich kein kleines Unterfangen. Aber mit Rosenberg gewann Otto v. Qualen einen Architekten allerersten Grades. Rosenberg stammte aus Mecklenburg – Strelitz, wurde später Plöner Hofbaumeister, seit 1749 mit dem Titel eines Baudirektors. 1760 stieg er zum Landbaumeister von Schleswig und Holstein auf. Seine Arbeit in Windeby ist durch zwei signierte Entwürfe für das im Mittelteil erhaltene, von 1761 datierte Herrenhaus bezeugt. Schon 1745 und 1746 hatte er die Nebengebäude am Schloß in Plön, Marstall und Reithaus, erbaut, bald darauf in Dänemark die Herrenhäuser auf Margaard und Kokkedal, wahrscheinlich auch das Herrenhaus Ludwigsburg in Schwansen mit dem sogenannten Krummhaus. 1748 wird er auf Rundhof in Angeln zugezogen, der Bauauftrag geht aber nicht an ihn, sondern an George Greggenhofer. Später erbaut Rosenberg die großartigen Palais Dehn, Bernstorff und Berckentin in Kopenhagen, dann wieder finden wir ihn in Ascheberg bei Plön, später baut er am Schlosse Gottorf und endlich zum Schluß seines Lebens wird von ihm das große Schloß Augustenburg auf Alsen geschaffen, wahrhaft die Krönung des Lebenswerkes dieses begabten Baumeisters. Rosenberg steht durchaus, was sehr selten vorkommt, zwischen beiden Ländern, die meisten unserer Baumeister bauen entweder im Königreich selber oder in den Herzogtümern, seltsamerweise die Deutschen im Norden, die Dänen im Süden, Rosenberg baut überall.

Nach den Plänen von Johann Gottfried Rosenberg, die sich im Gutsarchiv auf Windeby erhalten haben, entstand ein Querhaus mit angrenzenden Flügeln, fast genauso gegliedert wie der Kernbau des heutigen Herrenhauses. Aller Wahrscheinlichkeit nach steht dieser Bau auf älterer Grundlage, die schweren tonnengewölbten Keller mit den Stichkappen für Fenster und Türen, dazu der Fußbodenbelag mit sechseckigen gelben Ziegeln, teilweise auch mit rechteckigen violetten Granitplatten, – das alles deutet auf einen älteren Bau hin, wohl aus dem 16. und 17. Jahrhundert. Nach holsteinischer Sitte sind die Kellergewölbe in

zwei Schiffen angeordnet, so wird das darüber stehende Haus zwei Zimmerfluchten enthalten haben, das Dach war vielleicht wie bei ähnlichen anderen
Bauten ein Doppeldach. Das naheliegende Windebyer Noor bot reichlich
Gelegenheit, dieses alte Haus mit Wassergräben zu umgeben und zu schützen,
heute sind sie größtenteils zugeschüttet.

Der jetzt entstehende Haupttrakt enthielt sowohl an der Hof- wie an der
Gartenfront je drei Zimmer, dazu in jedem Flügel zwei weitere Räume. Die
Treppe befand sich ursprünglich im Mittelraum der Südfront und ist erst später
in den nordöstlichen Eckraum der Nordfront verlegt worden. Zwei schmale
Vorflügel schlossen sich an die kurzen Flügelbauten an und verstärkten den
Eindruck einer imposanten Gesamtanlage mit Corps de Logis, Flügelbauten und
Communs. Das Haus war zweistöckig mit insgesamt neun Achsen und war in
beiden Geschossen durch übergreifende Pilaster zwischen jeder Achse, ebenso
wie an den Flügelbauten reich gegliedert.

Als Otto v. Qualen 1767 gestorben war, übernahm sein Sohn, der Geheime Rat
Friedrich Christian v. Qualen, † 1792, das Gut. Wenige Jahre nach dem Tode des
Vaters, am 27. Juli 1772, brannte Windeby zum großen Teil ab, wahrscheinlich
auch Teile des Herrenhauses. Fast alle Hofgebäude, die beiden Torhäuser, die
Hafer- und die Gerstenscheune sind sämtlich Bauten, die Friedrich Christian v.
Qualen jetzt auf Grund des Brandfalls neu errichten mußte. Aber auch das

Torhäuser

Gouache von C. Kühl, 1836

Herrenhaus erfuhr in diesen Jahren tiefgreifende Umwandlungen, die zwei nach Süden gelegenen langen und schmalen Vorflügel verschwinden jetzt, stattdessen werden nach Norden hin zwei kurze breite Flügel angebaut, auch der Haupteingang wird von der Südfront an die Nordfassade verlegt. Das sehr schlanke hohe Portal der Gartenfront bleibt erhalten, es ist in Sandstein gerahmt, über dem geraden Sturz als Bekrönung eine von knorpeligem Astwerk umgebene Kartusche mit frommer Inschrift, darunter in kleinerer Kartusche die Initialen des Erbauers und seiner Frau, OVQ und DVQ, Otto v. Qualen und Dorothea v. Qualen, daneben die Jahreszahl 1761, darüber ein späterer Ornamentstreifen mit Akanthuswerk und Spiegelmonogramm F. C. v. Q. = Friedrich Christian v. Qualen mit fünfzackiger Krone.

Die Gouache von 1836 von C. Kühl, die sich noch heute auf Windeby befindet, gibt den Zustand nach dem Brande von 1772 recht deutlich wieder, der Mittelbau, der aus der Rosenbergschen Bauperiode stammt, ist anscheinend unverändert erhalten, das sehr hohe und sehr schmale Portal fällt auf, der Flügelbau zur Rechten des Beschauers ist vollständig errichtet, zweistöckig, wenn auch mit wesentlich niedrigerem Dach als der Hauptbau, der linke Flügel hingegen ist offensichtlich noch nicht endgültig wiederhergestellt, er ist nur einstöckig, das Dach ohne Verbindung zum Mittelbau wirkt provisorisch.

Von der Ausstattung des Hauses aus dieser Zeit hat sich nicht allzuviel erhalten. In der Eingangshalle ist noch die Vertäfelung vorhanden, über den Türen und Wandschränken sehr gute Supraportenstücke in Öl auf Leinwand. Sie stellen venezianische Veduten und Phantasiearchitekturen in der Art von Theaterdekorationen dar und gehören sicherlich der Zeit der Erbauung des Hauses, also um 1761 an. Auch über den Türen des Salons befinden sich ähnliche Supraporten, ebenso wie in den Nebenzimmern dieser beiden großen Räume. In einem Zwischenflur hängen größere Supraporten, die galante Szenen des 18. Jahrhunderts darstellen, die eine: Eine Dame in wallendem Nachtgewand mit Haube, angeblich ein als Frau verkleideter Liebhaber, wird von einem Kavalier, also wohl dem Ehemann, mit dem Stock eine Treppe in den Park hinabgejagt; die andere: Zwei Damen im Park werden von einem Kavalier angesprochen, neben ihnen steht ein Pater in braunem Habit.

Im Keller befindet sich eine Tür mit geschnitzter Füllung und flachem Beschlag- und Schweifwerk aus der Zeit um 1630, vielleicht aus dem Windebyer Gestühl in der Kirche von Borby, im Obergeschoß auf der geräumigen südlichen Diele vier alte gedrungene Türen mit schweren Rahmenprofilen und verkröpften Ecken, wohl der Zeit um 1761 zuzuweisen. Mehrere alte Öfen stehen noch in den verschiedenen Räumen, im südlichen Schlafzimmer im Obergeschoß ein Fayence-Ofen mit rechteckigem gußeisernem Untersatz und der Jahreszahl 1758. Der Untersatz zeigt schlichte Régence-Ornamente, der Fayence-Aufsatz ist über einem gekachelten Zwischenteil in weiß mit blauer Rocaillebemalung gehalten, teilweise geradezu reliefplastisch herausgearbeitet. Der Aufsatz selber ist von einer segmentbogigen Arkade durchbrochen, über der das Gebälk rundbogig ausbuchtet und sich nach oben in reicher Profilierung verjüngt. Außer diesem besonders schönen Ofen standen noch zwei weitere eiserne im Herrenhaus, in der Garderobe im Erdgeschoß der eine von 1757, im Obergeschoß ein weiterer von 1765.

Von den sechs Kindern Friedrich Christians v. Qualen muß vor allem den beiden jüngsten Töchtern ein Wort gewidmet werden, Benedicte, geb. 1774, und Christiane, geb. 1776. Ihre Mutter war eine Gräfin Holck, deren Bruder der Amtmann Graf F. W. Conrad Holck in Bordesholm, Günstling König Christians VII. Dieser hatte unter seinen acht Kindern eine Tochter Anna Holck, geb. 1778. Die drei jungen Mädchen waren noch, solange Windeby dem Vater gehörte, oft auf dem Gut zusammen. Als er gestorben war, siedelten die beiden Töchter Qualen ganz nach Bordesholm über und verbrachten hier viele Jahre seliger Jugendschwärmerei und ungetrübten Glückes, aber nicht nur äußere Reize, sondern auch ihre Anmut, ihre natürliche Gabe, mit jedermann umgehen zu können, ihre geistvolle Sprache und der seelenvolle Ausdruck ihrer Augen entzückten alle und verwirrten manch jungen Mann ihrer Bekanntschaft. In Holstein hießen sie die drei Grazien oder auch nach den Anfangsbuchstaben ihrer Vornamen, Anna, Benedicte, Christiane das güldene ABC. Die Liebesromanzen der beiden Schwestern Qualen sind auch heute noch rührend zu lesen, Christiane verliebte sich in den Hauslehrer im Holckschen Hause, Tilemann Müller, einen Studenten aus Franken, der anfangs Medizin, später Theologie studiert hatte, ohne doch zu einem Abschluß zu gelangen. 1799 heiratete sie ihn, mit Qualenschem Gelde wird dem jungen Paar ein Pachthof besorgt, der stattliche Bauernhof der Witwe Carstensen in Arrild bei Kappeln. Tilemann Müller war alles andere als ein praktischer Landwirt und wirtschaftete eher schlecht als recht. Aber er war nach dem Urteil von Zeitgenossen eine feine, poetisch veranlagte Natur und eine originelle Persönlichkeit, die in freundschaftlicher Verbindung zu vielen bedeutenden Männern seiner Zeit stand. Die Ehe, die kinderlos blieb, war äußerst glücklich und ließ Tilemann Müller volle Schaffenskraft. Er schrieb viele Gedichte in verschiedenen Zeitschriften, und nach seinem Tode gab Christiane geb. v. Qualen sie heraus unter dem Titel: Poetische Blüthen und Blumen, Schleswig 1829. Darunter finden sich Gedichte auf Conrad Holck, Theordor Körner, Christian Stolberg, Frau v. Warnstedt, geb. v. Rumohr; dann die sehr schönen: dem lieben A. B. C. und eines auf die eigene Frau.

Bewegender noch war das Herzensschicksal, das Benedicte v. Qualen traf. Hier war es der dänische Dichter Jens Baggesen, der entscheidend in ihr Leben eintrat. Seit 1796 verkehrte der Dichter im Hause des Grafen Holck in Bordesholm, beide hatten sofort einen tiefen Eindruck aufeinander gemacht. Baggesen war damals noch verheiratet, aber seine Frau Sophie, geb. Haller, war schon vom Tode gezeichnet. Es spricht für den Charakter von Benedicte v. Qualen, daß sich zunächst eine innige Freundschaft mit der Frau des Dichters entspann. Benedicte war häufig ihr Gast in Kopenhagen, und als Sophie im Frühling 1797 starb, war Benedicte ihre treueste Pflegerin und hielt sie umfangen, als sie verschied.

Schon kurze Zeit darauf kam Baggesen wieder nach Bordesholm, bat zunächst Christiane v. Qualen zu vermitteln und stellte dann schließlich unmittelbar an Benedicte die Frage, ob sie seine Frau werden wolle. Die aus dieser Zeit erhalten gebliebenen Briefe der verschiedenen Personen des Holckschen Familienkreises und Tagebuchaufzeichnungen geben uns einen klaren Eindruck von der romantischen, schwärmerischen Gefühlsbetontheit der Zeit, einer Zeit, die ganz unter dem Einfluß von Goethes Werther stand. Da ist die Rede von heimlichen Händedrücken während einer Wagenfahrt, von Spaziergängen an den See, wo Baggesen an eine Buche gelehnt Verse von Homer und Kleist vorliest. Tränen fließen häufig, nicht nur bei den jungen Mädchen. Baggesen ist hin- und hergerissen zwischen Hoffnung und Verzweiflung, Benedicte v. Qualen zwischen Liebe und Vernunft. Sie weiß zu genau um die äußeren Schwierigkeiten, die sich einer Ehe zwischen ihnen beiden entgegenstellen werden und entschließt sich endlich zu einem Nein; sie schreibt an Baggesen ein Billett, das der junge Harald Holck dem Dichter überbringt:

„Mutter ihrer holden Knaben (Baggesen hatte aus seiner ersten Ehe zwei Söhne), das was Sophie Ihnen war, darf und kann ich nicht seyn. Siehe meinen Schmerz und verzeihe mir."

Baggesen wollte erst sich selbst mit seinen beiden Söhnen im Bordesholmer See das Leben nehmen, ließ sich nur mit Mühe beruhigen, verweigerte die Nahrung, verbarg sich in seinem Zimmer, zog die Vorhänge vor und legte sich zu Bett. Wiederum folgen herzzerreißende Szenen, Benedicte kommt mit den beiden anderen Grazien und den jungen Männern des Kreises auf sein Zimmer, wieder weint alles, schließlich bittet Baggesen sie um eine Locke ihres Haares, fällt vor ihr auf die Knie und küßt stürmisch Hand und Arm, dann reist er schleunigst ab. Einige Jahre später, im Jahr 1800, heiratet Benedicte v. Qualen den Grafen Christian Detlev Reventlow auf Christianssæde auf Lolland. Baggesen scheint sich nicht allzulange über den Verlust Benedictes gegrämt zu haben, noch im selben Jahre 1797 hatte er neue Liebesabenteuer.

Windeby ging nach des Vaters Tode 1792 an den ältesten Sohn Claus Otto Christopher v. Qualen, † 1826. Er war Offizier und verstand nicht zu wirtschaften, so verkaufte er schon 1793 Mariental mit Wilhelmstal und Hoffnungstal für 70000 Rthlr., 1797 gar Windeby selber. Aus seiner kurzen Besitzzeit ist nur ein Ereignis von größerer Bedeutung zu berichten, die freiwillige Aufhebung der Leibeigenschaft am 2. Mai 1795. Die Verkündung der Freiheitsakte fand auf dem hochgelegenen Hoffelde Tarott neben dem Gehölz Wohld statt, das Feld heißt noch heute im Volksmunde Freiheitsberg. Die Bekanntgabe der Befreiung fand durch Claus O. C. v. Qualen mit besonderer Feierlichkeit statt. Er gestaltete den Tag zu einem Freudenfest und lud alle seine bisherigen Leibeigenen als seine Gäste zu einem gewaltigen Festschmaus ein. Mit dem Hause Windeby des Geschlechts Qualen ging es zu Ende, Claus v. Qualen hatte einen einzigen sehr hoffnungsvollen Sohn Waldemar, Freude und Hoffnung des Vaters, wie es heißt. Der junge Mann ging in schwärmerischer Begeisterung für den Freiheitskampf der Griechen gegen die Türken nach Griechenland und fiel hier 1822 bei Zeitun, dem heutigen Lamia, in Thessalien. Besitznachfolger war Carl v. Lowtzow, er behielt Windeby aber nur kurze Zeit. Schon am 24. Januar 1799 verkaufte er das Gut an den Grafen Christian zu Stolberg, † 1821.

Mit Christian Stolberg und seiner Gemahlin Louise, geb. Gräfin Reventlow, hielt ein Ehepaar seinen Einzug in Windeby, das in seinem dichterischen Können und seiner schöngeistigen Begabung kaum seinesgleichen in Schleswig-Holstein hatte. Christian war gemeinsam mit seinem als Dichter sicherlich bedeutenderen Bruder Friedrich Leopold Stolberg Begründer des Hainbundes in Göttingen gewesen, später durch die Freundschaft mit Johann Hinrich Voss, vor allem aber durch die freundschaftlichen und verwandtschaftlichen Bande zum Emkendorfer Kreis ganz in den Mittelpunkt eines großen Kreises von führenden Dichtern, Schriftstellern, Philosophen und Staatsmännern der Zeit getreten. Seit er 1777 Amtmann von Tremsbüttel im Holsteinischen wurde, war sein Haus beliebter und gesuchter Treffpunkt. Aber die Dinge wuchsen ihm über den Kopf, so strebte das Ehepaar nach einem ruhig gelegenen Gut mit einfacheren Verhältnissen und glaubte beides in Windeby zu finden. Von Tremsbüttel gab es einen herzzerreißenden Abschied, dann begann das neue Leben. Louise Stolberg, geb. Reventlow entwickelte sich in den Windebyer Jahren zur fleißigsten Briefschreiberin ihrer Zeit, alljährlich sollen an 1000 Briefe ihren Schreibtisch verlassen haben.

Louise Gräfin zu Stolberg,
geb. Gräfin Reventlow † 1824 –
Silberstiftzeichnung
von Anton Graff

Weniger glücklich sah es um Christian Stolberg aus. Zwar an äußeren Ehrungen fehlte es nicht, er wurde in die schleswig-holsteinische Ritterschaft recipiert und sogar alsbald in die Fortwährende Deputation aufgenommen. Der König ernannte ihn zum Geheimen Conferenzrath, die Universität in Kiel verlieh ihm die Würde eines Ehrendoktors der Philosophie. Aber seine dichterische Kraft versiegt zusehends angesichts der schwierigen finanziellen Verhältnisse, denen er sich gegenübersah. Als er am 18. Januar 1821 gestorben war, mußte über seinen Nachlaß der Konkurs verhängt werden, Bibliothek und Mobiliar wurden öffentlich versteigert. Immerhin gelang es Louise Stolberg, noch bis zu ihrem Tode 1824 alle Gläubiger schadlos zu halten.

Windeby mit Westertal und Kochendorf wurde am 6. Oktober 1823 auf dem Rathaus in Kiel zum öffentlichen Verkauf gestellt, der Meierhof Friedenstal wurde getrennt verkauft. Höchstbietender für Windeby war der Kaufmann und Senator Peter Christian Schmidt aus Tönning, † 1857, der nicht mehr als 56000 Rthlr. anzulegen brauchte, Christian Stolberg hatte 1799 noch 156000 Rthlr. gezahlt. Peter Christian Schmidt stammte aus einer Pastorenfamilie in Angeln und hatte sein Vermögen in Tönning während der Kontinentalsperre durch Napoleon gemacht, der Handel Englands mit dem Festland lief damals über Tönning. Als nun dieser unbekannte Kaufmann am Versteigerungstermin in Kiel erschien und eifrig bot, fragte ihn die Kommission etwas ironisch, ob er denn Bürgen stellen könne. Peter Christian Schmidt rief seinen Kutscher herbei und sagte zu ihm auf plattdeutsch: „Johann, bring meine Bürgen herein!" Der Kutscher ging heraus und kehrte zurück mit einem großen Sack voller Goldstücke, den er vor die Herren stellte.

Jetzt folgen drei Generationen Schmidt, die sich alle drei durch Tüchtigkeit im Beruf und Einsatz im öffentlichen Leben auszeichnen. Peter Christian Schmidt I. ließ mehrere Schiffe von Tönning auslaufen, die auf die Namen seiner Kinder getauft waren. Als die Kochendorfer Bauern nach dem dänischen Staatsbankrott ihre Selbständigkeit nicht länger behaupten konnten, kaufte er nach und nach das ganze Dorf zurück. 1839 erwarb er das nach dem Stolbergschen Konkurs abgetrennte Friedenstal wieder. Aber auch seiner Heimat wahrte er die Treue, besaß einen großen Hof in der Gemeinde Oldenswort in Eiderstedt, gehörte auch 1832 zu den „oplyste Mænd" (aufgeklärten Männern), die der König nach Kopenhagen berief, um mit ihnen den Entwurf einer Verfassung für die Herzogtümer zu beraten und wurde später Mitglied der beratenden Ständeversammlung für die Städte Tönning und Garding.

Sein Sohn Peter Christian Schmidt II, † 1899, war Distriktsdeputierter des Dänisch-Wohlder Güterdistriks und seit 1852 Deputierter der Schleswigschen Ständeversammlung im Stande des größeren Besitzes. Nach der Abtretung der Herzogtümer an Preußen wurde er Landtagsabgeordneter der konservativen Partei im Preußischen Abgeordnetenhaus. Er schuf sich große Verdienste um die intensive Bewirtschaftung des ihm anvertrauten Besitzes, insbesondere auch durch die Aufforstung der Kochendorfer Heide.

Ihm folgte im Besitz von Windeby nach sein zweiter Sohn Nicolaus Schmidt, † 1922, der gleichfalls viele Jahre in öffentlichen Ämtern tätig war, so als Kreistagsabgeordneter, als Mitglied des Kreisausschusses, als erster Kreisdeputierter und stellvertretender Landrat. Diese beiden letztgenannten Besitzer haben jeder alsbald nach ihrem Besitzantritt das Herrenhaus erweitert und umgebaut. 1858 berief Peter Christian Schmidt II den Architekten H. Krüger, der dem Hause die heutige H-Form gab mit gleichmäßig nach Süden und Norden vorgezogenen Flügeln, nicht unbedingt zum Vorteil des Ganzen. Auch das Dach erhielt damals die jetzige Gestaltung mit verhältnismäßig flachem Dachstuhl und Schiefereindeckung. Als Nicolaus Schmidt 1899 den Besitz übernahm, zeigte sich bei einem Teil des Mauerwerks eine bedenkliche Absackung, große Teile des westlichen Flügels mußten abgebrochen und auf der Grundlage von Pfählen neu errichtet werden. Nicolaus Schmidt hatte seine Frau Olga, geb. Hamann, als Vorerbin eingesetzt, so blieb sie bis zu ihrem Tode 1930 als Herrin auf Windeby wohnen und bildete den unumstrittenen Mittelpunkt ihrer großen Familie, die aus 13 Kindern, vielen Schwiegerkindern und Enkeln bestand ; gleichzeitig des ganzen Gutes mit seinen vielen Pächtern, Angestellten und Arbeitern. Nach ihrem Tode verblieb Windeby zunächst in ungeteilter Erbengemeinschaft. Im Jahre 1936 ließ sich ein Sohn seinen Anteil auszahlen. 1946 wurde der Besitz unter den 12 übrigen Erben aufgeteilt: Windeby mit 8, Westerthal mit 3 und Christianshöh mit 1 Anteil; 11 ha Park mit dem Herrenhaus verblieben in gemeinschaftlichem Besitz. Die Größe von Windeby hat sehr geschwankt; zur Zeit der Brockdorff und der Qualen hat sie 2816 ha betragen, in der Schmidt'schen Zeit 1570 ha. 1933 wurden das Gut Friedenthal mit 310 ha und das Dorf Kochendorf mit 260 ha zu Siedlungszwecken verkauft, so daß die einheitlich bewirtschaftete Restgröße bei 1000 ha lag. Hiervon entfielen auf den Hof Windeby 370 ha, auf den Hof Westerthal 260 ha, auf den Hof Christianshöh 90 ha, auf Wald 190 ha, auf Moor und Wasser 90 ha. Über 50 ha von Windeby sind seit 1946 nach Eckernförde umgemeindet worden, nur noch teilweise landwirtschaftlich genutzt. Christianshöh wurde 1950 verkauft und gehört jetzt zum Gute Möhlhorst. 45 ha Wald erwarb die Bundeswehr für Manövergelände. 1951 wurden die 3 Anteile Westerthal endgültig von Windeby abgetrennt und selbständig verwaltet. 30 ha wurden hieraus für den neuen Ortsteil Friedland der Gemeinde Windeby verkauft. Der Rest der genannten 3 Anteile ist jetzt in der Hand von Herrn Paul Pochhammer, einem Enkel von Nicolaus Schmidt, und bildet den eigenständigen Hof Westerthal, der im wesentlichen an die Saatzucht v. Kameke verpachtet ist.

Auch die Windebyer Anteile, noch zum größeren Teil im Eigentum der Nachkommen der Schmidt'schen Erben, sind an die Saatzucht v. Kameke verpachtet. Insofern werden die beiden Betriebe Windeby und Westerthal noch einheitlich bewirtschaftet. Ein Nachkomme der Schmidt'schen Erben, Adolf von Seefried, hat sein Anwesen in Kanada Windeby genannt.

Mehr als andere Güter hat Windeby durch Brände zu leiden gehabt, nach dem großen Brande des ganzen Hofes von 1772 brannten 1910 infolge Blitzschlages die große Roggenscheune nebst Pferdestall und die Gerstenscheune ab. 1929 brannte durch Unvorsichtigkeit eines Lehrlings beim Verlegen einer elektrischen Leitung das große Viehhaus und der alte Pferdestall mit seinen schönen Renaissancegiebeln ab. Das Viehhaus war mit großen Kosten umgebaut worden, die Arbeiten waren gerade fertiggestellt und hätten am Tage nach dem Brande abgenommen werden sollen. Der dritte Brand, wiederum durch Blitzschlag, im Jahre 1940 vernichtete die Haferscheune, ein vierter Brand, dieses Mal durch Brandstiftung, im Jahre 1950 die zweite Feldscheune.

Um eine Auseinandersetzung mit den vielen Miterben zu ermöglichen, fand 1979 die Versteigerung des Hausinventars sowie die Zwangsversteigerung der 11 ha großen Herrenhausparzelle statt, die dabei in drei verschiedene Hände ging: 6 % der Masse entfielen auf das schöne alte Mühlenhaus; 55 % auf Gärtnerhaus mit Garten und Gelände Pfaffenberg; Herrenhaus und alte Lindenallee mit 39 % gingen an Dr. Jeschke aus Eckernförde, der es 1984 an Dr. H. E. Dabelstein aus Hamburg weiterveräußerte.

Schon in der Zeit ab 1979 kamen Renovierungsarbeiten in Gang, die derzeit vom jetzigen Besitzer mit Engagement und Einfühlungsvermögen fortgesetzt werden. Glücklicherweise ist noch ein Großteil der schönen alten Supraporten sowie der schlicht gehaltenen Täfelung bewahrt. Auch bei der Vielzahl an Räumlichkeiten aller Art wirkt das Haus freundlich, wohl auf Grund der überschaubaren Dimensionen in der seinerzeit durchdacht und harmonisch gestalteten Aufteilung im Inneren.

Da das Haus seit 1981 unter Denkmalschutz steht, wird es auch in seiner jetzigen äußeren Form erhalten bleiben, auch mit den bislang vielfach als unschön empfundenen Flügelbauten aus dem 19. Jh. Mittlerweile renoviert, präsentiert es sich ausgewogen und in altem Glanz.

Adeliges Gut Windeby mit Westertal

Eigentümer der Ländereien: Erbengemeinschaft Schmidt
Besitzer des Herrenhauses: Dr. H. E. Dabelstein

Besitzer		*Gut und Bauten*	
um 1450	(?)Otto (v.) Pogwisch	16.	(?) Bau des ersten Herren-
1469–1675	(v.) Brockdorff	Jahrh.	hauses
1675–1694	v. Levetzow	1719	Errichtung der fünf Talhöfe
1694–1797	v. Qualen	1761	Bau des Herrenhauses
1799–1823	Christian Graf zu		durch J. G. Rosenberg
	Stolberg-Stolberg	1772	Brand des Hofes
1823	Peter Christian	1773/76	Umbau des Herrenhauses
	Schmidt, dann dessen		und Neubau der Wirt-
	Nachkommen		schaftsgebäude
1979	Herrenhaus mit Park	1793	Verkauf von Mariental,
	Dr. Siegfried Jeschke		Hoffnungstal und Wil-
1984	Dr. H. E. Dabelstein		helmstal
		1858	zweiter Umbau
		1899	dritter Umbau
		1933	Verkauf von Friedenstal und
			Kochendorf
		1950	Verkauf von Christianshöh
		1979	Endgültige Abtrennung von
			Herrenhaus und Park

24 Hohenlieth

Dieses einstmals sehr bedeutende, aber auch heute noch ansehnliche Gut ist durch die Ungunst der Zeiten auf einen kleinen Rest alter Herrlichkeit reduziert worden. Aber immer noch steht das Gut mitten in einer von Höhen und Niederungen durchzogenen anmutigen Landschaft, Wälder und Wiesen umrahmen den alten Hof, Brücken und schmale Zufahrten trennen die Außenwelt vom altertümlichen Herrenhaus, eine Allee von hohen Linden, von denen bedauerlicherweise ein Teil dem Orkan vom 23. Februar 1967 zum Opfer fiel, führt auf den von Torhaus und Hofgebäuden umschlossenen Hof.

Der Name des Gutes ist von der von der Natur geschaffenen Lage genommen, Lieth ist ein niederdeutsches Wort für Abhang, Steilhang, so bedeutet Hohenlieth nichts weiter als einen hohen Hang. Und in der Tat, betrachtet man die Lage des Hofes unterhalb der auf hohem Hang vorbeiführenden Straße, so erkennt man die Richtigkeit der Deutung. Es bot sich an, unterhalb dieses Steilhanges eine Burg anzulegen, inmitten von Sümpfen und Mooren, daher leicht durch Wasser zu schützen.

Hohenlieth tritt erst in nachmittelalterlicher Zeit in unseren Gesichtskreis ein, anscheinend zunächst ein Dorf, aber schon seit der Mitte des 16. Jahrhunderts als Burg bezeugt. Vielleicht gehen die mächtigen tonnengewölbten Keller des Herrenhauses auf diese Zeit zurück, sie sind, wie in vielen alten schleswig-holsteinischen Gutshäusern, als Hochkeller und in zwei Schiffen angelegt. Man kann daraus den Schluß ziehen, daß ursprünglich der Hausgraben unmittelbar um das Haus verlief und daß das Haus in seiner ersten Form ein Doppelhaus gewesen sein wird. Bis zum heutigen Tage gibt es keinen Zugang von der Rückfront des Hauses in den Garten hinein, solange das Wasser an der Fassade des Hauses stand, konnte hier kein Ausgang entstehen.

Die ältesten uns bekannten Besitzer gehören zum Geschlecht vam Damme, das bald nach 1500 in diese Gegend des Dänischen Wohlds seinen Einzug hält und hier bis zu seinem Aussterben gegen Ende des 17. Jahrhunderts seßhaft bleiben sollte. Das Geschlecht ist wappen- und siegelgleich mit den heute noch in vielen Zweigen blühenden Brockdorff, mit dem silbernen fliegenden Fisch im blauen Feld. Beide Geschlechter, sicherlich gemeinsamen Ursprungs, stammen aus der Elbmarsch, aus dem Raum um Wevelsfleth, haben dann im Zuge der Eroberung Ostholsteins durch die Grafen von Schauenburg ihren Weg nach dem östlichen Holstein gefunden. In der Nähe des Ortes Dahme im heutigen Kreise Oldenburg haben sie Grundbesitz, vielleicht hängt der Name des Geschlechts vam Damme mit diesem Ortsnamen zusammen.

In der Schlacht von Hemmingstedt im Jahre 1500 fallen die beiden Söhne Burchard und Hans Sehestedt, die zu Erben des Sehestedtschen Besitzes auserkoren waren. Emeke vam Damme, der selber in der Schlacht schwer verwundet wird, steht durch seine Heirat mit Catharine Sehestedt dem Geschlechte Sehestedt nahe und erwirbt daher 1503 von dem alternden Vater Sievert Sehestedt zunächst das Gut Sehestedt. Von seinen beiden Söhnen fällt Detlev das Gut Sehestedt mit Schirnau zu, Otto erwirbt um 1543 Hohenlieth und wird hier bis 1564 bezeugt. Sein älterer Bruder, der ebenso wie der Vater mit einer Sehestedt vermählt war, hat keine Kinder, daher kauft Otto im Jahre 1545 ihm das Gut Sehestedt ab und beläßt ihm Schirnau.

So kreisen die drei Güter Sehestedt, Hohenlieth und Schirnau während des ganzen nächsten Jahrhunderts in eigentümlicher Weise zwischen den Brüdern und Vettern vam Damme hin und her, ähnlich wie zwei Jahrhunderte später bei den Gyldenfeldt die Güter Hohenlieth und Schirnau. Otto vam Damme versucht, mit seinen beiden Söhnen wiederum zwei Häuser zu begründen, Emeke, der ältere, erhält Sehestedt, Wolf Hohenlieth und Schirnau, was doch eigentlich zu Sehestedt gehörte. Aber obwohl Wolf vam Damme den Bruder Emeke überlebte, wird dieser als Herr auch auf Hohenlieth genannt.

Emeke vam Damme, † 1614, ist sicherlich der bedeutendste Mann des nicht sehr zahlreichen Geschlechts gewesen, diente als junger Kriegsmann unter dem Feldherrn Daniel Rantzau und erbte als Dank für seine treuen Dienste dessen große Goldkette. Später wurde er Klosterprobst von Preetz und Vermittler in vielen schwierigen diplomatischen Missionen. Auf dem Lehenstage von Odense 1580 trug er die Blutfahne. Er kam durch einen Unglücksfall ums Leben, auf dem Wege zum Landtage in Kiel 1614 stürzte er so unglücklich mit seinem Pferde, daß ihm der Sattelknopf in den Unterleib drang und er am nächsten Tage an seinen Verletzungen starb. Seine Schwester Catharine vam Damme war mit dem Feldherrn Daniel Rantzau verlobt und heiratete nach dessen frühen Tode den jüngeren Bruder Peter Rantzau, den Erbauer der großartigen Renaissanceschlösser Troiborg bei Tondern und Ahrensburg bei Hamburg. Der nächste Bruder Claus vam Damme trank sich, wie es in alten Chroniken heißt, 1580 an Branntwein zu Tode, so gingen die Güter auf die Söhne des jüngsten Bruders Wolf über. Von diesen erbte zunächst Joachim vam Damme Sehestedt, Emeke vam Damme Hohenlieth und Schirnau. Dieser letztere kam auf die gleiche Weise wie sein gleichnamiger Onkel ums Leben, auf dem Wege zu seiner Braut Magdalene v. Ahlefeldt stürzte er mit dem Pferde und verletzte sich tödlich. So ging jetzt der gesamte Besitz an den älteren Bruder Joachim vam Damme über, der außer Sehestedt, Hohenlieth und Schirnau auch noch Bürau in Ostholstein von Mutters Seite her geerbt hatte. Aber offensichtlich ging mit ihm das Geschlecht zu Ende, seine beiden Ehen blieben kinderlos, er selber machte 1663 mit seinem gesamten großen Vermögen Konkurs. 1679 starb er als letzter Mann des Geschlechtes vam Damme. Vielleicht hatte er überhaupt nicht die Kraft besessen, einen großen Besitz zusammenzuhalten; als Hohenlieth schon 1648 an Hinrich Rumohr auf Roest verkauft wird, heißt es ausdrücklich, daß die Ehefrau Adelheid, geb. v. Ahlefeldt, das Gut verkauft, wenn auch mit Zustimmung ihres Mannes.

Die Rumohrsche Zeit dauerte nur wenige Jahrzehnte. Hinrich Rumohr hatte sechs Söhne, und sie alle waren noch Kinder, als er Hohenlieth kaufte. So mochte er sich Gedanken darüber machen, wie eines Tages diese vielen Söhne versorgt sein würden. Aber die Schicksale gingen andere Wege, der älteste Sohn wurde durch seine Einheirat in das damals große Gut Dänisch-Lindau abgefunden, der jüngste ebenso mit der Trennung des Nebengutes Toestorf von Roest. Die beiden nächstjüngsten Söhne kamen jung ums Leben, der eine fiel im Duell in Holland, der andere starb auf Kreta im Kampf gegen die Türken am hitzigen Fieber. So erbten erst der General Detlev Rumohr, † 1678, dann dessen Bruder, der Oberhofmarschall und Gesandte Cai Rumohr, † 1714, sowohl Roest wie Hohenlieth. Aber sie beide werden kaum auf Roest gewohnt haben, schon gar nicht auf Hohenlieth. Den einen zog die Sehnsucht nach kriegerischem Ruhm in die Ferne, der andere war durch seinen Hofdienst an Dresden gebunden, so hat Hohenlieth in dieser Epoche sicherlich nur die Rolle eines Nebengutes gespielt. Cai Rumohr mag sich seines mit leichter Hand entledigt haben. 1684 wird er noch als Herr auf Hohenlieth bezeichnet, bald darauf befindet sich das Gut im Besitze eines nicht näher gekennzeichneten Herrn v. Buchwaldt, wenige Jahre später, seit 1695, ist es im Besitz der Brockdorff, erst Detlev Brockdorff, dann von 1714 dessen Sohn Cai und seit 1736 der Enkel Heinrich Friedrich Brockdorff.

Detlev Brockdorff, der 1642 auf Wensin geboren war, hatte in Rostock, Helmstedt und Groningen in Holland studiert, dann Holland, England, Frankreich, die Schweiz, Italien und Deutschland bereist. Nach seiner Rückkehr übernahm er zunächst das Gut Rohlstorf am Wardersee, nach dem Tode des Vaters auch Gaarz. Außer Hohenlieth erwarb er noch Rosenhof, Travenort, Mannhagen, Osterrade und Kluvensiek im Herzogtum Holstein, in Dänemark die Güter Grimsted, heute Frederiksdal in Lollands Nørre Herred und Visselbjerg in der Skads Herred. So ist er geradezu als der klassische Vertreter der reichen Brockdorff anzusehen.

Speichergebäude

Ob die Brockdorff dauernd auf Hohenlieth gewohnt haben, ist zumindest zweifelhaft, ihre Hauptgüter lagen im Holsteinischen. Immerhin sind zu ihrer Zeit zwei bedeutende Bauten auf dem Hofe entstanden, unter Heinrich Friedrich Brockdorff 1742 das große Kuhhaus, eines der bedeutendsten Wirtschaftsgebäude des ganzen Herzogtums, ein gewaltiger Bau mit niedrigen Längsmauern auf Feldsteinsockel, je zwei große Tore auf den Schmalseiten, alles mit ornamentaler Verwendung verschiedenfarbigen Ziegelwerks. Der Bau ist vor wenigen Jahren abgebrochen worden.

Das andere Gebäude aus Brockdorffscher Zeit steht hingegen noch, auf der Ostseite des Hofes das sogenannte Speichergebäude. Die schmiedeeisernen Initialen geben klare Auskunft über den Erbauer, in der Mitte H. D. B. mit der Jahreszahl 1724, das heißt Herr Detlev Brockdorff; zur linken F. M. O. B., darunter g. A., offenbar hat zwischen dem g. und dem A. noch ein v. gestanden, Frau Margarethe Ölgard Brockdorff, geb. v. Ahlefeldt; zur rechten endlich F. B. C. B., darunter wieder ein g. und ein A., auch hier sicherlich unter Fortnahme des dazwischenstehenden v., das soll heißen Frau Bertha Catharine Brockdorff, geb. v. Ahlefeldt.

Daß dieses Gebäude ein Speicher war, beweisen deutlich die Kranausleger über einer Reihe von Speicherluken über dem aus versetzten roten, gelben und schwarz gesinterten Ziegeln sorgfältig gemauerten Südgiebel. Aber ob das Gebäude nur zu Speicherzwecken diente, erscheint höchst zweifelhaft. Die sorgfältig behandelte Vorderfront spricht dagegen. Sie ist reich gegliedert durch zwei seitliche rundbogige ornamental übermauerte Portale, die von leicht in Backstein vorgeblendeter Pilasterordnung mit rechtwinkligem Dreiecksgiebel eingerahmt sind; die Mitte der Front ist zusätzlich betont durch einen Volutengiebel auf Pilastern, die eine in Backstein vorgeblendete Schmuckgliederung bilden. Zieht man weiter in Betracht, daß wenige Jahrzehnte später ein neuer Besitzer das Herrenhaus, wie es heißt, sehr verschönerte, wenn nicht von Grund auf neu erbaute, so spricht vieles dafür, daß Detlev Brockdorff sich dieses Haus als Alterssitz erbaute. Alle seine vielen Güter hatte er zu diesem Zeitpunkt schon verkauft oder seinen Nachkommen übergeben, seine beiden Frauen waren tot, die erste, nachdem sie ihm elf Kinder geboren hatte, die zweite nach einem Leben voller Ränke und Intrigen. Seine erste Frau stammte aus dem Hause der Ahlefeldt auf Saxtorf, so ließ Detlev Brockdorff sich auch nicht in Holstein, sondern in der zu Saxtorf gehörigen Kirche von Rieseby beisetzen. Auch das spricht dafür, daß das Speichergebäude mehr war als ein reines Wirtschaftsgebäude.

Der Enkel Heinrich Friedrich v. Brockdorff verkauft im Jahre 1751 Hohenlieth an den Kammernherrn Johann Christoph v. Brömbsen.

Mit dem Geschlecht Brömbsen zieht für eine Zeitspanne von noch nicht zwei Jahrzehnten eine völlig neue Generation ein und zugleich ein Geschlecht, das bis zum heutigen Tage das äußere Erscheinungsbild von Hohenlieth entscheidend beeinflußt hat. Die Brömbsen sind keine Familie des schleswig-holsteinischen Landesadels, sondern gehören dem Lübecker Stadtpatriziat an. Während die anderen Lübecker Geschlechter ihren Besitz im Weichbild der Stadt selber oder auf den sogenannten lübschen Gütern wie Steinrade, Stockelsdorf, Mori, Eckhorst usw. behalten, sind die Brömbsen die einzigen, die sich in ganz Schleswig-Holstein heimisch machen. In Holstein erwerben sie das adelige Gut Nütschau, im Schleswigschen Gereby, das heutige Carlsburg, und endlich Hohenlieth.

Zwei bedeutende Bauten fallen in die kurze Zeit ihres Besitzes, der Bau einer Kapelle und der des heutigen Herrenhauses. Die Brömbsen gehören zu den entschiedenen Anhängern des Pietismus, der Weg zur Kirche in Sehestedt war weit und mühsam, so kam der Sohn Heinrich v. Brömbsen 1765 um die Konzession ein, für sich, seine Angehörigen und sein Gesinde auf seinem Gut eine Hauskapelle zu errichten. Heute weiß man nicht einmal mehr, wo diese Kapelle gestanden hat, angeblich hat der Mitteltrakt des Speichergebäudes von 1724 die Kapelle aufgenommen. Nach den Akten jedoch ließ Brömbsen

„bei seinem Hause ein besonderes Gebäude aufführen, das mehr einer Annex-Kirche als Capelle ähnlich ist, darin sind Altar, Kanzel, Taufe und außer seinem und der Seinigen Stühlen, so viel Kirchen Stände befinden, daß über hundert Personen darin Platz finden können, diesem Gebäude auch in einer Aufschrift mit vergoldeten Buchstaben den Namen einer Kirche gegeben."

Danach ist der Einbau in das Speichergebäude höchst unwahrscheinlich, auch der Baubefund bietet keinen Anhalt. Eher möchte man vermuten, daß die Kapelle im Torhaus untergebracht worden war, im jetzigen Bau, der ein Jahrhundert später zur Gyldenfeldtschen Zeit entstanden ist, sind über der Torfahrt große gotische Kirchenfenster angebracht worden, möglicherweise ein Hinweis darauf, daß im alten Torhaus an dieser Stelle die Kapelle stand. Als Heinrich v. Gyldenfeldt 1903 Hohenlieth veräußerte, kamen die letzten Reste der Kapelle in die Kirche von Sehestedt, ein Kreuzigungsbild auf Holz mit der Golgathaszene vor einem Dorf im Hintergrund und der Signatur I. B. 1760, sowie eine aus dieser Kapelle stammende Tür, heute am Orgelprospekt in Sehestedt eingebaut.

Zur gleichen Zeit, um 1765, entstand das Herrenhaus, nach den Unterlagen durch Heinrich v. Brömbsen verschönert, in Wahrheit wohl ein Neubau auf alter Grundlage. Das Haus ist nicht groß, es enthält im Inneren nur eine schmale Eingangshalle, dahinter den Gartensaal, zur Rechten und zur Linken je zwei

Zimmer, alles in allem ein bescheidener Grundriß für das Herrenhaus eines großen Besitzes. Aber die schräg gestellten kleinen Kavalierhäuser zu beiden Seiten des Hauses, dazu das überdimensional hohe Walmdach vermitteln dem Besucher einen Eindruck von Größe und ländlicher Ruhe. Das Herrenhaus ist in barocker Weise geschmückt, die Front auf beiden Seiten durch rustizierte Pilaster, die auch das Mittelrisalit säumen, gegliedert, das hohe Kellergeschoß durch eine Lisene vom Hauptgeschoß abgesetzt, im schmalen einfenstrigen Mittelrisalit ein ovales stehendes Ochsenauge. Die Treppe, aus rötlichem Granit, ist angeblich aus einem einzigen Stück gehauen.

Im Inneren ist bemerkenswert ein eiserner Ofen in der Eingangshalle. Er stammt aus dem norwegischen Eisengußwerk Fritsø und ist mit der Jahreszahl 1788 und dem Monogramm C. G. v. L. versehen. Die Schauseite trägt das Wappen des Besitzers von Fritsø, des Grafen Christian v. Ahlefeldt-Laurvig. Der Ofen ist in drei Geschossen aufgebaut, jedes Geschoß mit geriefelten Seitenflächen. Die beiden oberen Geschosse sind von offenen Rundbögen durchbrochen, die in der Flächendekoration auf kleine ionische Pilaster gestellt und mit je einer dicken, durch Ringe gezogenen Guirlande gerahmt sind. Auf dem obersten Geschoß befindet sich ein Aufsatz in Form eines Pyramidenstumpfes, in dessen geriefelte Seitenflächen Empire-Vasen in Reliefdarstellung hineinkomponiert sind.

Der Gartensaal weist noch wie auch die anstoßenden Zimmer die Stuckdecken aus der Zeit der Erbauung des Hauses auf, sparsam im Régencestil, ohne Rocaille-Elemente, auch die Türrahmen haben noch die schweren, an der Oberseite verkröpften Profile aus der Mitte des 18. Jahrhunderts. Der bedeutendste Schmuck des Saales sind die in den Raum hineingeschobenen Vorbauten, an der Westseite für einen heute nicht mehr stehenden Ofen bestimmt, an der östlichen Schmalseite ein reich stuckierter Blendkamin. Die von schweren in Grau gehaltenen Stuckrahmen rechteckig umzogene Kaminöffnung ist in flachem Halbrund zugemauert und auf die verputzte Fläche ein Ölgemälde mit einer großartigen Gartenlandschaft gesetzt. Der Garten entspricht vollständig dem Idealbild des französischen Gartens der Zeit, im Vordergrund das Blumenparterre mit Teich und Schwänen, dahinter Boskette und Hecken, im Hintergrund das Waldquartier mit dem Durchblick in die unendliche Ferne.

Die vorgezogene Kaminwand darüber ist reich dekoriert durch eine Gliederung von stuckierten kannelierten Pilastern, Akanthusvoluten und Rahmenwerk um ein zierliches Ölgemälde, das Frühstück einer eleganten Hofgesellschaft im Garten darstellend. An den oberen Rahmenecken sitzen Pelikane. Der Herr am Tisch soll der damalige dänische Finanzminister (Schimmelmann?) sein.

Heinrich v. Brömbsen kann das Gut nicht halten, er macht 1772 mit seinem gesamten Vermögen Konkurs, hatte aber schon 1769 Hohenlieth an den Etatsrat Anton Friedrich Piper verkaufen müssen. Jetzt wechselt Hohenlieth in kurzer Zeit fünfmal den Besitzer. Auf Piper folgen 1791 gleich zwei Besitzer gleichzeitig, J. Dreier und C. Plön, auf diese 1808 der in hohem Ansehen stehende Ober- und Landgerichtsadvocat Friedrich Christian Boock. Von ihm erbt 1829 seine Tochter Christine Louise, vermählte v. Nissen, das Gut, aber schon fünf Jahre später, 1834, geht Hohenlieth über an Justizrat Heinrich Schleth aus Rendsburg, der schon das einstmals zu Hohenlieth gehörende Harzhof besaß. Erst jetzt treten ruhige Zeiten ein. Die Tochter des Justizrats

Schleth, Margarethe Johanna Catharina heiratet den Major Christian Nicolai v. Gyldenfeldt, † 1856, und bringt ihm das Gut zu. Freilich, Besitzerin bleibt die Frau, in allen amtlichen Veröffentlichungen wird stets nur sie, nicht ihr Mann genannt, und als das Torhaus während ihrer Besitzzeit umgebaut und erneuert wird, prangen nur ihre Initialen: M. v. G. über der Torfahrt.

Erbe wird 1860 der dritte Sohn, Heinrich v. Gyldenfeldt, † 1905, der mit einer Cousine Adelaide v. Gyldenfeldt vermählt ist. Kurz vor seinem Tode im Jahre 1903, schon über 80 Jahre alt, verkauft er Hohenlieth, wiederum an ein Konsortium von zwei Besitzern, und wiederum tritt ein unaufhörlicher Wechsel der Besitzer ein. 1903 werden Claus Thöming und Dettmann Besitzer; sie beginnen alsbald damit, das Gut zu parzellieren. 1908 folgt der Kornhändler Gerhard Meyer aus Elmshorn, 1910 R. Schniewind, 1918 die Oldenburger Moorkulturgesellschaft in Ramsloh, die es sich zur Aufgabe macht, die großen zum Gut gehörigen Moore zu kultivieren. Nach dem 2. Weltkriege wurde das Gut im Zuge der Bodenreform aufgelöst, es entstanden 16 Siedlungen kleineren und größeren Umfangs. Die Stammparzelle, die den Gutshof nebst Park und Allee sowie 105 ha Acker umfaßt, ist auch heute noch ein stattlicher und eindrucksvoller Besitz. 1952 erwarb Hans Georg Lembke, der von der Insel Poel in Mecklenburg kam und aus einer hochangesehenen Pflanzenzüchterfamilie stammt, diesen Resthof. Er begründete die Norddeutsche Pflanzenzucht K. G., die als Familienunternehmen geführt wird und sich die Aufgabe gestellt hat, vor allem Futterpflanzen, Gras-Sorten und Ölfrüchte zu züchten. Nach seinem Tode 1965 ist Besitzer der Sohn Hans Joachim Lembke.

Die Größe des Gutes hat im Laufe der vier Jahrhunderte seiner Geschichte erheblich geschwankt. In der Landesmatrikel von 1652 ist Hohenlieth mit 26 Pflügen ausgewiesen, das dürfte einem Areal von etwa 2000 ha entsprechen. Der Kammerherr Heinrich v. Brömbsen verkaufte 1768 den damaligen Meierhof Harzhof mit Lehmsiek und Teilen von Holtsee. Als Harzhof 1806 in die Zahl der adeligen Güter aufgenommen wurde, wurden ihm 6 Pflüge zugelegt, so daß bei Hohenlieth nur mehr 20 Pflüge verblieben. 1821 wurde der Meierhof Hohenholm mit rund 300 ha abgetrennt, im Zuge der verschiedenen Parzellierungen des 20. Jahrhunderts wurden die vielen Einzelstellen selbständig, die zum Gut gehört hatten: Trumbek, Fromrade, Violenburg, Schrödersbek, Eiderhufe, Rögen, Kronsmoor, Ziegelei, Harfe, Stratenbrook. Immerhin betrug noch zu Anfang des 20. Jahrhunderts die Gesamtgröße des Besitzes 1030 ha, wovon rund die Hälfte mit 491 ha zum Haupthof gehörten.

Entsprechend diesen Gegebenheiten haben die Kaufpreise für Hohenlieth außerordentlich geschwankt. Hinrich Rumohr bezahlte 1648 nur 30 300 Rthlr., Detlev Brockdorff mußte 1695 schon 44 000 Rthlr. anlegen. Ein Jahrhundert später, als die Herren Dreier und Plön Hohenlieth kaufen, kostet es bereits 68 000 Rthlr., 1834 gar 146 000 Rthlr. Wieder fast ein Jahrhundert später, 1903, werden für Hohenlieth 1 ½ Millionen Mark bezahlt, Gerhard Meyer brauchte nur mehr 850 000 Mark aufzubringen, wobei auch sein Korngeschäft in Elmshorn mit 130 000 Mark in Zahlung genommen werden mußte. R. Schniewind bezahlt 1910 schon wieder 950 000 Mark.

Als am 5. April 1849 das dänische Linienschiff Christian VIII. in der Eckernförder Bucht in die Luft flog, war der Strand übersät mit Trümmern aller Art. Unter ihnen fand sich die Schreibmappe des Kommandeur-Kapitäns Paludan, auf dem obersten Löschblatt in Spiegelschrift der Namenszug dieses unglücklichen Offiziers. Major Christian Nicolai v. Gyldenfeldt auf Hohenlieth hatte dieses Dokument gerettet und zeigte es gern seinen Besuchern als wertvolles Erinnerungsstück vor.

Adeliges Gut Hohenlieth (Restgut)

Besitzer: Hans Joachim Lembke

Besitzer		*Gut und Bauten*	
1543–1648	vam Damme	1724	Bau des Speicherhauses
1648–ca.1690	(v.) Rumohr	1742	Bau des Kuhhauses
1695–1751	(v.) Brockdorff	1760	Bau der Kapelle
1751–1769	v. Brömbsen	1765	Bau des jetzigen Herrenhauses
1769–1834	verschiedene Besitzer	1768	Harzhof abgetrennt
1834	Heinrich Schleth, dann dessen Tochter verm. v. Gyldenfeldt und deren Nachkommen	1821	Hohenholm abgetrennt
		1903	erste Parzellierung
		1952	Auflösung des Gutes, Bildung des Restgutes Hohenlieth
1903–1952	verschiedene Besitzer		
1952	Hans Georg Lembke, dann dessen Nachkommen		

25 Altenhof

Altenhof gehört seit Jahrhunderten zu den bedeutendsten Besitzungen des Herzogtums. Das umfangreiche Gut mit seiner landschaftlich schönen Lage dicht am Ufer der Eckernförder Bucht, mit seinen großen Hofkoppeln und den langgestreckten Buchenwäldern am Strande der Ostsee lockt Jahr um Jahr große Mengen von Besuchern an. Unter den Wäldern von Altenhof ragt besonders das Schnellmarker Gehölz hervor, das sich der Küste entlang von der kleinen Gastwirtschaft Kiekut bis zum Landgasthaus Grüner Jäger hinzieht, in alten Zeiten beliebter Schlupfwinkel für fahrendes Volk und lichtscheues Gesindel. Ein Teil des Waldes trägt den Namen Taterhorst. Tataren war die alte Bezeichnung für Zigeuner. Heute ist es durchzogen von der großen Autostraße von Flensburg nach Kiel und vielen Wanderwegen zum belebten Strand. Der Wald, der wohl die schönsten Buchen des Landes aufzuweisen hatte, ist durch die furchtbaren Sturmkatastrophen der jüngsten Vergangenheit schwer mitgenommen.

Den Mittelpunkt des Gutes bildet der Hof mit seinen weitläufigen Stallungen und Scheunen, in der Mitte davor der große Komplex des stattlichen schloßartigen Herrenhauses. Die Ausstattung im Inneren ist ein großartiges Spiegelbild der Adelskultur des 18. Jahrhunderts und ist so vorzüglich erhalten und so eindrucksvoll angeordnet, daß seit Jahren das Schloß unter voller Aufrechterhaltung der Wohnlichkeit und Bewohnbarkeit dem Besucher als Museum zugänglich gemacht worden ist. Die Geschichte von Altenhof ist untrennbar verbunden mit der des Geschlechtes Reventlow, und schon bei einem flüchtigen Durchgang spürt selbst der eilige Tourist die inneren Zusammenhänge zwischen Gesamtstaat und Emkendorfer Kreis auf der einen Seite und den vielen hervorragenden Persönlichkeiten aus dem Geschlecht Reventlow auf der anderen. Alle die großen Männer und die schönen Frauen jener Zeit finden sich hier, größtenteils in vorzüglichen Portraits. Außer den Reventlow sind fast alle dänischen Könige vertreten, dann die Bernstorff, die Stolberg und die vielen anderen Namen aus den beiden bedeutendsten Epochen des 18. Jahrhunderts. Selbst als Ort einer Schlacht, wie man in den bescheideneren Verhältnissen des 19. Jahrhunderts sagte, ist Altenhof bekannt geworden. In dem schleswig-holsteinischen Erhebungskampf fand am Karfreitag des Jahres 1848, am 21. April 1848, ein Gefecht bei Altenhof statt. Der Major v. d. Tann kommandierte das Freicorps zwischen der Küste und dem Wasmerschen Freicorps, das bei Harzhof stand, die dänischen Truppen standen unter dem Kommando des Majors v. Schepelern und griffen mit zwei Bataillonen und einem Zug Dragoner an. Auch ein dänisches Kanonenboot, das der Kapitän Steen Bille befehligte, griff in den Kampf ein. Trotzdem gelang den dänischen Truppen der Durchbruch nach Süden nicht, sie mußten sich zurückziehen, als das Freicorps Verstärkung erhielt. Zum Gedenken an den Tag wurde ein Stein im Walde von Altenhof errichtet; nach dem Zusammenbruch der Erhebung wurde er von den Dänen zerstört und vergraben, später aber wieder aufgestellt. Er steht dicht am Bahnhof Altenhof. Über die Geschichte des Gutes im Mittelalter liegen so gut wie keine Nachrichten vor, 1410 wird es erstmalig unter den Namen Oldenhave genannt, noch auf der Karte von Johannes Mejer von 1651 steht Oldehöven. Aber Caspar Danckwerth schreibt im Text seiner „Newen Landesbeschreibung" von 1652 schon Oldenhoff. Man hat manchmal versucht, den Namen Oldenhave als Alter Hafen zu deuten und die Lage des Gutshofes unweit des Goossees damit in Verbindung zu bringen. Dafür scheint zu sprechen, daß der Goossee, der seit 1628 je zur Hälfte zu den Gütern Altenhof und Marienthal gehört, früher unmittelbare Verbindung mit der Eckernförder Bucht hatte und so die Möglichkeit bot, Schiffe in sicheren Schutz zu bringen. Wahrscheinlichkeit besitzt diese Annahme gleichwohl nicht, man möchte eher vermuten, daß das nur wenig östlich liegende Neudorf als Gegensatz zu dem Alten Hof aufzufassen ist.

Die Hofanlage war früher von breiten Hausgräben umgeben, die heute noch als tiefe Mulden erkennbar sind. Auf der Südseite des Hofes beschreibt diese Mulde einen Halbkreis, in dessen Mitte jetzt das eine der beiden mächtigen Hofgebäude, eigentümlich quergestellt, steht. Möglich, daß wir an dieser Stelle den Platz der ältesten Burg zu suchen haben, aber welches Geschlecht hier gesessen hat, wissen wir nicht. Erstmalig in der Mitte des 16. Jahrhunderts tauchen Namen auf, die Brockdorff von dem benachbarten Windeby, die jetzt auch auf Altenhof sitzen. Hinrich Brockdorff, der im Jahre 1580 tot ist, kommt in Urkunden der Jahre 1564 und 1571 vor, seine Mutter Magdalene, geb. v. d. Wisch, überlebt Mann und Sohn als Witwe 50 Jahre lang und wohnt noch im Jahre 1587 auf Altenhof. 1590 war sie nicht mehr am Leben. Hinrich Brockdorffs Frau hieß ebenfalls Magdalene v. d. Wisch, sie stammte aus dem Hause Glasau, die Mutter a. d. H. Dänisch-Nienhof. Es scheint, als sei zunächst Windeby der Hauptsitz der Brockdorff gewesen, Altenhof der Wohnsitz der Witwen. Der Sohn Detlev Brockdorff, 1559 bis 1628, macht den alten Volksspruch von den reichen Brockdorff wahr: Zunächst war auch er mit einer v. d. Wisch verheiratet, Salome v. d. Wisch, ebenso wie die Großmutter a. d. H. Dänisch-Nienhof, doch ist sie jung verstorben. Außer den ererbten Gütern Windeby und Altenhof fallen ihm durch seine zweite Frau Ida Rantzau Kletkamp, durch die dritte, Margarethe Blome, Hornstorf und Hemmelmark zu. Detlev Brockdorff war herzoglicher Rat, sowie Amtmann von Mohrkirch und Trittau und hinterließ fünf Söhne, die die Hauptlinien des Geschlechts begründeten, Cai, der älteste, das Haus Kletkamp, das bis zur Gegenwart der Hauptsitz des Geschlechtes geblieben ist, Joachim die Linie auf Rohlstorf, Theodosius setzte die Windebyer Linie fort. Bei dem zweitältesten Sohn Hinrich verblieben Altenhof und Hemmelmark, hinzu kam noch Möhlhorst. Hinrich, † 1671, stand ebenso wie sein Vater in herzoglichen Diensten, war Oberst und Kommandant auf Gottorf und herzoglicher Geheimer Kriegsrat, auch Amtmann von Apenrade. Und ebenso wie der Vater war er dreimal verheiratet, erst mit Bertha v. Ahlefeldt, dann mit Augusta Brockdorff, die dritte Frau Mette Rumohr a. d. H. Olpenitz überlebte ihren Mann um viele Jahre, sie starb erst 1705. Aber nachdem ihr Sohn Schack durch seine Heirat mit Sophie Charlotte Baronesse Vietinghoff genannt von Scheel die Freiherrschaft Scheelenborg auf Fünen erworben hatte und in den dänischen Freiherrnstand erhoben worden war, zog sie nach Scheelenborg und verkaufte im Jahre 1691 Altenhof an die Reventlow. Damit beginnt die große Zeit Altenhofs, die bis zur Gegenwart andauern sollte.

Altenhof, Gobelinzimmer

Über die immerhin anderthalb Jahrhunderte der Brockdorffschen Zeit wissen wir nur wenig. Die späteren Generationen haben wieder und wieder gebaut, so ist von dem ersten Herrenhaus praktisch nichts übriggeblieben. Es scheint, als ob sich unter dem Südflügel des heutigen Schlosses die Keller dieses älteren Herrenhauses verbergen, zweischiffig angeordnete Tonnengewölbe, quer davor deutlich erkennbar die Fundamente eines Turmes. So hat hier offenbar ein Doppelhaus mit davorgesetztem Treppenturm gestanden, eine Anlage, die uns aus vielen ähnlichen Bauten des ausgehenden Mittelalters auf anderen Gütern Schleswig-Holsteins vertraut ist.

Aus der Zeit von Detlev Brockdorff, † 1628, hören wir von einer düsteren Geschichte, einem Hexenprozeß aus dem Jahre 1615. Anscheinend hatte Detlev Brockdorff die Stadt Eckernförde zu dieser Zeit in Pfandbesitz, jedenfalls wurde das unglückliche Opfer, eine Frau Abel Leverentz, aus der Stadt nach Altenhof gebracht und ihr dort der Prozeß gemacht. Ein Notar wurde hinzugezogen, Lorenz Rostock aus Eckernförde, und ein sorgfältiges Protokoll aufgesetzt. Detlev Brockdorff bekennt sich als Kläger und Richter, mehrere vom Adel und aus der Bürgerschaft hat er als Zeugen zur Stelle gebracht, sechs Edelleute, acht Bürger und den Reitknecht vom Hof. Auch der Scharfrichter, der aus Kiel kommt, ist schon anwesend. Frau Abel Leverentz wird in Gegenwart aller dieser Zeugen mehrfach gefoltert, bis sie schließlich unter furchtbaren Qualen mit den Worten auf den Lippen stirbt: Jesus. Ja, man wollte ihr nicht einmal ein Begräbnis auf dem Kirchhof gönnen. Aber ihre Verwandten gaben keine Ruhe, sie wandten sich an Herzog Johann Adolph von Gottorp und setzten eine Untersuchung der Sache durch. Der Herzog schrieb:

,,. . . daß Abel Leverentz als eine unstreitig unschuldige Person von dem Ort, wo sie begraben sei, wieder aufzunehmen und auf dem Kirchhof in Eckernförde ehrlich zu begraben sei.''

Mit den Reventlow zieht ein völlig neues Geschlecht ein. In unserer heutigen Vorstellung haben sich die Reventlow so fest mit der Geschichte des Landes verknüpft, daß es uns als selbstverständlich erscheint, diese Familie zu den wahrhaft bodenständigen zu rechnen. Aber das 17. Jahrhundert sah die Dinge in anderem Licht. Gewiß, die Reventlow stammten aus Dithmarschen und waren schon seit etwa 1200 im Holsteinischen bezeugt. Aber die beiden ersten Ritter, deren Namen wir kennen und die wahrscheinlich Brüder waren, sind gleichzeitig die Stammväter völlig getrennter Linien geworden. Die holsteinische Linie beginnt mit dem Ritter Gottschalk Reventlow, der zwischen 1223 und 1247 urkundlich bezeugt ist, die mecklenburgische mit dem Ritter Detlev Reventlow, der in den Jahren zwischen 1236 und 1261 vorkommt. Die holsteinische Linie hat ihre Höhepunkte im 15. und 16. Jahrhundert mit einer Reihe bedeutender

Persönlichkeiten gehabt, geht aber dann an Kopfzahl und an Einfluß zurück und ist gegen Ende des 18. Jahrhunderts völlig ausgestorben.

Fast zur gleichen Zeit kehren die mecklenburgischen Reventlow in die alte Heimat zurück, Detlev Reventlow, 1600 bis 1664, tritt in die Dienste des Königs von Dänemark ein, augenscheinlich war ihm die mecklenburgische Heimat ein zu kleines Feld. 1632 wird er dänischer Geheimrat und deutscher Kanzler, das heißt, oberster Beamter für die deutschen Teile des Königreiches, 1642 auch Amtmann von Hadersleben. Aber jetzt erwacht der Widerstand der einheimischen Ritterschaft, sie betrachten Detlev Reventlow als Ausländer, sie pochen auf ihr Recht, die Amtmannsstellen aus den eigenen Reihen zu besetzen, und ihr Widerstand wird erst schwächer, als Detlev Reventlow sich im Lande ankauft, die adeligen Güter Futterkamp und Waterneverstorf im Holsteinischen erwirbt und seine beiden Ehen mit Töchtern der schleswig-holsteinischen Ritterschaft schließt, erst mit Dorothea Pogwisch, dann mit Christine Rantzau a. d. H. Neuhaus.

Weder er noch seine Nachkommen haben es vergessen, daß es der König von Dänemark war, der ihnen den Weg zu Größe und Ruhm eröffnete, fast alle Mitglieder des Hauses haben in königlichen Diensten gestanden, sehr zum Unterschied von ihren Besitzvorgängern auf Altenhof, den Brockdorff, die zum Herzog hielten. Der Sohn von Detlev, Henning Reventlow, † 1705, wird der Begründer der Linie auf Altenhof, zunächst kauft er von den Brockdorff Hemmelmark, dann 1691 Altenhof selber, außerdem noch Glasau im Holsteinischen und Gottesgabe in Nordfriesland. Er ist Kammerjunker beim Kronprinzen

Herrenhaus an der Eichenallee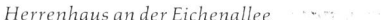

von Dänemark, Amtmann von Sonderburg und Norburg, später auch von Schwabstedt und Flensburg und Inspekteur über Eiderstedt. Ja, ihm wird sogar die Stellung eines Vicegeneralkriegskommissars in den Herzogtümern in Aussicht gestellt. Aus seiner Ehe mit Margarethe Rumohr a. d. H. Roest gehen zwölf Kinder hervor, aber erst das zwölfte, der Sohn Cay Friedrich, wird die Linie fortsetzen. Henning Reventlow stammt ebenfalls aus einer Geschwisterreihe von zwölf Kindern, die Brüder Hinrich, Friedrich und Detlev sowie die Schwester Sophie erwerben Güter in Schleswig-Holstein und Dänemark, der Bruder Conrad wird dänischer Lehnsgraf, Großkanzler und Begründer der bis zur Gegenwart blühenden dänischen Linie des Geschlechts.

Cay Friedrich Reventlow, † 1762, ist der einzige in der Folge der Generationen, der nicht im öffentlichen Leben hervorgetreten ist. Dafür ist er für Altenhof von besonderer Bedeutung geworden, er hat in den Jahren von 1722 bis 1728 das Herrenhaus erbaut, das den Kern des jetzigen Hauses bildet, ein Haus von elf Achsen mit zwei Geschossen und hohem Kellergeschoß. Das Dach ist belebt durch vier kleine Dachgauben, das Mittelrisalit, das auf vier Halbsäulen ruht, ist durch eine starke Dreiecksbekrönung hervorgehoben. Ferner geht auf Cay Friedrich Reventlow der Bau der mächtigen Hofgebäude zurück, an dem nordöstlich vom Herrenhaus stehenden Kuhhaus befinden sich die Giebelanker: Anno 1711 HCFR – FHIR = Herr Cay Friedrich Reventlow und Frau Hedwig Ida Reventlow. Die östliche Giebelseite des Gebäudes ist formschön durch zwei größere und kleinere rundbogige Tore im Erdgeschoß, durch kleine rundbogige Luken in den Obergeschossen gegliedert.

Die nächste Generation zählt sogar fünfzehn Kinder, unter ihnen wird der älteste Sohn Detlev Reventlow, † 1783, der Erbe der väterlichen Güter. In ihm hat Altenhof seinen bedeutendsten Herrn, das Geschlecht einen seiner hervorragendsten Männer erhalten. Von stetem Vertrauen dreier Könige getragen, steigt er von Stufe zu Stufe im Staatsdienst auf, wird erst Kammerjunker bei der Königin, dann Kammerherr, schließlich Oberkammerherr und Erzieher des Kronprinzen. 1751 wird er außerordentlicher Gesandter in Paris. An hohen Auszeichnungen wurde ihm das Großkreuz vom Danebrog und der Elephantenorden verliehen, und in Anerkennung seiner großen Verdienste als Staatsmann wird er im Jahre 1767 in den Lehnsgrafenstand erhoben, eine Ehrung, die seine gesamte Nachkommenschaft einschloß. Zunächst wurde er Oberpräsident von Altona, dann Mitglied des Geheimen Conseils, 1. Deputierter für die Finanzen, später auch für das Westindische und Guinea Rente- und Generalzollkammerkollegium, sodann Deputierter für das General-Landbauwirtschafts- und Commerzkollegium. Politisch bedeutsam war seine Mitwirkung an den schwierigen Austauschverhandlungen zwischen Dänemark und Rußland, die mit den Abkommen von 1773 endigten und die Rußland zur Aufgabe seiner Ansprüche auf das Herzogtum Schleswig und die sogenannten Großfürstlichen Anteile in Holstein veranlaßten. In seinen letzten Lebensjahren war Detlev Reventlow als Kurator der Universität Kiel tätig.

Trotz aller dieser großen Ehrungen blieben Detlev Reventlow schwere Rückschläge und Enttäuschungen nicht erspart. Nur drei Jahre später, nachdem er in den Lehnsgrafenstand erhoben worden war, stürzte er, als der Arzt Struensee es verstanden hatte, sich die Gunst von König und Königin zu erwerben. Detlev Reventlow zog sich auf seine Güter zurück, kehrte aber nach dem Falle von Struensee wieder in den Staatsdienst zurück. Schwerer wiegt in seiner Beurteilung sein charakterliches Verhalten gegenüber dem Kronprinzen, dem späteren König Christian VII. Trotz aller seiner guten Eigenschaften war die Wahl von Detlev Reventlow als Erzieher des Kronprinzen nicht glücklich. Sein barsches, forderndes Auftreten prägte sich hart in das Gemüt des jungen und unsicheren Prinzen ein und erfüllte ihn mit Furcht und Schrecken, eine Entwicklung, die sicherlich dazu beigetragen hat, das Seelenleben des unglücklichen Fürsten zu zerstören und aus dem Gleis zu bringen. Der Lehrer des Kronprinzen Reverdil hat mit scharfen Ausdrücken den Oberhofmeister Detlev Reventlow verurteilt. Sicherlich war er nicht für die überaus schwierige Aufgabe geeignet, die man ihm übertragen hatte. Trotzdem blieb sein Einfluß auf den Kronprinzen noch lange erhalten, selbst als dieser König war. Seine persönliche Tüchtigkeit und Redlichkeit und seine loyale königstreue Haltung machen trotz alledem Detlev Reventlow zu einem der bedeutendsten und würdigsten Staatsdiener jener Zeit.

Die großen Geldmittel, über die er verfügte, erlaubten ihm, seinen Besitz wesentlich zu erweitern. Zu den ererbten Gütern Altenhof und Glasau erwarb er von Jean Henri Desmercières das große Gut Emkendorf, von seinen Vettern aus der holsteinischen Linie Wittenberg, weiter das Altenhof benachbarte Aschau und schließlich noch Osterrade an der Eider.

Unter Cay Friedrich oder Detlev Reventlow wurde Altenhof mit der großartigen Ausstattung versehen, die bis zur Gegenwart hin das Auge des Kundigen entzückt. Die Haupträume des Hauses sind fast unverändert seit dieser Zeit erhalten, der Speisesaal mit seiner Stuckdecke von etwa 1750/55 und vier großen Gobelins mit Parkszenen am Wasser und vor allem der Gartensaal. Hier sind die Wände über einer Holzsockelzone mit vier großen gerahmten Gobelins verkleidet, die Flächen durch vertikale laubumwundene Stäbe in schmale Felder unterteilt. In ihnen hängen auf dunkelbraun-schwarzem Grund breite Blumengewinde aus Laub, Farn, Pfingstrosen und Tulpen, zwischen denen Vögel und Papageien in Ringen schweben, sowie Eichhörnchen herumklettern. Die Mitte

Speisezimmer

der Längswand nimmt ein Kamin aus rotem Marmor mit Rocaille-Stuck ein. Auch die Stuckdecke dieses Raumes gehört der gleichen Epoche an.

Eine besondere Zierde des Hauses sind die Supraporten, die sich in fast allen Räumen finden. Sie enthalten durchweg die Doppelportraits der jeweiligen Besitzer, vielleicht erst von späteren Generationen in dieser Weise eingerichtet, in jedem Falle ein eindrucksvoller Beweis für die Stetigkeit des Geschlechts auf diesem Herrensitz.

Von den Söhnen des Oberkammerherrn erbte der älteste, nach dem Großvater Cay Friedrich genannt, Altenhof mit Aschau und Glasau, während Emkendorf dem zweiten Sohne Friedrich zufiel. Dieser letztere, der mit Julia, geb. Gräfin Schimmelmann, vermählt war, ist aus der schleswig-holsteinischen Geistesgeschichte nicht wegzudenken, das Ehepaar bildete um sich einen Kreis von gebildeten und kultivierten Männern und Frauen, einen Kreis, der unter dem Namen des Emkendorfer Kreises berühmt geworden ist. Aber auch der ältere Bruder auf Altenhof, Cay Friedrich, stand nicht zurück, vielleicht etwas nachgiebiger und weniger zielbewußt, aber auch von klarem Verstande und großer Güte des Herzens. Er war in seinen zwei Ehen mit einer Gräfin Bernstorff vermählt, in der zweiten mit Louise Bernstorff, einer Tochter des großen dänischen Staatsmannes Andreas Peter Bernstorff. Als dieser 1797 gestorben war, folgte ihm Cay Friedrich Reventlow in seinem Amt als Präsident der Deutschen Kanzlei in Kopenhagen nach. Ebenso wie dem Vater fehlte es ihm nicht an äußeren Ehrungen, er wurde Geheimer Conferenzrath, erhielt das

Damensalon

Großkreuz vom Danebrog und endlich sogar den Elephantenorden. 1802 legte er auf Veranlassung seines Bruders wegen der Spannungen, die zwischen König und Ritterschaft entstanden waren, seine Ämter nieder, machte aber später wieder seinen Frieden mit dem Königshaus und wurde Gouverneur von Lauenburg.

Im Jahre 1797 hatten seine Geschwister auf Emkendorf den erst 23 Jahre alten Maler Guiseppe Anselmo Pellicia von Rom mitgebracht. Er hat sowohl auf Emkendorf wie auf Knoop bei den nahe verwandten Baudissin gearbeitet, aber auch in Altenhof den Großen Saal ausgemalt. Bei dem Umbau des Herrenhauses im Jahre 1910 wurde dieser Saal nach Norden hin verlängert und die Ausmalung von Pellicia in glücklicher Weise ergänzt. Über einem Holzsockel sind die Wände einheitlich mit Leinwand bespannt, darauf in Ölmalerei tapetenartige Gemälde angebracht. Als oberer Fries laufen ringsum Grisaille-Gemälde, die Szenen aus der römischen Geschichte enthalten: Triumphzug eines Siegers mit Trophäen, Lurenbläser, Träger von Rutenbündeln, Opfer eines Widders am Altar, Dreigespann im Wagenrennen, Unterwerfung eines barbarischen Volksstamms. Die Wandfelder selber sind in hellem Grau gehalten und mit gelbgrau getönten schmalen Streifen umrahmt: sie zeigen braun-rosa Rosengehänge auf weißem Grund. Vier Supraporten, noch im Stil des Rokoko, stellen die Musen Klio, Thalia und Polyhymnia mit ihren Attributen und Spruchbändern dar, die vierte eine flöteblasende Schäferin im Park.

Cay Friedrich Reventlow lebte in seinen späteren Lebensjahren völlig auf

Altenhof. Im Jahre 1813 besuchte ihn der dänische Geschäftsträger in Hamburg, Johann Georg Rist. Er rühmt die Gräfin als die Krone der Familie und ein Muster ihres Geschlechts, was Geist und Gemüt betrifft. Von dem Grafen spricht er als von einem vornehmen Mann und Staatsmann, fromm, rechtlich und billig denkend, gewissenhaft, wohlwollend und kein Ansehen der Person kennend, als echter Patriarch auf dem alten Familiengut. Der Hof macht auf Rist tiefen Eindruck: Ordnung und Wohlhabenkeit kündigen sich überall an, da ist Überfluß an Pferden in den Ställen, da ist gutes Silbergeschirr, schmackhafte Bewirtung und guter Wein im Herrenhaus; dafür fehlt es an manchem kleinen Luxusartikel, der selbst in einfachen Bürgerhäusern gefunden wird. In den sauberen Nebengebäuden wohnen die Familien aller vieljährigen Hausbedienten, nach Möglichkeit wird für alle gesorgt. Und der Gutsherr durchstreift zu Fuß oder zu Pferde seine Felder und Waldungen, mit dem kleinen Spaten am Spazierstock, dem auf den Koppeln oder an den Wegen kein schädliches Unkraut entgeht. Alles in allem eine höchst charakteristische Beschreibung des Lebens auf dem Lande.

Nach dem Tode von Cay Friedrich gingen die Güter über auf den ältesten Sohn Eugen Graf Reventlow, † 1885. Zu Altenhof und Aschau erwarb er im Jahre 1839 das benachbarte Hoffnungsthal hinzu und bildete aus den drei Gütern in der preußischen Zeit einen gemeinsamen Gutsbezirk. Als sein Onkel Fritz Reventlow auf Emkendorf seinen Posten als dänischer Gesandter in Berlin aufgegeben hatte, folgte er ihm in diesem Amt nach, legte es aber bei Erlaß des Offenen Briefes des Königs Christian VIII. im Jahre 1846 nieder. Schon früher war er zum Geheimen Conferenzrath ernannt und mit dem Großkreuz vom Danebrog ausgezeichnet worden. Er erlebte den Übergang der Herzogtümer von Dänemark an Preußen und wußte auch selber Zugang zum neuen Landesherrn zu finden. Durch seine erste Ehe mit der Tochter des preußischen Außenministers Christian Bernstorff, der Gräfin Clara Bernstorff, hatte es ohnehin nicht an Beziehungen nach Preußen gefehlt. So wurde er auf Lebenszeit in das preußische Herrenhaus berufen, erhielt den Roten-Adler-Orden 1. Klasse und wurde kgl. preußischer Wirklicher Geheimer Rat.

In Altenhof ließ er ab 1860 größere Umbauten durch Baumeister Joseph Eduard Mose vornehmen. Das Torhaus wurde niedergelegt, das Herrenhaus durch Anbauten erweitert und die Fassade im anglophilen Geschmack der Zeit durch einen Turm belebt, der damals unerläßlich schien.

Um die Besitznachfolge in Altenhof erhoben sich Sorgen, beide Ehen von Eugen Reventlow waren kinderlos geblieben, die Brüder Gottfried und Theodor längst tot, der einzige Sohn der nächsten Generation, Joachim war als Johanniter-Ritter im deutsch-französischen Kriege von 1870 am Lazarettfieber gestorben. Und von den Enkeln von Theodor Reventlow starb der ältere, Cay Friedrich, in jungen Jahren, schon ein Jahr nach dem Großonkel Eugen. So gingen jetzt die großen Besitzungen auf den einzigen männlichen Sproß der Linie, Theodor Graf Reventlow, † 1938, über, der damals erst ein Jüngling von 16 Jahren war, außer Altenhof mit Aschau und Hoffnungsthal noch Glasau, ferner die Güter des Großvaters Jersbek und Stegen. Ingesamt vereinigte sich ein außerordentlich großer Besitz in seiner Hand mit einer Gesamtgröße von fast 5300 ha. Damit war Graf Reventlow einer der bedeutendsten privaten Grundbesitzer im 20. Jahrhundert in ganz Schleswig-Holstein geworden. Erst nach dem Ersten Weltkrieg trat durch Verkäufe und Siedlungen eine erhebliche Verkleinerung ein, die sich nach dem Zweiten Weltkrieg infolge der Bodenreform fortsetzte. Der Gutsbesitz Altenhof umfaßte bis dahin ein Areal von 1888 ha, davon entfielen auf den Haupthof 556 ha, auf die Meierhöfe Aschau 302 ha und Hoffnungsthal 229 ha, auf den Wald 314 ha, das übrige auf das Dorf Bornstein und mehrere Einzelstellen. Durch Neuaufforstung ist die Waldfläche inzwischen nicht unerheblich angestiegen. Nachdem die Meierhöfe und die Bauernhöfe abgetrennt werden mußten, hat Altenhof heute einen Umfang von 992 ha, 556 ha Acker und Grünland, 436 ha Wald.

Das alte Reventlowsche Gut Glasau bei Ahrensbök in Holstein hatte eine Größe von 1871 ha und wurde im Jahre 1935 an Dr. Heinrich v. Hoff verkauft, der bis dahin das Gut Putlos im Kreise Oldenburg besessen hatte, dieses aber an die deutsche Wehrmacht zur Anlage eines Truppenübungsplatzes hatte abtreten müssen.

Die dritte Gruppe der Güter des Grafen Reventlow lag bei Bargteheide in Holstein und bestand aus den adeligen Gütern Jersbek und Stegen mit einer Gesamtgröße von 1512 ha. Stegen mit 269 ha wurde im Jahre 1924 an die Alsterdorfer Anstalten in Hamburg verkauft und wird seitdem für caritative Zwecke benutzt. Jersbek ging nach dem Tode des Grafen 1938 an die dritte Tochter Juliane-Sophie Gräfin Reventlow über, die unvermählt im Jahre 1959 starb. Das Gut fiel zunächst an die Mutter, Elli Gräfin Reventlow, geb. Stein, zurück, nach deren Tode 1960 an den Enkel Cai von Bethmann Hollweg, den ältesten Sohn der Tochter Marie-Luise v. Bethmann Hollweg, geb. Gräfin Reventlow, in Altenhof.

Theodor Reventlow folgte im öffentlichen Leben den Traditionen des Hauses, war kgl. preußischer Kammerherr und langjähriger Vorsitzender des Bundes der Landwirte in Schleswig-Holstein, sowie Mitglied des preußischen Herrenhauses auf Lebenszeit. Durch seine Heirat mit Elly Stein, † 1960, aus angesehener Kölner Bankiersfamilie kam eine Frau ins Haus, die volle 60 Jahre lang mit ungewöhnlichem Charme, Geist und Charakter den Stil des Hauses zu prägen

Blick von der Halle in die Bibliothek

wußte. In den Jahren von 1904 bis 1910 erfuhr das Herrenhaus einen großzügigen Umbau. Kein geringerer als der weltberühmte Architekt Paul Schultze-Naumburg leitete die Arbeiten. Die wenig gelungenen Zutaten von 1863 wurden entfernt, der Turm wieder abgerissen, dafür das Herrenhaus um drei Achsen verlängert und beiderseits mit Flügelbauten versehen, gen Süden hin für eine Orangerie, nach Norden zur Aufnahme von Wirtschaftsräumen bestimmt. In neuerer Zeit haben diese Flügelbauten wiederum Veränderungen erfahren, der südliche Flügel enthält jetzt die privaten Wohnräume des Besitzers, in dem nördlichen Flügel sind Wohnungen für die nächste Generation eingebaut. Insbesondere im südlichen Teil des Mitteltrakts wurden größere Veränderungen vorgenommen. Anschließend an die Eingangshalle mit dem Treppenhaus entstand eine quer durch den ganzen Bau laufende Halle, daneben in zwei aneinanderstoßenden Räumen die Bibliothek, die mit 10 000 Bänden zu einer der bedeutendsten Privatbibliotheken des Landes zählt. Der Architekt Stobwasser aus Berlin hat maßgeblich bei diesen Veränderungen mitgewirkt. Die Bibliothek verdankt ihre Entstehung Cay Friedrich Reventlow, † 1834, in ihr sind nur geringe Bestände älteren Datums enthalten, insbesondere juristische Schriften, die der Oberkammerherr Detlev Reventlow gesammelt hat. Aus späterer Zeit finden sich nur wenige Ergänzungen. Der Hauptteil der Bibliothek ist der großen geistigen Kapazität Cay Friedrich Reventlows zuzuschreiben, der durch seine

vielfachen Reisen im In- und Ausland, durch seine diplomatischen Missionen in
Spanien und Schweden, vor allem durch die Universalität seines Geistes eine
Büchersammlung wahrhaft europäischen Formats entstehen ließ. Schon äußerlich ist das Auge des Kundigen bezaubert durch den großartigen Zustand der
Erhaltung der Werke, durch die künstlerischen Einbände, durch die Vielfalt der
mit Illustrationen und Kupferstichen geschmückten Bücher. Die Sprache stellt
kein Problem dar, man findet Werke auf Deutsch und Dänisch, auf Französisch
und Englisch, auf Lateinisch und Spanisch. Und ebensowenig ist der Themen-
kreis begrenzt, es sind nicht nur Werke der Belletristik vorhanden, sondern
ebensosehr Bücher des Reisens, der Philosophie, der Religion, der Geschichte,
der Volkskunde, der Naturwissenschaft, kurzum, ein Spiegelbild eines wahrhaft
gebildeten Mannes jener Zeit, eines wirklichen homme des lettres.

Theodor Reventlow hinterließ keine Söhne, aber vier Töchter. Von ihnen erbte
die zweite Tochter Marie-Louise Altenhof. Sie war vermählt mit Felix v.
Bethmann Hollweg, einem Sohne des deutschen Reichskanzlers Theobald v.
Bethmann Hollweg. Felix v. Bethmann Hollweg, † 1972, hatte das große Gut
Hohenfinow bei Eberswalde besessen, aber infolge des Zweiten Weltkrieges
verloren. Er hatte sich in Schleswig-Holstein heimisch gemacht und war in
vielfältigen Ehrenämtern in agrarpolitischen und forstwirtschaftlichen Verbän-
den tätig. Insbesondere die Gründung der Zuckerfabrik in Schleswig ist
wesentlich auf seine Initiative zurückzuführen. 1968 wurde er mit seinen
Söhnen, der eine auf Jersbek, der andere auf Altenhof, in die schleswig-holsteinische Ritterschaft rezipiert. Nach seinem Tode ging Altenhof über auf den
zweiten Sohn, Christoph v. Bethmann Hollweg.

Das Haus Altenhof besitzt eine so hervorragende Sammlung von Portraits, wie
wir sie in keinem anderen Herrenhause des Landes finden. Unter den
zahlreichen Gemälden ragen besonders hervor die Bildnisse des Oberkammerherrn Detlev Reventlow, seiner Gemahlin Margarethe, geb. Raben, und seines
Bruders Cai Bertram Reventlow von der Hand des Pariser Malers Louis Tocqué.
Aus der nächsten Generation sind zu nennen die Portraits von Andreas Peter
Bernstorff und seiner beiden Gemahlinnen Henriette und Auguste, geb.
Gräfinnen Stolberg, von Jens Juel, die Bildnismedaillons von Fritz Reventlow
und Julia, geb. Schimmelmann, von Johann Tobias Sergel. Dann ist hervorzuheben das vorzügliche Portrait von Cay Friedrich Reventlow von Alexander Roslin
und seiner drei Söhne von Friedrich Carl Gröger. Fast alle dänischen Könige,
vom Ende des 17. Jahrhunderts bis hinein in das 19. Jahrhundert, sind durch
Bildnisse in Ölmalerei vertreten, ein sichtbarer Beweis des Zusammenhanges
des Geschlechts Reventlow mit dem Gesamtstaat.

Eine besondere Rolle spielt in diesem Zusammenhang Anna Sophie Reventlow, die zweite Gemahlin König Friedrichs IV., Tochter des Großkanzlers Conrad Reventlow. Altenhof enthält zahlreiche Erinnerungsstücke an sie, ein reizendes Jugendbildnis von Balthasar Denner, ein großes Ölbild in der Halle, auf dem sie ein Medaillon mit dem Bild des Königs in der Hand hält, endlich die fast lebensgroßen Portraits von der Hand Johann Sebastian Wahls von König und Königin; die Königin ist dargestellt mit einem Mohren im Hintergrund und der Büste des Königs zur Rechten. Weiter hängt im Blauen Salon ein Teppich mit eingewebtem Hermelin, der Überlieferung nach der Krönungsteppich von Anna Sophie Reventlow. Und endlich gibt es ein Kästchen, außen à la Chinoise mit Lackfarben bemalt, innen etwas einfacher dekoriert, von der Hand der Königin angefertigt.

Von Carl Gustav Pilo, dem großen schwedischen Maler, stammen die vorzüglichen Portraits des Vetters, Claus Reventlow auf Osterrade und seiner Gemahlin Charlotte Dorothea v. Plessen, ihm oder seinen Schülern werden weiter zugeschrieben das Bildnis König Friedrichs V. Peter Alst hat die Portraits von Johann Hartwig Bernstorff geschaffen, ebenso wie das Bildnis des Oberkammerherrn Detlev Reventlow und dessen Gemahlin, geb. Raben, in jüngeren Jahren.

Blaues Zimmer

Endlich muß erwähnt werden das besonders schöne Portrait von Julia Reventlow, geb. Schimmelmann, von Angelika Kauffmann, das in mehreren Repliquen im Lande vorhanden ist.

Und zu dieser lebendigen Darstellung der großen Epochen unseres Landes, des Gesamtstaats und des Emkendorfer Kreises gibt es ein einzigartiges Gegenstück im Altenhofer privaten Archiv. Unsere Güter haben erstaunlich wenig an altem Archivmaterial bewahrt, vieles wurde nach alter holsteinischer Sitte beim Verkauf eines Gutes vom scheidenden Besitzer am letzten Abend im lodernden Kaminfeuer verbrannt, vieles ging anderweitig verloren. Selten sind Archive wie die Rumohrschen Archive in Rundhof und Toestorf, die durch Jahrhunderte hindurch sorgfältig alles bewahrt haben, was für die Geschichte eines Gutes wesentlich ist. In Altenhof gibt es ein einzigartiges Archiv mit Dokumenten des 18. und 19. Jahrhunderts. Als nach Beendigung des Zweiten Weltkrieges dieses Archiv vor der Gefahr der Zerstörung stand, hat der dänische Historiker und Genealoge Aage Friis im Einvernehmen mit dem britischen Militärgouverneur für Schleswig-Holstein, der damals auf Altenhof residierte, dafür gesorgt, daß dieses wertvolle Archiv als Depositum in das kgl. Reichsarchiv in Kopenhagen überführt wurde.

Musikzimmer

Hier ruhen nun diese Bestände von unschätzbarem Wert, hervorragend nach Gruppen geordnet, nämlich

1. die Papiere des Oberkammerherrn Detlev Reventlow, darunter seine Briefwechsel mit dem Könighaus, mit den beiden Bernstorff, zur Affaire Struensee und Brandt, zu den Verhandlungen mit Rußland, seine vielen Bestallungen, Instruktionen, Auszeichnungen und Ehrungen, seine privaten Aufzeichnungen;

2. die Stolbergschen Papiere, darunter die Briefe von Christian Stolberg und dessen Gemahlin Friederike Louise, geb. Reventlow, an die vielen Freunde, die Briefe der Schwester Katharine (Käthchen) Stolberg und des Bruders Friedrich Leopold Stolberg;

3. der Briefwechsel von Cay Friedrich Reventlow mit dem Vater Detlev Reventlow, dem Schwiegervater Andreas Peter Bernstorff, dem Bruder Fritz Reventlow, den Fürsten, Politikern, Künstlern und Dichtern seiner Zeit, dazu seine Aufzeichnungen, Tagebücher, Reden, Gedichte, Gutachten in ritterschaftlichen Angelegenheiten; und

4. die Briefe von Eugen Reventlow,

alles in allem eine bisher kaum ausgewertete und einzig dastehende Sammlung von handschriftlichem Material.

Adeliges Gut Altenhof

Besitzer: Christoph von Bethmann Hollweg

Besitzer		*Gut und Bauten*	
ca. 1550–1691	(v.)Brockdorff	16. Jahrh.	(?) Bau eines ersten Herrenhauses
1691–1938	(v.) Reventlow, seit 1767 Graf Reventlow	1711	Bau der Wirtschaftsgebäude
1938	Frau v. Bethmann Hollweg geb. Gräfin Reventlow	1722/28	Bau des jetzigen Herrenhauses
		1861/3	erster Umbau des Herrenhauses
1972	Christoph v. Bethmann Hollweg	1904/10	zweiter Umbau durch Paul Schultze-Naumburg

26 Noer

Die Entstehung des Gutes Noer hängt eng mit der Besiedelung des Dänischen Wohlds zusammen. Noch in König Waldemars Erdbuch von 1231 wird der gesamte Dänische Wohld als Kongslev, als Krongut, aufgeführt; Namen von Dörfern oder Bauern werden nicht genannt. Die Landschaft war also um diese Zeit offensichtlich noch nicht besiedelt, sie war in der Tat ein riesiges Waldgebiet als Scheide zwischen Jüten im Norden und Niedersachsen im Süden, der große Waldkomplex des Isarnho, des Eisernen Waldes in der Sprache der Holsteiner. Aber nachdem im Jahre 1260 die Königin Mechthildis alles Land zwischen Schlei und Eider den Holsteiner Grafen verpfändet hatte, dringen niederdeutsche Bauern in den Wald ein und begründen die ersten dörflichen Lebensgemeinschaften, Bauern aus Holstein, Niedersachsen, Westfalen, ja sogar aus Holland.

Der gesamte Dänische Wohld enthält daher fast gar keine nordischen Ortsnamen, sondern ganz überwiegend niederdeutsche. Auch das Wort Noer dürfte westgermanischen Ursprungs sein, es hängt sicherlich nicht mit dem im Schleswigschen so häufig vorkommenden Worte Noor zusammen, das eine Bucht des Meeres bedeutet, sondern ist vielmehr das westgermanische Wort für Steilhang, wie es unter anderem auch in Nürburg und Nürnberg vorkommt. Die geographische Situation stimmt damit überein, eine Meeresbucht ist bei Noer nicht zu finden, wohl aber liegt Dorf und Gut auf hohem Hang, der steil zum Meere hin abfällt.

Wir müssen bei Noer, so bedeutend das Gut auch durch Jahrhunderte hindurch gewesen ist, vor allem auch von einem Dorfe sprechen. 1317 wird es zum ersten Male erwähnt, anscheinend aus 10 Hufen bestehend, erst 1632 werden sie niedergelegt und mit dem inzwischen begründeten Gut vereinigt. In neuester Zeit hat sich eine umgekehrte Entwicklung vollzogen, aus dem Gute wurde infolge der Aufsiedelung nach dem letzten Kriege wieder ein Dorf.

Die Siedler des 13. und 14. Jahrhunderts können nicht lange ihre bäuerliche Selbständigkeit behaupten, schon kurze Zeit später dringt der holsteinische Adel machtvoll gegen Norden vor und versteht es, die ganze Landschaft unter seine Botmäßigkeit zu bringen. Vor dem Jahre 1300 beginnen die ersten tastenden Vorstöße am Südrand des Dänischen Wohldes, mit den Geschlechtern Sehestedt, Schinkel, Knoop u. a., aber von 1400 an ist fast das gesamte Gebiet in den Händen der holsteinischen Rittergeschlechter und zwar an weitaus erster Stelle in den Händen der Ahlefeldt. Im Süden des Dänischen Wohlds gehören ihnen die großen Besitzungen Lindau, Königsförde und das Gebiet, aus dem die späteren Güter Wulfshagen und Wulfshagener Hütten entstanden sind; im Norden Noer, Grönwohld, Borghorst mit den vielen zugehörigen Nebenhöfen und Dörfern, kurz: eine ganze große Landschaft. In der Mitte zwischen Noer und Lindau liegt der bedeutende Ort Gettorf, der unstreitig seit dem Mittelalter den Ahlefeldt von Königsförde und Lindau gehört hat. Aber das Patronat lag anfangs bei den Herren v. Ahlefeldt auf Noer, obwohl nur kleine Teile von Noer dorthin eingepfarrt waren. So sind auch der erste uns bekannte Besitzer von Noer, Wulf v. Ahlefeldt und seine Frau Hille, geb. v. d. Wisch, in der Kirche in Gettorf beigesetzt, ihre Grabsteine liegen noch heute dort, wenn auch fast ganz unkenntlich und abgetreten. Erst 1460 belehnt König Christian I. Gosche v. Ahlefeldt auf Lindau mit dem Patronat über Gettorf.

Seit 1417 sind die Ahlefeldt auf Noer bezeugt, als erster der obengenannte Ritter v. Ahlefeldt. Aber da sein Bruder, der Drost von Süderjütland, der Ritter Detlev v. Ahlefeldt gleichzeitig auf Grönwohld genannt wird, dürfen wir vermuten, daß schon ihr Vater, der mächtige und reichbegüterte Herr Benedikt v. Ahlefeldt, der zwischen 1352 und 1398 genannt wird, das große Gebiet besessen hat, aus dem die Güter Noer und Grönwohld entstanden sind.

Es scheint, daß der ursprüngliche Rittersitz nicht Noer war, das ja zunächst ein reines Bauerndorf gewesen ist, sondern das benachbarte Grönwohld. Die erste Burg Noer lag sicherlich nicht an der Stelle des heutigen Schlosses, sondern eher in der Mitte zwischen Grönwohld und Noer. Das spätere Herrenhaus hat vermutlich an der Stelle des heutigen Verwalterhauses gelegen, dieser Platz war ursprünglich auf allen Seiten von Wassergräben umgeben, ist aber durch spätere Umbauten entscheidend verändert.

Die Zuordnung von Grönwohld zu Noer hat sich bis zur jüngsten Gegenwart hin fortgesetzt. Obwohl Grönwohld kein kleines Gut war und seit jeher den Charakter eines eigenen adeligen Gutes gehabt hat, ist es fast ohne Unterbrechung nur als Nebengut von Noer betrachtet worden. Noch im Jahre 1900 hatte Grönwohld einschließlich des Kirchdorfes Krusendorf ein Areal von fast 800 ha. Trotz dieser stattlichen Größe hat es nur wenige Jahrzehnte lang um 1600 selbständige Herren auf Grönwohld gegeben, auch aus dem Hause Ahlefeldt, einer Linie, die durch Teilung des Besitzes unter den Brüdern entstanden war. Aber sowohl vor dieser Zeit als auch späterhin waren die beiden Güter stets zu einem gemeinsamen und dadurch sehr großen Besitz vereinigt.

Noer verbleibt bei den Ahlefeldt durch reichlich zwei Jahrhunderte, nicht annähernd so lange wie die beiden südlichen Güter Lindau und Königsförde, die ein halbes Jahrtausend lang einen Hauptsitz der Familie darstellen. Auf Wulf folgt seit 1456 sein Sohn Schack, auf diesen 1488 der Enkel, wiederum Wulf geheißen. Dessen Sohn Asmus wird auf Noer und Grönwohld von 1543 an genannt. Seine Söhne Wulf, Melchior und Asmus teilen nach seinem Tode den väterlichen Nachlaß, Asmus erhält Grönwohld, Noer verbleibt zunächst im gemeinschaftlichen Besitz der beiden älteren Brüder Wulf und Melchior. Als diese beide ohne Nachkommen zu hinterlassen sterben, fällt Asmus schließlich auch Noer zu. Aber es geht nicht ohne große Streitigkeiten ab. 1590 verpfändet Asmus das Gut an Otto v. Qualen. Als nun Asmus v. Ahlefeldt wenige Jahre später das Pfand wieder einlösen will, weigert sich der Qualen, das Gut herauszugeben. Es kommt zu einem Prozeß vor dem Landgericht. Otto v. Qualen wird verurteilt, Noer gegen Erstattung der Pfandsumme von 26 000 Rthlr. wieder zurückzugeben. Er weigert sich immer noch, Noer zu verlassen und wird 1597 zu einer Buße von 1500 Rthlr. verurteilt, weil er dem Urteil keine Folge geleistet habe. Jetzt endlich kann Asmus v. Ahlefeldt einziehen, spätestens seit 1600 wird er als wohnhaft auf Noer genannt. Er hat das Gut anscheinend bald darauf seinem ältesten Sohne Joachim übergeben, der aber 1610 in Stockholm in einem Streit verwundet wurde und bald darauf starb. Das scheint den Vater bewogen zu haben, sich endgültig von Noer zu trennen, im gleichen Jahre verkauft er den alten Familienbesitz für 33 000 Rthlr. an Moritz Rantzau und zieht sich nach Grönwohld zurück, wo er 1613 stirbt.

Die Zeit der Ahlefeldt in diesem Raume geht zu Ende, auf Asmus folgt noch sein Sohn Hinrich auf Grönwohld, der im Jahre 1621 in Eckernförde auf der Straße erschlagen wurde, auf diesen die Enkelin Anna, die mit einem weitläufig verwandten Vetter Melchior v. Ahlefeldt verheiratet war. Dieser Melchior starb 1633 auf Grönwohld „eines elenden, schnellen und jämmerlichen Todes durch Zauberei, wie über das ganze Land bekannt". Auf einem Ritte scheute sein Pferd, und er wurde zu Tode geschleift. Einige alte Frauen wurden ergriffen und der Hexerei beschuldigt, wurden gefoltert und gestanden dann, daß sie mit dem Teufel im Bunde gestanden und das Pferd verhext hätten. Sie fanden ein trauriges Ende auf dem Scheiterhaufen.

Es kam zu Streitigkeiten zwischen Frau Anna, die doch die eigentliche Besitzerin von Grönwohld war, und ihrer Schwiegermutter, Melchiors Mutter. Das Ende vom Liede war, daß sie im Jahre 1637 Grönwohld mit Zustimmung der Vormünder ihres unmündigen Sohnes an die Rantzau auf Noer verkaufte. So waren die beiden Güter seitdem wiederum vereinigt.

Jetzt folgen einige wenige Jahrzehnte des Rantzauschen Besitzes, Moritz Rantzau wird 1630 von seinem Sohn Breide Rantzau beerbt, dem gleichen, der 1637 auch Grönwohld erwirbt. Auf diesen folgen die Söhne, erst 1650 Moritz, dann um 1670 Gert Rantzau, der 1673 in einem Duell außerhalb Itzehoes ums Leben kam. Wesentliches ist aus dieser Zeit nicht zu berichten, tiefere Spuren hat die Epoche der Rantzau nicht hinterlassen.

1675 verkaufen die Erben von Gert Rantzau die beiden Güter an Wilhelm v. Rumohr a. d. H. Roest. Er war der älteste von sechs Brüdern, war schon früh mit dem Gut Dänisch-Lindau abgefunden worden und war jetzt offenbar bestrebt, seinen Besitz bedeutend zu erweitern. Aber als 1678 seine einzige Tochter Ida den reichen Wulff Brockdorff auf Wensin heiratet, entschließt sich Wilhelm Rumohr, die beiden Güter dem Schwiegersohn zu überlassen und zieht seinerseits nach Wensin.

Jetzt, um 1680, hebt die große Epoche von Noer an, sie umfaßt nur zwei Generationen, Vater und Sohn Brockdorff und dauert bis 1763. Aber in dieser Zeit entstehen die beiden großen Bauwerke von Herrenhaus und Kirche, die bis zur Gegenwart hin für das Erscheinungsbild von Noer bestimmend gewesen sind. Das Kirchdorf Jellenbek lag unmittelbar am Steilufer der Ostsee, am Jellenbach, dessen Wasser nach dem alten Volksglauben die Täuflinge stark und alt machen sollte. Möglicherweise lag hier in vorchristlicher Zeit bereits eine Stätte der Verehrung.

Als nun durch fortschreitende Unterspülungen des Steilufers Dorf und Kirche Jellenbek zusehends in Gefahr gerieten, entschlossen sich die Bewohner, ihre Hofstätten nach dem Dorf Krusendorf, 1½ km südlich zu verlegen. Der Patronatsherr, Joachim Brockdorff, ließ die Kirche in Jellenbek abbrechen und erbaute in den Jahren von 1733 bis 1737 die neue, der Heiligen Dreifaltigkeit geweihte Kirche in Krusendorf. Am 17. Dezember 1733 wurde der Grundstein gelegt, die Einweihung erfolgte am 3. Advent des Jahres 1737.

Die Kirche, einer der wenigen, die während des 18. Jahrhunderts in den Herzogtümern erbaut worden sind, ist ein Gewölbebau mit kräftigem gedrungenem Turm, der in eine zwiebelartige Helmspitze ausläuft und mit Kupfer gedeckt ist. Im Inneren erhielt die Kirche an den Seitenwänden die Hochstühle des Patrons und der anderen Güter des Kirchspiels, ein Anbau diente als Begräbniskapelle für die Familie v. Brockdorff, er wurde mit einer großartigen schmiedeeisernen Gitterpforte geschmückt und nahm die Särge von Joachim Brockdorff und seiner Frau auf, einer geborenen Gräfin v. Holstein, schwere Sarkophage aus schwarzem Marmor, auf den Deckeln plastische Kruzifixe aus weißem Marmor, an den Kopf- und Fußenden Wappen und Inschriftkartuschen im Stil der Régence-Zeit. Der Gruftraum selber ist mit reichem Stuck verziert, in der Mitte der Stuckdecke befindet sich ein halbierter achtzackiger Stern umgeben von Bandelwerk und einem halbierten stark verkröpften profilierten Rahmen. An der Nordseite darunter sind drei wahrscheinlich symbolische Wappen in rocailleförmigen Kartuschen angebracht, ein Mann mit Schärpe und Szepter an einem Tische stehend, über einem Regenbogen das Sonnenfeuer und als drittes ein Stern über Meer und Landschaft mit Bäumen. Interessanter noch ist die Gestaltung der drei Seitenwände. An den Wänden sitzen drei weibliche Ganzfiguren in Halbrelief mit Emblemen, die eine hält in der Rechten eine Tafel mit der Grundrißzeichnung einer Festungsbastion, vielleicht auch einer befestigten Hofanlage. Die zweite Gestalt an der Nordwand ist von Folianten umgeben und hält einen Palmzweig. Die dritte endlich, an der Ostwand, hält in ihrer Rechten eine Papierrolle mit dem Grundrißplan eines Schlosses in erhabenem Relief. Das Haus zeigt eine ähnliche Grundrißgestaltung wie Damp oder Panker, einen beherrschenden Innenraum mit Treppenhaus und vier turmartigen starken Flügeln in den Ecken. Welches Haus dargestellt ist, bleibt unklar, möglicherweise ist Sierhagen gemeint, Wensin sieht ganz anders aus, und das Herrenhaus auf Noer war ein einfacher Querbau mit Anbauten. Sicher dürfte sein, daß die drei Gestalten den höheren Ruhm Brockdorffs künden sollen, seine Tätigkeit als Bauherr und seine Eigenschaft als Förderer von Kunst und Wissenschaft.

In die Zeit seines Besitzes fällt auch die Erbauung des großen schloßartigen

Herrenhauses, das 1933 zum größten Teil abbrannte, aber weitgehend in den alten Formen wieder aufgebaut worden ist. Das Haus ist ein schlichter Querbau von 9 Achsen mit beiderseitigen etwas zurücktretenden Anbauten, die je zwei Fenster haben. Die Anbauten waren mit Doppeldach versehen, was vielleicht darauf hindeutet, daß ein älterer Bau an gleicher Stelle ein Doppelhaus war, wie wir es so oft in Holstein finden. Der Mittelbau ist von hohem kräftig profiliertem Dach mit zwei Gauben mit Dreiecksgiebeldach überdeckt. Ähnliche Gauben befanden sich an den seitlichen Anbauten. Der Mittelbau war von den Anbauten durch rustizierte Pilaster getrennt, die Fenster an der gesamten Front rechteckig durch eine Vorblendung gerahmt, das Portal stark hervortretend durch Pilaster eingefaßt und mit sehr großer Kartusche in Akantusrahmen geschmückt, sicherlich Wappen und Initialen des Erbauers enthaltend. Nach dem Brande ist das Äußere etwas verändert, statt des Portals ist ein von quadratischen Säulen getragener Vorbau getreten, der eine große Terrasse im Obergeschoß trägt, die Dachgauben und das Doppeldach der Anbauten sind verschwunden, an ihrer Stelle ist das Haus von einem gewaltigen, bei den Anbauten etwas zurückspringenden einheitlichen Dach überdeckt, die Mitte betont durch einen segmentbogigen halbkreisförmigen Giebel, links und rechts ist das Haus erweitert durch kräftige viereckige Turmbauten. Im Inneren sind die Rokokostukkaturen aus der Zeit der Erbauung sorgfältig nach erhaltenen Zeichnungen und Fotos wieder hergestellt.

Joachim Brockdorff und seine Frau starben im gleichen Jahre 1673 und ohne Kinder zu hinterlassen. So kaufte der Neffe, Oberhofmarschall und Lehnsgraf Adam Gottlob Moltke im Jahre darauf die beiden Güter für 172 500 Rthlr. und gab sie 1772 weiter an den Sohn, den Grafen Christian Magnus Friedrich v. Moltke.

Die Moltke, ursprünglich aus Mecklenburg stammend, gehören zu den deutschen Geschlechtern, die im 18. Jahrhundert nach Dänemark kamen und sich hier viele Generationen hindurch in führenden Staatsämtern bewährt haben. Adam Gottlob Moltke, † 1792, war als Staatsminister und Oberhofmarschall im dänischen Dienst hervorgetreten und im Jahre 1750 zum dänischen Lehnsgrafen erhoben worden. In seinen beiden Ehen hinterließ er insgesamt 15 Söhne und 7 Töchter, viele von ihnen mit einer umfangreichen Nachkommenschaft. Die Grafen Moltke auf Bregentved, die Grafen Moltke auf Espe, die holsteinische Linie, die Grafen Moltke-Hvidtfeldt und noch mehrere Nebenlinien gehen alle auf diesen ersten Adam Gottlob zurück. Für ihn war Noer sicherlich nur ein Nebenbesitz, so überließ er schon 1772 seinem 3. Sohne, Christian Magnus Friedrich Moltke, † 1813, die Güter Noer und Grönwohld. Dieser, der kgl. Kammerherr und General war, wurde im Jahre 1774 in die

Noer nach einem Aquarell um 1850

schleswig-holsteinische Ritterschaft aufgenommen und errichtete 1779 das Fideikommiß Noer. Schon 1790 begann er mit der Aufhebung der Leibeigenschaft auf seinen Gütern. Von seinen 9 Söhnen sollte Adam Gottlob Detlev Moltke die Besitznachfolge in Noer antreten, ließ aber das Fideikommiß Noer zugunsten eines Fideikommißkapitals aufheben und kaufte im Jahre 1801 dafür das adelige Gut Nütschau bei Bad Oldesloe an. Er gehörte zu denjenigen, die hochbegeistert von dem Ausbruch der französischen Revolution 1789 den Anfang einer schöneren neuen Zeit zu sehen glaubten. 1791 reiste er nach Paris, um sich an Ort und Stelle ein Urteil zu bilden, er wollte seitdem nurmehr als citoyen Moltke angesprochen werden, – späterhin war er tief enttäuscht, die Marmorbüste, die Bertel Thorvaldsen im Jahre 1804 in Rom von ihm geschaffen hat, gibt großartig die tiefe Verbitterung in seinen edlen Zügen wieder.

Noer und Grönwohld wurden im Jahre 1801 an den Grafen Christian zu Rantzau auf Ascheberg verkauft. Aber als dieser noch im gleichen Jahre verstarb, ging der Besitz weiter an Bernhard v. Qualen auf Wulfshagen, er konnte es aber nicht lange halten, sondern gab es schon wenige Jahre später an Detlev Heinrich Hilmers weiter. 1823 kaufte Bernhard v. Qualen Noer zurück und blieb nun bis zu seinem Tode 1831 Besitzer der beiden Güter. Er lebte nicht auf Noer, sondern auf Wulfshagen.

Als die Güter im Jahre darauf zum öffentlichen Verkauf kamen, erwarb die Herzogin Louise von Schleswig-Holstein-Sonderburg-Augustenburg, eine

Tochter des dänischen Königs Christian VII., den Besitz für ihren zweiten Sohn, den Prinzen Friedrich August Emil, † 1865. 1838 wurden ihm die Güter übergeben, 1847 kamen noch Behrensbrook mit Rothenstein hinzu, alles in allem ein stattlicher Besitz von über 3100 ha, mit den drei Hauptgütern Noer, Grönwohld und Behrensbrook, den Meierhöfen Lindhof, Hohenkamp, Rothenstein und den Dörfern Krusendorf, Lindhöft, Elisendorf, Neudorf und Sprenge, vielen weiteren Einzelstellen und bedeutenden Waldungen, dazu in einer unvergleichlichen Lage am hohen Ufer der Ostsee belegen, die Landstraßen von alten Eichenalleen umsäumt, schon mehr einer Herrschaft vergleichbar. Der Prinz nahm den Namen eines Prinzen von Schleswig-Holstein-Noer an, später meist zu dem Namen Prinz von Noer verkürzt. Es gab sogar einen dänischen Spottnamen auf ihn: Prince Honneur.

Dieser Prinz von Noer ist aus der geschichtlichen Entwicklung der Herzogtümer nicht fortzudenken. Er war ebenso wie sein älterer Bruder, der Herzog von Augustenburg, von wachem politischem Verstand; beide wurden mit voller Wucht hineingerissen in den Strudel der Ereignisse, die zur Erhebung der Herzogtümer 1848 führten. Es kamen verschiedene Momente zusammen. Auf der einen Seite stand das drohende Aussterben des dänischen Königshauses. Nur mehr zwei Thronanwärter außer dem kinderlosen Prinzen Ferdinand waren vorhanden, beide wurden König, erst Christian VIII., dann Friedrich VII., jedoch beide ohne Kinder zu hinterlassen. Andreas Peter Bernstorff, der große dänische Staatsmann, hatte diese Entwicklung vorausgesehen und den Versuch gemacht, durch mehrere eheliche Verbindungen mit dem Augustenburger Herzogshaus für weitere Thronanwärter zu sorgen. Die Schwester des Prinzen von Noer, die Prinzessin Caroline Amalie, war ihrerseits mit dem dänischen König Christian VIII. verheiratet und trachtete danach, zwischen ihren Brüdern und dem König zu vermitteln. Trennend stand aber zwischen den Schwägern die rechtliche Frage der Thronfolge, die in den Herzogtümern anders lag als im Königreich selber. Hier war die weibliche Erbfolge zugelassen, dort nicht. Beide Fürsten, der Herzog von Augustenburg und der Prinz von Noer, beharrten starr und konservativ auf diesem Legitimitätsprinzip, der König versuchte den Gesamtstaat zusammenzuhalten.

Die andere Seite des Problems stellte die in beiden Landesteilen zunehmend spürbarer werdende Entwicklung zum Nationalstaat dar. Der Prinz von Noer stand dem anfangs nicht sonderlich betont gegenüber, er sagte von sich selber, daß seine Frau und seine Mutter Dänin, seine Großmutter Engländerin gewesen seien, so sei ihm der Begriff des Nationalstaats nicht als so entscheidend erschienen. Als dem König die wachsende Spannung in den Herzogtümern bewußt wurde, berief er daher im Jahre 1842 den Prinzen von Noer zum

Statthalter, gleichzeitig zum kommandierenden General in den Herzogtümern. Aber nach dem Erlaß des Offenen Briefes von 1846 zog nach einigem Zögern der Prinz die Konsequenzen und nahm seinen Abschied. Als zwei Jahre später die Erhebung in Kiel begann, wurde der Prinz durch Stafetten aus Noer abgeholt und zum Eintritt in die Provisorische Regierung bewogen. Er übernahm das Kriegsdepartement und wurde gleichzeitig zum Kommandierenden General der schleswig-holsteinischen Truppen berufen. Seitdem galt er in den Augen des dänischen Königshauses, ja ganz Dänemarks als Verräter.

Zunächst erntete er allerdings großen Ruhm durch den Handstreich auf die wichtige Festung Rendsburg, die er ohne Blutvergießen mit nur 300 Mann schon am Tage nach der Erhebung erobern konnte. Aber als zwei Wochen später die Schlacht von Bau unglücklich endete und damit fast das gesamte Herzogtum Schleswig den dänischen Truppen überlassen werden mußte, schwand sein militärischer Nimbus dahin. Schon am 14. April 1848 riet ihm eines der Mitglieder der Provisorischen Regierung, der Graf Friedrich Reventlou, ganz offen zur Demission, doch der Prinz lehnte ab. Er blieb bis zum Spätsommer in seinen Ämtern, aber unter zunehmenden Spannungen innerhalb der Provisorischen Regierung. Seine überbetont konservative Einstellung vertrug sich schlecht mit den Ansichten der Liberalen in der Regierung, hinzu kam sein schroffes, oft selbstüberhebliches Auftreten. So wurde er, wenn auch in äußerst höflicher Form, durch ein Schreiben der Provisorischen Regierung vom 19. August 1848 aller seiner Ämter enthoben.

Tief verbittert zog sich der Prinz nach Noer zurück, ohne noch einmal Gelegenheit zu erhalten, aktiv in die Politik, die er mit wachen Augen verfolgte, einzugreifen. Nach dem Zusammenbruch der Erhebung erhielt der Prinz 1850 ein Aufenthaltsverbot im Herzogtum Schleswig, das 1852 auf Holstein ausgedehnt wurde. Es scheint sogar, daß man versucht hat, sich seiner Person zu bemächtigen, am 12. August 1850 landete bei Noer eine dänische Truppe von 200 Mann, wurde aber zurückgeschlagen und mußte wieder abziehen.

Der Prinz führte von jetzt an ein unstetes Leben. 1858 starb seine erste Gemahlin Henriette, geb. Gräfin Danneskjold-Samsø, und wurde in seiner Abwesenheit auf dem Friedhof von Krusendorf bestattet. 1861 ließ er in Zürich seine Aufzeichnungen aus den Jahren 1848 bis 1850 erscheinen, ein Buch, das peinliches Aufsehen erregte. Die tendenziöse Art der Darstellung, die in den Aufzeichnungen zu Tage tretende Überheblichkeit, der Mangel an Selbstkritik, ja sogar vielfach die Entstellung der Wahrheit schufen ihm keine Freunde.

Im Jahre 1864 wollte der Prinz eine neue Ehe eingehen mit einer Amerikanerin, Marie Esther Lee, Tochter des reichen David Lee aus New York. Aus diesem Anlaß wünschte der Prinz ganz aus dem Hause Holstein auszuscheiden und erreichte bei dem Kaiser von Österreich, daß er ihn am 3. Oktober 1864 zum Fürsten von Noer ernannte. Auf Wunsch seiner jungen Gemahlin trat er bald darauf mit ihr zusammen eine Reise in den Vorderen Orient an, die bis nach Jerusalem führen sollte. Aber unterwegs, in Beyrut in Syrien, erlag er einem Herzschlag. Auch er ist auf dem Friedhof von Krusendorf bestattet worden; ein schlichtes Denkmal kündet von ihm und seiner ersten Gemahlin. Seine zweite Gemahlin, die Fürstin Marie Esther von Noer, geb. Lee, ging später eine neue Ehe ein mit dem kgl. preußischen Generalfeldmarschall Alfred Grafen v. Waldersee, † 1904. Letzterer ist in der Geschichte vor allem durch seine Teilnahme am Boxeraufstand in China 1900/01 bekannt geworden, bei dem er der Führer der vereinigten Kontingente der europäischen Großmächte war. Seine Gemahlin spielte eine bedeutende Rolle in der Gesellschaft des damaligen Kaiserreichs.

Der einzige Sohn aus erster Ehe, gleichen Namens wie der Vater, erbte nun die Güter. Eine Schwester von ihm, mit dem französischen Fürsten Vlangali-Handjéri verheiratet, war bei der Geburt eines Zwillingspärchens gestorben. Prinz Friedrich d. J., † 1881, war wegen seiner schwachen Lunge als junger Mensch nach Australien geschickt worden, hatte später mehrfach Indien bereist und sich ganz dem intensiven Studium der Orientalistik hingegeben. Seine bedeutende Bibliothek an einschlägigen Werken ruhte als Depositum in der Universitätsbibliothek in Kiel und ist dort den Bomben des 2. Weltkrieges zum Opfer gefallen. Er siedelte 1869 endgültig nach Noer über und lebte hier bis zu seinem Tode. In diesen Jahren vollendete er ein großes Werk, die Geschichte des Kaisers Akbar von Indien, eines Herrschers des 16. Jahrhunderts. Freilich erschien zu seinen Lebzeiten nur der erste Band. Den zweiten Band gab Gustav v. Buchwald 1885 in Leiden in Holland auf Grund der vorgefundenen Manuskripte heraus.

Im Jahre 1870 wollte der Prinz sich mit Carmelita Eisenblatt, Tochter eines Kaufmanns aus La Guayra in Venezuela vermählen, die ihm schon lange beim Ordnen seiner Bibliothek behilflich gewesen war. Auf seinen Wunsch gab ihm der König von Preußen am 12. April 1870 Namen und Titel eines Grafen von Noer. Die Vermählung erregte naturgemäß großes Aufsehen, aber mit der Zeit lösten sich die Spannungen innerhalb des herzoglichen Hauses. Auch zu den Höfen in London und Kopenhagen kam ein freundlicher Kontakt zustande.

Nach dem Tode des Grafen verblieb die Besitzung zunächst in den Händen der Witwe Carmelita als Nutznießerin bis zu ihrem Tode im Jahre 1912. Erbinnen waren die beiden Töchter, Carmen, die mit dem Hofchef am kaiserlichen Hofe in Berlin und kgl. preußischen Kammerherrn Ernst Graf zu Rantzau verheiratet war, aber von ihm 1917 geschieden wurde und Luise, die den französischen Prinzen Henri Handjéri heiratete, der große Besitzungen in der Bretagne besaß.

Die Miteigentumsverhältnisse wurden dadurch noch komplizierter, daß Gräfin Carmen ihre Anteile zu drei Vierteln auf den einzigen Sohn aus der Rantzauschen Ehe, Frederik August Graf zu Rantzau, † 1945, übertrug. Eine Lösung der Miteigentumsrechte war im Interesse der Bewirtschaftung des Besitzes unabdingbar. So wurden die Güter Noer und Grönwohld – Behrensbrook mit Rothenstein war schon vorher verkauft worden – 1929 versteigert. Die Prinzessin Handjéri wurde ausgezahlt, Gräfin Carmen Noer hatte sich inzwischen in zweiter Ehe mit Rudolf Humbert aus Oberhof in Thüringen vermählt und dessen Kapitaleinlage zum Erwerb des Besitzes mitverwendet. So gehörten jetzt vier Siebtel der Branche Humbert, drei Siebtel der Branche Rantzau.

Aber damit noch nicht genug der Verwicklungen. Graf Frederik A. zu Rantzau war passionierter Jäger und beschloß, das Gut Grönwohld der Deutschen Jägerschaft zur Anlage eines Jägerhofes zu überlassen. Nach Beendigung des Krieges 1945 erklärte die britische Besatzungsmacht die Deutsche Jägerschaft für eine nationalsozialistische Einrichtung des Dritten Reiches und beschlagnahmte Grönwohld. Weitläufige Verhandlungen und Prozesse waren die Folge, die Jägerschaft vertrat mit Nachdruck ihren Standpunkt, daß sie stets unpolitisch gewesen sei. Schließlich, erst im Jahre 1956 kam es zu einer Lösung des Streites, der Hof Grönwohld wurde aufgesiedelt, der Wald mit rund 100 ha verblieb der Jägerschaft. Nachdem alle Prozesse mit verschiedenem Ausgang durchgeführt worden waren, entschloß sich die Tochter der Prinzessin Handjéri, Madame Laur in Frankreich, ihre Prozeßgewinne wohltätigen Zwecken zuzuführen. Die Kirche in Krusendorf, das Deutsche Rote Kreuz, alte Bedienstete aus Noer wurden bedacht. Weitere Gelder flossen bedürftigen Einwohnern aus Noer zu, sowie dem Fürsorgeheim in Gettorf.

So betrug im Jahre 1938 die Größe des Besitzes nurmehr 800 ha, Grönwohld war abgetrennt, Behrensbrook mit Rothenstein verkauft, ebenso das Dorf Lindhöft und der Meierhof Lindhof, den der nationalsozialistische Gauleiter Lohse erhalten hatte, heute ein Versuchsgut der Kieler Universität. Graf Frederik August Rantzau kehrte aus dem Kriege nicht heim, er starb als Major in russischer Kriegsgefangenschaft in Tkwibuli am Kaukasus, Erbin wurde seine Gemahlin Ehrengard, geb. Gräfin v. d. Schulenburg.

Von 1953 an wurde das Miteigentumsverhältnis mit der Branche Humbert gelöst, zunächst übernahm der Landsiedlungsverband 180 ha, 1957 weitere 385 ha, so daß eine Auszahlung der Familie Humbert erfolgen konnte. Noer erhielt ein völlig neues Gesicht, es entstanden 16 Bauernhöfe, 20 Siedlerstellen, neuerdings sogar Rentner-Altenheime. Im Besitz der Gräfin Rantzau verblieben nurmehr 232 ha, davon rund 160 ha Wald, 45 ha Grünland.

Neues Herrenhaus

Das Herrenhaus erfuhr gleichfalls ein wechselvolles Schicksal in dieser Zeit. Im Jahre 1933 brannte es bis auf die Grundmauern ab, wurde aber mit den eingangs gekennzeichneten Änderungen wieder aufgebaut. Als nun in den 1950er Jahren der Besitz entscheidend verändert wurde, ging das Schloß 1957 an die Schleswig-Holsteinische Gesellschaft für Einrichtungen der Jugendpflege über. Nach Aufteilung des Besitzes zwischen der Gräfin Rantzau und den Humbertschen Erben und nach Vornahme von Umbauten finden dort jetzt Familien-Erholungsaufenthalte, Kinderverschickungen, Tagungen und Jugendtreffen auf

Gartensaal

internationaler Ebene statt. Die großartige Lage des Hauses unweit der kilometerweiten Sandstände der Ostsee gibt naturgemäß dieser Entwicklung ihren besonderen Reiz.

Gräfin Ehrengard Rantzau, geb. Gräfin v. d. Schulenburg, gelang es, den Restbesitz zu einem Domizil moderner Häuslichkeit zu gestalten. Der Architekt Otto Schnittger aus Kiel erbaute im Jahre 1960 das neue Herrenhaus inmitten der Waldungen und dicht am Steilufer der See gelegen, von außen her in eigenwilligen Formen, im Inneren erfüllt mit der alten Kultur eines großen Herrensitzes. Vieles von den Kunstwerken aus dem fürstlichen Besitz, vieles auch aus Rantzauschem Erbe hat hier seinen Platz gefunden, kostbare Gläser und Porzellane, wertvolle Möbel und großartige Portraits. Noer ist wohl das einzige neuentstandene Haus auf allen schleswig-holsteinischen Gütern, das als wirkliches Herrenhaus zu bezeichnen ist.

Adeliges Gut Noer

Besitzerin: Ehrengard Gräfin zu Rantzau

Besitzer		*Gut und Bauten*	
ca. 1417–1610	v. Ahlefeldt	1317	Dorf Noer
1610–1675	(v.) Rantzau	1632	Niederlegung des Dorfes
1675	(v.) Rumohr		Noer
1680–1763	(v.) Brockdorff	ca. 1730	Herrenhaus erbaut
1763	Graf v. Moltke	1733/37	Kirche in Krusendorf erbaut
1801	v. Qualen	1790	Aufhebung der Leibeigen-
1832	Herzogin Louise		schaft
	von Schleswig-Hol-	1847	Behrensbrook und Rothen-
	stein-Sonderburg-		stein angekauft
	Augustenburg, dann	1929	Versteigerung von Noer
	ihre Nachkommen:		und Grönwohld
1838	Friedrich Prinz v.	1933	Brand und Wiederaufbau
	Noer		des Herrenhauses
1865	Friedrich Prinz, seit	1938	Grönwohld der Deutschen
	1870 Graf v. Noer		Jägerschaft übergeben
1912	die Töchter Gräfin-	1953/57	Aufsiedlung von Noer
	nen v. Noer	1960	Bau des neuen Herren-
1948	Ehrengard Gräfin zu		hauses
	Rantzau		

27 Borghorst

Kirchspiel Gettorf   Kreis Rendsburg-Eckernförde

Borghorst ist, ähnlich manchen anderen Gütern im Dänischen Wohld, ursprünglich ein Bauerndorf gewesen und dürfte im Zuge der Besiedelung der Landschaft durch holsteinische Einwanderer im Laufe des 14. Jahrhunderts entstanden sein. Erstmalig 1450 wird der Ort erwähnt. Bald darauf ist er in den Besitz der Herren v. Ahlefeldt auf Noer gelangt, die hier seit 1424 bezeugt sind. Wulf v. Ahlefeldt, † wohl im ersten Drittel des 15. Jahrhunderts, bildet aus dem großen Besitz drei Güter, Noer und Grönwohld, die der jüngste Sohn Schack erbt, und Borghorst, das dem ältesten Sohne Benedict bestimmt wird. Mit Sicherheit seit 1489 wird dieser als Herr auf Borghorst bezeichnet. Der Überlieferung nach erreichte er das hohe Alter von 105 Jahren, aber man muß diese Angabe als Übertreibung ansehen, wahrscheinlich liegt hier eine Verwechslung mit seinem gleichnamigen Großvater vor, der sehr alt wurde, aber kaum die 100 erreicht haben dürfte. Unser Benedict war ein ungewöhnlich reicher Mann. Erstmalig um 1450 wird er genannt, 1456 bei der großen Stiftung des Geschlechts Ahlefeldt für die Marianer an der Marienkirche in Hadersleben. Er war in der Lage, dem König Christian I. größere Summen darlehnsweise zur Verfügung zu stellen, aber er tat es nicht umsonst, er ließ sich hierfür einen Pfandbrief geben auf die Tielenburg mit Ort und Zoll, auf Norder- und Süderstapel mit Bergenhusen und Erfde, außerdem die Dörfer Hude, Hohn, Burgstall und Barshöft in Dithmarschen. Erst von 1489 an war der Landesherr in der Lage, seine Schulden abzutragen. Im gleichen Jahre wird Benedict v. Ahlefeldt als Besitzer von Borghorst genannt, zu diesem Zeitpunkt dürfte daher schon eine Burganlage dort gestanden haben.

Von seinen fünf Söhnen ist der bemerkenswerteste der älteste, Gottschalk oder Gosche genannt, † 1535, der in den geistlichen Stand trat, wohl zu unterscheiden von seinem Vetter und Zeitgenossen, dem letzten katholischen Bischof von Schleswig, Gottschalk v. Ahelefeldt, † 1541. Unser Gosche gründete in Eckernförde eine Stiftung für alte und gebrechliche Leute, den Goschenhof. Das Gebäude hat durch Jahrhunderte Bestand gehabt, bis es höchst bedauerlicherweise 1889 abgebrochen wurde. Die Stiftung besteht noch heute, wenn auch nur noch aus einem infolge der verschiedenen Inflationen sehr reduzierten Kapital. Zwei Brüder des Gosche v. Ahlefeldt werden ausdrücklich als aus Borghorst bezeichnet, so noch 1527 Hinrich, zwei andere, Benedict und Claus werden 1498 auf Borghorst genannt.

Benedict fiel 1500 bei Hemmingstedt, Claus erwarb das große Gut Gelting in Angeln und wurde der Begründer der bedeutenden Linie Gelting seines Geschlechts. So wird er sich in dieser Zeit von Borghorst getrennt haben, und da Frau und Schwiegertochter eine Rantzau waren, ging das Gut über an die Rantzau. Von 1546 bis 1560 hatte es Heinrich Rantzau aus der Linie Bülk, nach ihm von 1560 bis 1583 sein Sohn Hans. Als die Bildtafeln über die Rantzauischen Burgen und Schlösser entstanden, 1586 bzw. 1590, war Borghorst schon nicht mehr im Rantzauischen Besitz, sonst besäßen wir eine Abbildung des damaligen Hauses.

Hans Rantzau war verheiratet mit Brigitte v. Buchwaldt. Sie heiratete nach seinem Tode 1582 einige Jahre später Hinrich Rumohr, † 1599, der das Gut Rumohrsgaard auf Alsen besaß. Aus der Ehe mit Hans Rantzau war außer einem früh verstorbenen Sohn nur eine Tochter Elisabeth vorhanden, die sich 1597 mit Henneke Rumohr auf Rundhof und Drült, † 1618 vermählt hatte. So kam Borghorst für drei Generationen an die Rumohr, auf Henneke folgte sein Sohn

Hans, † 1673. In dieser Zeit blieb Rundhof zweifellos der Hauptsitz der Familie, aber gleichzeitig muß auch Borghorst sich sehr zu seinem Vorteil entwickelt haben. 1629 klagt Hans Rumohr in einem Brief an den König, als „neulich sein Gut Borghorst von etlichen Sr. Majestät Reutern fast gar spoliiret und wenig darauf gelassen worden; da er sich keines Verbrechens schuldig wisse, als bitte er den König um dero Schutz und eine salva guardia über seine Güter".

Da zu diesem Zeitpunkt der Vater Henneke Rumohr noch lebte, ist es wahrscheinlich, daß er seinem Sohne Hans Borghorst bereits übergeben hatte. Von Hans Rumohr kaufte der Amtmann Hans v. Thienen auf Wahlstorf, † 1691, Borghorst, wie es ausdrücklich heißt: „mit großen Kosten" und dem Zusatz „das wundervolle Gut". Der Zeitpunkt des Verkaufs steht nicht fest, spätestens 1670, denn in diesem Jahr wird Thienen bereits als Herr auf Borghorst genannt. Es blieb aber nicht lange im Besitz der Thienen, auf Hans folgte sein Sohn Cai, † 1701, auf diesen der Enkel, wiederum Hans v. Thienen mit Namen, der aber in Schulden geriet und Konkurs machte. Aus dem Konkurse kaufte Wulf Blome, † 1761, Borghorst im Jahre 1723 an, er stand durch seine Heirat mit Elisabeth v. Thienen aus dem Hause Warleberg ohnehin bereits in engen Beziehungen zu den Thienen. Blome, der keine Staatsstellung bekleidete, widmete sich ganz der Bewirtschaftung seiner Güter, wohnte abwechselnd auf Borghorst und in Kiel, bis ihm später noch die Güter Hagen und Dobersdorf östlich Kiels zufielen und er ganz dorthin verzog. Borghorst überließ er dem Manne seiner älteren Tochter, dem Großfürstlichen Geheimrat und Klosterprobsten in Preetz Josias v. Qualen, † 1775. Mit ihm erst gewinnt Borghorst als Gut und als Haus schärfere Konturen, die Besitzzeit von ihm und von seinem Sohne Josias v. Qualen d. J., † 1819, ist die große Zeit dieses Herrensitzes.

Josias v. Qualen d. Ä. war ein bedeutender Mann, der in zahlreichen Ehrenämtern hervorgetreten ist, so war er Oberschenk des Bischofs von Lübeck, kgl. dänischer Geheimer Rat und Klosterprobst des Klosters Preetz. Ihm wurden die seltenen Ehrungen des russischen St. Annen- und des St. Alexander Newsky-Ordens zuteil. Auch schriftstellerisch ist er mehrfach hervorgetreten. Er nahm lebhaften Anteil an der die Ritterschaft spaltenden Frage, ob Receptionen vorgenommen werden sollten, mit der 1774 veröffenlichten Denkschrift:

„Reflection
über die in diesem Fasten-Markt 1774 zu bestimmende Frage: Ob eine in dem Corps der Schleswig-Holsteinischen Noblesse vorzunehmende Reception unterschiedlicher Familien nothwendig, oder auch nur nützlich sey?"
Die Schrift ist auch auf Dänisch erschienen, offenbar, um den Kreisen um den Hof und die Regierung in Kopenhagen die Fragen deutlich zu machen. Für den

Zustand Borghorsts wichtig ist eine andere Schrift von Josias v. Qualen, anonym 1760 veröffentlicht unter dem Titel:

> „Beschreibung eines Adelichen Guths in Holstein nebst einigen Betrachtungen.''

Das Büchlein, das auch heute noch höchst lesenswert und geistreich, ja spöttisch geschrieben ist, behandelt mit pedantischer Gründlichkeit alle Erwägungen, die bei dem Ankauf eines Gutes anzustellen sind, nämlich:

> Die Einrichtung eines Gutes
> Die Unkosten zur Einrichtung
> Die Revenuen
> Den Einkauf
> Den Gewinnst bey einem Gute
> Den Verlust bey einem Guthe
> Das Vergnügen auf einem Guth
> Den Verdruß auf einem Guthe
> Die Glücks- und die Unglücksfälle auf einem Guth
> Die Leibeigenschaft
> die Jurisdiction
> Die Jagd-Freyheit
> Die Zoll-Freyheit.

Entscheidend für die äußere Gestaltung von Borghorst ist die Erbauung des heute noch fast unverändert stehenden Herrenhauses, das Josias v. Qualen 1742 errichtete. Die Lage des Hofes in schiefer Achse zum abseits liegenden, von Hausgräben umflossenen Herrenhause macht deutlich, daß hier die Stelle der alten Wasserburg zu suchen ist. Es scheint aber auch, daß sich im jetzigen Bau Reste eines älteren Hauses verbergen. So ebenmäßig das Haus erscheint, mit Mitteltrakt und gleichmäßig nur wenig vorgezogenen Flügeln, die nähere Betrachtung ergibt, daß der nördliche Flügel einer älteren Bauepoche zuzurechnen ist. Der Fußboden dieses Gebäudeteils, der Küche und Kellerräume enthält, liegt drei Stufen tiefer als das übrige Haus, im vorspringenden Teil des Flügels befinden sich vier mit Kreuzgratgewölben überwölbte Keller, über ihnen ein niedriges Mezzaningeschoß. Die Fenster, die von außen gesehen mit allen übrigen Fenstern der Fassade gleichgestaltet sind, sind Blendfenster und sind nur im oberen Teil, eben dem Mezzaningeschoß, geöffnet. Man gewinnt daher den Eindruck, daß der vorhergehende Bau praktisch nur die Größe dieses Flügels besessen haben kann und quer zu der heutigen Lage des Herrenhauses gestanden haben muß, wobei es dem Bauherrn ausgezeichnet gelang, den vorhandenen alten Bau in das neue große Haus einzubeziehen.

Das was Josias v. Qualen schuf, war vorzüglich: ein schlichter zweistöckiger Längsbau mit zwei kurzen Seitenflügeln, ein Ziegelbau auf niedrigem Feldstein-sockel. Im Mitteltrakt 7 Fensterachsen, in den Flügeln je 3, an den Schmalseiten 4, an der kaum gegliederten Rückfront 13 Fensterachsen. Der einzige und wahrhaft bedeutende Schmuck der Fassade ist das unter einem flachen Dreiecksgiebel des Mittelrisalits stehende Portal aus feinkörnigem gelblichem Sandstein. Es trägt die Jahreszahl 1742 und in großer Kartusche das Doppelwap-pen der Erbauer, links den Qualenschen Eberkopf, zur Rechten das Blomesche Wappen der Frau, den springenden Hund. Das feingemeißelte Gewände des Portals besteht aus zwei Stäben mit Ornamentfüllung, über die Scheitelhöhe des Bogens ist eine steinerne Draperie mit fröhlich blickendem Faunskopf gestellt; so erscheint die ganze Szenerie würdig dem Geist eines eigenwilligen und witzigen Grandseigneurs seiner Zeit. Das Portrait von ihm, das Balthasar Denner 1736 gleichzeitig mit dem Bildnis seiner Frau geschaffen hat und das sich auf Wulfshagen befindet, bestätigt voll den Eindruck einer kraftvollen Natur.

Das was die Persönlichkeit von Josias v. Qualen für uns Heutige so anziehend macht, ist seine weltoffene Einstellung zu den geistigen und moralischen Strömungen der Zeit. Johann Bertram Mielck war Doktor der Philosophie und

Seitenfassade

Hauptpastor an der Stadtkirche in Preetz und wird aus dieser Tätigkeit heraus Qualen gekannt haben. Er widmete ihm eine Schrift mit dem bezeichneten Titel:
„Kann der Verächter der offenbarten Religion wohl tugendhaft sein oder auch nur eine einzige gute Handlung verrichten?"
Von großer Bedeutung wurde die Berufung eines Hauslehrers für seinen gleichnamigen Sohn Josias, offensichtlich einen hochbegabten jungen Menschen. Die Wahl fiel auf Johann Bernhard Basedow, den später so berühmt gewordenen Pädagogen und Philosophen. Als Basedow 1749 nach Borghorst kam, war er erst 26 Jahre alt. Er blieb hier vier Jahre und ließ über seine Erfahrungen in der Erziehung des jungen Qualen, den er von seinem 7. bis zu seinem 10. Jahre unterrichtete, gleich zwei Schriften erscheinen, die eine reichte er als Disputation zur Erlangung der Würde eines Magisters ein mit einem umständlichen und langen Titel auf Lateinisch, die andere erschien im gleichen Jahre 1752 in Hamburg mit dem etwa gleichen Titel:
„Nachricht in wie fern besagte Methode wirklich ausgeübt sey, und was sie gewirkt."
1752 sollte Basedow Professor der Redekunst und der Moralphilosphie an der Akademie von Sorø werden, doch fanden sich Gegner, die die bereits ausgefertigte Ernennung zu annullieren wußten. 1753 gelang es aber doch dank seiner einflußreichen Gönner, ihm diese Professur zu verschaffen. Er hatte sich inzwischen mit der Gouvernante in Borghorst, Emilie Dumas verheiratet und nannte seinen ersten Sohn mit dem zweiten Vornamen nach seinem Gönner Josias. Später ging Basedow nach Altona und erhielt dort auf Betreiben des dänischen Staatsministers Andreas Peter Bernstorff eine jährliche Pension aus der dänischen Staatskasse, wofür er sich mit geradezu schwärmerischen Worten in seinem Philanthropinum bedankte:

„Himmlischer Bernstorff,
Du Europens Kenner und Liebling,
Du Patriot, du Menschenfreund, du Christ,
In jedem dieser Namen groß!"

Schon I. F. Noodt schrieb 1753, daß der Oberschenk sich eines hoffnungsvollen Sohnes erfreuen könne, nachdem er von Basedow nach einer besonderen Methode unterrichtet worden sei und schon in seinem zarten Alter in der lateinischen und deutschen Sprache große Stärke besitze.
In der Tat rechtfertigt das weitere Leben dieses Sohnes, Josias v. Qualen d. J., † 1819, voll dieses Urteil. Seine Studien absolvierte er in Utrecht und in Leipzig, wo er sich besonders des Vertrauens und der Zuneigung von Christian Fürchtegott Gellert erfreute, der damals als Professor in Leipzig lehrte und durch

seine geistlichen Lieder und Fabeln berühmt geworden ist. Später wurde er Verbitter des Klosters in Itzehoe und gleichzeitig Klosterprobst in Uetersen, kgl. Dänischer Geheimer Conferenzrath, Großkreuz vom Danebrog und endlich sogar Ritter des Elephantenordens.

Borghorst blieb zunächst nach dem Tode des Oberschenken im Besitz der Mutter, erst als sie 1783 gestorben war, wurde Josias d. J. Besitzer. Seit 1794 war er auch Besitzer des adeligen Guts Damp in Schwansen. Das letztere Gut scheint ihm besser gefallen zu haben als Borghorst, so verkaufte er im Jahre 1800 Borghorst für 350000 Rthlr. an den Geheimen Conferenzrath Jürgen v. Ahlefeldt, der vorher Damp besessen hatte, – ein Hin und Her zwischen den beiden Gütern, das später zu umfangreichen Prozessen Veranlassung gab. In der kurzen Zeit, die Borghorst Jürgen v. Ahlefeldt gehörte, wurden die beiden Meierhöfe Augustenhof und Borghorsterhütten vom Gut getrennt, Jürgen v. Ahlefeldt hing offensichtlich nicht an Borghorst und war bald darauf bereit es wieder zu verkaufen. Noch aber gab es Mitglieder der Familie v. Qualen, die ihr Auge auf diesen Besitz geworfen hatten. Als jetzt ein Neffe des Verbitters, wiederum ein Josias v. Qualen, durch seine Heirat mit der Demoiselle Nina Grund aus Hamburg zu Geld gekommen war, kaufte er Borghorst wieder für die

Hauptsaal, Nische mit Stuck und Pariser Tapeten, 1825

Qualen zurück. Aber obwohl der Kaufpreis nur mehr 50 200 Rthlr. betrug, konnte er es nur in Gemeinschaft mit Hans Jürgen Hamann erwerben. Da Josias v. Qualen III. keine Kinder hatte, blieb Hamann nach dem Tode Qualens 1823 alleiniger Besitzer.

Ihm folgte 1867 Albrecht Hamann, 1888 Ernst Jürgen Hamann. Von diesem kaufte 1932 Hermann Bornhöft das Gut an, und nachdem dessen Sohn Hans Christian Bornhöft im 2. Weltkrieg gefallen war, ging es 1947 unmittelbar auf den Enkel Jürgen Hermann Bornhöft über. Das Gut ist durch die Abtrennung der Meierhöfe und der Dörfer Osdorf und Stubbendorf sowie durch anderweitige Landabgaben stark verkleinert worden. Gegenwärtig umfaßt es 350 ha, davon 285 ha Acker und 65 ha Wald.

Der Wirtschaftshof trug bis zur jüngsten Gegenwart ein einheitliches Gepräge, die den Hofplatz zur Linken und zur Rechten einrahmenden Scheunen waren in besonders großen Maßen erbaut, mit tief herabgezogenem Dach und Krüppel-walmen an den Schmalseiten. Ursprünglich waren sicherlich alle Mauern in Fachwerk gehalten, die Giebelwände mit Geschoßschwellen auf Knaggen. Durch den Orkan vom 23. Februar 1967 ist Borghorst wie kein anderes Gut betroffen worden. Die Quergebäude sind eingestürzt, die große Scheune so stark beschädigt, daß sie abgebrochen werden mußte, das Kuhhaus in wesentlichen Teilen zerstört. So hat ein Sturm, der nicht länger anhielt als 20 Minuten, alles das vernichtet, was vor Jahrhunderten aufgebaut und von Generation zu Generation liebevoll bewahrt worden war.

Umso wichtiger ist, daß sich im Herrenhause selber erhebliche Teile der alten Ausstattung erhalten haben. Vor allem der Gartensaal ist als höchst bedeutender Raum anzusprechen. Die reiche Stuckdecke stammt noch aus der Zeit der Erbauung des Hauses und vereinigt Stilmotive von Régence und Rocaille mit zierlichen zart geschwungenen Einzelheiten. Eine reiche Profil-Leiste trennt die breite flache Volutenzone vom rechteckigen Mittelfeld, die Mitte wird einge-nommen von einem runden Mittelstück mit Gitter- und Bandelwerk, Fleder-mausflügeln und Hängeblümchen, in den Ecken steht Gitterwerk mit regelmäßi-gen Rocailleschwüngen, an den Stirnseiten asymmetrisch geschwungene Blumenvasen mit Masken und Federn über Bandelwerk, in der breiten Voute Gitterwerk, Muscheln, Papageien und Ranken, in den Ecken asymmetrisches Rocaille mit Blumen und Strahlen, sowie zwei fast freiplastischen Putten. Die Ofennische in der Ecke schließt mit einem rundbogigen Muschelgewölbe, darüber Rocaille, Blumenranken und Theatermaske, von einer freiplastischen Blumenvase bekrönt.

Der Hauptschmuck des Saales selber sind die großen bunten Bildertapeten, die drei Innenwände des Raumes über holzverkleidetem weißen Sockel schmücken.

Tapete von Dufour und Leroy, Paris 1825

Die Tapeten stammen aus Paris, aus dem Tapetenatelier Dufour et Leroy, das
unter Joseph Dufour 1825 die 25 farbigen Streifen der „Paysages de Télémaque
dans l'île de Calypso" herausbrachte. Nach dieser Jahreszahl zu urteilen, sind die
Tapeten also erst nach der Zeit der Qualen nach Borghorst gekommen, Josias v.
Qualen III. starb 1823. Trotzdem möchte man vermuten, daß Qualen noch
seinen Einfluß auf die Beschaffung der Tapeten ausgeübt hat. Die Tapetenfolge
ist gearbeitet nach dem Roman von Fénélon von 1699 „Les aventures de
Télémaque" und schildert die Abenteuer Telemachs auf der Insel der Kalypso. In
Borghorst sind 7 Szenen vorhanden, als kleine Staffage in riesige antikisch-he-
roische Landschaften gestellt, in denen das Hellblau von Himmel und Meer mit
blaugrünen Baumgruppen vorherrscht. Die fraisefarbenen Architekturen einer
Akropolis mit Palast, Bastion, Freitreppe und Gloriette sowie mehrerer Tempel
und eines Monopteros und die teilweise orangeroten Figuren in ihrer kühlen
Buntfarbigkeit geben dem Saal ein festlich bewegtes Gewand. Die Szenen stellen
dar:

354

1. Opfer und Tanz der Nymphen;
2. Die Schiffbrüchigen Mentor und Telemach werden von Kalypso empfangen;
3. Telemach erzählt Kalypso seine Abenteuer;
4. Venus bringt Kupido zu Kalypso;
5. Jagd von Telemach und Eucharis;
6. Kalypso entdeckt Telemachs Leidenschaft für Eucharis;
7. Die Nymphen verbrennen das von Nestor erbaute Schiff, Nestor stößt Telemach ins Meer.

Über den Türen des Saales sind Tapeten-Supraporten der gleichen Zeit angebracht,

1. Galante Herren und Damen im Park besteigen einen Nachen. Die Kostüme entsprechen Bühnendekorationen der Romantik im Stil der italienischen Hochrenaissance und der Caravaggio-Zeit. Die Damen tragen Kostüme der Directoire-Zeit, daneben ein venetianischer Gondoliere.
2. In zwei Szenen geteilt, in der einen Hälfte eine Dame im Park mit großem befedertem Florentiner Hut, an der Wiege zur Laute singend. In der anderen Hälfte eine Dame im Park mit Blütenkranz im Haar, ihr Kind nährend, dazu Vogelbauer, spielende Katzen und blühende Malven.
3. Reigentanzende Mädchen in antikischem Gewand, denen ein Hirte zuschaut.

Zwischen den Fenstern befinden sich zwei schmale rechteckige klassizistische Spiegel in Mattweiß mit einem Blattfries aus Goldleiste, an den Ecken Sonnenblumen auf blauem Grund, darüber ein Attikafeld mit zierlich geschnitztem Rankenornament, darin je ein kleines Oval mit Grisaillemalerei auf blauem Grund: ein flötespielender Putto reitend auf einem Löwen.

Das südlich anstoßende kleine sogenannte Grüne Zimmer ist mit Boiserien reich ausgestattet, das Schnitzwerk auf resedagrünem Grund im Stil der Régence-Zeit mit Rokoko-Elementen, in den Supraporten Gitterwerk in symmetrischen Kartuschen, in den schmalen Wandfeldern Gitterwerk. Die Stuckdecke zeigt in den Ecken symmetrisches Bandelwerk, Gitterwerk und Hängeblümchen, in der Ofennische reicher in Rocaille ausladend.

Das Treppenhaus endlich hat eine besonders geräumige Treppe in dreifach abgesetztem Lauf, die Geländerbrüstung ist beiderseits in sehr reichem Schnitzwerk im Régence-Stil ausgeführt. Das Gitter ist durchbrochen mit Bandelwerk, Gitterwerk, Hängeblümchen und sparsamen Rocailleansätzen. Das Herrenhaus enthielt darüber hinaus noch eine größere Anzahl von wertvollen gußeisernen Öfen, teils im Régence-Stil, teils aus dem Ende des 18. Jahrhunderts, einige aus der Zeit um 1820. Heute sind die meisten dieser schönen alten Öfen nicht mehr vorhanden.

Besitzer: Jürgen Hermann Bornhöft

Besitzer		*Gut und Bauten*	
ca. 1430–1540	v. Ahlefeldt	1450	Dorf Borghorst
ca. 1546	(v.) Rantzau	1489	Burg Borghorst
1582–ca. 1670	(v.) Rumohr	1742	Herrenhaus erbaut
ca. 1670–1723	v. Thienen	1803	Meierhöfe Borghorsterhütten
1723	Wulf Blome		und Augustenhof verkauft
1742–1823	v. Qualen	1875	die Dörfer Osdorf und Stubben-
(1800–1815	v. Ahlefeldt)		dorf abgetrennt
1823	Hans Jürgen Hamann, dann dessen Nachkommen	1967	Zerstörung der meisten Hofgebäude durch einen Orkan
1932	Hermann Bornhöft, dann dessen Nachkommen		

28 Wulfshagen

Kirchspiel Gettorf   Kreis Rendsburg-Eckernförde

Das Gut Wulfshagen bildet sich erst langsam und allmählich zu einem eigenen Gut heraus. Die Geschichte beginnt im Mittelalter mit dem Dorfe Habichhorst, das heute längst vergangen ist, von dem man nur die Namen einiger Bauern kennt und von dem bekannt ist, daß noch in den Jahren 1504 und 1514 der Zehnte an den Bischofsstuhl in Schleswig entrichtet werden mußte. Aber gleichzeitig war schon das Dorf, wie fast der gesamte Dänische Wohld, in den Händen des Geschlechts v. Ahlefeldt. Hinrich v. Ahlefeldt auf Lindau, der im Jahre 1500 in der Schlacht von Hemmingstedt fiel, hatte wenige Jahre vor seinem Tode von Herzog Friedrich eine Bestätigungsurkunde erhalten, in der ihm sein Besitztum gewährleistet wurde: Lindau bei Levensau, mit den Dörfern Lindau,

357

Revensdorf, Niendorf, Gettorf, Blickstedt, Königsförde und Habichhorster Hütten. Zu dieser Zeit also war schon neben dem Dorfe Habichhorst eine Hütte entstanden, eine Glashütte, zu deren Betrieb die großen Wälder der damals waldreichen Landschaft verwendet wurden. So liegen Habichhorst und Habichhorster Hütten an der Stelle der späteren Güter Wulfshagen und Wulfshagener Hütten. Als die Söhne Hinrichs erwachsen waren, teilten sie das väterliche Erbe, Peter v. Ahlefeldt erhielt Lindau mit den zugehörigen Dörfern, Gosche Königsförde, Gettorf, Blickstedt und Habichhorst mitsamt der Hütte. 1516 wurde diese Erbteilung vom Herzog bestätigt. Von Gosches beiden Söhnen übernahm der jüngere, Jürgen, Habichhorster Hütten und Blickstedt. Von ihm wissen wir nicht allzu viel, er wird 1563 zuerst genannt, erhält 1571 den Besitz der Güter und ist 1583 gestorben. Er schenkte der Kirche in Gettorf eine wertvolle Handschrift der alten 1486 bereits gedruckten plattdeutschen Übersetzung der Bibel. Ihm folgte sein ältester Sohn im Besitze nach, wie der Großvater Gosche v. Ahlefeldt mit Namen, aber er behielt Hütten, wie das Gut jetzt kurzerhand hieß, nicht allzu lange. Es hatte Streitigkeiten innerhalb der Verwandtschaft gegeben, während der Abwesenheit des Mannes hatte seine Frau, eine geborene Rantzau, 4 Jahre lang Hütten verwaltet und anscheinend schlecht gewirtschaftet, die Vettern hatten 7000 Rthlr. vorgestreckt und konnten nun ihr Geld nicht zurückerhalten. So entschloß sich Gosche v. Ahlefeldt zum Verkauf, 1611 wechselte Hütten für 25 300 Rthlr. seinen Besitzer, Gosche zog nach Plön, später nach Mecklenburg, wo er neuen Grundbesitz erwarb.

Käufer war ein Vetter aus der Linie Noer, Wulf v. Ahlefeldt, † 1618, der auch die Güter Schwensby in Angeln und Aschau bei Eckernförde besaß. Aus seiner Ehe mit Magdalene Rumohr a. d. H. Roest hatte er vier Kinder, von diesen erhielt der zweite Sohn Asmus, † 1659, das Gut Hütten. Der Herzog übertrug ihm 1627 die Aufgabe, die Steuerrückstände in den Herzogtümern einzutreiben, aber er scheint hierbei an den Falschen geraten zu sein, Asmus v. Ahlefeldt erscheint 15 Jahre lang selber auf der Liste der Steuerschuldner. In seinem Testament von 1654 bestimmt er seinen Sohn Wulf v. Ahlefeldt zum Erben von Hütten. Wahrscheinlich sind die Güter nach diesem Wulf v. Ahlefeldt benannt worden, denn erst jetzt verschwindet der Name Habichhorst endgültig aus den Urkunden und erst jetzt kommt erstmalig neben dem einfachen Namen Hütten das Wort Wulfshagener Hütten vor.

Falls der Sohn das Gut nicht übernehmen wolle, solle es der Schwiegersohn Hinrich v. Thienen haben, hatte der Vater bestimmt. Asmus v. Ahlefeldt war verheiratet mit Helvig, geb. v. Qualen. Aus deren Verwandtschaft stammen zwei geschnitzte Wappenreliefs, die in einem Neurenaissancerahmen über dem Kamin in der Halle des Herrenhauses von Wulfshagen eingefügt sind, mit

Namen und Wappen versehen, Otto v. Qualen und Lucia v. Qualen, geb. Blome, beide mit der Jahreszahl 1598.

Der Vater hatte die Entwicklung offenbar richtig vorausgesehen, Wulf v. Ahlefeldt, † 1682, verbrachte viele Jahre mit seinen Studien im Ausland, was dem Vater große Unkosten verursachte. 1640 war er Student in Straßburg und hielt hier eine öffentliche Disputation über das Thema „Historia schola principum", die Geschichte als Lehrmeisterin der Fürsten. Später ging er in den Kriegsdienst und trennte sich daher leicht von dem ererbten Besitz. Noch vor dem Tode des Vaters verkaufte er 1654 die Güter an seinen Schwager Hinrich v. Thienen für 90 000 Mark Lübsch.

Mit Hinrich v. Thienen hielt ein neuer Herr seinen Einzug, aber er hat sicherlich nicht auf Hütten gewohnt. Ihm gehörte das große Gut Nehmten am Plöner See und er erfuhr dort ein trauriges Schicksal. Als im Spätsommer 1659 die polnischen Hilfstruppen die Umgebung von Plön brandschatzten, schickte er seine Frau Magdalene, geb. v. Ahlefeldt, zusammen mit ihren Kindern und Mägden nach Plön, um sie dort in Sicherheit zu bringen, kehrte aber selber nach Nehmten zurück, um zu versuchen, durch Verhandlungen mit den Polen Plünderungen und Zerstörung zu verhindern. Ein Abkommen kam zustande, aber dessen ungeachtet drang ein wilder Haufen in den Hof ein, erschlug Thienen, der sich den Gewalttaten entgegensetzte und steckte den Hof in Brand.

Frau Magdalene blieb zurück mit sechs Kindern und in bedrückenden Umständen. Ihre Gläubiger bedrängten sie, so mußte sie sich zunächst 1668 zum Verkauf von Nehmten entschließen, es ging für nur 13 000 Rthlr. an den Grafen Cort Christopher v. Königsmarck über. Hütten blieb vorläufig in ihrer Hand, ja ihr ist auch praktisch die Entstehung des heutigen Gutes Wulfshagen zu verdanken. Bis dahin waren die Ländereien von Gettorf aus bewirtschaftet worden, wo sich zwei größere Meierhöfe befanden, der eine zu Königsförde, der andere zu Habichhorst gehörend. Während der erstgenannte noch bis in das 20. Jahrhundert hinein Bestand gehabt hat, verlegte Magdalene v. Thienen 1673 den zweiten Hof an die Stelle des heutigen Wulfshagen. Sie ist damit die Schöpferin des jetzigen Gutes geworden. Aber sie konnte auch Hütten nicht halten und verkaufte es wenige Jahre später, 1681, gleichfalls an Graf Königsmarck, sie erlöste immerhin 84 000 Mark. Graf Königsmarck blieb nicht lange Besitzer, 1694 gab er die Güter weiter an den Geheimen Rath und Ministerresidenten in Wien, Andreas Pauli Reichsfreiherrn v. Liliencron, † 1700.

Mit diesem Liliencron betritt eine ganz neue Schicht des Adels den Boden unserer Güter. Andreas Pauli war der Sohn des reichen Kaufmanns Paul Martens aus Bredstedt an der schleswigschen Westküste, hatte die Rechte studiert und besuchte zum Schluß seiner Ausbildungsreise den Reichstag zu

Regensburg, wo er, erst 24 Jahre alt, 1654 vom Kaiser Ferdinand geadelt wurde. Er erwies sich als ein außerordentlich geschickter Staatsmann und Diplomat und vertrat lange die dänischen Interessen am Wiener Hofe. 1665 wurde er in den dänischen Adel aufgenommen, 1673 wurde er Reichsfreiherr. Auch in den Herzogtümern bekleidete er hohe Stellungen und war seit 1685 auch noch Propst des Hamburger Domkapitels. In Hamburg hatte er sich 1680, also erst mit 50 Jahren, mit Elisabeth van der Wiele verheiratet. Sie war Tochter des dänischen Residenten in Hamburg Franz Ludwig van der Wiele und war in erster Ehe mit Christian du Gauquier verheiratet gewesen. Sie brachte ihm ein großes Vermögen in die Ehe, das er geschickt zu mehren verstand. Elisabeths Großeltern mütterlicherseits waren der aus den Niederlanden zugewanderte Kaufherr und Besitzer des adeligen Gutes Wandsbek Albert Balthasar Berns und Elisabeth Marselis. Die Marselis gehörten damals zu den reichsten Bankiersfamilien des Nordens. Sie wurden in Dänemark unter dem Namen Gyldencrone geadelt, und ihr Einfluß erstreckte sich auf die Geldmärkte von Moskau, Hamburg, Kopenhagen und Amsterdam. Aus der Marselisschen Erbschaft stammte die Herrschaft Mariager-Kloster in Jütland, die lange Zeit das Rückgrat des Liliencronschen Reichtums bildete.

Zwei Dinge lagen Liliencron offensichtlich am Herzen, das eine war die Aufnahme in die schleswig-holsteinische Ritterschaft, das andere der Erwerb eines adeligen Gutes und die Begründung eines Herrenhauses. Das erste hat er nicht mehr erreicht, erst 1711 wurde seine Witwe, aber wie es ausdrücklich heißt, auf Grund der ihrem Gemahl erteilten Zusicherung recipiert. Aber das andere gelang, bald nachdem er Wulfshagen mit Wulfshagener Hütten erworben hatte, ging er an den Bau des heute noch fast unverändert stehenden Herrenhauses, 1699 war es vollendet, wie die über dem Portal angebrachte Jahreszahl bekundet. Grundriß und Gestaltung sind außerordentlich schlicht gehalten, jedoch in den Proportionen sehr geschickt und eindrucksvoll. Das Haus ist ein einflügeliger zweigeschossiger Bau von rechteckigem Grundriß mit 9 Fensterachsen an den Längsseiten, Vorder- und Rückfront sind fast völlig gleich gestaltet, die einzige Gliederung sind die rustizierten Eckpilaster. An den Schmalseiten zur Linken ein Abtrittpfeiler, zur Rechten ein Pfeiler, der die Wendeltreppe aufnimmt. Die Raumaufteilung im Inneren ist klar und übersichtlich, in der Mitte des Hauses die große Eingangshalle, ihr gegenüber der Gartensaal, zur Rechten je zwei Zimmer, jeweils ein größeres und ein dahinterliegendes schmales, zur Linken ein Korridor, auf den die Zimmer dieses Teiles münden und der sich auch in das Treppenhaus öffnet, das noch nicht wie im Hochbarock einen hervorstechenden Teil des Hauses einnimmt, sondern bescheiden an der Stelle eines Zimmers untergebracht ist. Das Portal enthält über einem schlichten rechteckigen Rahmen das Wappen der späteren Besitzer, der Herren v. Qualen in einem Steinrelief. Das Kellergeschoß ist sehr niedrig und war ursprünglich gewölbt, ist aber später flach eingedeckt worden, um Raum zu gewinnen, nur hier und da sind noch die Gewölbeansätze zu erkennen. Das große Satteldach ist abgewalmt in holländischer Pfannendeckung.

Von der Ausstattung des Hauses aus der Zeit seiner Erbauung haben sich manche Einzelheiten erhalten, in der Eingangshalle ein eiserner Beileger mit der Jahreszahl 1697, der aus der Schule in Blickstedt stammen soll, auf vier gedrehten Eisenständern, an der Breitseite zwei breite Reliefstreifen übereinander mit biblischen Szenen: Judith mit dem Haupt des Holofernes und Belagerung der Stadt Bethulia, an der Schmalseite über dem Feuerungsloch Jesus und die Samariterin am Brunnen. Im unteren Reliefstreifen der Breitseite vier Helden des Altertums, Carolus Magnus, David, Julius Caesar und Alexander Magnus. Das Treppenhaus ist ebenfalls noch der Erbauungszeit zuzuschreiben, es führt über drei Treppenläufe mit geschnitztem schwerem Balustergitter zum Obergeschoß.

Vor allem aber im Obergeschoß das Blaue Kabinett, auch Liliencron-Zimmer genannt, gehört in diese Epoche. Es dürfte um 1730 entstanden sein und ist mit Tapetengemälden in Öl auf Leinwand dekoriert. Über einem hölzernen Sockelpaneel ist jede der drei Wände in drei rechteckige Felder aufgeteilt, die durch gemalte, gedrehte und mit bunten Blumen umwundene Säulen getrennt sind. Der Gesamteindruck des Raumes ist in blauen Porzellantönen gehalten. Die gemalten Rahmen der einzelnen Bilder mischen Régence- und Rocaille-Elemente mit Muscheln, Akanthus, Gitterwerk und Draperien, doch ist alles noch in symmetrischen Maßen gehalten. Unter jedem szenischen Bilde befindet sich in muschelförmiger Kartusche noch eine „paysage intime" in Karmoisintönen.

Die ausgesprochene Finanzbegabung des ersten Liliencron hat sich nicht auf seine Nachkommen vererbt, im Gegenteil, die wenigsten von ihnen waren gute Haushalter. Schon in den nächsten drei Generationen nahm der Reichtum langsam ab, die Liliencron lebten nun als Grandseigneurs auf ihren Gütern in den Herzogtümern, heirateten Frauen aus der angesessenen Ritterschaft und stellten hohe Ansprüche an das Leben, ohne im Militär- oder Staatsdienst sonderlich hervorzutreten. Andererseits gehört das Geschlecht Liliencron in seiner genealogisch-soziologischen Struktur zweifellos zu den interessantesten des holsteinischen Adels, durch das Streben nach Verbundenheit mit der Scholle auf der einen Seite, durch die starken musischen Anlagen auf der anderen, man denke nur an die beiden bekanntesten Männer des Geschlechts im 19. Jahrhundert, den Dichter Detlev v. Liliencron und den Gelehrten Rochus v. Liliencron.

Die nachfolgenden Besitzer von Wulfshagen sind dem erstgenannten Typus zuzurechnen, auf Andreas Pauli Frhrn. v. Liliencron, † 1700, folgt sein Sohn Christian Friedrich, † 1731, der mit einer Wohnsfleth verheiratet war, auf diesen der Enkel Ernst Siegfried, † 1786, dessen Gemahlin Marie Elisabeth Gräfin v. Brockdorff war.

Aber schon mit dieser Generation erlosch, wenigstens zunächst, die Kraft des Geschlechts, von den beiden Söhnen des Bruders wandte sich der eine nach Böhmen, wurde katholisch und kehrte der Heimat endgültig den Rücken, der zweite wurde geisteskrank. Ernst Siegfried auf Wulfshagen hinterließ keine Kinder, so standen die Güter nach seinem Tode zum Verkauf.

Käufer war Bernhard v. Qualen, † 1831, der damals die Güter Noer mit Grönwohld, Behrensbrook und Rothenstein besaß. Er verkaufte die beiden letztgenannten Güter und erwarb dafür im Jahre 1787 den Liliencronschen Besitz. Schon drei Jahre später, 1790 verkaufte er Wulfshagener Hütten.

Seitdem haben die beiden Güter selbständige Schicksale gehabt. In dieser selben Zeit erfuhr das Herrenhaus in Wulfshagen in seinen wesentlichen Teilen die Ausstattung, die es bis heute bewahrt hat und die es zu einem der schönsten und anziehendsten Herrenhäuser des ganzen Herzogtums macht.

Die Eingangshalle dürfte in dieser Zeit neu gestaltet worden sein, ein schlichter Raum mit einem Kamin, in dessen ziegelgemauerte Gewände drei ältere eiserne Ofenplatten eingemauert sind mit biblischen Szenen, die mit altertümlichen Buchstaben erklärt sind: Taufe Christi, Christus am Brunnen, kriegerische Figuren, darüber die zweite Hälfte der zweiten Platte mit Christus am Brunnen. Über dem Kamin die schon erwähnten geschnitzten Wappenreliefs, neben dem Kamin der Beilegerofen aus Blickstedt.

Der bedeutendste Raum aus der Qualenschen Zeit ist zweifellos der der Eingangshalle gegenüber liegende Festsaal, der 1790 einheitlich von Francesco Antonio Tadei mit feiner Stukkatur ausgestattet wurde und der in Weiß und Gold gehalten ist. Die Wandflächen sind in breitere und schmälere Felder aufgeteilt. In der Ostwand neben einer Mitteltür zum Garten befindet sich nur je eine Fensterachse zu beiden Seiten. Die dazwischen verbleibenden Wandstreifen sind durch hohe Trumeaux mit vorgestellten Tischen im Stil der Saaldekoration gefüllt.

Die an den Saalecken befindlichen schmalen Streifen zeigen gerahmte Felder mit Stuckdekor, hängendes Schleifenband verflochten mit Lorbeerzweigen. Von den drei übrigen Wänden sind die beiden im Norden und im Süden unter Einbeziehung der Türen reizvoll aufgeteilt. Über je einer echten und einer Scheintüre mit aufstuckiertem, gerafftem Vorhang sitzen vier Supraportenfelder mit sehr fein stuckierten Blütenkörben verschiedenster Erfindung, wohl auf die vier Jahreszeiten hinweisend. Zwischen den Türen verbleibt je ein hochrechteckiges Feld mit hängenden Schleifenbändern, worin Zweige von Rosen, Kamelien und anderen mehr verflochten sind. Die in den Ecken verbleibenden breiteren, ebenfalls hochrechteckigen Felder enthalten virtuos modellierte Stuckdarstellungen, Allegorien des Fischfangs mit einem aus Draht à jour aufgelegten Netz und der Jagd, diese beide an der Südwand, sowie der Liebesmusik und der Schäfermusik, diese beide im Norden. Die große Westwand enthält vier weitere stuckierte Felder, darin die Allegorien der Landwirtschaft und des Gartenbaues südlich der Tür, der Theatermusik und der Kammermusik mit den entsprechenden Instrumenten auf der Nordseite. Zwischen je zwei dieser Felder ist die breitere Wandfläche durch eine vorgeblendete, von Pilastern gerahmte Scheintür ausgefüllt. Über den Pilastern spannt sich ein Bogengesims, auf dessen Scheitel als Bekrönung eine niedrige, trommelförmige Empire-Vase aufgestellt ist, die ihrerseits durch dicke Lorbeerguirlanden mit den Eckknöpfen desselben verbunden wird. So entsteht die Illusion des Hängens an Wandknöpfen, die bei der ganzen Dekoration des Saales, wie überhaupt im Rokoko, eine Hauptrolle spielt.

Über der an der Westwand befindlichen Mitteltür sitzt als Supraporte ein Feld mit feiner Rankenfüllung und einer Frauenmaske; darunter, zwischen dem Stuckrahmen und dem hölzernen Türrahmen eingefügt, die Signatur des Künstlers: anno 1790 Tadey junior fecit, eines der seltenen Beispiele, bei denen Tadei seine Arbeit signiert hat.

An der Saaldecke ist mit großer Zurückhaltung ebenfalls Stuck angebracht: zwei kreisförmige Felder, von einer dünnen Lorbeerranke umrahmt, mit einer mittleren Akanthus-Rosette, an der die schönen Empire-Ampeln aufgehängt sind. Das unter der Decke umlaufende Randgesims setzt sich aus kleinen Akanthus-Konsolen und -Rosetten in quadratischen Kassetten zusammen. Die Gesamtausstattung des Raumes einschließlich des Mobiliars ist stilistisch einheitlich und gehört der Entstehungszeit des Stucks an. Nach Süden anschließend an diesen Saal folgt ein etwa quadratischer Empire-Salon, der mit Holzvertäfelung und zartem Deckenstuck ausgestattet ist. Die Wände sind, abgesehen von der stuckierten Ofennische, durch schlichte kannelierte Pilaster in breite hochrechteckige Getäfelfelder aufgeteilt. Die Schmalwand zwischen den zwei Fenstern ist durch einen zur Originalausstattung gehörigen schönen Empire-Spiegel nebst zwei zugehörigen holzgeschnitzten Wandleuchtern ausgefüllt. An Spiegel und Leuchtern ist die alte grau-goldene Farbigkeit des Raumes erhalten. Die Stuckdecke zeigt ein langovales großes Mittelfeld, von einem locker mit Rosen umrankten Bündelprofil umzogen, darum herum noch eine Profilleiste, die achteckig gebrochen ist und in den Raumecken dreieckige Deckenzwickel stehen läßt, in denen sich schön stuckierte Embleme der Musik und der Liebe befinden. Zwischen der Täfelung und der Decke läuft ein schmaler stuckierter Fries um, in welchem eine Lorbeerguirlande zwischen Spiralband und Triglyphenleiste aufgehängt erscheint. Über der mit einem starken Profil umzogenen rundbogigen Ofennische sitzt ein rundes Portraitmedaillon, von Eichenguirlande umkränzt. Der hübsche weiß und goldene Empire-Ofen ist über gußeisernem Heizsockel aus großen Keramikstücken aufgesetzt. Seine in der Vorderansicht über quadratischem Sockel zylindrische Form mit kannelierten Seiten und umgehängten Lorbeerguirlanden ist insofern täuschend, als der Ofenkörper nicht voll rund, sondern hinten abgeplattet ist.

Nach dem Tode von Bernhard v. Qualen 1831 trat der jüngere Sohn Hans Adolph den Besitz an. Er war Major im dänischen Heer gewesen, führte aber später das ruhige Leben eines ländlichen Besitzers. Nach seinem Tode 1856 ging Wulfshagen über an den Vetter Carl v. Qualen auf Damp, Klosterprobsten des

adeligen Klosters Preetz, † 1882, von diesem auf seine Witwe Liane, geb. Gräfin zu Reventlow, † 1903. Sie vererbte das Gut der Tochter ihres ältesten Bruders Arthur, Benedicte Gräfin zu Reventlow, die mit dem Sohn ihres jüngsten Bruders Ludwig, gleichfalls Ludwig mit Namen, † 1906, vermählt war. So ging Wulfshagen in Reventlowschen Besitz über.

Die wenigen Jahre, in denen Ludwig Reventlow auf Wulfshagen gewohnt hat, gehören zu den interessantesten in der Geschichte des Gutes. Ludwig Reventlow war einer der bedeutendsten Köpfe, die die schleswig-holsteinische Ritterschaft zu dieser Zeit hervorgebracht hat, ein Mann von einer ungewöhnlichen Beredsamkeit, einer Eleganz der Formulierung, wie sie nur wenigen zu Gebote stand, einem gewinnenden Charme des Äußeren, gleichzeitig von tiefem sozialem Verständnis für die Lage des Arbeiters und von sarkastischem, manchmal geradezu schneidendem Hohn gegenüber den damaligen Machthabern geprägt, ein Ritter ohne Furcht und Tadel. In seiner Jugend hatte er sozialistischen Ideen nicht ferngestanden; als er als junger Rechtsanwalt sich niederließ, wohnte er zwar in Wulfshagen, suchte sich aber sein Domizil in dem Kieler Arbeitervorort Gaarden und ritt täglich dorthin, wie die Sage will, mit flatternder roter Schleife angetan. Unwiderstehlich schlug die Politik ihn in ihren Bann, 1903 wurde er mit

Scheunen

Unterstützung des Bundes der Landwirte und der Konservativen in den Reichstag gewählt, trat aber dann der Fraktion der wirtschaftlichen Vereinigung bei. Schon durch seine „Jungfernrede", in der er den damaligen Reichskanzler Graf Bülow scharf angriff, wurde er mit einem Schlage in ganz Deutschland so bekannt, daß die Partei ihn stets wieder als ihren besten Redner herausstellte. Als die Regierung bald darauf einen Börsengesetzentwurf vorlegte, ritt er ihn in so geistvoll-spritziger Art in Grund und Boden, daß der Reichstag aus dem Lachen nicht herauskam. Ja, als der sozialdemokratische Parteiführer Philipp Scheidemann ihm einmal seine sozialdemokratische Vergangenheit vorhielt, antwortete er wie aus der Pistole geschossen: „Das ist ja gerade der Unterschied zwischen uns beiden, ich habe seitdem zugelernt, Sie offenbar nicht!"

In Wulfshagen suchte er seine sozialpolitischen Ansichten in die Tat umzusetzen, indem er eine, wenn auch bescheidene Gewinnbeteiligung der Gutsarbeiter einführte. Das Wulfshagener Experiment sah etwa wie folgt aus: Die mündigen Vollarbeiter des Gutes, 30 bis 40 an der Zahl, wurden Mitglied in einem beim Amtsgericht eingetragenen „Wulfshagener Unterstützungsverein". Die Verheirateten zahlten einen Monatsbeitrag von 60 Pfennig, für jedes unmündige Kind weitere 5 Pfennig je Monat. Unverheiratete Knechte und Mädchen bezahlten 25 Pfennig im Monat. Die Gutsherrschaft steuerte einen Jahresbetrag von 150 Mark bei. Hauptzweck des Vereins war die Unterstützung seiner Mitglieder in Krankheits-, Sterbe- und Notfällen, freie Arztbehandlung, Krankenhausaufenthalt, Verbandsmittel, Brillen und dergleichen, halbe Kosten für verordnete Arzneimittel, 30,– Mark für jeden Sterbefall.

Mit der Unterstützungskasse gekoppelt war die Gewinnbeteiligung in folgender Form: die Betriebseinnahme zuzüglich 4000 Mark für Entnahmen des Besitzers aus dem Betriebe abzüglich der Betriebsausgaben zuzüglich 6500 Mark an Hypothekenzinsen ergab den jährlichen Überschuß. Von diesem Überschuß wurden 8% für die Gewinnbeteiligung der Arbeiter ausgesetzt. Davon flossen 2% an die Unterstützungskasse, ½% wurde unter die nur in der Ernte mithelfenden Personen verteilt, die restlichen 5½% gingen zu gleichen Teilen an die Vollarbeitskräfte, wobei die Melkfrauen und Melkmädchen = ¾ einer männlichen Arbeitskraft gezählt wurden.

In den ersten Jahren des Bestehens dieses Vereins waren die Ergebnisse ungünstig, da die Ernte an Kartoffeln, Klee und Heu zu wünschen übrigließ, so daß der Betriebsgewinn nur reichlich 12 000 Mark ausmachte. Daher kamen im ersten Jahr auf jeden Vollarbeiter nur 18 Mark an Gewinn. Trotzdem hat der Unterstützungsverein eine segensreiche Wirkung während der kurzen Zeit seines Bestehens ausgeübt, alleine durch die sorgfältigere Arbeit, die bessere Schonung von Vieh, Inventar und Gebäuden.

Als Ludwig Reventlow 1906 mit nur 42 Jahren plötzlich starb, verlor nicht nur Wulfshagen seinen bedeutendsten Herrn, sondern gleichzeitig ganz Deutschland einen seiner besten Köpfe. Seine Witwe Benedicte verblieb bis zu ihrem Tode 1929 im Besitz des Gutes, dann ging Wulfshagen über an ihren Vetter Einar

Ställe an der Einfahrt

Graf zu Reventlow, † 1974, von diesem auf den Sohn Friedrich Graf zu Reventlow.

Das Gut hat heute, nachdem das Dorf Blickstedt in der Zeit der Bodenreform abgetrennt ist, eine Größe von 540 ha, davon Acker und Grünland 410 ha, Wald 130 ha. Eine kleine Fläche von 10 ha wird seit einer Reihe von Jahren durch die schleswig-holsteinische Landwirtschaftskammer in Kiel zur Erprobung von neuen Sorten bewirtschaftet. Die Fläche ist in 4000 kleine Parzellen eingeteilt, auf der über 350 zukünftige Getreidesorten angebaut werden. Es ist durch diese Versuche gelungen, den Netto-Ertrag aus dem gesamten Getreide-Anbau in Schleswig-Holstein um einen Wert von 10 Millionen DM zu steigern. Seit der Durchführung dieser Versuche liefert Schleswig-Holstein die besten Weizenqualitäten im ganzen Bundesgebiet, und auch bei der Braugerste erringt Schleswig-Holstein alljährlich die ersten Plätze auf den internationalen Ausstellungen.

Zum ersten Male wird in Schleswig-Holstein systematisch Wein angebaut. Im Frühjahr kommen die jungen Rebstöcke auf die Versuchsfelder. Es soll festgestellt werden, ob und in welchem Maße schleswig-holsteinischer Boden und nördliches Klima zur Unterholzvermehrung des Weinstocks beitragen. Noch geht es nicht um die Trauben, sondern nur um das Holz. Aber daß es später einmal schleswig-holsteinische Weine geben könnte, ist nicht außer Bereich der Möglichkeit.

Vor einigen Jahren ist das alte Herrenhaus um einen Schmuck besonderer Art bereichert worden. Auf der Terrasse zum Park hin stehen zwei Löwen, aus Metall gegossen mit dem Reventlowschen Wappen in ihren Pranken. Löwe und Löwin standen ursprünglich vor dem Schlosse in Pederstrup auf Lolland und dürften für den Grafen Ferdinand Reventlow, † 1875, und dessen Gemahlin Benedicte, geb. Gräfin Reventlow, † 1893, angefertigt worden sein. Als das Geschlecht sich von Pederstrup trennte, wurden die Löwen dem Altwarenhandel zum Verkauf übergeben, freilich mit der Auflage, daß die Wappen nicht entfernt werden dürften. So haben die beiden Plastiken viele Jahre lang ein verborgenes Dasein in einer dänischen Kleinstadt geführt, bis kundige Interessenten sie wieder aufspürten und dem jetzigen Besitzer von Wulfshagen zum Geschenk machten. Die Gabe war passend gewählt: Einar Graf zu Reventlow ist gleichfalls mit einer geborenen Gräfin Reventlow verheiratet, mit Lilli Reventlow a. d. H. Wittenberg.

Von dieser Terrasse aus schweift der Blick auf die Parkwiese, auf der etwa einhundert alte Eichen in Gruppen stehen. Auf einer kleinen Fläche stehen hier 14 Eichen, die in Brusthöhe einen Umfang von fünf Metern und mehr haben. In ganz Schleswig-Holstein dürfte es keine ähnliche Anlage geben.

Wulfshagen, Gartensaal

Adeliges Gut Wulfshagen

Besitzer: Friedrich Graf zu Reventlow

Besitzer		Gut und Bauten	
vor 1500	bis 1654 v. Ahlefeldt	um 1500	Dorf Habichhorst
1654	v. Thienen	16. Jahrh.	Habichhorster Hütten
1681	Graf v. Königsmarck	1673	Meierhof Hütten nach
1694–1787	Frhr. v. Liliencron		dem heutigen Wulfsha-
1787–1903	v. Qualen		gen verlegt
1903	Graf zu Reventlow,	1699	Herrenhaus erbaut
	dann dessen Erben	um 1730	das Blaue Kabinett ent-
			standen
		1790	Wulfshagener Hütten
			verkauft
		1790	Gartensaal von F. A. Ta-
			dei gestaltet

Knoop

29 Knoop

Kirchspiel Kiel-Holtenau   Kreis Rendsburg-Eckernförde

Die ältere Geschichte von Knoop ist von höchstem Interesse in Bezug auf die Besiedelung des Herzogtums Schleswig von Süden her. Der holsteinische Adel hatte den Schauenburger Grafen willig auf ihren Feldzügen in das wendische Ostholstein und in das südjütisch besiedelte Herzogtum Schleswig Heerfolge geleistet. Aber erst nachdem die Königin Mechthildis im Jahre 1260 alles Land zwischen Schlei und Eider an die Holsteiner Grafen verpfändet hatte, begann sich der Adel – zunächst nur zögernd – an der Südgrenze des Herzogtums niederzulassen. Die Sehestedt und die mit ihnen verwandten Schinkel waren die ersten, die sich Burgen dicht nördlich der Eider erbauten. Wenig später folgen die Wulf, die sich eine erste Burg in Knoop errichteten. Hier ist der Zusammenhang mit dem holsteinischen Geschlecht besonders deutlich, 1310 kommt in einer Urkunde

Wulf filius domini Marquardi lupi

– Wulf, der Sohn des Ritters Marquard Wulf – vor, 1322 nennt er sich Lupus de Knope (=Wulf v. Knoop), das heißt, er hatte in den Jahren nach 1310 das Gut Knoop erworben und trug jetzt seinen Namen nach dem im Herzogtum Schleswig liegenden Besitz. Das Wort Knoop dürfte niederdeutschen Ursprungs sein und so viel wie Knauf, Buckel bedeuten, aber ob der Ort schon diesen Namen trug, als der Ritter einzog oder ob er erst dem Ort den Namen gegeben hat, können wir nicht entscheiden. Die Wulf sind eines Stammes und des gleichen Wappens wie die Herren v. Pogwisch und v. d. Wisch.

Einige weitere Mitglieder des Geschlechts Knoop tauchen in den nächsten Jahren in Urkunden auf, aber ob sie Knoop besessen haben, ist unsicher. 1356 wird Albern v. d. Wisch als Herr auf Knoop genannt, sicherlich ein naher Verwandter. Bald darauf erscheinen die mächtigen Rantzau auf Knoop und dem nahebei gelegenen Bülk und bleiben für zwei Jahrhunderte hier sitzen. Mit Sicherheit bezeugt ist Otto Rantzau auf Bülk und Knoop, † 1511, vermählt mit Anna Breide, die 1525 als Witwe heldenmütig die Burg Bülk gegen einen feindlichen Überfall verteidigte, um ihre Töchter zu schützen. Wahrscheinlich war Knoop schon länger im Besitz der Rantzau, wohl schon bei Otto Rantzaus Vater Hinrich, † 1487, und seinem Großvater Schack Rantzau, der zwischen 1387 und 1445 genannt wird und dem der Kaiser Sigismund 1439 den Lindwurm-Orden verliehen hatte.

Von Otto Rantzau ging Knoop über an seinen zweiten Sohn Christoph, der außer Knoop und Bülk noch Seekamp und Schinkel besaß und somit über einen stattlichen Besitz an der oberen Eider verfügte. Er war Amtmann von Tondern und Rendsburg, erst Rat Herzog Hans d. Ä., später auch königlicher Rat. Von seinen Söhnen erhielt der älteste Tovskov (Tauschau), das von Gramm in Nordschleswig abgetrennt wurde, der zweite Seekamp, der dritte Bülk und der vierte, Paul Rantzau, Knoop. Aber dieser letztere erwies sich nicht als ein Ruhmesblatt für das Geschlecht. Im Jahre 1589 ermordete er den eigenen Bruder Hieronymus, der Amtmann in Kiel war, unweit des Schlosses in der Brunswik um eines nichtigen Streites willen. In einer alten Chronik heißt es hierzu:

„Hieronymus Rantzau ist am Montage nach Johannes dem Täufer morgens frühe nicht weit von dem Fürstlichen Hause zu Kiel (wo er damals Amtmann war) vor der Dänischen Brücke von seinem Bruder Paul Rantzau auf Knoop, wie in der Begräbnisrede vorgelesen, aus reinem blutdürstigen Frevel allein eines einzigen Wortes wegen erstochen. Der Täter blieb ruhig auf seinem Hof, der nur eine Viertelstunde von dem Haus des Bruders entfernt lag, hat dort in aller Wollust und Üppigkeit Haus gehalten und das Land erst ein halbes Jahr später verlassen, nicht aus Reue oder Demut, sondern nur seiner Bequemlichkeit wegen."

Paul Rantzau ging in französische Kriegsdienste und ließ seine Ehefrau mit sechs Kindern zurück. Im November 1591 erhielt er von Herzog Christian von Anhalt einen Paß vom königlichen Lager in Rouen nach Holstein, um seine Angelegenheiten zu Hause zu ordnen, da seine Ehefrau nach mehrjähriger Schwäche gestorben sei. Hierfür heißt es in der alten Chronik:

> „Die Schwägerin beschuldigte Paul Rantzau, auch den Tod seiner eigenen Ehefrau verursacht zu haben, seine Hausfrau sei ohne allen Zweifel in Schwindsucht geraten, weil er sie äußerlich mit harter, untauglicher Speise und Schlägen beladen und innerlich mit großen Sorgen und Gram geängstigt, daß sie täglich habe sehen und hören müssen, wie ihm andere viel lieber seien als sie selber."

Paul Rantzau ging später eine zweite Ehe ein mit Margarethe Sehestedt. Er hatte sie gewaltsam aus dem Kloster entführt, die Brüder Sehestedt weigerten sich daher, ihr eine Mitgift zu geben, und obwohl Paul Rantzau 1604 einen Prozeß gegen die Brüder anstrengte, erhielt er doch nichts. 1613 verkaufte er Knoop an Johann v. Buchwaldt auf Nübel in der Grammharde, so hatte jetzt die Zeit der Rantzau, wenigstens vorläufig, ihr wenig rühmliches Ende gefunden.

In dieser Rantzauschen Zeit, wohl in der ersten Hälfte des 16. Jahrhunderts ist die stattliche Burg erbaut worden, die wir aus dem Werk von Hieronymus Henninges, Genealogia aliquot nobilium familiarum von 1590 her kennen. Ringsum von Wasser umflossen, mit dem festen Land durch eine schmale Brücke ohne Geländer verbunden, steht das Haus da, im Untergeschoß ohne Fenster, darüber zwei voll ausgebaute Geschosse, die Fenster jeweils paarweise angeordnet, über der Längsseite drei Dachgauben, der Seitengiebel dreifenstrig. Auf der Rantzauschen Tafel von 1586 findet sich gleichfalls eine Abbildung von Knoop, die aber von der Wiedergabe bei Henninges erheblich abweicht, hier hat das Haus im Erdgeschoß Eingangsportal und Fenster, darüber nur ein Geschoß, die Dachgauben fehlen, dafür ist der Giebel als Treppengiebel ausgestaltet. Möglicherweise handelt es sich trotz der Aufschriften auf den Bildchen in Wahrheit um verschiedene Häuser und ist entweder Henninges oder dem Maler der Rantzauschen Tafel ein Irrtum unterlaufen. Die hier wiedergegebene Abbildung stammt aus dem Werke von J. v. Schröder, Darstellungen von Schlössern und Herrenhäusern ... von 1862. Grundlage ist das Werk von Henninges, die einzelnen Bilder sind freilich stark geschönt, entsprechen aber in den baulichen Einzelheiten der Vorlage.

Nach dem Verkauf von Knoop 1613 tritt eine Zeitspanne von fast eineinhalb
Jahrhunderten ein, die man nur als eine Zeit der Wirren bezeichnen kann, so oft
wechseln die Besitzer, häufig ohne ersichtlichen Grund, ja sogar das ganze doch
gewiß ansehnliche Gut verfällt für einige Zeit völlig seiner Auflösung. Johann v.
Buchwaldt starb schon drei Jahre später, 1616, wird aber wohl auf Knoop
gewohnt haben, da sein Stammgut Nübel 1614 unter Sequester gestellt wurde,
auch von seiner Witwe wird berichtet, daß sie im Kirchspiel Dänischenhagen
lebe, – Knoop gehört erst seit 1895 zum Kirchspiel Holtenau, bis dahin zu
Dänischenhagen. Das Gut erbt zunächst der älteste Sohn Wolf v. Buchwaldt, der
aber offenbar in jungen Jahren und ohne Leibeserben verstorben ist, dann seine
Schwester Dorothea, die mit Heinrich v. d. Wisch auf Olpenitz verheiratet war.
So kommt Knoop für kurze Zeit wieder an die Herren v. d. Wisch. Schon 1630
wird Knoop wiederum verkauft, dieses Mal an Cai v. Ahlefeldt. Aber jetzt drohte
die völlige Auflösung des Besitzes. König Christian IV. wollte an der Kieler
Außenförde eine starke Festung anlegen und erwarb daher 1632 die Güter
Knoop, Seekamp mit Stift, Bülk und Holtenau, um das nötige Hinterland für die
Festung zu gewinnen. Sie erhielt den Namen Christianspries. Aber der Festung
war kein langes Leben beschieden, König Christian IV. hatte sich zwar sehr

dieser neuen Schöpfung angenommen, sogar den Winter 1637/38 dort verbracht. Aber als 1643 der schwedische Feldherr Torstenson die Festung mit starken Kräften angriff, mußte sie sich trotz tapferer Gegenwehr ergeben. Der Nachfolger, König Friedrich III., war hinsichtlich des militärischen Werts der Festung anderer Meinung, er ließ die Werke schleifen und im Jahre 1663 weiter an der Förde eine neue Festung anlegen, das heutige Friedrichsort und gab die 1632 angekauften Güter frei zum Verkauf.

Käufer war wieder ein Buchwaldt, Friedrich v. Buchwaldt, † 1676. 1648 kaufte er das Areal der niedergelegten Festung an und richtete die vier Güter von neuem ein. Friedrich Buchwaldt war das, was man einen alten ehrlichen Haudegen nennt, er hatte nacheinander in der kaiserlichen, sächsischen und schwedischen Armee gedient, später als General im dänischen Heere, war 1634 in Moskau gewesen, 1642 wurde er als dänischer Adelsmann naturalisiert, besaß seit 1643 Nedergaard auf Langeland und war seitdem eng mit dem militärischen Stand des Königreichs verknüpft. Von seinen Söhnen erbte der ältere Bülk, der 4., Joachim Christopher, † 1684, Knoop mit Projensdorf sowie Nedergaard. Nach dessen frühem Tode ging die Witwe, Abel Dorothea, geb. v. Thienen, eine zweite Ehe ein mit Friedrich Rantzau, † 1723. So kam Knoop zum zweiten Male in den Besitz der Rantzau und dieses Mal an ein hochbedeutendes Mitglied dieses alten Geschlechts. Friedrich Rantzau war in den Jahren von 1702 bis 1709 Präsident der holstein-gottorpischen Kanzlei, in den entscheidenden Jahren, als es um den Fortbestand des kleinen Herzogtums ging. Der Herzog war 1702 auf dem Schlachtfeld von Klissow in Polen gefallen, der Sohn und Thronerbe ein Kind von zwei Jahren, so mußte eine vormundschaftliche Regierung eingesetzt werden, in der es bald zu erbitterten Machtkämpfen kam. Auf der einen Seite stand der Präsident des Geheimen Rats, der alte Magnus v. Wedderkop, auf der anderen der ehrgeizige und machthungrige Oberhofmarschall und Kammerpräsident Georg Heinrich Freiherr v. Schlitz genannt v. Goertz. Rantzau als Kanzleipräsident zeichnete sich durch Rechtschaffenheit und Redlichkeit aus und zog sich verbittert von den Intrigen des kleinen Hofes 1709 nach Knoop zurück. Da er keine Leibeserben hatte, setzte er in seinem Testament von 1708 seine beiden Stieftöchter v. Buchwaldt als seine Erben von Knoop ein, behielt aber seiner zweiten Gemahlin, Sophie Magdalene Reventlow a. d. H. Altenhof den lebenslänglichen Nießbrauch von Knoop vor. Die jüngere Stieftochter war mit Heinrich v. Ahlefeldt auf Lindau vermählt, der im Jahre 1709 durch einen Unglücksfall ums Leben kam. Sein Vetter Bendix v. Ahlefeldt hatte ihn nach Jersbek in Stormarn eingeladen, wo bei dem strengen Frost des Winters plötzlich Wölfe aufgetaucht waren, die über die Elbe nach Holstein geraten waren. Einer der Mitjäger, der schwedische Graf Carl Emil Lewenhaupt, erschoß versehentlich Ahlefeldt und flüchtete in panischer Angst nach Hamburg. Sterbend gewährte ihm Ahlefeldt volle Verzeihung. Die Kinder aus dieser Ehe waren entweder jung verstorben oder hatten in andere Güter eingeheiratet, daher verblieb Knoop bei der älteren Stieftochter Dorothea und deren Ehemann Wolf Heinrich Graf v. Baudissin, † 1748. So gelangte Knoop an die Baudissin, hiermit beginnt die belle époque von Knoop, die sich auszeichnet einmal durch den Bau des Herrenhauses im letzten Jahrzehnt des 18. Jahrhunderts, sodann durch den von Geist und Kultur geprägten Kreis, den vor allem Caroline Baudissin, geb. Schimmelmann, um sich zu versammeln wußte.

Freilich, die ersten beiden Generationen Baudissin haben für Knoop noch nichts bedeutet. Wolf Heinrich Baudissin, der zusammen mit seinem Sohn im Jahre 1741 in den reichsgräflichen Stand erhoben wurde, starb 1748, noch vor der zweiten Frau von Friedrich Rantzau, die ihn um zwei Jahre überlebte. Sein Sohn Heinrich Christoph Baudissin, † 1786, war ein großer Herr seiner Zeit, der sich größtenteils in seinen hohen militärischen Stellungen in Sachsen aufhielt. Er war Kammerherr des sächsischen Königs August III., Generalleutnant und Gouverneur von Dresden, Neustadt und Königstein, Ritter des polnischen Ordens vom Weißen Adler. In Holstein besaß er umfangreichen Grundbesitz, Rixdorf mit seinen vielen Meierhö-fen, Lammershagen mit Friedeburg, seit 1761 auch Rantzau. So betrachtete er Knoop mit den dazugehörigen Gütern wie Uhlenhorst und Projensdorf mehr als Nebengut und trug sich sogar mit der Absicht es zu verkaufen, um sich von anderweitigen Schulden zu befreien. In höchst geschickter Weise kam dieser Verkauf zustande, der Sohn Heinrich Friedrich Graf Baudissin, † 1818, wollte im Jahre 1776 die schöne Caroline Schimmelmann heiraten, eine Tochter des Schatzmeisters Heinrich Carl Lehnsgraf Schimmelmann, † 1782. So verkaufte der Vater Baudissin Knoop an den Vater Schimmelmann, und die Tochter Caroline schenkte das Gut ihrem Manne am Tage der Hochzeit als Morgengabe. Wenige Jahre später, 1779 heiratet ihre Schwester Juliane den Grafen Fritz Reventlow auf Emkendorf, und mit diesen beiden Heiraten beginnt eine der interessantesten Epochen der schleswig-holsteinischen Geistesgeschichte. Beide Schwäger waren hochbedeutende Männer, Heinrich Friedrich Baudissin war schon mit 22 Jahren kgl. dänischer Kammerherr, wurde Deputierter in der Deutschen Kanzlei, war Gesandter in Berlin gerade in den Jahren, als König Friedrich der Große starb und sein Nachfolger den Thron bestieg, erhielt das Großkreuz vom Danebrog und wurde schließlich Geheimer Conferenzrath. Fritz Reventlow stieg zu ähnlichen Würden auf, war viele Jahre lang Kurator der Universität Kiel und gleichfalls Geheimer Conferenzrath, geistiger und politischer Führer der schleswig-holsteinischen Ritterschaft in ihrem Kampf um die Erhaltung ihrer alten Rechte.

Aber entscheidend sind doch die Persönlichkeiten der beiden Schwestern, die den Mittelpunkt des sogenannten Emkendorfer Kreises bildeten, sicherlich ohne zu ihrer Zeit zu wissen oder auch nur zu ahnen, daß man ihnen dereinst eine solche Rolle zuschreiben würde. Julia Reventlow, geb. Schimmelmann, war wohl die führende in dieser Gruppe, sie verstand es, um sich einen großen Kreis von bedeutenden Männern und Frauen zu scharen; durch ihren warmherzigen Charakter verbunden mit Schönheit und Anmut, durch Geist und Gemüt war sie wie geschaffen, den lebendigen Mittelpunkt eines solchen Kreises zu bilden.

Caroline, die ältere Schwester, stand ihr kaum nach, sie besaß gleichfalls einen sehr lebhaften Geist und war auch schriftstellerisch ganz im Geist der Epoche der Aufklärung tätig. Schon mit 22 Jahren veröffentliche sie ihren ersten Roman: „Briefe der Agnes und Ida", 1791 und 1792 gab sie für ihre Gutsleute auf Knoop belehrende Erzählungen unter dem Titel „Die Dorfgesellschaft" heraus. Von der Gutsherrin aufgefordert, versammeln sich die Arbeiter mit ihren Familien zwanglos an winterlichen Sonntagabenden beim Schulmeister zu Belehrung und Gespräch. Die Frauen dürfen ihre Spinnräder mitbringen, Kinder werden gern zugelassen. Die Geschichten, die erzählt werden, sind moralischen Inhalts, ihr Geist ist von Pestalozzi beeinflußt, teils auch von dem kurmärkischen

Landschulreformer Friedrich Eberhard v. Rochow. Ludwig Reventlow auf Brahetrolleborg stand in persönlicher Verbindung zu Rochow und ließ dessen Bücher ins Dänische übersetzen und in den Schulen von Brahetrolleborg einführen, Ernst Schimmelmann, Carolines Bruder, setzte einen bei Rochow ausgebildeten Lehrer als Inspektor der fünf Landschulen in der Lehnsgrafschaft Lindenborg in Jütland ein. Auch zu den Dichtern ihrer Zeit unterhielt Caroline Baudissin viele Beziehungen. Johann Gottfried v. Herder widmete ihr die Verse:

> „Zu Knoop in deiner fröhlichsten Laube
> Denk an dein reines Herz, dir dich bekennend zurück."

Der dänische Dichter Jens Baggesen besucht im Jahre 1787 Knoop, wandert am Eiderkanal entlang unter Buchen, die, wie er meint, die höchsten von ganz Europa sind. Er wird in den Saal geführt, wo die ganze glänzende Gesellschaft bei Tische sitzt, die Baudissin von Knoop, die Reventlow von Emkendorf, von Altenhof und Brahetrolleborg, die Stolberg von Tremsbüttel, kurz der ganze Adelsbund, wie Johann Hinrich Voß, der Eutiner Dichter, diesen Kreis verächtlich nannte. Baggesen, schwärmerisch und eitel, wird als Genie gefeiert und umschmeichelt. Er seinerseits ist hingerissen von den beiden Schwestern, „den beiden Grazien, um die sich der ganze Kreis dreht". Insbesondere für Caroline Baudissin findet er geradezu ekstatische Ausdrücke der Bewunderung, sie würde an jedem Hofe und in jeder Bauernhütte glänzen. Es sei unmöglich, sie zu sehen, ohne verzaubert zu sein, sie zu hören, ohne hingerissen zu werden. Ihre Rede sei „eine Musik, in der Geist und Verstand harmonieren". Beim Abschied küßt er ihr die Hand „mit zitternder Ergriffenheit".

Beide Schwestern, Caroline und Julia, hatten von ihrem Vater eines geerbt, die Freude am Bauen. Der Schatzmeister hatte Ahrensburg von Grund auf umgestaltet und Wandsbek neu erbaut, nun wollten die Töchter ihm nacheifern, mit wenigen Jahren Abstand entstanden die beiden großen und großartigen Herrenhäuser von Emkendorf und von Knoop. Julia hatte Carl Gottlob Horn für Emkendorf gewonnen, so lag es nahe, daß er auch für Knoop tätig wurde. Und in der Tat lieferte er 1783 Bauprojekte für eine Erweiterung und Umgestaltung der alten Wasserburg. Die beiden Kavalierhäuser sind sicherlich sein Werk, sie entstanden noch im gleichen Jahre. Das nördliche wurde im Jahre 1944 durch eine Sprengbombe zur Hälfte zerstört, ist aber 1950 in der alten Form wiederhergestellt worden. Beide Kavalierhäuser verraten Horns Handschrift, die rustika-artige Gliederung der Wand, das Ornament mit dem laufenden Hund über der Tür, die ruhig abgewogene Form des ganzen Bauwerks.

Caroline Baudissin jedoch suchte sich für das Herrenhaus auf Knoop einen anderen Architekten und fand ihn in dem jungen Dänen Axel Bundsen. Er und

Axel Bundsen mit Knoop

sein Bruder Jes Bundsen sollten nun für viele Jahre in den Umkreis der Knooper Familie treten. Jes Bundsen war jahrelang hier als Zeichenlehrer tätig, er war später als bedeutender Künstler vor allem in Hamburg am Werk, hat aber auch sehr schöne Zeichnungen der Dome von Roskilde und Odense geliefert. Axel Bundsen kam mit nur 21 Jahren zum ersten Male nach Knoop. Er war 1768 in Assens auf Fünen geboren, hatte vier Jahre lang an der Akademie in Kopenhagen unter Harsdorff studiert und zum Abschluß die silberne Medaille erhalten. Nun erhielt er von Heinrich Friedrich Baudissin auf Knoop ein Reisestipendium und bereiste zusammen mit seinem Bruder Jes zwei Jahre lang Frankreich und die Schweiz. Alsbald nach seiner Rückkehr 1791 begannen die Pläne für den Neubau des Herrenhauses auf Knoop, 1796 war es im wesentlichen fertig.

In einem grundsätzlichen Punkt wich Bundsen von Horns Umbauplänen ab: die alte Wasserburg sollte jetzt abgebrochen, das neue Haus in zentraler Stelle den Hofgebäuden gegenüber errichtet werden. Die ganze Anlage wurde großzügig in

Knoop nach einer Lithographie von L. v. Motz, um 1800

die Landschaft hineinkomponiert, die wenige Jahre zuvor durch die Erbauung des Eiderkanals eine völlige Neugestaltung erfahren hatte. Nun erhielt das neue Herrenhaus seinen beherrschenden Platz hoch über dem Ufer des Kanals, auf der anderen Seite genau gegenüber den Wirtschaftsgebäuden, nach Westen hin von den bereits erbauten Kavalierhäusern flankiert, gen Osten waren zwei weitere projektiert, die weiträumige Anlage wurde umgeben von Wassergräben und Lindenalleen.

Selbst heute, nach der Erbauung des Nordostseekanals, ist Knoop vieles von dieser ursprünglichen Konzeption erhalten geblieben, immer noch schimmert der weiße Bau zwischen grünen Bäumen hoch über dem Kanalufer hervor, immer noch in großartiger Verbindung von Bauwerk und Landschaft.

Früher hat man angenommen, daß das heutige Herrenhaus auf den Kellern des alten stehe, und in der Tat verraten diese Räume eine wesentlich ältere Baustufe, als das jetzige Haus. In Wahrheit ließ Bundsen die Keller mit neuen

Klosterformatsteinen mauern, aber vielleicht bewußt altertümlich und jetzt an der neuen Stelle. Das Haus erscheint uns Heutigen wie aus einem Guß entstanden, ein hervorragendes Beispiel der Epoche des Klassizismus. Und doch hatte auch Bundsen anfangs mit Schwierigkeiten zu kämpfen. Ursprünglich war an der Stelle des jetzigen Mittelrisalits ein wenig hervortretender Risalit „mit doppelter Colonnade von überkleisterten Ziegelsteinen" erbaut worden. Der Hofrat Karl August Böttiger machte im August 1797 eine Reise nach Hamburg und Kiel und sah bei dieser Gelegenheit auch Knoop. Seine Bemerkungen über Bundsen waren nicht gerade schmeichelhaft:

> „Aber mit seinem Baumeister muß der Graf übel beraten sein, da ein ganz neu aufgeführtes Haus im italienischen Geschmack ... so sehr verunglückt war, daß man sich eben damit beschäftigte, es wieder einzureißen."

So dürfte Knoop erst nach 1797 die endgültige Form erhalten haben, ein langgestreckter Bau von 13 Achsen, mit einem jetzt sehr kräftig betonten und weit vorspringenden dreiachsigen Mittelrisalit auf der Nordseite zum Hofe hin, der von vier jonischen Säulen getragen wird. Der Risalit an der südlichen, dem Kanal zugewandten Seite ist mit vier kannelierten Pilastern geschmückt. Die äußeren Achsen der Langseite werden durch flache Risalite und durch eine kräftige Giebelbekrönung des äußeren Fensters im Erdgeschoß belebt. An den Schmalseiten hat das Haus jeweils drei Achsen, die Halbkreisfenster verbergen ein Zwischengeschoß über den Eckzimmern. Alles in allem gelang Axel Bundsen, der noch nicht 30 Jahre alt war, als das Haus fertig war, ein großer Wurf. Knoop ist sicherlich der bedeutendste Bau des Klassizismus überhaupt, den das Herzogtum Schleswig aufzuweisen hat, gleichzeitig auch das bedeutendste Werk, das Bundsen geschaffen hat. 1806/07 erbaute Bundsen das Herrenhaus in Drült, 1810/13 die Friedhofskapelle in Flensburg und mehrere Bürgerhäuser in der Stadt, 1818 wird er für den Umbau des Pächterhauses in Glasau durch Cay Fr. Reventlow auf Altenhof zugezogen, aber kaum eines seiner späteren Werke erreicht den künstlerischen Schwung, mit dem er in Knoop gebaut hatte. 1832 ist er in Hamburg gestorben.

Die Ausstattung, die das Haus im Inneren erhielt, war des Baumeisters ebenbürtig. Durch die Reventlow auf Emkendorf kamen zwei hochbedeutende Künstler nach Knoop, der Stukkateur Francesco Antonio Tadei und der Maler G. A. Pellicia. Tadei hat seit 1796 Stuckarbeiten in Knoop gemacht, vor allem im Eßsaal und im Gartensaal, hier eine reiche Stuckdecke mit Rosetten und Akanthusfeldern, die strahlenförmig in ovaler Umrahmung angeordnet sind. Im Eßzimmer wurden die Wände in rechteckige Felder aufgeteilt, die Türen mit Stucksupraporten geschmückt, die Mittelnische in drei Feldern mit Stuckgehängen verziert.

Pellicia hatte 1797, erst 23jährig, Fritz und Julia Reventlow von Rom nach Emkendorf begleitet. Dort konnte er noch nicht mit der Ausmalung beginnen, weil der Bau unvollendet war. So ging er zunächst nach Knoop und dürfte hier von 1798 an gearbeitet haben. Er malte zunächst den Eßsaal aus. Das eben erst von Tadei stuckierte Gehänge im mittleren Feld der Mittelnische ließ er abschlagen und füllte das ganze Feld mit einer illusionistisch gemalten rundbogigen Nische aus, in die er die gemalte Plastik eines mit gekreuzten Beinen auf einem runden Postament stehenden Hirten stellte, die Linke auf einen Baumstumpf gestützt. Ein Kranz von Weinlaub im Haar gibt die rechte Deutung der Figur: er gehört zum Gefolge des Bacchus und gibt so den Hintergrund für die vielen frohen Feste, die in diesem Raum gefeiert worden sind. Eine spätere Zeit hat lieblos diese anmutige Figur übertüncht, erst bei den Restaurierungsarbeiten der Jahre 1954/55 trat die Malerei in voller Schönheit wieder zu Tage, sie ist al fresco gemalt in grauen, ins Rötliche spielenden Kalkfarben, die Körperteile leicht überlasiert.

Gartensaal

Die Seitenfelder der Mittelnische schmückte Pellicia mit leicht hingeworfenen Streumustern aus großen schwarzen und weißen Tupfen auf grünem Grund, die Ranken an der Decke und die in zarten Farben gehaltene Tönung der Gliederung verleihen dem Raum eine bezaubernde Wärme.

In dem Musiksalon zur Linken des Gartensaales malte Pellicia die Sockeltäfelungen und Türen in roten, blauen und violetten Farben aus. Die Wände selber sind hier geschmückt mit Tapeten aus bedrucktem Papier auf leinener Wandbespannung nach Zeichnungen von Jean Baptiste Fay aus der Manufaktur von Jean Baptiste Réveillon in Paris. Sie zeigen Pfauen und Hühner, Ranken und Vasen auf blau-grauem Grunde.

Der Gartensaal in der Mitte des Hauses ist beiderseits durch je drei Bogennischen gegliedert. An den Längswänden hängen zwischen den Bogen vier Kolossalgemälde von Ludwig Philipp Strack, Landschaften von Tivoli bei Rom und von Neapel darstellend.

Vielleicht der interessanteste Raum ist das Schlafzimmer der Baudissinschen Zeit im Ostteil des Hauses. Das Zimmer wurde schon durch Bundsen mit einer halbrunden Wand versehen, die in der Mitte Platz zur Aufstellung der Betten gewährte und zur Linken und Rechten kleine Nebengelasse entstehen ließ. Der Mittelplafond der Decke und zwar in dem Deckenteil über der Bettnische erhielt durch Pellicia eine großartige Ausmalung. Spätere Generationen haben verständnislos diese hervorragende Arbeit übermalt, erhalten hatte sich nur die Überlieferung, daß hier die Königin der Nacht dargestellt sei, sicherlich in Anlehnung an die Oper „Die Zauberflöte" von W. A. Mozart. Erst die Restaurierung von 1954/55 hat den ursprünglichen Zustand einwandfrei wiederhergestellt, das Deckengemälde stellt die Nacht mit ihren Kindern dar, ein Thema, das in der italienischen Malerei seit der Renaissance ständig wiederkehrt.

Musiksalon

Peter Hirschfeld hat mit Recht darauf hingewiesen, daß sich um Bau und Ausstattung von Knoop eine Künstlerschaft wahrhaft internationalen Ausmaßes vereinigt hatte. Axel Bundsen kam aus Dänemark, F. A. Tadei aus der Nähe von Lugano, G. A. Pellicia aus Italien, J. B. Fay aus Frankreich, Ludwig Philipp Strack aus dem Hessischen, so entstand hier ein einzigartiges Herrenhaus in großartiger Harmonie aller Beteiligten, sowohl der Bauherrn wie der schaffenden Künstler.

Viele gute Gaben hatte ein gütiges Geschick den beiden Schwestern Schimmelmann in die Wiege gelegt, nur eines besaßen sie nicht, den kommerziellen Geist des Schatzmeisters, der ihn zu kühnen und erfolgreichen finanziellen Transaktionen geführt hatte. Caroline Baudissin sah sich selber anders, sie schrieb:

„Das Schimmelmannsche Blut, das in meinen Adern fließt, gibt mir einen Kaufmannsgeist, und nichts amüsiert mich so als Handeln und Rechnen''.

Friedrich Leopold Stolberg in Eutin urteilte schärfer, er schrieb, daß Geld und Zahlen ihr eine unbekannte Sache seien, indem sie immer die Nullen mit aufaddiere.

Der Verlust des Gutes Rixdorf gehört in dieses Thema. Der Enkel Roderich Baudissin, † 1894, berichtet in seinen Tagebüchern von seiner Großmutter Caroline, daß sie eine große Vorliebe für das l'Hombre-Spiel hatte und stets sehr hoch spielte. So verlor sie im Spiel das große und schöne Gut Rixdorf an Clemens August Wilhelm Graf v. Westphalen zu Fürstenberg für 200000 Rthlr., seine Nachkommen besitzen das Gut noch heute. 1786 war der Vater Heinrich Christoph Baudissin verstorben, nur drei Jahre später, 1789 trug sich diese Episode zu. Graf Westphalen bot ihr an, das Spiel rückgängig zu machen, wenn sie ihm einen Kuß geben wolle; nach anderer Überlieferung wollte er etwas mehr. Auf jeden Fall lehnte Caroline Baudissin ab, und so ging der Familie ein Besitz verloren, der noch im 20. Jahrhundert eine Größe von 4600 ha hatte und damit zu den größten Besitzungen zählte, die es in Holstein gab. Freilich fiel die Trennung von Rixdorf den Baudissin nicht schwer, Caroline hatte es nie besonders geschätzt und schon vor dem Verlust am Spieltisch hatten Verkaufsverhandlungen stattgefunden.

Es ist daher kein Wunder, wenn der immense Schimmelmannsche Reichtum, den Caroline in die Ehe mitgebracht hatte, zur Neige ging. Die letzten Jahrzehnte der Baudissinschen Zeit auf Knoop muten an wie ein trauriger Abgesang. Im Jahre 1803 bereits war das Gut Uhlenhorst verkauft worden, 1824 wurde Projensdorf dem jüngsten Sohne Joseph übergeben, ein Jahr später Knoop dem ältesten Sohne Friedrich. Der mittlere, Carl, war von der Erbfolge ausgeschlossen worden wegen seiner unerfreulichen ehelichen Verhältnisse, erst später kauften die Brüder ihm das Gut Hovedgaard in Jütland.

Friedrich geriet schon wenige Jahre nach dem Tode der Mutter Caroline in finanzielle Schwierigkeiten, 1836 mußte er sein Vermögen unter Kuratel stellen, sein Schwager Jens Peter Neergaard auf Eckhof und Bülk und sein Vetter Hermann Baudissin auf Sophienhof wurden zu Administratoren eingesetzt, Friedrich Baudissin selber zog nach Plön, um den kostspieligen Haushalt in dem großen Herrenhaus einzusparen. Selten nur, daß noch große Feste wie in alten Zeiten gefeiert wurden, nur einmal noch ging es hoch her, als im Jahre 1844 die beiden Schwestern von Friedrich Baudissin am gleichen Tage ihre goldene Hochzeit feiern konnten, Elisabeth C. H., die mit Jens P. Neergaard vermählt war und Anna Sophie, die Heinrich Reventlow auf Wittenberg und Aakjer geheiratet hatte, allein 50 Enkel waren anwesend, es gab aber 99, und der 100. sollte gerade geboren werden.

Friedrich Baudissin starb 1866, aber das Gut war nicht mehr zu halten, so verkaufte sein Sohn Roderich Knoop bereits drei Jahre später für 404 000 Rthlr. Käufer war ein Mann ganz eigenen Typs, Ingmar Martin Clausen. Er stammte aus Hadersleben in Nordschleswig, wo er ein Altersheim gestiftet hat, das nach seiner Mutter den Namen Katharinenheim trägt. Er ging in jungen Jahren nach Mexiko und erwarb sich im amerikanischen Bürgerkrieg durch Kriegslieferungen ein großes Vermögen. Nun kehrte er in die alte Heimat zurück zusammen mit seiner Frau, einer Mexikanerin und 14 Kindern. Nach dem Tode der Frau heiratete er noch zweimal und hatte aus diesen beiden Ehen weitere drei Kinder. Jetzt war das Herrenhaus wieder von Leben und Trubel erfüllt, zu den 17 Kindern gesellten sich bald Schwiegerkinder und Enkel, und an gewöhnlichen Sonntagen nahmen an der Tafel meist 40 Personen Platz.

Ingmar Martin Clausen versuchte, möglichst vielen seiner Kinder ein ländliches Domizil zu verschaffen, so wurden die Güter und Höfe Rögen, Uhlenhorst und Freienberg sowie das Kahlendorfer Gehölz zu Knoop hinzuerworben. Trotzdem war bei einer so großen Erbengemeinschaft der Verkauf unausweichlich.

Nach dem Tode von Ingmar Martin Clausen ging Knoop im Jahre 1903 für 1 725 000 Mark an den Fabrikanten Gerhard Friedrich Hirschfeld aus Bremen über. Er starb schon 1913 und wurde fast ein halbes Jahrhundert lang von seiner Witwe Magdalene Mathilde, geb. Biermann, überlebt, sie starb erst 1961 im Alter von 91 Jahren. Von den drei Söhnen war der älteste im 1. Weltkrieg gefallen, der jüngste, dem das Gut zugedacht war, im 2. Weltkrieg. So wurde Erbe dessen Sohn Gerhard Richard Hirschfeld, der 1957 Knoop übernahm.

Der zweite Sohn, Dr. Peter Hirschfeld, langjähriger Landeskonservator des Landes Schleswig-Holstein, erhielt im Jahre 1946 den Nebenhof Friedrichshof in einer Größe von 270 ha, davon entfallen rund 255 ha auf die Landwirtschaft, 15 ha auf den Wald.

Von den beiden Höfen Knoop und Friedrichshof wurden im Jahre 1956 je 45 ha abgetrennt und davon ein neuer Hof für die Schwester Therese Hoene, geb. Hirschfeld, gebildet. Die Familie ihres Mannes hatte früher im Danziger Werder das Gut Leesen besessen, daher erhielt der neue Hof wieder den Namen Leesen. Knoop umfaßt heute ein Areal von 470 ha, davon entfallen 305 ha auf die landwirtschaftlich genutzten Flächen und Park usw., 165 ha auf den Wald. Dagegen hat das Schloß selber schwere Verluste erlitten, als die britischen Besatzungstruppen nach dem Kriege sich das gesamte wertvolle alte Inventar aneigneten. In einer Reihe von Jahren hat das schleswig-holsteinische Landesamt für Denkmalpflege seine Büros auf Knoop gehabt, bis sie wieder nach Kiel verlegt werden konnten. Bei einer gründlichen Restaurierung in den Jahren 1954 bis 1955 wurde die vornehme, dem Bau entsprechende äußere Erscheinung des Schlosses in ausgezeichneter Weise wiederhergestellt, aber als ständige Erinnerung an die schweren Verluste in den ersten Nachkriegsjahren sind die großen schönen Säle leer geblieben.

Adel. Gut Knoop

Besitzer: Gerhard Richard Hirschfeld

Besitzer		*Gut und Bauten*	
1322	Wulf v. Knoop	16.	Wasserburg erbaut
1356	Albern v. d. Wisch	Jahrh.	
ca. 1400–1613	(v.) Rantzau	1783	westliches Kavalierhaus
1613	v. Buchwaldt		erbaut
1630	v. Ahlefeldt	1791/96	Herrenhaus erbaut
1632	König v. Dänemark	1796/98	Stuckarbeiten von F. A. Tadei, Ausmalung von G. A. Pellicia
1648	v. Buchwaldt		
1684	(v.) Rantzau		
1723	Wolf Heinrich Graf v. Baudissin, dann dessen Nachkommen bis 1869	1900	Brand der Scheunen
		1950	Wiederaufbau des Kavalierhauses
1869	I. M. Clausen	1954/55	Restaurierung des Herrenhauses
1903	G. F. Hirschfeld, dann dessen Nachkommen	1986	Renovierung der Außenwände

30 Rosenkrantz

Kirchspiel Gettorf   Kreis Rendsburg-Eckernförde

Es ist selten, daß ein Gut seinen Namen wechselt, durchweg behalten unsere Güter die mittelalterlichen Namen, wenn auch manchmal mit hochdeutscher Umschreibung. Rosenkrantz macht hiervon eine Ausnahme, erst seit 1828 trägt es diesen Namen, bis dahin hieß es Schinkel. Diese Namensgebung ist nicht willkürlich; Dr. jur. Robert Weber aus Elberfeld vermählte sich am 8. August 1824 mit Axeline Rosenkrantz aus dem alten dänischen Geschlecht. Sie hatte von ihrem früh verstorbenen Vater Erich Scheel v. Rosenkrantz das Holsten-Rosenkrantzsche Fideikommiß geerbt, das ursprünglich aus dem Gute Søbysøgaard auf Fünen bestand. Das dort bestehende Stammhaus war 1802 aufgehoben worden mit der Substitution eines Fideikommißkapitals von 174000 Rthlr. Ihre Mutter nahm sie auf eine Reise mit nach Elberfeld, als sie selber sich wieder verheiraten wollte. Dort lernte Axeline den jungen Advokaten Dr. jur. Robert Weber kennen und zog ihn sechs anderen Bewerbern vor. Von Robert Weber sind verschiedene Portraits auf Rosenkrantz erhalten, sie zeigen ein klares, männlich schönes Gesicht.

Das Fideikommißkapital des Holsten-Rosenkrantzschen Fideikommisses wurde in Dänemark bis zum heutigen Tage von einem Kronanwalt verwaltet, die Zinsen an den jeweiligen Besitzer ausgezahlt. Da das Fideikommiß als ein Kunkellehen galt, vererbte es sich bei dem Fehlen von männlichen Anwärtern auf die weibliche Linie. Außer diesem in Kopenhagen deponierten Geldfideikommiß hatte noch ein Witwenfideikommiß bestanden, welches Erich Scheel von Holsten gestiftet hatte und welches gleichfalls Axeline Rosenkrantz zufiel. Da längere Zeit keine Witwe vorhanden gewesen war und das Kapital durch die Zinsen ansehnlich angewachsen war, da außerdem in absehbarer Zeit keine Witwe zu erwarten war, erbaten Robert Weber und seine Frau Axeline, geborene Rosenkrantz, beim König von Dänemark die Erlaubnis, dafür zwei Güter zu kaufen, nachdem das Stammhaus Søbysøgaard aufgelöst worden war. Der König erteilte die Genehmigung, und Robert und Axeline zogen nach Schleswig-Holstein zwecks Ankauf zunächst von Schinkel im Jahre 1828. Da das Gut aus einem Rosenkrantzschen Fideikommißkapital gekauft wurde, gaben sie dem Gut den neuen Namen Rosenkrantz. Im Jahre 1844 wurde dann noch das adelige Gut Rathmannsdorf hinzugekauft, und zwar aus dem Witwenfideikommiß. Auf diesen beiden Gütern begründete Robert Weber das Weber-Rosenkrantzsche Fideikommiß in einer Größe von ursprünglich 1133 ha. 1850 wurde das Fideikommiß bereits wieder aufgehoben und der Besitz allodifiziert. Robert Weber war 1846 zum dänischen Hofjägermeister ernannt worden. 1862 wurde er durch den Herzog von Sachsen-Coburg und Gotha in den Freiherrnstand erhoben unter dem Namen Freiherr Weber von Rosenkrantz. Am 19. Dezember 1862 erhielt er die kgl. dänische Bestätigung.

Der letzte Freiherr Weber von Rosenkrantz, Richard, † 4. Februar 1944, hinterließ nur Töchter, so erbte die älteste Tochter Ingeborg, vermählt mit dem Oberst a. D. Friedrich Arnold, das Gut Rosenkrantz, während der zweiten Tochter Gerda, verheirateten v. Lamprecht, das Gut Rathmannsdorf zufiel. Die zugehörigen Dörfer waren im Zuge der verschiedenen Bodenreformen von den Gütern abgetrennt worden, der Hof Langenhorst in Größe von 60 ha für den Sohn aus erster Ehe Rembert Frhr. v. Münchhausen ausgeschieden. Daher beträgt die Größe von Rosenkrantz heute insgesamt nurmehr 200 ha, davon Acker und Grünland 162 ha, Wald 34 ha, die Flächen des alten Eiderkanals 4 ha. Die Geschichte des Gutes ist sehr alt und steht in engem Zusammenhang mit der Eroberung des Herzogtums Schleswig durch die Grafen von Holstein. Im Jahre

1260 verpfändet die Königin Mechthildis alles Land zwischen Schlei und Eider an die Grafen von Holstein und eröffnet damit dem Zuzug der holsteinischen Ritter nach dem Norden den Weg. Fast zögernd siedeln sich in den folgenden Jahrzehnten die ersten Rittergeschlechter aus dem Holsteinischen nördlich der Eider an, die Herren von Knoop nördlich Kiel, dann an der Eiderlinie bis Rendsburg die Herren v. Schinkel, v. Sehestedt, v. Lembek. Das heutige Gut Rosenkrantz heißt damals Schinkel, vielleicht nach dem hier vorhandenen Eiderknie, die Herren v. Schinkel sind wappengleich mit den Herren v. Sehestedt, sie beide führen als Wappen drei Blätter um eine Seerose herum, sind also sicherlich des gleichen Stammes. In Schinkel erbauen sie sich eine Burg, erstmals wird sie 1284 genannt, das Bild dieser Burg stammt zwar erst von der Rantzauschen Tafel von 1586, gibt aber offensichtlich einen sehr alten Bauzustand wieder. Die Überlieferung, daß es sich bei dieser Abbildung um die Burg des 13. Jahrhunderts handeln solle, kann daher zutreffen. Das Bild stellt eine Wasserburg in einem kreisrunden Graben dar, ein einstöckiger Giebelbau aus Ziegeln über hohem Kellergeschoß, im vierfach gestuften Treppengiebel drei kleine Fenster, die Fenster der Breitseite anscheinend rundbogig, an der Giebelseite ein von einem Dreiecksgiebel gekrönter Erkerausbau, der das Portal und im ersten Stock zwei Fenster enthält. Der Burggraben dürfte in Verbindung mit der Eider gestanden haben.

Wie lange das Geschlecht Schinkel hier gesessen hat, wissen wir nicht mit voller Bestimmtheit. 1284 wird Nicolaus de Schinkele als erster Besitzer genannt, 1337 und 1340 Lüder Schinkel, 1358 Hartwig Schinkel, von dem es ausdrücklich heißt: morans in Schinkel, wohnhaft in Schinkel.

Einige weitere Namen tauchen aus dem Dämmer auf, Grete Schinkel ist 1402 Priörin des St. Johannisklosters vor Schleswig, andere Mitglieder des Geschlechts erscheinen auf Olpenitz und auf Höfen am Nordufer der Schlei. Otto Schinkel, der 1412 genannt wird, war ein Urenkel des oben erwähnten Lüder Schinkel um 1337. Er hinterließ zwei Töchter, Anne und Hilleborg Schinkel. Anne heiratete Niels Rosenkrantz, Hilleborg Knud Gyldenstjerne. Sie beide sind die Ahnherrinnen der jetzigen Besitzer von Rosenkrantz. Die Verbindung zum Gute Schinkel dürfte kaum länger bestanden haben als bis etwa um 1400. Es tritt dann ein längerer Intervall ein, über den wir nichts wissen, seit ca. 1512 sitzt das Geschlecht Breide auf Schinkel, aber auch nur für eine Generation. Claus Breide, † 1520, von dem es in den Urkunden heißt, daß er auf Schinkel gewohnt habe, war offenbar ein kriegerischer Herr, sein Widersacher und Feind Benedict v. d. Wisch hatte ihn gefangengenommen und in Lübeck in Ketten legen lassen. Herzog Friedrich rüstete einen Heerhaufen aus, um ihn zu befreien. Das hinderte Claus Breide jedoch nicht, später auch mit dem Herzog selber in

Streitigkeiten zu geraten, bis dieser ihn daraufhin auf dem Schlosse Gottorf gefangen setzen ließ. Schließlich ließ der Herzog ihn wieder frei, nachdem er Urfehde geschworen hatte.

Schinkel kam nun im Erbgang auf die Rantzau, zunächst auf Christoph Rantzau, der seit 1535 auf Schinkel genannt wird, und 1571 starb, dann auf seinen Neffen Otto Rantzau, der Schinkel 45 Jahre lang besessen und auch dort gewohnt hat. Von ihm stammt die großartige Scheune, im Jahre 1575 erbaut, eines der ältesten uns bekannten, zugleich auch schönsten Wirtschaftsgebäude auf unseren adeligen Gütern. Im Jahre 1898 wurde sie leider abgebrochen. Sie lag fast in der Parallele zur ostwestlichen Mittelachse des Hofes leicht nach Nordosten hin schräg herausgedreht mit der besonders prächtigen Giebelseite nach Osten hin. Giebelseite und Langseiten waren in Fachwerk erbaut, das mächtige Rethdach im Osten abgewalmt. In der östlichen Giebelseite von 13 Fach, symmetrisch um 6 Riegel-Reihen waren beiderseits große rundbogige Tore mit profilierter Leibung eingegliedert. Im Sturzbalken der Tore waren Inschriften und Wappen v. Rantzau und v. Buchwaldt eingeschnitzt. Die Eckstiele trugen am Dachansatz geschnitzte Knaggen. Im Mittelfeld in der obersten Riegelreihe des Erdgeschosses befand sich eine kleine gekuppelte doppelte Rundbogenblende. Über der vierten Riegelhorizontale kragte das Giebelgeschoß über reich profilierter, mit 10 profilierten Knaggen gezierter Schwelle vor. Über jeder Knagge im Giebelgeschoß fand sich ein reich geschnitztes Fächermuster niedersächsischer Art. Über dieser Riegelreihe kragte die oberste Riegelreihe mit sechs Luftlöchern nochmals über einem geschnitzten gedrehten Tauband leicht hervor. Die niedrige südliche Langseite zeigte drei Riegelreihen mit etwa zwanzig Fächern. Die Inschriften und Wappen beziehen sich auf den damaligen Besitzer von Schinkel, Otto Rantzau, der mit Dorothea v. Buchwaldt verheiratet war.

Ebenfalls in dieses Zeitalter hinein gehören die beiden Glocken im Torhause, angeblich von Soldaten im 30jährigen Kriege aus einer Kirche hierher verschleppt, die eine, eine kleine flache Glocke aus dem Jahre 1533 von Gottschalk v. Ahlefeldt, und mit der Umschrift: „Gosche von Ahlefeldt hört disse Cimbel to". Die andere stammt aus dem Jahre 1543, mit schlichter sechsteiliger Krone aus profilierten Bügeln, mit Zierfriesen von Lilienmotiven und gotisierenden Blättern und einer umfangreichen Marienverehrung: als kleines Relief das Brustbild der Maria mit dem Kind, an den Flankenseiten die Marienkrönung, Anne selbdritt, der Hl. Georg mit dem Drachen, eine liegende Gestalt mit bekränztem Kreuz und der Inschrift: Maria is miinen Name...

Otto Rantzaus älteste Tochter Elisabeth heiratete Cai Rumohr auf Roest, † 1624, so kam Schinkel für zwei Generationen an die Rumohr. Wahrscheinlich hatten die Großeltern Rantzau den ältesten Sohn von Cai Rumohr, Asmus, geb. 1596,

Torhaus

als Erben für Schinkel ausersehen, da sie selber keine Söhne hatten. Seit seinem
dritten Monat wurde dieser bei den Großeltern auf Schinkel erzogen. Aber er
starb 1614 als Student mit nur 18 Jahren an den Blattern. Erhalten ist noch die
Leichenpredigt auf ihn unter dem Titel: stella magorum, der Stern der Weisen.
Nach dieser Leichenpredigt scheint Asmus Rumohr ein sehr begabter junger
Mensch gewesen zu sein. Die Großeltern Rantzau gaben nun Schinkel der
nächstältesten Tochter Dorothea Rumohr. Sie ihrerseits heiratete Cai v.
Ahlefeldt auf Seestermühe. Seither blieb das Gut über vier Generationen im
Besitz dieses Geschlechts, auf Cai folgt Friedrich, auf diesen wieder Cai, bis
schließlich nur eine Tochter übrigblieb, Anna Catharine v. Ahlefeldt, † 1727, die
sich mit Cai Brockdorff vermählte.

Aus dieser Ahlefeldtschen Zeit ist in bezug auf Schinkel wenig zu berichten,
Seestermühe blieb das Hauptgut, aber es scheint, als ob die heranwachsenden
Söhne ihre Haushaltung auf Schinkel führten. Friedrich v. Ahlefeldt ist 1618 auf
Schinkel geboren, von ihm heißt es auch, daß er in seiner Jugend auf Schinkel
gewohnt habe. Als er mit jungen Jahre 1651 starb, ging seine Frau eine neue Ehe
ein mit dem Landgrafen Georg Christian von Hessen-Homburg, die Hochzeit
wurde feierlich und festlich in Hamburg in Gegenwart der Königin Christine von
Schweden begangen. Aber für den Erben von Schinkel, Cai v. Ahlefeldt, war
schlecht gesorgt, er war damals erst 13 Jahre alt, und niemand war da, der sich
um die Verwaltung des großen Besitzes hätte kümmern können. So übernahm
schließlich der Bruder der Mutter, Bertram Pogwisch, die Verwaltung des Gutes.

Cai v. Ahlefeldt starb 1684 mit nur 32 Jahren, seine Ehefrau Barthe Catharine, geb. v. Ahlefeldt a. d. H. Osterrade, erfreute sich keines guten Rufes durch ihre umfangreichen Ränke und Verkuppelungen. Erst versuchte sie, die eigene Tochter mit dem steinreichen, aber uralten Wulf Heinrich v. Thienen zu vermählen, nahm ihn aber selber zum Manne, nachdem dieses Unternehmen gescheitert war. Dann trachtete sie nach dem großen Brockdorffschen Besitz, was ihr aber lange Zeit dadurch erschwert wurde, daß der Besitzer Detlev Brockdorff glücklich verheiratet war. Als dieser endlich Witwer war, heiratete sie in dritter Ehe diesen reichbegüterten Mann; er besaß Rohlstorf und Travenort bei Segeberg, Osterrade und Kluvensiek an der Eider, Gaarz, Bosauhof und Mannhagen in Ostholstein, Saxtorf und Hohenlieth unweit Eckernförde, weitere Güter im Ausland und tat seiner gewinnsüchtigen Frau nicht den Gefallen, vor ihr zu sterben, er starb erst 1732 im Alter von 90 Jahren. Immerhin brachte die Frau es doch zuwege, daß ihre Tochter Anna Catharine den Sohn von Detlev Brockdorff, Cai Brockdorff, † 1752, heiratete. So kam Schinkel für zwei Generationen an die Brockdorff.

Diese Tochter Anna Catharine v. Ahlefeldt, verheiratete Brockdorff, dürfte kaum auf Schinkel gewohnt haben, wohl mehr auf Gaarz. Sie muß eine Dame von reichen Gaben gewesen sein, beherrschte viele Fremdsprachen, konnte die Bibel im chaldäischen Urtext lesen, schrieb ihrerseits Dichtungen, die heute verschollen sind und musizierte eigenhändig auf der Angélique, einem Musikinstrument der Barockzeit.

Als sie 1727 gestorben war, ging Schinkel offenbar gleich auf den Sohn Heinrich Friedrich Brockdorff über. Denn als der Vater trotz seines immensen Reichtums 1737 Konkurs machte, blieb Schinkel den Brockdorff erhalten. 1725 hatte Heinrich Friedrich Brockdorff sich bereits vermählt, mit einer Cousine, der Tochter des Generalleutnants Theodosius v. Levetzau, der mit einer Tochter Detlev Brockdorffs verheiratet war. Daß er tatsächlich auf Schinkel gewohnt hat, geht aus einigen an ihn gerichteten, im Gutsarchiv befindlichen Briefen hervor. Er hat auch mehrere zum Teil heute noch erhaltene Hofgebäude aufgeführt. Über der Tür der nunmehr abgebrochenen Meierei standen die Anfangsbuchstaben seines Namens und die seiner Frau: H. B. F. F. S. M. O. B., das heißt Heinrich Brockdorff Felix Faustumque Sit, Margarethe Ölgard Brockdorff.

Die alte Wasserburg des 13. Jahrhunderts war zu dieser Zeit längst verschwunden. Brockdorff bewohnte das nach der Überlieferung in der Ahlefeldtschen Zeit errichtete 2. Haus, aber er war auch der letzte, der in ihm residierte. Nach seinem Tode 1781 heißt es, daß das Haus so baufällig sei, daß man es nicht mehr bewohnen könne. Abbildungen dieses Hauses sind nicht erhalten, so ist man hier nur auf Vermutungen angewiesen.

Heinrich Friedrich Brockdorff war zweimal verheiratet gewesen, aber beide Ehen blieben kinderlos. Da er das Leben eines reichen Grundherrn seiner Zeit führte, überstiegen die Ausgaben die Einnahmen bei weitem. Erst wurde das Gut Hohenlieth, unfern von Schinkel, veräußert, bald darauf folgte das alte Stammgut Gaarz. Und nach seinem Tode konnte die Witwe auch Schinkel nicht halten, obwohl sie dort hatte bleiben wollen. Brockdorff hat dessen ungeachtet für den Besitz viel getan, die schönen Lindenalleen angelegt und sich vor allem eindringlich um das Schicksal der ihm anvertrauten Menschen gekümmert. Für das Wohlergehen seiner zahlreichen Dienerschaft sorgte er durch reichliche Legate, und er wird auch – anscheinend eine Seltenheit in jener Zeit – als besonders freundlich gegen seine Untergebenen geschildert.

Nach seinem Tode verwaltete zunächst sein Neffe, der Geheime Rath Cai Rantzau auf Gaarz und Güldenstein das Gut, aber nur drei Jahre lang, dann stellte sich endgültig heraus, daß es nicht zu halten war. So wurde Schinkel zum 1. Mai 1784 an Josias Jensen für 45000 Rthlr. verkauft. Jensen war vorher Pächter von Rathmannsdorf gewesen, behielt Schinkel aber nur zwei Jahre und verkaufte es 1786 mit gutem Gewinn an die Gebrüder Bruyn in Rendsburg und Schleswig. Übergeben wurden 150 Kühe, aber nur 10 Pferde. Als die Brüder Bruyn sich hier und auf Eschelsmark ankauften, war die Zeit für den Bau des ersten Nordostseekanals gekommen. 1784 ließ Georg Bruyn eine Schrift erscheinen unter dem Titel: Opmuntring til mine Medborgere om Deeltagelsen i Canal-Handelen, auf deutsch: Aufforderung an meine Mitbürger zur Teilnahme am Kanalhandel. Aber für Schinkel hatte dieser Bau viele Nachteile, der Kanal führte nur 200 Schritte vom Hofe entfernt vorbei; die einstmals sumpfigen Wiesen wurden zwar wertvoller, aber der Eiderfischfang, bis dahin ein wichtiger Faktor in den Einnahmen des Gutes, hörte fast völlig auf. Das Holz wurde gänzlich ruiniert. Vor allem die große Menge der Kanalarbeiter stiftete viel Unruhe im Gut, in den einzelnen Bauernhäusern wohnten oft 40 Menschen, nicht einmal Militär, das hierher verlegt wurde, vermochte Ordnung zu schaffen. Ein Portrait des Erbauers des Kanals, des Generals Ludwig v. Binzer hängt im Herrenhaus. Inzwischen ist der alte Eiderkanal seit 1895 durch den bei weitem größeren Nordostseekanal ersetzt worden.

Die Gebrüder Bruyn nahmen mit dem Gute alsbald große Veränderungen vor. Zunächst hoben sie die Leibeigenschaft auf, sicherlich ein sozial gedachter Schritt, der aber in der Durchführung nicht immer den erstrebten Erfolg hatte. Viele der eben Freigelassenen wußten keinen rechten Gebrauch von ihrem neuen Status zu machen, manche verarmten, ja sogar zwei Schinkeler Arbeiter meldeten sich freiwillig auf dem Gute Osterrade jenseits der Eider zur Aufnahme in die Leibeigenschaft.

Weiter führten die Gebrüder Bruyn die Parzellierung des Gutes durch, verkauften etwa vier Fünftel der Feldmark in 17 Parzellen und 34 Katen. Auf den verkauften Grundstücken, die den Erwerbern zu vollem Eigentum übergeben wurden, ruhte eine unablösliche sogenannte ewige Rente in Form eines Kanons in Höhe von 1 Rthlr. je Tonne. Insgesamt nahm das Gut jährlich aus diesen Verkäufen rund 2000 Rthlr. ein, jedoch erhielten die Parzellisten in der preußischen Zeit durch die Rentenbankgesetzgebung die Möglichkeit, den Kanon mit dem 25fachen Jahresbetrage abzulösen. Davon haben nach und nach sämtliche Parzellenbesitzer Gebrauch gemacht, so daß heute keine Verbindung zwischen ihnen und dem Stammgut mehr besteht. Der Justizrat Christian Bruyn in Schleswig, der im Besitze beider Güter verblieb und auf Eschelsmark wohnte, ließ 1791 das alte Herrenhaus abreißen und erbaute ein kleines, nunmehr das dritte Herrenhaus, einstöckig mit 7 Fenstern Front. Nach seinem Tode 1809 gingen beide Güter über an seine älteste Tochter Caroline. Sie war verheiratet mit dem Justizrat Nicolai v. Klöcker, der gleichfalls auf Eschelsmark bis zu seinem Tode 1819 wohnte. Nun übernahm die Witwe die Verwaltung, bis sie 1828 Schinkel an Dr. jur. Robert Weber verkaufte.

Robert Frhr. Weber v. Rosenkrantz starb 1876 und hinterließ die Güter seinem Sohne Axel, der mit einer deutschstämmigen Engländerin aus Manchester verheiratet war. Von dessen Söhnen folgte Richard, † 1944, ihm im Besitze nach, während der zweite Sohn Woldemar, † 1915, sich schon in jungen Jahren einen Namen durch seine umfangreichen und gründlichen genealogischen Forschungen machte. Durch seinen frühen Tod mit nur 47 Jahren ging eine große Hoffnung für die Adelsgeschichte des Landes dahin.

In den Jahren von 1890 bis 1900 nahm Axel Frhr. Weber v. Rosenkrantz bedeutende Bauten vor. Das alte kleine Herrenhaus von 1791 wurde zu einem aufwendigen Bau von zwei Geschossen mit Mittelrisalit und flachen Giebeln umgestaltet. Die beiden flachen Seitenrisalite waren schon durch den Vater Robert Weber vorgesetzt worden, wurden jetzt aber um ein Geschoß erhöht. Am Obergeschoß des Südflügels wurde die Steintafel mit der von einem ovalen Lorbeerkranz gerahmten Bauinschrift von 1791 wieder eingemauert. Gleichzeitig entstanden moderne Wirtschaftsgebäude, eine reizende Orangerie, die heute zum größten Teile wieder abgebrochen worden ist, und ein Torhaus, das weit vorausschauend erbaut selbst den heutigen Ansprüchen großer landwirtschaftlicher Maschinen voll genügt.

Das Haus Rosenkrantz enthält eine ungewöhnliche Fülle von bedeutenden Kunstwerken. Bei der Aufteilung des Besitzes kamen die holländischen Bilder an die beiden Schwestern Weber v. Rosenkrantz, während in Rosenkrantz bevorzugt die Familienbildnisse verblieben. Hierher gehören eine Reihe älterer

Bildnisse aus dem 17. und 18. Jahrhundert aus den Geschlechtern Rosenkrantz und Holsten, darunter das sehr bedeutende von Mogens Rosenkrantz, † 1778, gemalt 1769 von Braun. Er hat Rosenkrantz selber nicht besessen, wohl aber die große alte Burg Spøttrup in Jütland und war Geheimer Rat und Justitiarius am Obersten Gericht.

Aber auch sämtliche Generationen der Freiherren Weber v. Rosenkrantz mitsamt den einheiratenden Familien sind mit guten Portraits der Zeit vertreten, darunter von Meistern wie Fr. C. Gröger, Dankwarth, Langhorst und anderen mehr. Daneben sind eine größere Anzahl von Bildern allgemeineren Gegenstandes zu nennen, eine sehr bedeutende „Mariä Himmelfahrt" aus der Schule von Peter Paul Rubens, vielleicht mit eigenhändiger Überarbeitung durch Rubens selber, eine kleine Landschaft, die Wouvermann zugeschrieben wird, ein eindrucksvolles Portrait von Balthasar Denner, seine Mutter darstellend, eine Landschaft von Charles Ross.

Bedeutend ist auch der Besitz des Hauses an Porzellan und Möbeln. Eine entzückende Gruppe, die neun Musen, aus Rudolstädter Porzellan, ganze

Halle

Service aus Sèvres, englischem Empire- und Biedermeierporzellan, Alt-Meißen, Berlin, ein Fischtellerservice mit viereckigen Tellern, – kurz, die ganze Fülle eines großen Hauses breitet sich aus. Und was an Möbeln das Haus schmückt, ist nicht weniger wertvoll. In der Halle stehen zwei große Schränke Brügger Arbeit, im Wohnzimmer ein wunderbar gearbeiteter Rokoko-Sekretär, im Speisezimmer zwei Kommoden und ein Schrank, die vielleicht von Boulle geschaffen sind. Endlich ist die Bibliothek zu nennen, im Obergeschoß des Herrenhauses untergebracht, mit einer Fülle von bedeutenden Werken, insbesondere zur Genealogie. Die seltene Genealogie: aliquot familiarum von Henninges von 1590 findet sich hier, auch die vielen Handschriften, die Woldemar Frhr. Weber v. Rosenkrantz hinterlassen hat; aber auch so bedeutende Werke wie die Flora Danica von 1766.

Nach dem Ableben von Frau Ingeborg Arnold geb. Freiin Weber von Rosenkrantz 1973 wurde ihr Sohn erster Ehe Rembert Frhr. v. Münchhausen Besitzer. Er vereinigte seinen Hof Langenhorst in Größe von 60 ha mit dem Gut Rosenkrantz, so daß die Größe des Gutes heute 260 ha beträgt.

Speisezimmer mit Boulleschrank

Eigentümer: Rembert Freiherr von Münchhausen

Besitzer		*Gut und Bauten*	
1284	Nicolaus de Schinkele, dann dessen Nachkommen	1289	Burg Schinkel
		1575	Bau der großen Hofscheune
ca. 1512	Ritter Claus Breide	17. Jahrh.	Abbruch der Wasserburg, Bau des zweiten Hauses
1535–1618	(v.) Rantzau		
1618–1656	(v.) Rumohr		
1656–1727	v. Ahlefeldt	1784	Bau des Eiderkanals, Parzellierung des Gutes
1727–1782	(v.) Brockdorff	1791	Bau des dritten Hauses
1782–1828	verschiedene Besitzer	1828	Gut Rosenkrantz
1828	Dr. jur. Robert Weber, später Frhr. Weber von Rosenkrantz, dann dessen Nachkommen	1898	Abbruch der großen Hofscheune
		1890–1900	Umbau des Herrenhauses, Bau der Orangerie, des Torhauses und der Wirtschaftsgebäude.
		1982	Sanierung des Torhauses
		1983	Renovierung des Herrenhauses

31 Hoyerswort

Kirchspiel Oldenswort   Kreis Nordfriesland

Man nimmt im allgemeinen an, daß an der schleswig-holsteinischen Westküste fast keine größeren Güter vorhanden seien. In Wirklichkeit liegen die Dinge anders. Allein in der Karrharde, also in dem Gebiet um Leck in Nordfriesland liegen 8 adelige Güter, Boverstedt und Büllsbüll, Fresenhagen und Lütjenhorn,

Hogelund und Gaarde, Klixbüll und Karrharde selber. In der Wiedingharde kommt Toftum hinzu, im Gebiet des späteren Kreises Husum die beiden adeligen Güter Mirebüll und Arlewatt und die drei Kanzleigüter Rödemishof, Wischhof und Mildestedthof. Selbst auf den Inseln gab es adelige Güter, auf Pellworm Seegard, auf dem Teil von Nordstrand, der 1634 in der großen Manntränke unterging, Morsum. Sie alle gehörten zum 2. Angelner Güterdistrikt, der einen unpassenden Namen führte, da keines dieser Güter in Angeln lag.

Fast alle diese vielen Güter sind auf der Grundlage zweier verschiedener Tatbestände entstanden. Entweder gehen sie auf Burgen der alten Heermannengeschlechter zurück, wie Arlewatt, wo die Frese saßen, oder Toftum, das Besitz der Froddesen war, oder sie sind die Edelhöfe neu geadelter Geschlechter wie Klixbüll, das den Andersen gehörte oder Morsum, dem Stammsitz der Leve oder Seegard auf Pellworm, dem Besitz der Stallerfamilie Edlefsen. Aber kaum eines dieser Güter hat es baugeschichtlich oder in kulturgeschichtlicher Sicht zu größerer Bedeutung gebracht, kaum eines kann sich mit den großen adeligen Gütern an der Ostküste Schleswigs messen. Auf Arlewatt stand eine Burg des 16. Jahrhunderts, wir kennen sie aus der Abbildung auf der Rantzauischen Tafel von 1586, sie wurde jedoch im Anfang des 18. Jahrhunderts wieder abgetragen, nachdem Arlewatt ein herzogliches Vorwerk des Schlosses vor Husum geworden war. Auf Toftum steht ein stattliches Gebäude, aber doch mehr als großer Bauernhof anzusprechen. Fresenhagen und Lütjenhorn haben sich noch am ehesten trotz starker Verkleinerungen den Charakter eines Gutes bewahrt, auf diesen beiden Höfen stehen einstöckige schlichte Gutshäuser des 18. Jahrhunderts mit Giebelaufbauten, beides Güter, die sich lange Zeiten hindurch im Besitz des holsteinischen Geschlechts v. d. Wisch befunden haben.

Umso mehr sticht von ihnen allen ab das einzige adelige Gut, das die Landschaft Eiderstedt aufweist, Hoyerswort. Dieses Gut ist im Gegensatz zu allen den anderen eine Gründung aus nachmittelalterlicher Zeit, und das auf ihm stehende schloßartige Herrenhaus ist ein Bau der Renaissance, eines der schönsten in ganz Schleswig-Holstein erhaltenen Bauwerke dieser Epoche. Der Name des Gutes, die Erbauung des Hauses, ja überhaupt die ganze Geschichte dieses Adelssitzes ist untrennbar verbunden mit der Persönlichkeit des ersten Besitzers, mit Caspar Hoyer, wohl dem bedeutendsten Manne der kleinen Landschaft. Die Geschichte von Hoyerswort, soweit wir sie zu überblicken vermögen, beginnt mit dem Jahre 1564. In diesem Jahre schenkte Herzog Adolf den Hof des heutigen Hoyerswort an Caspar Hoyer, der seit 1562 in herzoglichen Diensten stand. Wem der Hof früher gehört hat, ist nicht bekannt. Es sind Vermutungen aufgestellt worden, daß es sich hierbei um den Hof der Staller gehandelt habe, der herzoglichen Oberbeamten der Landschaft, aber die Annahme besitzt wenig Wahrscheinlichkeit, da es in jener Zeit kaum einen festen Dienstsitz der Staller gegeben haben dürfte. Möglicherweise hatte der Herzog den Hof des Stallers Sievert Sieverts eingezogen, der wegen Untüchtigkeit seines Amtes enthoben wurde.

Caspar Hoyers Großvater Jacob Hoyer war aus der Grafschaft Hoya an der Weser gekommen und war, ebenso wie der Sohn Harmen oder auch Langeharmen genannt, Kriegsoberster in den Diensten König Friedrich I. und Christians III. Langeharmen Hoyer ließ sich in Husum nieder, wo sein Haus in der heutigen Langenharmstraße lag. Er heiratete in erster Ehe die illegitime Tochter König Friedrichs I., namens Katharine und wurde 1528 in den Adelsstand erhoben. In einer späteren Ehe mit Mericke Splenters wurde im Jahre 1540 der Sohn Caspar Hoyer geboren, ein Jahr vor dem Tode des Vaters. Später heiratete die Mutter den kgl. Leibarzt und Historiker Dr. Cornelius Hamsfort, was die Veranlassung dazu gab, daß Caspar und sein älterer Bruder Hermann am dänischen Hofe erzogen wurden. Während Hermann in den Kriegsdienst ging wie seine Vorväter, studierte Caspar Jura an einer langen Reihe deutscher Universitäten und trat bei seiner Rückkehr in die Dienste des Herzogs Adolf von Gottorp. Caspar Hoyer wurde einer der wichtigsten Ratgeber des Herzogs und wurde in vielen diplomatischen Botschaften benutzt. Im Jahre 1578 wurde er zum Staller (Statthalter) über Eiderstedt mit Everschop und Utholm ernannt, ein Amt, das er bis zu seinem Tode 1594 innegehabt hat.

Der Hof, den der Herzog ihm geschenkt hatte, erhielt 1587 den Charakter eines adeligen Gutes. Bis zu seinem Sterbejahr 1594 schuf der so tatkräftige Caspar Hoyer hier ein Herrenhaus, das seitdem beeindruckend dasteht, auch mit dem Anbau aus dem 17. Jh. Fast mittelalterlich muten Haus und Hof an, über doppeltem Hausgraben gelangt man zur Warft, dem erhöhten Platz, auf dem Herrenhaus und Hofgebäude stehen. Noch bis vor wenigen Jahren war die Zugbrücke erhalten, die den Weg zum Hof schützte, aber heute noch stehen an der Einfahrt 2 barocke Löwen aus Sandstein mit den Worten: ,,Ara'' und ,,Ora'' (pflüge und bete) in ihren Pranken. Das Herrenhaus besteht aus einem verhältnismäßig kleinen Querhaus von 6 Achsen und Treppenturm, den ein eiserner Bügel als Zeichen der Stallerwürde krönt. Seitlich am Treppenturm hängt noch das Halseisen des ehemaligen Kaaks, des Prangers, unter ihm der Trittstein, auf dem der Sünder zu stehen hatte. Nach Süden schließt sich ein langgestreckter Flügel an, der einen komplizierten Grundriß aufweist, im Inneren verschiedene Höhen besitzt und vielleicht schon früher erbaut worden ist. Die in das Vorderhaus einmündende Quermauer ist nicht, wie zu vermuten, eine Innenwand, auch Dachkonstruktion und umlaufende Friese sprechen gegen die Annahme einer gleichzeitigen Entstehung. Die Kellergewölbe unter diesem Flügel sind spätmittelalterliche Kreuzgratgewölbe. Bemerkenswert ist in der

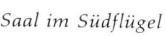

Mitte des Südflügels ein großer zweigeschossiger Saal, zur Mitte hin durch eine
Säule gestützt, mit Empore, die heute durch Bretter abgekleidet ist. Der Zugang
von der Ostseite geht durch ein in Sandstein gehauenes Portal, das unmittelbar
in den Saal führt. Es ist ein zierliches von zwei jonischen kannelierten
Halbsäulen flankiertes Renaissanceportal, das im Gebälk die erhabene Inschrift
trägt:

Caspar Hoyer   Anna Hoyers

1594

Ob dieses Portal stets hier gestanden hat oder nicht vielmehr ursprünglich das
Eingangsportal des Vorderhauses gewesen ist, muß dahingestellt bleiben. Auf
der Nordseite führt ein großer halbkreisförmig gemauerter Torbogen in den Saal
hinein. Im Volksmund wird der Raum als Tanzsaal oder auch als Kirche
bezeichnet, beide Zuschreibungen können stimmen, sicherlich nicht die dritte
am meisten verbreitete: hier sei der Rittersaal des Herrenhauses zu suchen.
Dieser Saal lag eindeutig im Obergeschoß des Vorderhauses. Möglich, daß der
große Saal im Südflügel der Rittersaal dieses Bauteils war, wenn er früher

Portal

errichtet worden ist, möglich, daß er später bei festlichen Veranstaltungen benutzt worden ist, wahrscheinlich sogar, daß hier Gottesdienste abgehalten worden sind, als Anna Ovena Hoyers sich von der Landeskirche getrennt hatte und auf Hoyerswort Gottesdienste der von ihr gestützten Sekte der David-Joriten abhalten ließ.

Der Querbau, das eigentliche Herrenhaus, enthält auch seinerseits verschiedene Geschoßhöhen, was auf den Baugrund der Warft und die dadurch bedingte nur teilweise mögliche Unterkellerung zurückzuführen ist. Von der Eingangshalle führen einige Stufen zu den Wohnräumen, in ihnen ist ein Zimmer durch die feine Stuckdecke bemerkenswert, die noch dem 17. Jahrhundert zuzuschreiben ist. Das Obergeschoß enthält außer dem Saal, der in neuerer Zeit völlig umgebaut worden ist, im Vorsaal eine Bibliothek mit recht ansehnlichen alten Beständen.

Die Bedeutung Caspar Hoyers liegt vor allem in seinem erfolgreichen Eintreten für die Belange der Landschaft Eiderstedt. Hierzu gehört in erster Linie die Schaffung einer „revidirten Deichordnung" und damit verbunden die Regelung des Deichbaues, der Schleusen, Siele und Wasserläufe. Weiter war er um eine Neuformulierung des Eiderstedter Landrechts bemüht, das schon 1426 unter dem Namen: „Die Krone der rechten Wahrheit" erschienen war. Im Archiv von Drült befindet sich eine Ausgabe dieses Landrechts mit eigenhändigen Zusätzen von Caspar Hoyer. Die beiden Ortschaften Tönning und Garding erhielten auf sein Betreiben Stadtrechte, ein angeblicher Plan, auch Oldenswort mit Stadtrecht zu versehen, ist durch seinen frühen Tod nicht mehr zur Ausführung gekommen. Auf seine Initiative geht auch der Bau des herzoglichen Schlosses in Tönning zurück, das in den Jahren von 1580 bis 1583 durch Herkules von Oberberg erbaut wurde, bedauerlicherweise aber 1733 wieder abgebrochen ist. Das Schloß war ein nach französischen Vorbildern errichteter Bau mit rechteckigem Mittelteil und vier schweren gedrungenen Ecktürmen, ein fünfter kleinerer Turm über dem Mitteltrakt diente als Treppenturm. Caspar Hoyer hat sicherlich den Bau deshalb so stark gefördert, um dem Herzog eine häufige Anwesenheit in der abgeschiedenen Marschlandschaft zu ermöglichen, gleichzeitig diente das Schloß aber auch dem Staller als Residenz.

Caspar Hoyer war aber auch der Mann, der für seine eigenen Verhältnisse zu sorgen wußte. Hoyerswort selber hatte zu seiner Zeit eine Größe von 418 Demat. Dazu kamen hinzu in der Südermarsch 121 Demat, in Tetenbüll 128 Demat, in Koldenbüttel 97 Demat, in Witzwort 340, in Oldenswort 258 Demat, weiteres Land an Streubesitz, alles in allem ein Besitz von etwa 1400 Demat gleich rund 700 ha. Bedenkt man den hohen Wert guten Marschlandes, der den Böden der Ostküste weit überlegen ist, so war Caspar Hoyer nicht nur der bei weitem größte Grundbesitzer, den es je in Eiderstedt gegeben hat, sondern gleichzeitig ein außerordentlich reicher Mann.

Als er 1594 gestorben war, ging Hoyerswort auf seinen Sohn Harm oder Hermann Hoyer, † 1622, über. Dieser übernahm auch die Würde eines Stallers von Eiderstedt, konnte sich aber mit dem Vater nicht entfernt an Tüchtigkeit messen. Er war ebenso wie Caspar Hoyer zusammen mit den Prinzen des dänischen Königshauses erzogen worden, hatte auf mehreren Universitäten studiert und sich weltmännische Formen und einen nicht unbedeutenden Grad wissenschaftlicher Bildung angeeignet. Mit nur 23 Jahren wurde er unter großer Anteilnahme der Bevölkerung durch den Amtmann Hinrich Blome öffentlich auf dem Marktplatz von Tönning in sein Amt als Staller eingeführt. Wenige Jahre später vermählte er sich mit Anna, Tochter des reichen Hofbesitzers Hans Oven aus Koldenbüttel, der mit der Stallerfamilie Sieverts nahe verwandt war. Sie war damals erst 15 Jahre alt und brachte ihrem Manne das geradezu fürstliche Vermögen von 100 000 Mark Lübsch in die Ehe ein. Nach dem Tode des Mannes verfiel Anna Ovena Hoyers völlständig in religiöse Schwärmerei, die Sekte des David Joris, eines Wiedertäufers aus Brügge in Flandern, fand in Hoyerswort ein offenes Haus.

Hoyerswort

Anna Ovena Hoyers hatte auch eine starke poetische Begabung und benutzte sie zu streitlustigen Versen gegen die ihr verhaßten orthodoxen Prediger der protestantischen Kirche. Die bedeutendste ihrer Dichtungen trug den Titel:
„De denische Dörp-Pape",
der dänische Dorfpastor. Kein Wunder, daß die Geistlichkeit gegen sie zu Felde zog, doch hielt die Herzogin ihre schützende Hand über Anna. Aber der Reichtum schmolz dahin, die Sektierer erwiesen sich als Schmarotzer. Die grenzenlose Mildtätigkeit von Anna Ovena tat ihr Übriges, 1631 mußte sie Hoyerswort an die Herzogin-Witwe Augusta verkaufen. Anna Ovena Hoyers ging mit fünf Kindern nach Stockholm, wo die Herzogin ihr das kleine Landgut Sittwick schenkte und wo sie in bescheidenen Umständen 1656 gestorben ist. Ihr Sohn Caspar wurde Gastwirt in Sittwick.

Hoyerswort verblieb nicht lange im Besitz des herzoglichen Hauses. 1647 wurde es zum zweiten Male in seiner Geschichte verschenkt: Herzog Friedrich III. überließ es seinem Kammer- und Rentmeister Joachim Danckwerth, einem Bruder des Husumer Brügermeisters Caspar Danckwerth. Vor allem dieser letztere ist bis zum heutigen Tage unvergessen durch die von ihm verfaßte großartige
„Newe Landesbeschreibung der zwey
Herzogthümer Schleswich und Holstein",
die er 1652 herausgab und mit 41 Karten, die Johannes Mejer gestochen hatte, versah. An Joachim Danckwerth und seine Gemahlin Clara, geb. Lutten, erinnert eine in Sandstein gehauene Tafel an der südlichen Mauer des Schloßturmes.

Nach dem Tode des Ehepaares Danckwerth erhielt der Schwiegersohn, der Kammerrat Andreas Cramer Hoyerswort. Ihm folgte sein Sohn Christian Anton Cramer, der am 31. Dezember 1686 geadelt wurde. Dessen Erben verfielen 1732 in Konkurs, dann wechselte das Gut mehrfach seinen Besitzer. Aus dem Konkurse kaufte es der Besitzer von Aschau im Dänischen Wohld, Saurius, schon im Jahre darauf übernahm es Karl Friedrich Köpcke auf Wischhof. 1737 folgte der Seekapitän Jacob Bruyn de Wolff, dann dessen Sohn. 1767 kaufte der Kaufmann Peter Wolfhagen aus Tönning Hoyerswort. Auch dieser behielt das Gut nur wenige Jahre.

Erst als 1771 der Landespfennigmeister und Ratmann Boy Hamkens aus Welt Hoyerswort für 20000 Rthlr. erworben hatte, traten stabile Verhältnisse ein. Seitdem hat sich Hoyerswort in 7 Generationen in der Familie Hamkens stets von Vater auf Sohn vererbt. Auf Boy Hamkens, † 1793, folgte sein Sohn Paul Peter Gonne, † 1805. Während der Vater Theologie studiert hatte, wurde Paul Jurist und war Advocat in Tönning. Sein Nachfolger wurde sein Sohn Carl

Wilhelm Hamkens, † 1862; ihm war durch seine früh verstorbene Frau das Kanzleigut Rödemishof zugefallen. Der nächste in der Reihe, Paul Wilhelm Hamkens, † 1891, hatte gleichfalls Jura studiert, hat aber keinen juristischen Beruf ausgeübt. Nach seinem Tode erbte dessen Sohn Johannes Heinrich Hamkens Hoyerswort und starb dort 1903. Ihm folgte der Sohn Otto Hamkens, † 1969 auf Hoyerswort, der gleichfalls wie so viele seiner Vorfahren Jurist wurde, erst Rechtsanwalt in Tönning, später Landrat des Kreises Eiderstedt. Die Bewirtschaftung des Gutes lag schon seit 1963 in den Händen des Sohnes, Peter Gonne. Die Größe des Gutes beträgt heute rund 115 ha, durchwegs bestes Marschland.

Im Jahre 1885 erhielt der Treppenturm anstatt der welschen Haube einen romantischen Söller mit zinnenartiger Bekrönung, doch ist 1960 der alte Zustand wiederhergestellt worden. Als Wirtschaftsgebäude dient ein Hauberg, diese für Eiderstedt so typische Form des Bauernhauses, aus dem Jahre 1704, durch A. F. v. Cramer zunächst auf Außenländereien des Gutes erbaut und erst 1779 nach Hoyerswort versetzt. Im Jahre 1914 wurde der Hauberg von Grund auf instandgesetzt. Im Zuge der Gesamtrenovierung in den Jahren 1984–87 wurden alle Gebäude mit Hilfe des Landesdenkmalamtes wiederhergerichtet.

Adel. Gut Hoyerswort

Besitzer: Peter Gonne Hamkens

Besitzer		*Gut und Bauten*	
1564	Caspar Hoyer, dann dessen Sohn Harmen Hoyer und die Schwiegertochter Anna Ovena Hoyers	1564	das Gut Hoyerswort entsteht
		1587	adeliges Gut
		bis 1594	Herrenhaus erbaut
		nach 1631	Erweiterung des Querbaues
1631	Herzogin Augusta von Gottorp	1704	Hauberg erbaut
1647	Joachim Danckwerth, dann dessen Erben (v.) Cramer	1779	Hauberg nach Hoyerswort versetzt
		1885	Turm mit Söller versehen
1732–1771	verschiedene Besitzer	1914	Hauberg restauriert
1771	Boy Hamkens, dann dessen Nachkommen	1960	Turmhaube wieder mit welscher Haube versehen
		1984–87	Renovierung der Hofanlage

32 Schloß vor Husum

Kirchspiel Husum   Kreis Nordfriesland

Das Schloß vor Husum wie es sich heute dem flüchtigen Wanderer darstellt, ist nur mehr ein Schatten seiner selbst. Seit dem Umbau von 1752 ist es fast alles dessen beraubt, was einst seine Zierde gewesen war, fast die gesamte prächtige Ausstattung der Renaissancezeit, die vielen Türme mit ihren schön geschwungenen Dächern und den reich verzierten hochaufragenden geschwungenen Giebeln sind verschwunden. Die den inneren Hofplatz umsäumenden Nebengebäude sind damals teilweise abgetragen worden. Verschwunden sind die zierlichen französischen Gärten, die das Schoß nach Süden und Osten umrahmten, zerstört die großartige Anlage des äußeren Schloßplatzes, nur noch schwach erkennbar an dem einen Kavalierhaus und dem Torgebäude. Und im Inneren ist das Schloß von fast allem entblößt, was einst seinen Glanz ausgemacht hatte, in alle Welt zerstreut die kostbaren Möbel, zerstört die Stuckdecken, verbaut die Wendeltreppen und Säle. Nur einige wenige, wenn auch hochbedeutende Gemälde und vor allem die großartigen Kamine geben einen letzten Eindruck der einstigen Größe.

Und doch schwebt über der ganzen Anlage immer noch ein eigentümlicher romantischer Zauber. Kommt man im zeitigen Frühling in den Schloßpark, so wird der Blick überwältigt von der unvergleichlichen Pracht von hunderttausenden von Krokusblüten, die sich dicht an dicht über die weiten Rasenflächen des Schloßparks drängen und die die Erinnerung wach halten an die Minoriten-Mönche, die nun vor fast einem halben Jahrtausend die ersten dieser Frühlingsboten pflanzten. Und strebt man vielleicht an einem nebligen Herbsttag dem Schlosse zu, und eilt durch die weiten Wege des äußeren Schloß-hofes über die schmale Zufahrt zum inneren Hof, begrüßen einen wie zu Storms Zeiten zwei Sandsteinlöwen als Wappenhalter; der eine hält das schles-wig-holsteinische Herzogswappen, der andere das dänische Königswappen. So meint man noch immer, an historischer Stätte zu stehen.

Längst ist der Schloßbezirk in die Stadt Husum aufgenommen, ringsum ist er umgeben von lauten Geschäftsstraßen und bebauten und bewohnten Wohnvier-

Torhaus

teln. Aber immer noch hat selbst der nüchterne Mann des Tages, der seine Schritte hierher lenkt, das Gefühl, daß der stattliche Bau nicht in Husum, sondern vor Husum liegt, in einer Welt für sich.

Ein Franzose des 18. Jahrhunderts, der junge Vernon, reiste als Begleiter des englischen Gesandten am dänischen Hofe im Jahre 1702 durch die Herzogtümer und gab 1706 in Rotterdam seinen Reisebericht heraus unter dem Titel:

,,Rélation d'un voyage fait en Dannemarc...''

und stellte darin fest, daß das herzogliche Schloß vor Husum von gutem äußerlichen Ansehen sei, aber nicht möbliert und von niemandem bewohnt. Er fand den Garten sehr in Verfall, da er dem Herzoge gehöre und dieser zu viele Häuser habe, um sie alle unterhalten zu können. Und in der Tat gab es kaum eine Stadt im ganzen Herzogtum, die nicht ihr Schloß besaß, bei Hadersleben Haderslevhuus, bei Apenrade das Schloß Brunlund, auf Alsen die Schlösser Norburg, Sonderburg und Augustenburg, selbst der kleine Flecken Lügumkloster erhielt sein Schlößchen. An der Ostküste kamen dann die Duburg oberhalb Flensburg, das Schloß Glücksburg, in Schleswig Schloß Gottorf, an der Westküste die Schlösser von Tondern, Husum und Tönning. So ist es kein Wunder, wenn von diesen vielen, allzuvielen Schlössern nur wenig übriggeblieben ist; und wenn heute in Husum überhaupt noch ein Bauwerk steht, so ist das nur dem Umstand zu verdanken, daß es seit langem der Sitz des Amtmanns, später des Landrates war.

Der Bau geht auf den baulustigen Herzog Adolf von Gottorp, † 1586, zurück, der seit 1571 mit der Verwirklichung seiner Pläne begann. An der Stelle des heutigen Schlosses hatte seit 1494 ein Minoritenkloster gestanden, das bereits 1527 im Zuge der Reformation wieder aufgehoben wurde.

Gleichwohl stellten sich der völligen Auflösung große Schwierigkeiten entgegen. Mit dem Kloster verbunden war ein sogenanntes Gasthaus, ein Heim für Alte und Kranke. Für dieses Haus mußte erst eine neue Heimstätte gefunden werden, bevor das Kloster abgebrochen werden konnte. So wurde jetzt das St. Jürgen-Stift in der Stadt entsprechend erweitert durch das Gasthaus zum Ritter St. Jürgen, daher heißt noch heute das Stift im Volksmund durchweg das Kloster.

Der erste Prior des Minoritenklosters hatte eine Prophezeiung ausgesprochen, die nur allzu schnell in Erfüllung gehen sollte, Dort, wo jetzt fromme Mönche beteten und sängen, würden bald leichtfertige Hofleute ihr Wesen treiben. Kein Jahrhundert verging, bis diese Prophezeiung auch eintraf.

Kurz vor dem Umbau von 1752 war im Jahre 1749 durch Lauritz de Thurah ,,Den danske Vitruvius'' veröffentlicht worden. In dieser großartigen Übersicht über

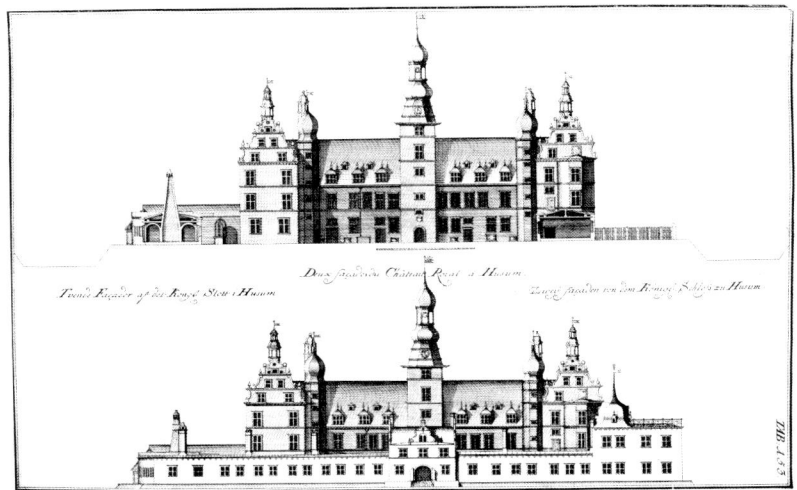

Schloß vor Husum nach Laurids de Thurah

die Baukunst des Nordens sind dem Schloß vor Husum 3 Tafeln gewidmet
worden, aus denen wir den ursprünglichen Zustand des Schlosses erkennen
können. Es wurde in den Jahren von 1577 bis 1582 erbaut, der Baumeister ist
nicht bekannt, man kennt nur den Namen des Bildhauers Nickels, der für die
,,Auszierung in bunten und ausländischen Hölzern'' gearbeitet hat. Das Schloß
war nicht von Anfang an als Witwensitz der herzoglichen Witwen geplant, wie
im allgemeinen zu lesen. Vielmehr hat es zunächst den Herzögen Adolf,
Friedrich, Philipp und Johann Adolf von Gottorp für häufige und längere
Anwesenheiten als Residenz gedient. Erst nach dem Tode des Herzogs Johann
Adolf, † 1616, wurde es Witwensitz seiner Gemahlin, der Herzogin Augusta,
† 1639, einer Tochter König Friedrichs II. von Dänemark. Nach ihrem Tode
verschrieb Herzog Friedrich III. gewissermaßen als Wittum Schloß und Amt
Husum der Herzogin Marie Elisabeth, Tochter des Kurfürsten Johann Georg von
Sachsen, die hier bis zu ihrem Tode 1684 lebte.
Danach scheint das Schloß lange Zeit unbewohnt geblieben zu sein, wie ja auch
aus dem oben angeführten Reisebericht zu entnehmen ist. Im Jahre 1721 wurden
größere Reparaturen des Schlosses vorgenommen, sogar eigens ein Schieferdek-
ker aus Kopenhagen geholt, um das Dach zu reparieren, was 1400 Rthlr. kostete.

411

Die umfassendste Umgestaltung erfuhr das Schloß 1752, als alle verfallenen Teile abgebrochen wurden und das Schloß zur Wohnung des Amtmanns von Husum eingerichtet wurde. Als Architekt berief man den damaligen Landbaumeister der Herzogtümer, Otto Johann Müller. Der Baumeister Cai Dose, der sich durch viele bedeutende Bauten, vor allem in Altona, einen großen Namen gemacht hatte, leitete den Umbau; der Bildhauer Taie Hinrichsen fertigte Stukkaturen an.

Die Zubauten unter Herzog Johann Adolf wurden nun weitgehend rückgängig gemacht und das Schloß außen wie innen stark vernüchtert. Die Seitenflügel verloren das obere Geschoß, so daß sich wieder eine durchgehende Firstlinie ergab; ferner entfiel das innere Torhaus zum Schloßhof samt Nebengebäuden sowie die zwei Treppen-Ecktürme am Mittelbau. Von all' den Türmen und Aufbauten der reich gegliederten Dachlandschaft aus der Renaissance verblieb nurmehr der heute noch erhaltene große quadratische Treppenturm in beherrschender Mittellage. Die Treppe im Turm verläuft zunächst als Wendeltreppe, in den Obergeschossen vierläufig um einen quadratischen Mittelkern, eine sehr interessante Gestaltung, wie sie sich u. a. im Schlosse Egeskov auf Fünen findet. Über dem kleinen Korbbogenportal ist noch das Wappen des Herzogs Johann Adolf mit Helmzierat und Initialen und der Jahreszahl 1613 erhalten.

Im Inneren des Schlosses wurde ein Korridor eingebaut. Bis dahin hatten sechs große Gemächer ohne Verbindung durch einen Flur nebeneinander gelegen. Ferner wurde bei dieser Gelegenheit das jetzige große Treppenhaus eingebaut, sowie Dachstuhl und Balkendecke zwischen den beiden Stockwerken tiefer gelegt. Die alten Balkendecken wurden hierbei wieder verwendet, bei den Restaurierungsarbeiten von 1978 kamen sie wieder zum Vorschein.

Im Südflügel des Schlosses befand sich ein Kapelle, die einen silbernen Altar besaß, eine Augsburger Arbeit von 1620, ein Geschenk von Dominicus von Uffeln. Heute steht dieser Altar im Museum von Kopenhagen. 1626 erhielt diese Kapelle eine Orgel, die Johann Heckelaur gebaut hatte und die 400 Rthlr. kostete. Sie wurde später nach Kopenhagen gebracht und ist dort noch unausgepackt bei dem Bombardement von 1807 verbrannt.

Von der alten Ausstattung hat sich eine Reihe von recht guten Gemälden erhalten, mehrere Landschaften und Genreszenen vor allem von holländischen und flämischen Meistern. Sehr bedeutend sind einige Fürstenbildnisse, darunter das Bildnis der Königin Sophie von Dänemark, † 1568, Gemahlin König Friedrichs I. von Dänemark und Tochter des Herzogs Bogislav X. von Pommern. Ein weiteres Portrait aus der Mitte des 16. Jahrhunderts stellt vielleicht den Erbauer des Schlosses, den Herzog Adolf von Gottorp, dar, in spanischer Tracht, mit gekräuseltem Spitzenkragen, in helle Atlasjacke mit bunter Seidenstickerei

Kamin 1: Glück und Unglück

gekleidet und mit dem Hosenbandorden dekoriert. So steht der Herzog da, die Rechte in die Hüfte gestemmt, die linke Hand am Degen, vor ihm auf einem Tisch sein Helm mit Federbusch. Zwei weitere Bildnisse des 17. Jahrhunderts stellen Herzog Johann Friedrich von Gottorp, † 1634, und den jungen Prinzen Johann Georg, † 1655 oder den jungen Carl XI. von Schweden, dar. Nur bei dem letztgenannten ist der Maler ermittelt, es ist David Klöcker genannt von Ehrenstrahl. Alle vier Portraits sind vorzügliche Arbeiten und schon durch die sorgfältige Behandlung aller Details von Kleidung, Waffen, Orden und Schmuck von größtem Interesse.

Noch weit über diese Sammlung von Gemälden hinaus geht der Wert der Kamine, die das Schloß vor Husum an eine erste Stelle unter den Bauten des Herzogtums rücken. Herzogin Augusta fror nach der Überlieferung entsetzlich in den hohen großen Räumen des Schlosses und in dem rauhen Klima der

Nordsee. So war der Herzog darauf bedacht, dieser Sorge gründlich abzuhelfen. Von 1612 an wurden nicht weniger als sechs teilweise riesige Kamine erbaut, sie sind so groß, daß größere Stubben oder ganze Teile von Baumstämmen mühelos in ihnen verheizt werden können. Naturgemäß fristeten sie später inmitten von Büros, Schreibtischen und Akten ein etwas nutzloses Dasein. Aber in den letzten Jahren ist vieles getan worden, um die einzigartige Schönheit dieser Kamine wiederherzustellen. Vier Kamine werden dem Kieler Bildhauer Henni (Henning) Heidtrider zugeschrieben, aus Kieler Schloßrechnungen geht hervor, daß er in den Jahren von 1612 bis 1615 für Husum tätig war, offensichtlich mit einer Gruppe von Mitarbeitern aus Kiel und Husum, Henni Heidtrider dürfte daher wohl die künstlerische Gesamtleitung in der Hand gehabt haben.

Die Rechnung des Jahres 1613, die sich auf den einen aus Alabaster gehauenen Kamin bezieht, zählt sorgfältig die Tagewerke der beteiligten Künstler auf. Henni Heidtrider erhält pro Tag 14 Schilling, die übrigen Mitarbeiter 12 Schilling. Unten auf der Rechnung steht die Quittung:

„Deiss Isst Zo danke bezallet'',

das ist zu Dank bezahlt.

Zwei Sandsteinkamine, beide an ursprünglicher Stelle, der eine im südöstlichen Eckzimmer, der andere im Südflügel, stammen sicherlich aus einer anderen Werkstatt, ihr Stil und Aufbau ist ein völlig anderer. Man hat die Vermutung aufgestellt, daß sie zur Werkstatt des Jacob Colyn de Nole oder eines seiner Schüler gehören. Die Reliefs beider Kamine stellen Triumphe dar, auf dem einen der Triumph des Ruhms und der Triumph der Zeit, auf dem anderen der Thriumph der Liebe und der Triumph der Keuschheit, wohl als Illustration der „trionfi'' des italienischen Dichters Petrarca gedacht.

Von den übrigen vier Kaminen, die Henni Heidtrider geschaffen hat, ist der Kamin aus dem Rittersaal im Südteil des Mittelbaues, dem sogenannten Turnsaal, im Jahre 1919 an das Kaiser-Friedrich-Museum (jetzt Bode-Museum in Ostberlin) gegangen. So sehr man auch seine Entfernung aus dem Schloß vor Husum bedauern mag, so muß man doch einräumen, daß bei einer derartigen Fülle großartiger Kamine auch einer breiteren Öffentlichkeit die Möglichkeit geschaffen werden mußte, eines dieser Kunstwerke kennenzulernen. Der Kamin besteht wie die übrigen aus Heidtriders Werkstatt aus Alabaster und Sandstein, mit Vergoldung und Bemalung, mit reichem figürlichem Schmuck an Reliefdarstellungen, Wappen, Statuetten, Putten, Engelsköpfen, Fruchtbündeln und Füllhörnern, kurz, die ganze Fülle der manieristischen Kunstepoche breitet sich wahrhaft verschwenderisch vor dem Beschauer aus. Schon der erste Landeskonservator Richard Haupt, der mit seinen Urteilen

Grünes Zimmer, Sandsteinkamin um 1615

äußerst vorsichtig war, hatte geäußert: „Es gibt im Lande in dieser Weise nichts Schöneres".

Bis dahin war der Staat Preußen Eigentümer des Schlosses. Nun kam im Jahre 1920 ein Vertrag zwischen dem Staat und dem damaligen Kreis Husum zustande, durch den das Eigentum auf den Kreis überging. Daher ist heute dessen Rechtsnachfolger, der Kreis Nordfriesland, Eigentümer des Schlosses.

Der eine dieser Kamine, vielleicht der bedeutendste von allen vieren, stand im früheren Kreissaal in der nördlichen Hälfte des Mittelbaues, der sogenannte Fortunakamin, von 1615 mit dem Relief der Fortuna, der Glücksgöttin, ihr zur Linken die Beglückten, zur Rechten die Unbeglückten. So stehen diese letzteren da: raufende Knaben, ein Blinder, ein Armer, die trauernde Witwe, der Mörder mit erhobenem Stahl, im Hintergrund ein brennender Turm. Hingegen bei den Beglückten gewahrt man fröhliche Kinder, einen Jüngling, ein frohes Mädchen, Vater und Mutter mit kleinen Kindern, einen Bischof mit Mütze und Stab, einen Mann mit schwerem Koffer voller Schätze, einen alten Mann beim Weinschlauch, jugendliche Gruppen strahlend in Glück und Liebe.

Bei dem Umbau von 1752 wurden auch die Kamine umgestellt. Der Fortunakamin mit seinen gewaltigen Ausmaßen von 3 m Breite und 4 m Höhe wurde dabei von der neugezogenen niedrigeren Decke fast erdrückt.

Von 1978 an ist das Schloß vor Husum von dem dänischen Architekten Karsten Rønnow einer umfassenden Restaurierung unterzogen worden. Karsten Rønnow hat hierbei den Standpunkt eingenommen, daß es praktisch unmöglich ist, den Renaissancebau des 16. Jahrhunderts wiederherzustellen, daß man sich vielmehr damit begnügen müsse, den Barockbau des 18. Jahrhunderts wieder lebendig zu machen. An der Außenfassande werden die unschönen Fenster des 19. Jahrhunderts wieder durch kleinflächige Fenster im Stil des 18. Jahrhunderts ersetzt. Im Inneren werden die Räume gemäß der barocken Einteilung restauriert, auch der Rittersaal erhält wieder seine alte Form. Umfangreiche Konservierungsarbeiten an den Kaminen werden erforderlich, auch um die alte Bemalung wieder freizulegen.

Die spärliche Innenausstattung hat eine wertvolle Bereicherung erfahren durch das russische Mobiliar, ursprünglich ein Geschenk des Zaren Nikolaus I. an den Grafen Otto Blome, † 1849, dän. Gesandter in St. Petersburg, Besitzer des adel. Gutes Heiligenstedten bei Itzehoe. Bei der Auflösung von Heiligenstedten kaufte der damalige Landrat des Kreises Eiderstedt das Mobiliar an, das aus einer reichen Zimmergarnitur besteht, schwarzes Ebenholz mit eingelegten Plättchen aus kaukasischem Marmor.

An Nebengebäuden sind vor allem zwei Bauten zu nennen, das Kavalierhaus, ein Bau aus rohem Backstein mit Treppengiebeln, Treppenturm und Nebengebäude mit Staffelgiebel, langjähriger Besitz der Familie Tönnies, heute für Wohnungen benutzt. Dann das sogenannte Cornilssche Haus, das ursprüngliche Torhaus im Südwesten der Schloßanlage. Es ist ein zweigeschossiger Bau mit schönen Renaissancegiebeln an den Schmalseiten und in der Mitte der Breitseiten; der Ostgiebel ist mit Maueranker versehen: A 612 (= im Jahre 1612). Das Südportal ist reich geziert in Sandstein, mit Sockel, Gebälk und Pilastern, mit Rollwerk, Statuen und allegorischen Emblemen. Die Torfahrt war durch lange Zeiten vermauert, ist aber neuerdings wieder geöffnet worden. Das Haus hatte seit 1752 Wohnungen aufgenommen, später sogar Läden. Heute ist es Sitz der Volkshochschule Husum.

Das Minoriten-Kloster als Kloster von Bettelmönchen hatte naturgemäß keinen Grundbesitz besessen. Aber auch späterhin, als das Schloß vor Husum erbaut war, gehörte kein Land dazu. Das erwies sich auf die Dauer als sehr nachteilig, zu einer fürstlichen Hofhaltung gehörte nun einmal in alter Zeit die Möglichkeit der Versorgung aus dem eigenen mit den Nahrungsmitteln des täglichen Bedarfs, auch die Möglichkeit, im eigenen Revier zu jagen. So erwarb die Herzogin Augusta im Jahre 1627 das dicht vor den Toren vor Husum gelegene adelige Gut Arlewatt von Franz v. Ahlefeldt, später noch das adelige Gut Hoyerswort und den „Roten Hauberg", beide in der Landschaft Eiderstedt belegen. Auf Arlewatt stand damals noch ein stattlicher Burgenbau aus der

Russisches Mobiliar

Rantzauschen Zeit der zweiten Hälfte des 16. Jahrhunderts, mit zwei Stockwerken, Treppengiebel und Satteldach, von Burggräben umgeben. Nach der Landesbeschreibung von Caspar Danckwerth von 1652 hat die Herzogin das Gebäude sehr verbessert, danach umgetauft und angeordnet, daß es den Namen Rotenhaus tragen solle. Nach der Rantzauischen Tafel von 1590 war das Dach blau getönt, hatte also wohl ein Schieferdach. Wahrscheinlich ließ die Herzogin es jetzt mit roten Ziegeln eindecken. 1735 ist das Haus abgebrochen worden. Um Arlewatt spinnen sich viele alte Sagen. Der Dichter Theodor Storm, der aus Husum stammte, hat über eine dieser Sagen eine Novelle geschrieben,

"Zur Chronik von Grieshuus",

in Ihr schildert er den Streit zweier feindlicher Brüder aus dem Geschlecht der Frese auf Arlewatt, verlegt freilich die Erzählung in das 17. Jahrhundert. Die Verse, mit denen der Dichter die Novelle abschließt, haben sowohl für Arlewatt wie auch für das Schloß vor Husum Gültigkeit:

"Auf Erden stehet nichts, es muß vorüberfliegen;
Es kommt der Tod daher, du kannst ihn nicht besiegen.
Ein Weilchen weiß vielleicht noch wer, was Du gewesen;
Dann wird das weggekehrt, und weiter fegt der Besen".

Schloß vor Husum

Besitzer: Der Kreis Nordfriesland
Besichtigung der Räume (Kamine) von März bis Oktober; Sonderausstellungen

Besitzer		*Bauten*	
1494	Minoritenkloster	1527	Kloster aufgehoben
1571–1721	Herzöge von Holstein-Gottorp	1577/82	Bau des Schlosses
		1612	Bau des äußeren Torhauses
1721	Sitz des Amtmanns von Husum	um 1613	Einbau der Heidtrider-Kamine
1867	Sitz des Landrats von	1627	Ankauf von Arlewatt
bis 1970	Husum	1721	Umbau des Schlosses
seit 1974	Sitz des Kultur-dezernats des Groß-kreises Nordfriesland	1735	Abbruch der Burg Arlewatt
		1752	teilweiser Abbruch und Umbau des Schlosses
		1919	Abgabe eines Kamins an das Kaiser-Friedrich-Museum in Berlin
418		1973	Restaurierung

Namensregister

unter Mitarbeit von Christian Sievers, Kappeln

In das Namensregister sind grundsätzlich alle Namen aus Schleswig-Holstein aufgenommen sowie die Namen der Könige von Dänemark.
Im Künstlerverzeichnis sind auch die Namen der auswärtigen Künstler verzeichnet.

Künstler und Gelehrte

Abbildungsnachweis